高等院校精品系列规划教材

Excel 2016 在财务中的应用

石朝晖　主编

中国财经出版传媒集团

经济科学出版社

Economic Science Press

图书在版编目（CIP）数据

Excel 2016 在财务中的应用／石朝晖主编 . —北京：
经济科学出版社，2021.5
高等院校精品系列规划教材
ISBN 978 - 7 - 5218 - 2595 - 4

Ⅰ . ①E… Ⅱ . ①石… Ⅲ . ①表处理软件 – 应用 – 财
务管理 – 高等学校 – 教材 Ⅳ . ①F275 – 39

中国版本图书馆 CIP 数据核字（2021）第 095162 号

责任编辑：张 蕾
责任校对：李 建
责任印制：王世伟

Excel 2016 在财务中的应用
石朝晖 主编
经济科学出版社出版、发行 新华书店经销
社址：北京市海淀区阜成路甲 28 号 邮编：100142
编辑工作室电话：010 - 88191375 发行部电话：010 - 88191522
网址：www. esp. com. cn
电子邮箱：esp@ esp. com. cn
天猫网店：经济科学出版社旗舰店
网址：http：//jjkxcbs. tmall. com
北京季蜂印刷有限公司印装
787 × 1092 16 开 19.75 印张 500000 字
2021 年 7 月第 1 版 2021 年 7 月第 1 次印刷
ISBN 978 - 7 - 5218 - 2595 - 4 定价：49.80 元
（图书出现印装问题，本社负责调换。电话：010 - 88191510）
（版权所有 侵权必究 打击盗版 举报热线：010 - 88191661
QQ：2242791300 营销中心电话：010 - 88191537
电子邮箱：dbts@ esp. com. cn）

前　言

随着信息技术的迅猛发展,企业乃至全球经济的发展越来越呈现出联系的广泛化、数据传递的及时化、经济交易的个性化、相关信息的多样化、决策技术的复杂化等特征。同样,信息技术的发展,也给企业提供了强有力的竞争手段。计算机技术与管理科学的结合,促进了现代企业管理技术的发展,也影响了传统企业管理涉及的企业经营战略、经营目标、组织与文化、制造资源、资金与成本、技术与产品开发、生产计划与控制等方面的内容。不管是信息技术的选择还是企业管理战略的选择,都成为企业竞争的核心部分,因而战略和信息系统必须适应企业的竞争优势而有效地整合在一起,使企业在激烈的竞争中立于不败之地。

Excel 在会计中的应用很广,会计的大量工作是计算,运用 Excel 可以取代手工财务处理大部分登记、计算工作,完成账簿登记、报表编制,用公式、函数、计算统计集成数据,设计表单记录数据。

笔者长期从事计算机基础课程的教学工作,有着丰富的教学经验。本书不仅可以作为职业院校财经类专业学生的职业技能教材,也可以作为公司财务业务人员、管理人员培训解决财务问题能力的参考书。教材内容适用于 Windows7 操作系统以上的中文版 Excel2016,绝大部分内容也可以兼容 Excel2007\2013\2010。Excel 在不同版本中的显示风格有细微差异,但操作方法完全相同。

本书在编写过程中,参阅借鉴了大量与 Excel 应用有关的书籍与资料,得到了同事们的支持和帮助,特别是得到出版社老师们的大力支持和指导,在此一并表示感谢!

尽管我们在编写过程中付出了很大努力,但局限于理论水平和实践经验的不足,书中难免有纰漏之处,恳切希望同行和广大读者批评指正。

石朝晖

2021 年 5 月 10 日

目　　录

引言 Excel 电子表格与专用财务软件

财务管理电算化,是为了顺应经济发展的潮流而诞生并迅速发展的。但在利用电子计算机进行财务管理时,大多数软件只能用于基本的财务处理,很少能有真正达到财务管理效果的软件。这一方面是因为企业的财务管理不像财务会计那样有一个规范的准则,另一方面是因为不同企业的管理制度和经营风格有着非常大的差别,难有一个即可用于核算、又能服务于管理决策的通用财务软件。尽管目前有些财务软件公司声称他们的产品已经是"管理型"财务软件,但它们往往在规范性和灵活性两个方面难以兼顾,因而难以得到实务界和理论界的认可。

作为电子表格杰出代表的 Excel,是微软集万能的表格计算、丰富的图形显示和方便的数据管理功能于一体,并能方便地实现与各类经济管理信息系统软件的数据共享。Excel 电子表格对数据进行加工、提炼的技术,能够有力地支持财务信息处理和管理决策分析。例如,使用模拟运算表进行敏感性分析、使用单变量求解工具进行目标利润规划、使用规划求解工具进行最优化决策、使用数据透视表进行应收账款管理等。因此,在 Excel 推出短短的十几年里,就被财经管理人员公认为卓越的信息分析和信息处理软件工具。

一、电子表格与 Excel 的关系

电子表格软件是一种通用的计算工具,允许操作者在屏幕上设计所需格式的报表,填写数据及计算公式,自动计算并打印输出。它一般无须编写程序,直接供终端操作者使用,而不是供软件开发人员使用。随着电子计算机技术的迅速发展和广泛应用,电子表格技术也日臻完美,而且通过使用电子表格软件,人们处理表格的便捷度、计算数据的准确度也大大提高,这也更进一步促进了电子表格软件的开发与应用。

虽然电子表格软件并非专为财务人员设计,但长期以来其用户中的财务人员所占比重较大。因此,设计者在设置其功能时充分考虑了处理现代财务会计问题,如大量的财务函数的设计应用,所以也有人将电子表格软件称为"通用财务软件",许多财务人员就是使用电子表格软件在自己的工作中实现我们所说的"财务管理电算化"的。需要明确的是,虽然我们称之"电子表格",但是不应该将其仅视为一个简单的制表工具,制表只是它的一个具体应用,在更广泛的意义上应当将之视为一个通用的计算工具。可以将屏幕看作是一张计算用的"纸",行与列的编号是为了便于编写计算公式而提供的坐标,在这样的一张"纸"上,可以进行很复杂的计算,而不是单纯地,或者是简单地输出一张表格。

Excel 是微软公司推出的一套很著名的电子表格软件,风靡全球,广泛地应用于社会的各个领域。Excel 主要是用来管理、组织和处理各种各样的数据。政府机构的职能部门可以用它来处理日常办公事务,传递各种文件,打印各式各样的表格;公司的管理部门可以利用它来制订生产和销售计划,并帮助公司完成投资决策;财务部门可以利用它来分析各种类型的数据,

把结果以多种统计图形的形式表现出来,并完成各种财务报表的制作。Excel 2016 是微软公司新近推出的版本,它在数据计算、文字编辑、图形编辑和排版输出方面的功能都反映了当前计算机软件的最高水平。

二、Excel 2016 电子表格软件的基本特征

1. 图形用户界面

Excel 2016 的图形用户界面是标准的 Windows 的窗口形式,由控制菜单、最大化按钮、最小化按钮、标题栏、功能区和快速访问工具栏等部分组成。其中的功能区使用尤为方便,它列出了电子表格软件的众多功能,将常用命令分组,以工具按钮的形式列在功能区中。而且用户可以根据需要,重组功能区和快速访问工具栏。在它们之间进行复制或移动操作,向功能区中添加工具栏按钮或者在快速访问工具栏上添加菜单命令,甚至定义用户自己专用的功能区和快速访问工具栏。为了方便用户使用工作表和建立公式,Excel 的图形用户界面还有编辑栏和工作表标签。

2. 表格处理

Excel 2016 的另一个突出特点是采用表格方式管理数据,所有的数据信息都以二维表格形式(工作表)管理。单元格中数据间的相互关系一目了然,从而使数据的编辑和管理更直观、更方便、更易于理解。对于日常工作中常用的表格处理操作,如增加行、删除列、合并单元格、表格转置等,在 Excel 中均只需简单地通过菜单或工具按钮的操作即可完成。此外,Excel 还提供了数据和公式的自动填充、表格格式的自动套用、自动计算、记忆式输入、选择列表、自动更正、拼写检查、审核、排序和筛选等多项功能,可以帮助用户快速高效地建立编辑和管理各种表格。

3. 数据分析

Excel 2016 还具有强大的数据处理和数据分析功能。在 Excel 中不必进行编程就能对工作表中的数据进行检索、分类、排序、筛选等操作,利用系统提供的函数可完成各种数据的分析。它提供了包括财务、日期与时间、数学与三角函数、统计、查找与引用、数据库、文本、逻辑和信息在内的十三大类数百个内置函数,可以满足许多领域的处理与分析数据的要求。如果内置函数不能满足需要,还可以建立自定义函数。为了解决用户使用函数、编辑函数的困难,Excel 2016 还提供了方便的粘贴函数命令,它分门别类地列出了所有内置函数的名称、功能以及每个参数的意义和使用方法,并可以随时为用户提供帮助。

除了具有一般数据库软件所提供的数据排序、筛选、查询、统计汇总等数据处理功能外,Excel 2016 还提供了许多数据分析与辅助决策工具。例如,数据透视表、模拟运算表、假设检验、方差分析、移动平均、指数平滑、回归分析、规划求解、多方案管理分析等工具。利用这些工具,不需掌握复杂的数学计算方法,不需了解具体的求解技术细节,更不需编写程序,只要正确地选择适当的参数,即可完成复杂的求解过程,得到相应的分析结果和完整的求解报告。

4. 图表制作

Excel 2016 提供了 15 类 100 多种基本的图表,包括柱形图、饼图、条形图、面积图、折线图、气泡图、散点图、股价图以及多种复合图表和三维图表,可以方便地将工作表中的有关数据制作成专业化的图表,直观地显示出数据的众多特征,表示数据间的复杂关系。图表中的各类对象(如标题、坐标轴、网格线、图例、数据标签、背景等)能够任意地进行编辑,图表中可添加文字、图形、图像,精心设计的图表更具说服力。例如,数据的最大值、最小值、发展变化趋势、

集中程度和离散程度等都可以在图表中直接反映出来。对每一种图表类型还提供了几种不同的自动套用图表格式,用户可以根据需要选择最有效的图表来演示数据。如果所提供的标准图表类型不能满足需求,用户还可以自定义图表类型,对图表的标题、数值、坐标、图例等各项目分别进行编辑,从而获得最佳的外观效果。Excel 还能够自动建立数据与图表的联系,当数据增加或删除时,图表可以随数据变化而及时地更新。

5. 共享数据与 Internet 功能

Excel 2016 将工作表与 Internet 紧密地结合在一起,所提供的 Web 功能使用户可以使用 Internet 上的文件,可以向 Internet 上输出数据,还可以浏览 Internet 上的 Web 网页、插入超链接。Excel 提供的 Web 组件可以将工作簿、图表或是数据透视表另存为交互式 Web 页。它除了具备一般的 HTML 文档的功能以外,还具备 Excel 的众多功能。用户随时可以使用浏览器去访问 Web 上的这些数据,并直接进行各种编辑操作,还可以根据需要将 HTML 文档中的表格导出到 Excel 中。在 Excel 中,可以直接将创建的工作簿作为电子邮件发送给同事或者是客户,而不再需要手工启动有关的电子邮件软件。Excel 还支持将表格数据直接从浏览器拖放到 Excel 中,可以在浏览 Web 页面时,通过常用的复制、粘贴甚至直接拖放操作,就可以从浏览器复制电子表格信息。Excel 与 Web 的紧密结合使得用户在使用浏览器时即可随时方便查看、编辑 Excel 中的丰富内容。

Excel 2016 的共享功能使得协同作业更加方便,工作组中的各个成员可以同时编辑工作簿,可以利用突出显示修订、批注等方式及时地了解其他用户的工作。

三、Excel 软件与其他财务软件的比较

目前,企业利用电子计算机解决财务问题大多是直接利用专业财务软件进行的。利用专用财务软件应该说既简单又方便,但也有其一定的局限性。

一是由于企业的业务种类繁多并不断变化,有时会出现专用财务软件解决不了的问题。二是由于专用财务软件的功能有限,也使其不能满足企业管理的需要,出现管理上的死角与盲区。三是自主开发专用财务软件难度大、周期长、成本高。随着计算机应用的不断普及与深入以及财务人员素质的不断提高,财务管理人员在工作中不能仅局限在使用一两种专用财务软件的范围内,而应该了解掌握更多的处理财务数据的工具,只有这样,在工作中遇到问题时,思路才会广,解决的方法才会多,工作效率才会高。

作为通用办公软件,Excel 与专用电算化财务软件相比,主要存在以下几方面的差异:

第一,基本功能不一致。一般的专用财务软件是以财务处理为核心,其主要功能包括凭证输入、形成总账及各种分类账、账查询、输出财务报表及账本等。Excel 突破了传统财务软件的模式,它是一种集数据库、工作表与图形于一体的工作环境,在这个环境中提供了各种工具和方法库,从根本上满足了现代会计的各种需求。它能方便地采集、处理数据,有丰富灵活的计算功能,输出报表完美,用户可根据自己的需要设置各种实用功能。

第二,开发成本不一致。一般来说,由于专用管理型财务软件是针对企业进行设计并调试的,其开发成本较高,而 Excel 将不存在单独的开发成本,功能越来越强。

第三,适用范围不一致。由于专用管理型财务软件是针对某个或某类企业进行设计并调试的,它能很好地满足目标企业的需求,有针对性地解决这些企业的各种问题,但其适用范围

窄;Excel 一般不提供会计人员所需的各项可操作的具体功能(如凭证输入、过账等账务处理功能),而只是提供工具和方法,这使得其功能更强,适用范围更广。

第四,掌握难易程度不一致。专用财务软件在使用初期要进行特殊的专门培训,掌握和使用起来有一定的难度;Excel 可以构建出相当复杂的系统,但是其界面始终简单明了,操作过程简洁,无须专门培训,具有简单易学、灵活实用的特点。

严格地讲,Excel 并不能说是一个已经完善了的财务软件,它只是一个财务工作平台。但是在这个平台上所能操作的财务事项的范围将远远超出一个专用的财务电算化软件所能包括的范围。用比较通俗的语言讲,如果将专用财务软件比做"死扳手",则它可以方便、有效、有针对性地解决它所指定的具体问题;而 Excel 电子软件则可以视为一把万能的"活扳手",它所能解决的问题远比"死扳手"要多得多,所需要的只是要学会"活扳手"的使用方法。

另外还需要强调的是,Excel 的使用并不需要专业编写程序的人来操作。因为 Excel 本身是一种不用编程的计算工具,只要掌握了 Excel 基本操作原理,解决具体的财务问题,原则上就靠自己了。再没有必要像过去那样,将关于解决相关问题的要求写出来,请专业的软件设计人员作出相应的软件再使用,甚至出现环境变化、参数变化、管理流程变化时,还需要再请原设计人员做出相应的修改和维护,使用 Excel 则可以自力更生。当然,并不是所有的利用 Excel 工具解决具体问题的情况都不需要编程,Excel 也为高级用户提供了编程工具。如果将会计业务划分为财务会计和管理会计两部分,则前者适合使用标准化的专业软件,而后者则适合使用 Excel。

下面,我们用两个图形来对上面的陈述做进一步的说明。

如图 0.1 所示,它形象地说明了 Excel 与专用财务软件适用范围的差异。专用财务软件的使用范围,仅是财务计算问题的一小部分;Excel 是一种通用的计算工具,它涵盖了绝大部分财务计算问题,同时还能解决许多非财务计算问题,但不排除有少量较特殊的财务问题它没有涵盖。

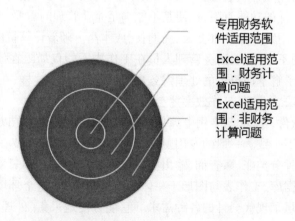

图 0.1   Excel 与专用财务软件的适用范围比较

按照企业管理的层次,通常将办公自动化应用对象分为三层——决策层、管理层和事务层。财务处理软件基本上是一个事务操作层的软件。专用财务软件大体定位在事务层,同时尽力向管理层做一定延伸。Excel 则不同,它对这三层应用对象都非常适用,尤其适用于中高层管理人员,如图 0.2 所示。

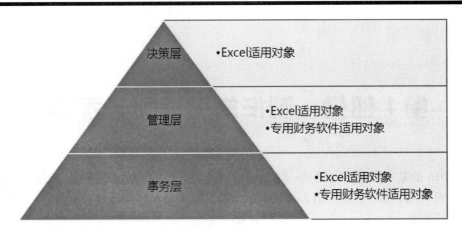

图 0.2 Excel 与专用财务软件的适用对象比较

第1部分 制作常见的财务表格

Excel 2016 的基本知识和应用是一门独立的课程,需要循序渐进地掌握会计从业人员必须掌握的知识。第 1 部分主要介绍 Excel 2016 的基本操作,为学习 Excel 在会计和财务中的应用打下坚实的基础。

案例 1.1 制作《银行借款登记卡》

【情境引入】银行借款是企业资金来源的一个重要途径,在实际工作中,财务部门应该及时做好银行借款的登记工作,按时归还到期的银行借款,以提升企业在银行的信誉度。

【相关知识】

- Excel 2016 工作簿的创建与保存;
- 重命名工作表;
- 设置数字格式类型;
- 插入行与插入列;
- 调整行高和列宽;
- 添加边框和底纹;
- 求和函数 SUM;
- 绝对引用和相对引用;
- 取消网格线;
- 打印设置。

一、创建、命名工作簿

1. 新建和保存工作簿

创建或者打开工作簿的方法有多种,一般情况下,依次单击"开始"/"所有程序"/"Excel 2016"命令,启动 Excel 2016,在弹出的如图 1.1 所示窗口中,可以有如下选择:

第一,在窗口左侧"最近使用的文档"列表区域中选择自己最近编辑过的一个 Excel 工作簿,将其打开继续编辑;

第二,单击窗口左侧的"打开其他工作簿"命令,在本地电脑上找到并打开需要的 Excel 工作簿进行查看或编辑;

第三,单击窗口右侧的"空白工作簿"缩略图按钮,新建一个工作簿开始编辑;

第四,如果想使用 Office 2016 内置的 Excel 模板,可以单击右侧窗格中例如"个人月预算"缩略图按钮,即可打开一个经过设计、布局和美化好的已有 Excel 工作表模板,供用户直接使用、编辑。

图 1.1　新建工作簿

这里,我们通过第三种方法,创建一个默认名为"工作簿 1. xlsx"的新工作簿,如图 1.2所示。

图 1.2　默认的 Excel 2016 工作表界面

新建的 Excel 工作簿需要进行保存,可以有以下几种方法:

第一,依次单击"文件"/"保存"命令(或者按下 Ctrl + S 组合键),在弹出的"另存为"窗口界面单击"浏览"按钮。弹出"另存为"对话框,选择保存路径、输入文件名后,单击"保存"按钮。

第二,依次单击"文件"/"另存为"命令,在弹出的"另存为"窗口界面单击"浏览"按钮(或者按下 F12 功能键),亦可弹出"另存为"对话框,进行同上操作。

这里,我们将新工作簿保存为"案例 1.1 银行借款登记卡"(注:Excel 2016 工作簿扩展名为 . xslx)。

【说明】如果在工作簿的编辑过程中重复执行第一种方法,则会按照已有的保存路径和文件名进行保存;而重复执行第二种方法,则每次都会弹出"另存为"对话框,根据自己的需要改变保存路径或者文件名。

2. 重命名工作表

新建的 Excel 2016 工作簿中默认仅包含 1 个工作表(Sheet1),右单击 Sheet1 工作表标签,从弹出的快捷菜单中单击"重命名…"命令(或者双击工作表标签),修改工作表标签的名称为"银行借款登记卡"。

二、编辑表格

Excel 2016 工作表是由行(用 1、2、3…1048576 表示)、列(用 A、B、C…XFH 列标表示)和单元格(即行和列交叉点,用 A1、C3、G13…表示)构成。其中单元格是存储数据的基本单位,通过对单元格的操作就可以完成对工作表中数据的编辑。单击某一个单元格即可激活它,使其成为活动单元格(在屏幕上用带黑色粗线的方框表示,它的地址就会在名称框中显示出来,此时输入的数据就会被保存在该单元格中)。接下来,参照图 1.3 所示样例,进行表格数据的输入与编辑。

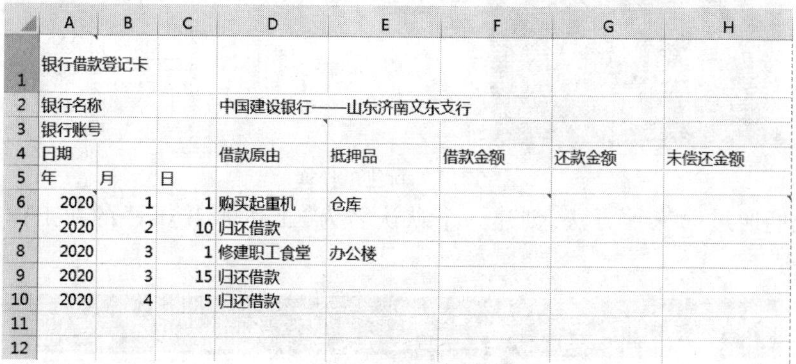

图 1.3 原始数据

1. 基本数据录入

(1)表格标题。

第一步,在 A1 单元格中输入表格标题"银行借款登记卡"。

第二步,自 A2 单元格开始,参照图 1.3 所示依次输入相关信息:"银行名称""中国建设银行——山东济南文东支行""银行账号""日期""借款原由""抵押品""借款金额""还款金额""未偿还金额"等。

【说明】表格标题,通常与表格数据区域相隔一行(避免数据区域的数据处理出现异常情况),并且位于下方数据区域的正上方位置居中显示(一般有"合并后居中"和"跨列居中"两种方式)。它与通常所说的数据区域的"标题行"意义不同——本案例中的"标题行"指的是第 4 行的信息,例如,"借款原由""借款金额"等,它们分别指定的是该列数据的类型或性质。

(2)日期。

一张银行借款登记卡中的填写日期并不复杂,数据记录页不多,因此可以直接输入年、月、日数据。其中的"年"数据列均为"2020",因此可以在 A6 单元格中输入第一个"2020"之后,用鼠标左键拖动该单元格的"填充句柄"(对准单元格右下角的黑色实心方块,变成黑色实心"+"字形)向下复制填充至其他 A 列单元格,可以快速获取多个"2020"数据。

2. 设置单元格格式

默认生成的 Excel 工作表,在数据编辑工作完成之后,需要根据企业内部表格制作规范,进行适当地格式设置才符合要求,可以使得工作表更加美观,也方便数据的阅读。通常情况下,单元格格式的设置包括字体格式、数字格式、行高列宽、边框和底纹、对齐方式等操作。

(1)设置数字格式。

【相关知识】Excel 工作表的单元格默认识别的数字位数为 15 位,超过 11 位不足 15 位的使用科学计数法"E+"形式显示;如果超过 15 位(例如,银行账号为 19 位数字),则 16 位开始向后的数字均变为 0(银行账号后四位数字将变为"0000")。所以需要事先将该列的数字格式由默认的"常规"设置为"文本",然后才能输入完整的银行账号,这种设置还适用于身份证号码、电话号码、序号、编码等超过 15 位的数字输入。

第一步,设置银行账号数字格式。选择 D3 单元格,依次单击"开始"/"数字格式"按钮右侧的下三角,从弹出的列表中选择"文本"格式(或者单击"数字"选项组右下角的"数字格式"对话框启动器按钮,弹出"设置单元格格式"对话框,在"数字"/"分类"选项组中选择"文本"类型),然后在 D3 单元格中输入银行账号。

第二步,设置款项数字格式。选择 F:H 列,单击"数字"选项组右下角的"数字格式"对话框启动器按钮,弹出"设置单元格格式"对话框,在"数字"/"分类"选项组中选择"会计专用"类型,选择"无"货币符号。完成设置之后分别输入借款金额、还款金额。

(2)设置字体格式。

选中 A1:H10 单元格区域,然后在"开始"/"字体"选项组中,设置"微软雅黑、12 磅"字体格式。

选择 A1:H1 表格标题区域,设置字体格式为"微软雅黑 加粗 18 磅"。

(3)设置对齐方式。

选择 A:H 列(鼠标左键单击 A 列列标不放,一直拖选至 H 列列标),然后在"开始"/"对齐方式"选项组中,单击"居中"按钮。

选择 A1:H1 单元格区域,单击"开始"/"对齐方式"选项组中的"合并后居中"命令,将表格标题"银行借款登记卡"跨区域居中对齐,多个单元格合并为一个大的单元格,文字位于该单元格的中间位置。

利用同样的方法,分别参照图 1.4 所示,将其他位置也做相同处理。

	A	B	C	D	E	F	G	H
1					银行借款登记卡			
2	银行名称			中国建设银行——山东济南文东支行				
3	银行账号			6222020200001111254				
4	日期			借款原由	抵押品	借款金额	还款金额	未偿还金额
5	年	月	日					
6	2020	1	1	购买起重机	仓库	850,000.00		
7	2020	2	10	归还借款			500,000.00	
8	2020	3	1	修建职工食堂	办公楼	500,000.00		
9	2020	3	15	归还借款			500,000.00	
10	2020	4	5	归还借款			200,000.00	
11								
12								
13								
14								

图 1.4　合并后居中

知识 1-1：重复上一次操作。

在 Office 办公文档（包括 Word 文档、Excel 表格和 PowerPoint 演示文稿）的编辑过程中，如果连续进行的是重复性操作，则可以通过不断按下 F4 键，实现快速重复上一次操作的操作，提高工作效率。例如，在本案例中，在完成上一次"合并后居中"操作后，选择另一处单元格区域，然后按下 F4 功能键，即可重复同样的操作。

（4）添加边框和底纹。

第一步，添加边框线。选择 A2：H14 单元格区域，单击"开始"/"字体"选项组中的"边框"/"所有框线"命令，为数据区域加上边框线。

第二步，添加底纹。分别选择如图 1.5 所示单元格区域（浅黄色阴影部分），单击"开始"/"字体"选项组中的"填充颜色"/"金色 个性色 4 淡色 80%"选项，为其添加底纹。

			银行借款登记卡				
银行名称			中国建设银行——山东济南文东支行				
银行账号			6222020200001111254				
日期			借款原由	抵押品	借款金额	还款金额	未偿还金额
年	月	日					
2020	1	1	购买起重机	仓库	850,000.00		
2020	2	10	归还借款			500,000.00	
2020	3	1	修建职工食堂	办公楼	500,000.00		
2020	3	15	归还借款			500,000.00	
2020	4	5	归还借款			200,000.00	

图 1.5　添加边框和底纹

（5）调整行高和列宽。

鼠标左键按住第 1、2 行号之间的分隔线，向下拖拽分隔线，适当增大第 1 行行高。

【说明】如果想精确设置行高，可以右单击行号"1"，从弹出的列表中选择"行高…"命令，接着在弹出的"行高"对话框中设置行高值，如"40"。

调整列宽的方法与上述操作相类似，单击需要调整列宽的列标（例如，B），用鼠标左键按住 B、C 列标之间的分隔线，然后适当拖拽分隔线至合适位置。

知识 1-2：利用"格式"菜单调整行高和列宽。

除了用鼠标左键拖拽行与行之间、列与列之间的分隔线外，可以调整行高、列宽之外，选择行或列，依次单击"开始"/"单元格"/"格式"/"列宽…"命令（如图 1.6 所示），在弹出的对话框中设置列宽值。

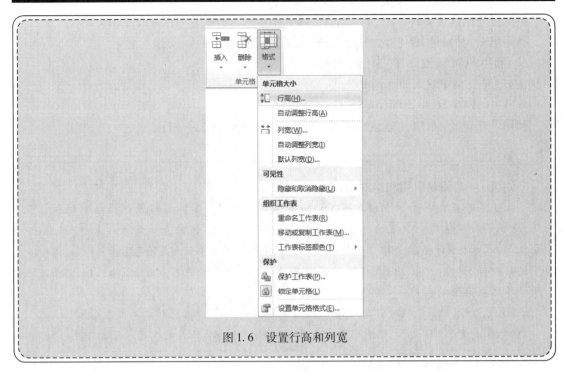

图 1.6　设置行高和列宽

知识 1 - 3:快速调整行高、列宽。

有的时候,如果并不需要精确设置行高或列宽值,还可以采用如下方法快速调整行高或列宽:第一种,自动调整行高(列宽)。选择单行(列)或者多行(列),然后快速双击某两行(列)之间的分隔线,即可快速实现自动调整行高(列宽)的效果,与如图 1.6 所示的"自动调整行高"或"自动调整列宽"命令效果相同。第二种,统一多行(列)行高(列宽)。选择多行(多列),然后拖拽某两行(列)之间的分隔线,即可快速实现为多行(列)统一行高(列宽)的效果。

3. Excel 函数和公式计算

在 Excel 中,不仅仅可以输入数据并进行格式化,更为重要的是可以通过公式和函数方便地进行统计、计算、分析,例如求和、求平均值、计数等。为此,Excel 提供数量多、类型丰富的实用函数,可以通过各种运算符及函数构造出各种公式以满足各类计算的需要。通过公式和函数计算出的结果,不但正确率有保证,而且在原始数据发生改变后,计算结果能够自动更新,这将极大地提高工作效率和效果。公式就是一组表达式,由单元格引用、常量、运算符、括号组成,复杂的公式还可以包括函数,用于计算生成新的值。

本案例中,"未偿还金额"的计算方法是:未偿还金额 = 累计借款金额 - 累计还款金额。可以分别利用公式和函数两种方法进行计算。

(1)利用公式计算"未偿还金额"。

第一行因为尚未产生累计款项,因此"未偿还金额"的计算公式可以简化为:= 借款金额 - 还款金额。在 H6 单元格中输入公式:= F6 - G6;

第二行开始产生累计款项,因此在 H7 单元格中输入公式: = H6 + F7 – G7。

利用填充句柄,将 H7 单元格中的公式向下复制填充至最后一行。

(2)利用 SUM 函数计算"未偿还金额"。

在 H6 单元格中输入如下函数公式:

= SUM($F$6:F6) – SUM($G$6:G6)

利用填充句柄,将 H6 单元格中的公式向下复制填充至最后一行。

> **知识 1 – 4:相对引用和绝对引用。**
>
> 上述函数公式中的 SUM($F$6:F6)表示从固定位置 F6 单元格开始至当前位置(可变)之间的数据区域中数值的总和,即从第一笔"借款金额"记录开始向下到某一行"借款金额"的总和(累计借款金额)。SUM($G$6:G6)则表示从第一笔"还款金额"记录开始向下到某一行"还款金额"的总和(累计还款金额)。其中的 $F$6:F6 或 $G$6:G6 是对上下两个单元格地址的引用。
>
> F6 或者 G6 表示"相对引用",即单元格地址随着公式的填充移动而发生移动。
>
> $F$6 或者 $G$6 表示"绝对引用",即单元格地址不会随公式的填充移动而发生移动。

三、打印设置

在完成了工作表的编辑计算和格式化之后,就可以将其打印输出了。在输出之前应该对表格进行相关的打印设置,以使其输出效果更加美观。本案例的打印要求是:仅打印有效数据区域,纵向打印在一张 A4 纸上,居中显示。

1. 取消网格线

切换至"视图"选项卡中,取消"网格线"复选框的勾选。这样可以使得电子版的工作表版面简洁明了。

2. 设置打印区域

选择 A1:H14 单元格区域,切换至"页面布局"选项卡,依次单击"打印区域"/"设置打印区域"命令,将选中的区域设置为即将打印的区域。如图 1.7 所示。

图 1.7 页面布局选项卡

在"页面布局"选项卡中,还可以设置纸张方向为"纵向"、纸张大小为"A4"等。

3. 调整列宽

经过设置打印区域之后,工作表区域中将产生一条竖直虚线——代表纸张边界,如果打印区域超出了该虚线位置,则超出区域会打印在另一张纸上,造成浪费。需要手动调节列宽直至打印区域被限制在该虚线范围内。如果不允许随意调整列宽,则需要进一步通过调整页边距来解决上述问题。

4.调整页边距

按下 CTRL + P 组合键,进入"打印预览"模式,在左侧窗格中单击"页面设置"按钮,切换至"页边距"选项卡中,调整左、右页边距数值,勾选"水平"复选框,将打印区域显示在一张纵向 A4 纸张的居中位置。如图 1.8 所示。

图 1.8　打印预览效果

一课一练 1　SUM 函数在数据统计中的应用

练习 1. 汇总两种商品的销售额

本例效果如图 1.9 所示,在 F2 单元格中构建如下函数公式,汇总电视和手机这两种商品的销售额:

= SUM(B2: B11, C2: C11)

F4		× ✓ fx	=SUM(B4:B13,C4:C13)			
	A	B	C	D	E	F
1	SUM函数使用实例一：汇总两种商品的销售额					
2						
3	日期	销售额（电视）	销售额（手机）	月销售总额		电视和手机的总销售额
4	2010年1月	56,360	37,959	94,319		1,044,858
5	2010年2月	61,926	46,038	107,964		
6	2010年3月	88,948	23,780	112,728		
7	2010年4月	75,215	30,113	105,328		
8	2010年5月	87,191	16,120	103,311		
9	2010年6月	95,710	15,213	110,923		
10	2010年7月	70,710	38,554	109,264		
11	2010年8月	63,978	33,947	97,925		
12	2010年9月	76,386	18,915	95,301		
13	2010年10月	77,202	30,593	107,795		
14	小计	753,626	291,232	1,044,858		

图 1.9　利用 SUM 函数汇总两种商品的销售额

练习 2. 汇总大于 15 000 的销量额

本例效果如图 1.10 所示，在 D4 单元格中输入如下数组公式并按 Ctrl + Shift + Enter 组合键，汇总大于 15000 元的销量额：

$$\{=\text{SUM}((B4:B12>15000)*B4:B12)\}$$

D4		× ✓ fx	{=SUM((B4:B12>15000)*B4:B12)}	
	A	B	C	D
1	SUM函数使用实例二：汇总大于 15 000 的销量额			
2				
3	姓名	销售额		大于15000的销售额总和
4	刘书海	17,366		74,049
5	袁芳	13,666		
6	雪莉	11,357		
7	胡伟	13,143		
8	姜超	19,897		
9	刘丽萍	13,438		
10	朱弘	18,069		
11	邓苗	13,006		
12	姜然	18,717		
13	小计			

图 1.10　利用 SUM 函数汇总大于 15000 的销量额

练习 3. 统计销售部女员工人数

本例效果如图 1.11 所示，在 E4 单元格中构建如下数组公式，并按 Ctrl + Shift + Enter 组合键，统计销售部女员工人数：

$$=\text{SUM}((B4:B19="女")*(C4:C19="销售部"))$$

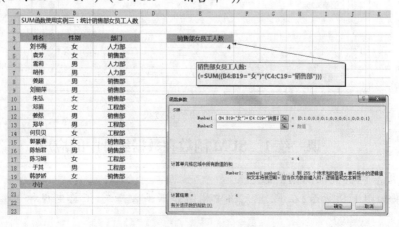

图 1.11　SUM 函数使用实例三：统计销售部女员工人数

【函数解读】SUM 数组公式计算。

在案例"汇总大于 15 000 的销量额"中,首先判断区域 B4:B12 中大于 15000 的单元格,得到一个包含逻辑值 TRUE 和 FALSE 的数组。然后将此数组与区域 B4:B12 中的对应单元格相乘,得到一个包含 1 和 0 的数组,最后使用 SUM 函数对该数组求和,即可得到符合条件的销售额总和。

在案例"统计销售部女员工人数"中,SUM 函数中包含了两个数组,第一个数组判断区域 B4:B19 中的值是否为"女",第二个数组判断区域 C4:C19 中的值是否为"销售部",判断结果为包含逻辑值的数组。将这两个数组相乘,即可将逻辑值转换为包含 1 和 0 的数组,然后使用 SUM 函数对该数组求和,即可计算出销售部的女员工人数。

案例 1.2　制作《差旅费报销单》

【情境引入】"差旅费报销单"是单位员工出差报销时经常需要使用的表格。在出差归来后,需要填写"差旅费报销单",以便于财务科办理报销手续。财务管理人员应根据部门的需要,设计制作适合的"差旅费报销单",要求能够实现自动显示填表日期、统计差旅费总额等功能,如图 1.12 所示。

图 1.12　差旅费报销单

【相关知识】

- 设置单元格格式(文本对齐方向、边框等);
- Excel 基本功能(格式刷、插入批注、打印预览、设置显示比例等);
- MIN 函数、MAX 函数、SUM 函数和 TODAY 函数的用法。

一、编辑数据

新建工作簿,将其保存为"差旅费报销单.xlsx"(.xlsx 为工作簿后缀名)。修改其中的 Sheet1 工作表标签名称为"差旅费报销单"。根据报销单据的实际需要,在工作表的适当位置录入如图 1.13 所示数据。

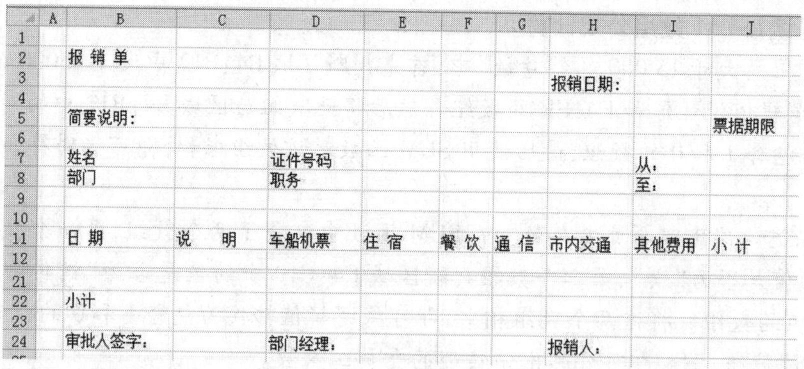

图 1.13　原始数据

【说明】如果后期需要调整,可以通过插入行/列、删除行/列等操作来修改。

插入行/列:如果想在第 1 行上方插入一行,则可以右单击行号 1,从弹出的快捷菜单中选择"插入"命令,即可在该行上方新添一行;如果想在第 1 列前方插入一列,则可以右单击列标 A,从弹出的快捷菜单中选择"插入"命令,即可在该列左侧新添一列。

二、设置单元格格式

由于报销单中字体格式较为复杂,我们首先对其进行一个总的格式设置。

第一,设置表格字体。单击第 1 行、第 A 列行列交叉处的全选按钮,选中整个工作表,设置字体为"Arial Unicode MS"。

第二,设置对齐方式。全选表格,设置"居中"对齐。

第三,设置表头标题。选中 B2:L2 单元格区域("报销单"),设置"合并后居中";设置字体格式为"幼圆、22 磅、粗体"。

其次,按照需要,针对表格中的不同单元格区域分别编辑修改。

第一,设置字体格式。选择 B5、B7、B8、D7、D8、J7、J8、K5 单元格("简要说明:""姓名""部门"等),以及 B11:K11 单元格区域("日期""说明""车船机票"……),设置字体格式为"加粗"。

第二,设置对齐方式。选择"简要说明:"单元格,设置"左对齐";选择"姓名""部门""证件号码""职务""从:""至:""票据期限"单元格,设置"右对齐"。其他仍为"居中"对齐。

第三,添加边框线。选择不同的单元格区域,在"边框"下拉列表中为其设置不同的边框线样式(复杂框线可以打开"设置单元格格式"对话框,在"边框"选项卡下进行相应设置):

C5:E5 单元格:设置"合并后居中"对齐方式;并为该合并区域和 C7、C8、E7、E8 单元格添加"下框线"边框线。

B7:E9 单元格:添加"粗匣框线"。

J7:J8 单元格:打开如图 1.14 所示"设置单元格格式"对话框,在"边框"选项卡中选择一种粗实线作为"外框线",选择一种细实线作为"内部"边框。

C24、E24:G24、I24:J24 单元格:分别添加"粗底框线";并分别设置 E24:G24、I24:J24 单元格区域"合并后居中"。

B11:J22 单元格:分别添加粗实线的"外边框"和细虚线的"内部"框线(如图 1.15 所示)。

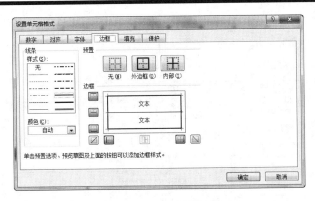

图 1.14　复杂框线设置 1

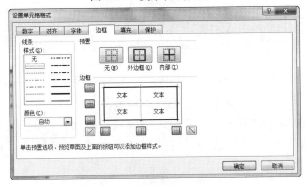

图 1.15　复杂框线设置 2

B11:J11 单元格:设置其框线为"下框线";选择 B22:J2 单元格区域,设置其框线为"上框线"。将 B22:C22 单元格区域("小计")设置为"合并后居中"。

第四,添加底纹。选择 B11:J11 单元格区域,为其添加"绿色,个性色 6,淡色 60%"底纹;分别选择 J12:J21、D22:J22 单元格区域,为其添加"金色,个性色 4,淡色 60%"底纹。

第五,调整行高。全选表格,设置行高为"16.5";选择第 2 行,设置行高为"36"。

第六,设置数字格式。根据报销业务需要,模拟填入相关内容,如图 1.16 所示。

日期	说明	车船机票	住宿	餐饮	通信	市内交通	其他费用	小计
2019/12/1	宿迁电梯厂调试	325	1500	400	100	480	3	
2019/12/10	南通建安公司安装	356	1240	450	120	253	2	

报 销 单

报销日期:

简要说明:　去江苏考察

票据期限

姓名　张步祖　证件号码　1842　从:
部门　销售部　职务　业务主管　至:

小计

审批人签字:　部门经理:　报销人:

图 1.16　填写报销业务

一是调整"日期"数字格式。选择 B12:B22 单元格区域,打开"设置单元格格式"对话框,设置"自定义"/"yyyy – mm – dd"格式,如图 1.17 所示。

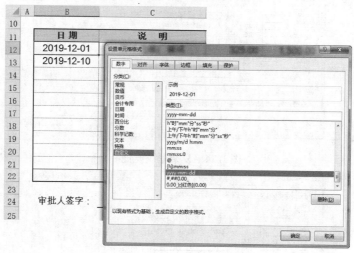

图 1.17　调整"日期"数字格式

二是调整"数值"格式。选择 D12:J22 单元格区域,设置为"数值"类型,小数位数为"2",勾选"使用千位分隔符",负数类型选择"– 1,234.10"格式,并且修改对齐方式为"右对齐"。如图 1.18 所示。

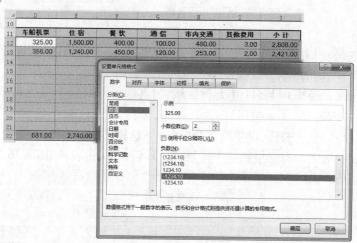

图 1.18　调整"数值"格式

第七,调整列宽。根据数据区域填充情况,适当调整列宽。

第八,取消网格线。在"视图"选项卡下取消"网格线"复选框,可以将 Excel 工作表的网格线取消,使得报销单更加醒目突出。

三、函数计算

1. 报销日期

在 I3 单元格中输入公式: = TODAY(),按下 Enter 键,得到当前日期。设置 I3 单元格数字格式为"短日期"。

知识 1 - 5：日期和时间类 TODAY 函数。

　　TODAY 返回当前日期的序列号(序列号是 Excel 用于日期和时间计算的日期 - 时间代码,默认情况下,1900 年 1 月 1 日的序列号为 1。例如,2020 年 12 月 1 日的序列号为 44166,这是因为它距离 1900 年 1 月 1 日有 44165 天;而 TODAY 返回的就是从当前日期距离 1900 年 1 月 1 日的天数)。

　　如果在输入该函数之前单元格格式为"常规",Excel 会将单元格格式自动更改为"日期"(例如,2020/12/31)。若要显示序列号,则必须将单元格格式更改为"常规"或"数字"。不管何时打开工作簿,当需要在工作表上显示当前日期时,TODAY 函数非常有用。下面,以当前时间为 2020 年 12 月 31 日为例,列举 TODAY 函数的几种应用(如表 1.1 所示)。

表 1.1　　　　　　　　　　　　　　　　**TODAY 函数的几种应用**

公式	说明	结果
= TODAY()	返回当前日期	2020/12/31
= TODAY() + 5	返回当前日期加 5 天	2021/1/5
= DATE(2023,1,1) - TODAY()	返回当前日期和 2023 年 1 月 1 日之间的天数差。(注意:单元格必须设置为"常规"或者"数值"格式才能正常显示天数差)	1901/12/31
= DAY(TODAY())	返回本月中的当前日期(1 - 31)。	1
= MONTH(TODAY())	返回本年中的当前月份(1 - 12)。	12

2. 票据期限

　　在 J7 单元格中输入公式：= MIN(B12：B21),返回所有日期中的第一天。

　　在 J8 单元格中输入公式：= MAX(B12：B21),返回所有日期中的最后一天。

知识 1 - 6：统计类函数 MIN 和 MAX。

　　MIN(MAX)函数返回一组值中的最小(大)值。语法为:MIN(number1,[number2],…)或者 MAX(number1,[number2],…)。MIN(MAX)函数语法具有下列参数:number1,number2,…number255,意味着最多可以在 255 个数值中查找其最小(大)值。在本例中,参数 B12:B21 是包含数字的单元格引用,表示"从 B12 至 B21 单元格"的所有数据单元格。

　　能够参与计算的数据类型包括:

● 数字或者是包含数字的名称、数组或引用。

● 逻辑值和直接键入的代表数字的文本被计算在内。

　　如果参数不包含任何数字,则 MIN(或 MAX)函数返回值 0。

3. 小计

（1）累加求和。

选中 J12：J22 单元格区域，单击"开始"/"编辑"/"自动求和"/"求和"命令，即可为该区域中的所有单元格输入公式。例如，J12 单元格中的公式为"= SUM（D12：I12）"。

（2）单项求和。

选中 B22：C22 单元格区域，设置"合并后居中"。选择 D22：I22 单元格区域，利用上述方法，单击"求和"命令，为该区域的所有单元格输入公式。例如，D22 单元格中的公式为"= SUM（D12：D21）"。

知识 1 - 7：在具有零值的单元格中不显示零。

如图 1.19 所示，由于在 J 列"小计"中构建了求和函数（SUM），因此，如果当前行中不存在报销业务，它仍然进行求和计算得到"0.00"，报销单从视觉角度上看，显得不够简洁美观。能否既保留公式，又不显示零值的结果呢？依次单击"文件"/"选项"/"高级"命令，在如图 1.20 所示窗格中取消"在具有零值的单元格中显示零"复选框勾选，然后单击"确定"按钮。得到如图 1.21 所示最终效果。

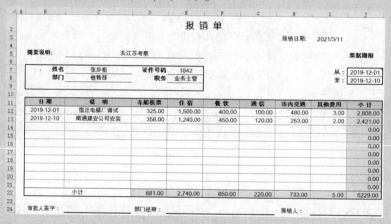

图 1.19　构建函数

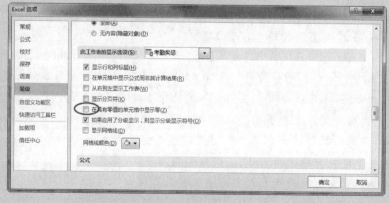

图 1.20　Excel 选项 - 取消零值显示

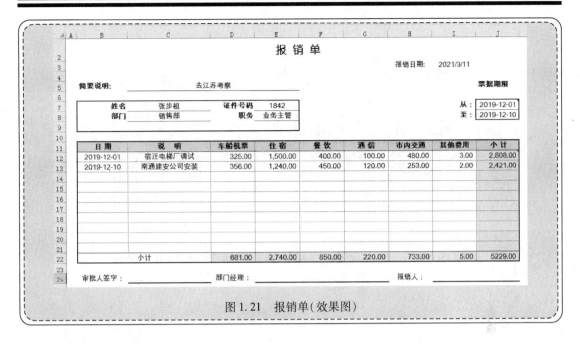

图 1.21 报销单(效果图)

四、插入批注

为了方便业务员填写报销单,在含有函数公式的单元格位置可以插入注解,提醒他此处可以自动计算得到结果,无须手动输入。可以使用 Excel 的"批注"功能加以实现。选择 J7 单元格("票据期限"/"从"),依次单击"审阅"/"新建批注"命令,在弹出的批注框中输入"起始日期自动填写,无须输入。",如图 1.22 所示。

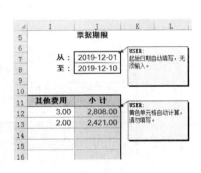

图 1.22 插入批注

单击"审阅"/"显示所有批注"命令,可以隐藏批注(仅在单元格右上角显示一个红色的小三角符号,提醒用户),再次单击可以显示、查看批注。参照上述操作,在 J12 单元格中插入批注"黄色单元格自动计算,请勿填写。"。

五、打印设置

报销单在填写完整之后,需要打印、签字、盖章。打印文档时为了避免浪费纸张,需要事先进行打印设置。具体操作方法为:按下 Ctrl + P 组合键,进入"打印预览"视图模式(如图 1.23 所示)。在此,我们可以根据需要进行一系列的设置:纸张大小选择 A4,纸张方向选择横向,调整页边距使得文档能够打印在一张 A4 纸上。

六、调整显示比例

如果我们想在当前电脑屏幕上最大化地显示报销单的全部内容,可以选择 B2:J25 单元格区域,依次单击"视图"/"显示比例"按钮,弹出"显示比例"对话框,选择"恰好容纳选定区域"单选按钮,单击"确定"按钮。此时整个被选定的工作表就可以在当前屏幕内显示。如图 1.24 所示。

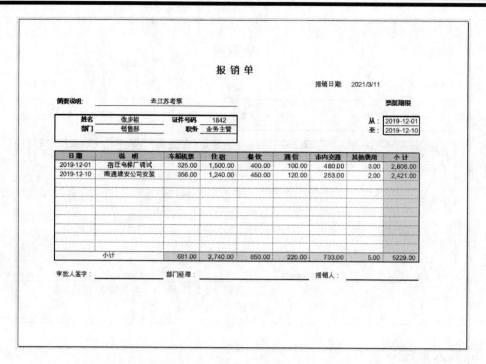

图 1.23　打印预览

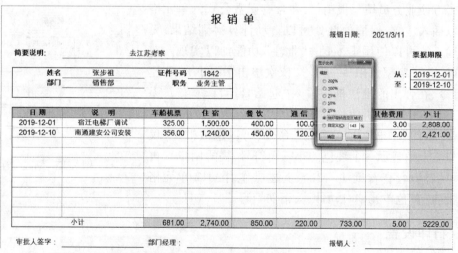

图 1.24　恰好容纳选定区域

一课一练2　利用 COUNTIF 函数进行精确统计(一)

COUNTIF 是一个统计函数,用于统计满足某个条件的单元格的数量。COUNTIF 的语法格式可以简化为:

= COUNTIF(要计数的区域,要满足的条件)

练习1. 含有指定数值:统计成绩为"100"分的人数

如图 1.25 所示,在 D3 单元格中构建如下函数公式,统计成绩为"100"分的人数。

= COUNTIF(B:B,100)

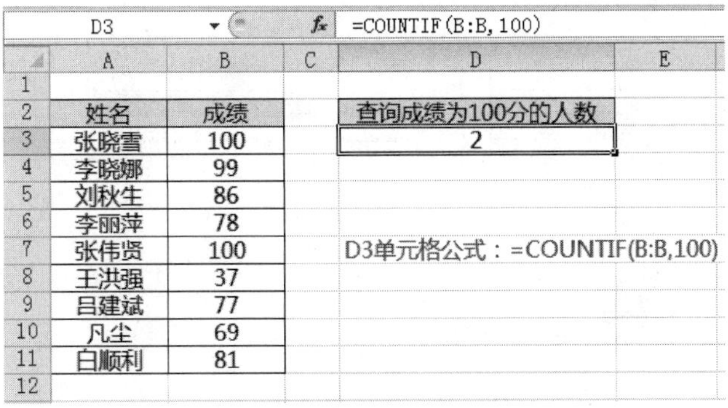

D3　=COUNTIF(B:B,100)

	A	B	C	D	E
1					
2	姓名	成绩		查询成绩为100分的人数	
3	张晓雪	100		2	
4	李晓娜	99			
5	刘秋生	86			
6	李丽萍	78			
7	张伟贤	100		D3单元格公式：=COUNTIF(B:B,100)	
8	王洪强	37			
9	吕建斌	77			
10	凡尘	69			
11	白顺利	81			
12					

图 1.25　统计成绩为“100”分的人数

练习 2. 含有指定文本：统计“销售部”人数

如图 1.26 所示，在 D3 单元格中构建如下函数公式，统计部门为“销售部”的人数：

=COUNTIF(B:B,"销售部")

【**注意**】文本字符串在公式中需要加英文双引号。

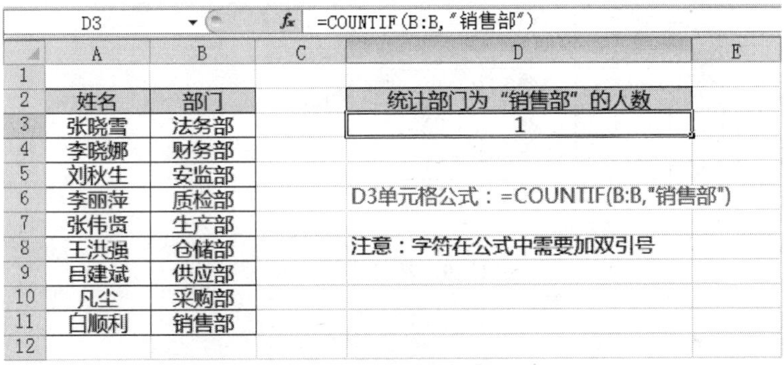

D3　=COUNTIF(B:B,"销售部")

	A	B	C	D	E
1					
2	姓名	部门		统计部门为“销售部”的人数	
3	张晓雪	法务部		1	
4	李晓娜	财务部			
5	刘秋生	安监部			
6	李丽萍	质检部		D3单元格公式：=COUNTIF(B:B,"销售部")	
7	张伟贤	生产部			
8	王洪强	仓储部		注意：字符在公式中需要加双引号	
9	吕建斌	供应部			
10	凡尘	采购部			
11	白顺利	销售部			
12					

图 1.26　统计“销售部”人数

练习 3. 统计非空单元格个数（相当于 COUNTA 函数）

如图 1.27 所示，在 D3 单元格中构建如下函数公式，统计已考科目人次。

=COUNTIF(B3:D11,"<>")

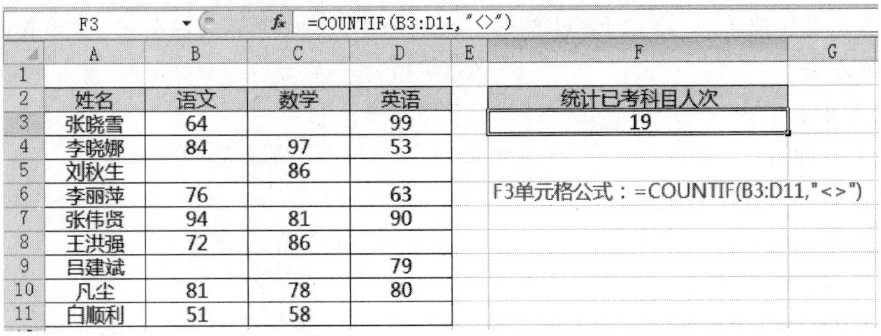

F3　=COUNTIF(B3:D11,"<>")

	A	B	C	D	E	F	G
1							
2	姓名	语文	数学	英语		统计已考科目人次	
3	张晓雪	64		99		19	
4	李晓娜	84	97	53			
5	刘秋生		86				
6	李丽萍	76		63		F3单元格公式：=COUNTIF(B3:D11,"<>")	
7	张伟贤	94	81	90			
8	王洪强	72	86				
9	吕建斌			79			
10	凡尘	81	78	80			
11	白顺利	51	58				

图 1.27　统计非空单元格个数

练习 4. 统计空单元格（相当于 COUNTBLANK 函数）

如图 1.28 所示，在 D3 单元格中构建如下函数公式，统计无成绩人数：

=COUNTIF(B3:B11,"=")

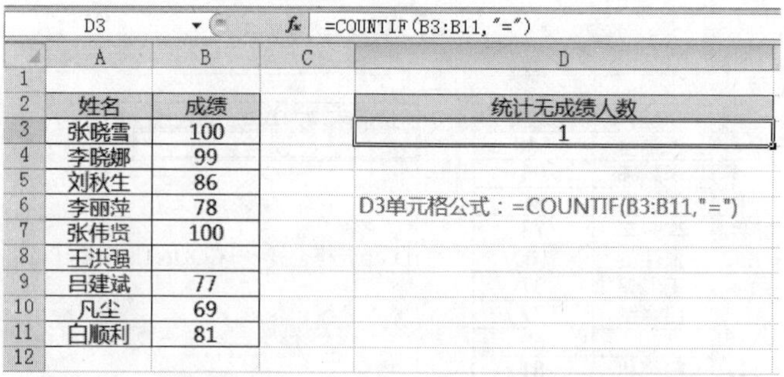
D3 =COUNTIF(B3:B11,"=")

	A	B	C	D
1				
2	姓名	成绩		统计无成绩人数
3	张晓雪	100		1
4	李晓娜	99		
5	刘秋生	86		
6	李丽萍	78		D3单元格公式：=COUNTIF(B3:B11,"=")
7	张伟贤	100		
8	王洪强			
9	吕建斌	77		
10	凡尘	69		
11	白顺利	81		
12				

图 1.28　统计无成绩人数

练习 5. 统计区域中所有单元格数量(非空 + 空值)

如图 1.29 所示,在 D3 单元格中构建如下函数公式,统计应考人次。

= COUNTIF(B3:D11,"<>""")

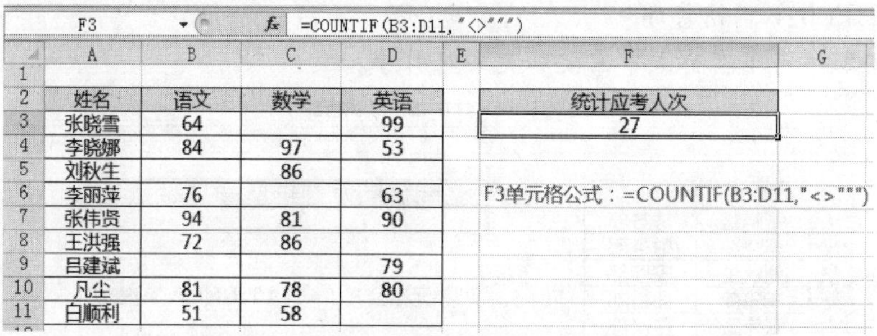
F3 =COUNTIF(B3:D11,"<>""")

	A	B	C	D	E	F	G
1							
2	姓名	语文	数学	英语		统计应考人次	
3	张晓雪	64		99		27	
4	李晓娜	84	97	53			
5	刘秋生		86				
6	李丽萍	76		63		F3单元格公式：=COUNTIF(B3:D11,"<>""")	
7	张伟贤	94	81	90			
8	王洪强	72	86				
9	吕建斌			79			
10	凡尘	81	78	80			
11	白顺利	51	58				

图 1.29　统计应考人次

案例 1.3　制作《日常收支日记账》

【情境引入】无论是家庭还是企业都需要进行收支管理。本项目通过制作一款适合个人使用的简易收支管理系统,介绍 Excel 编制系统的基本方法,了解数据引用、建立表间联系,保护工作表等方法。

【相关知识】

- 定义名称;
- 数据验证;
- 设置单元格格式;
- 编辑自定义列表;
- SUMPRODUCT 和 SUMIFS 函数;
- 创建图表。

一、制作"参数设置"表

新建工作簿,保存为"日常收支日记账 . xlsx"。将工作表 Sheet1 重命名为"参数设置",该工作表记录的是后续表格中需要用到的基础数据,可以根据需要进行增删等操作。如图 1.30 所示在其中录入相关数据。

	A	B	C D	E F	G H	I	J	K L	M N
1	收支项目		月份	食品	低值易耗品	基础设施支出		交际娱乐	日常花销
2	薪水		1月	肉类	洗漱用品	房屋建设、饰品		娱乐文化	交通费
3	额外收入		2月	海鲜	厨卫用品	电器		书籍	化妆品
4	住房（租金，房贷，税费，保险）		3月	蔬菜	药品	行李		旅行	电话费
5	交通		4月	粮食	保健品	日常用具		交往礼品	服装费
6	水电煤气费		5月	油		厨具、炊具		家庭聚餐	
7	杂货		6月	蛋		家具		宴请	
8	医疗		7月	调料					
9	饮食		8月	饮品					
10	旅游		9月	奶制品					
11	娱乐		10月	食品					
12	债务支付		11月	水果					
13	储蓄		12月						
14	教育								
15	其他								
16									

图 1.30　参数设置

在 Excel 工作表中,可以为特定的单元格或区域命名,方便快速地定位该单元格或区域,并可以在公式和函数中进行绝对引用。在"参数设置"工作表中,按照如下操作步骤,分别对 B 列和 D 列设置"定义名称"。选择 B 列,依次单击"公式"/"根据所选内容创建"命令,如图 1.31 所示弹出"以选定区域创建名称"对话框中,勾选"首行"复选框,单击"确定"按钮。选择 D 列,重复上述操作。

图 1.31　定义名称

二、制作"流水账"工作表

新建一个工作表,命名为"流水账",如图 1.32 所示,构建表头和标题行,设置适当的单元格格式。

	A B	C	D	E	F	G	H
1			日常收支日记账				
2							
3	序号	日期	摘要	金额（元）	收入/支出	种类	备注
4							
5							
6							

图 1.32　"流水账"表头和标题行

1. 数据验证

为了保证数据输入时的准确性,避免出现过多错误,提高工作效率,我们为"流水账"工作表的数据列设置相应的数据验证。

(1)使用公式进行数据验证。

首先,为"序号"列设置数据验证,目的是只有当上一行数据填充完整(例如,第 4 行的 B4:G4 单元格区域,即从"序号"到"种类"均已填充完整)时,才允许下一行的继续填充序号。选择 B5:B10000 单元格区域("序号"列),依次单击"数据"/"数据验证"命令,弹出如图 1.33 所示"数据验证"对话框,在"允许"列表中选

图 1.33　设置"序号"列数据验证

择"自定义",在"来源"框中输入"＝COUNTA($B4:$G4)＝6",单击"确定"按钮。

知识 1－8:COUNTA 函数。

假如在编辑"流水账"工作表时,我们允许第一行"序号"数值采取手工输入(即图 1.32 中的 B4 单元格)。那么,在为"序号"列设置数据验证选择单元格区域时,一定要从第二行数据开始向下延伸(尽量多选,方便流水账的更新增加),例如,当前工作表的 B4 所在行是第一行数据,选择设置数据验证的区域应该是 B5:B10000。此处的函数公式"＝COUNTA($B4:$G4)＝6"表示自 B5 单元格开始,逐个统计上一行中 B:G 列包含内容的单元格个数是否满足 6,如果等于 6,则表示上一行内容已经填充完整,允许下一行的"序号"单元格可以填充数据。

(2)限制"允许"值进行数据验证。

接下来,为"日期"列设置数据验证。目的是仅限于输入从 2020 年 1 月 1 日起之后的日期。选择 C 列("日期"列),依次单击"数据"/"数据验证"命令,弹出如图 1.34 所示"数据验证"对话框,在"允许"列表中选择"日期",在"数据"框中选择"大于或等于",在"开始日期"框中输入"2020/1/1",单击"确定"按钮。

然后,为"收入/支出"列设置数据验证。目的是限制输入序列内容仅为"收入"或"支出"两项。选择 F 列("收入/支出"),依次单击"数据"/"数据验证"命令,弹出如图 1.35 所示"数据验证"对话框,在"允许"列表中选择"序列",在"来源"框中输入"收入,支出",单击"确定"按钮。

图 1.34　设置"日期"列数据验证

图 1.35　设置"收入/支出"列数据验证

(3)利用定义名称进行数据验证。

最后,为"种类"列设置数据验证。目的是限制输入序列内容仅为"参数设置"工作表中 B 列(该列已经定义名称为"收支项目")中列举的项目。选择 G 列("种类"),依次单击"数据"/"数据验证"命令,弹出如图 1.36 所示"数据验证"对话框,在"允许"列表中选择"序列",在"来源"框中输入"＝收支项目",单击"确定"按钮。

2. 设置单元格格式

选择 C 列（"日期"列），设置"自定义"格式：yyyy"年"mm"月"dd"日"。

选择 E 列（"金额"列），设置"货币"数字格式。

其他列的格式设置，请大家自行添加，如调整行高列宽、对齐方式、边框和底纹、字体格式等。

3. 记账

自行填充流水账数据，为下一步操作提供验证数据。如图 1.37 所示。

图 1.36 设置"种类"列数据验证

序号	日期	摘要	金额（元）	收入/支出	种类	备注
			日常收支日记账			
1	2020年01月01日	红包	200	支出	教育	
2	2020年01月02日	年终奖金	4,000	收入	薪水	
3	2020年01月03日	工资	7,865	收入	薪水	
4	2020年02月03日	滴滴快车	55	支出	交通	
5	2020年02月10日	购置年货	550	支出	杂货	
6	2020年02月11日	购置年货	300	支出	杂货	

图 1.37 "流水账"效果图

三、制作"日常收支月统计表"

根据"流水账"工作表中的数据，可以分别制作从 1～12 月的日常收支月统计表。新建工作表，将其重命名为"1 月"，如图 1.38 所示设置表格结构，为其设置适当的单元格格式（字体格式、边框和底纹、对齐方式、数字格式等）。

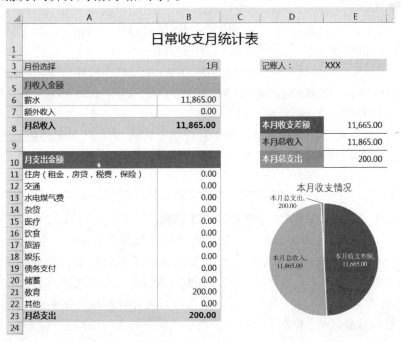

图 1.38 "1 月"表格结构

1. 数据验证:"月份选择"

选择 B3 单元格,为其设置数据验证:允许值为"序列",来源为"=月份"。然后选择"1 月"填入。

2. 自定义序列:"月支出金额"

依次单击"文件"/"选项"/"高级"/"编辑自定义列表…"命令,弹出如图 1.39 所示"自定义序列"对话框,在"来源"框中输入"=收支项目",单击"导入"按钮,单击"确定"按钮,返回当前工作表。选择 A11 单元格,输入"住房(租金,房贷,税费,保险)",然后利用填充句柄向下填充至 A22 单元格("其他")。

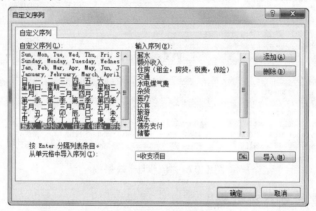

图 1.39　编辑自定义列表

【说明】利用自定义列表,既可省却输入工作量,又可以根据"参数设置"工作表中更新的基础数据自动更新现有工作表中的相关数据。

3. SUMPRODUCT 函数:统计各类收支金额

统计各类收支金额,就是要对"流水账"工作表中的 E 列("金额(元)")进行求和,不过需要考虑两个条件:该项收支名称(如"薪水");当前月份(如"1 月")。通过 SUMPRODUCT 函数可以实现上述计算。以计算"薪水"金额为例,在 B6 单元格中构建以下函数公式:

= SUMPRODUCT((TEXT(流水账!$C$4:$C$20000,"m月")=$B$3)*流水账!$E$4:$E$20000*(流水账!$G$4:$G$20000=A6))

按下 Enter 键,得到"薪水"的计算结果。利用填充句柄,将上述单元格的公式向下复制填充直至"其他",分别得到各类收、支金额。

知识 1-9:SUMPRODUCT 函数和 TEXT 函数。

TEXT 函数的功能为根据指定的数值格式将数字转换为文本(如图 1.40 所示)。它的第一参数 Value 是要转换的对象(数值、表达式或者单元格引用),此处引用"流水账"工作表从 C4 到 C20000 单元格中的"日期"数据(C20000 也可以设置为更大的行数,以便容纳更多的日期数据);第二参数 Format_text 表示指定的待转换的数字格式,此处使用"m月"表示要转换的格式为"某月"。TEXT 函数最终获得的是"流水账"工作表"日期"列的所有数据的月份。

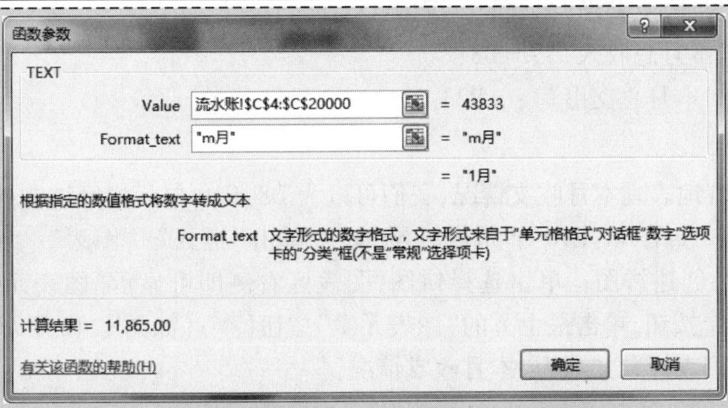

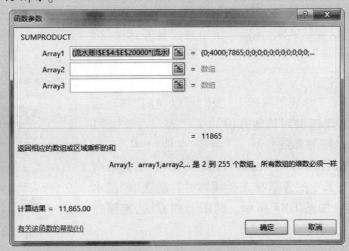

图 1.40　TEXT 函数

SUMPRODUCT 函数的功能是利用同维数的数组或区域"先乘积再求和"的方式,得到同时满足两个条件的所有数据行。

条件一:"流水账"工作表中"日期"列中月份符合当前工作表 B3 单元格"1 月"的数据行(符合条件的返回逻辑值 TRUE);

条件二:"流水账"工作表中"种类"列中符合当前工作表 A6 单元格"薪水"的数据行(符合条件的返回逻辑值 TRUE)。

然后将同时符合两个条件的数据与同一行的"金额(元)"数据进行"先乘积再求和",最终得到"流水账"工作表中"日期"为"1 月""种类"为"薪水"的所有"金额(元)"总和。如图 1.41 所示。

图 1.41　SUMPRODUCT 函数

【说明】在数学运算中,逻辑值 TRUE 相当于数值 1,FALSE 相当于数值 0。

4. 汇总收支

依次在如下单元格中输入函数公式,分别计算相应项目。

B8 单元格("月总收入"): = SUM(B6:B7);

B23 单元格("月总支出"): = SUM(B11:B22);

E8 单元格("月收支差额")：= E9 – E10；

E9 单元格("本月总收入")：= B8；

E10 单元格("本月总支出")：= B23。

5. 创建图表

为了更为直观地表现本月收支情况，我们可以为 D8：E10 单元格区域制作一个饼图，表达其中数据的情况。选择 D8：E10 单元格区域，依次单击"插入"/"图表"/"插入饼图或圆环图"/"饼图"命令，创建饼图。单击选择饼图，图表区右侧即可显示"图表元素""图表样式""图表筛选器"三个按钮，单击最上方的"图表元素"按钮（ ＋ ）（如图 1.42 所示），勾选"图表标题"复选框，修改图表标题文本为"本月收支情况"。

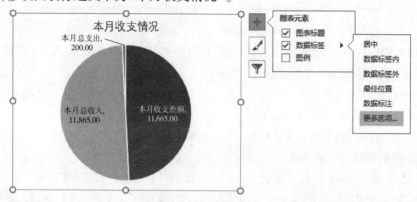

图 1.42　添加图表元素

勾选"数据标签"复选框，在下一级联菜单中单击"更多选项…"命令，弹出"设置数据标签格式"窗格，在"标签选项"选项卡中勾选"类别名称"和"值"（如图 1.43 所示）。

6. 复制工作表

在创建了"1 月"工作表的基础上，我们可以利用"移动或复制"工作表功能，快速得到其他月份的工作表。右单击"1月"工作表标签，选择"移动或复制…"命令，获取"1 月"工作表的副本，将其重命名为"2 月"，然后在其中的 B3 单元格中更改月份为"2 月"，其中的各项收支金额均可自动获取"流水账"中 2 月的数据。如图 1.44 所示。利用上述方法，创建并编辑 2 ~ 12 月的收支统计表。

四、编辑"年度合计"工作表

新建工作表，重命名为"年度合计"，如图 1.45 所示编辑相关内容、设置单元格格式（对齐方式、添加边框线、填充底纹、数字格式等），使其美观大方。

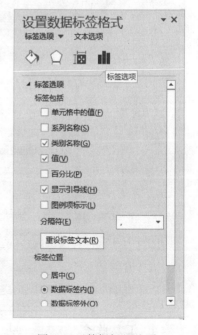

图 1.43　数据标签选项

1. 设置表头

在 A1 单元格内输入"日常收支日记账（年度合计）"，选择 A1：M1 单元格区域，设置"合并

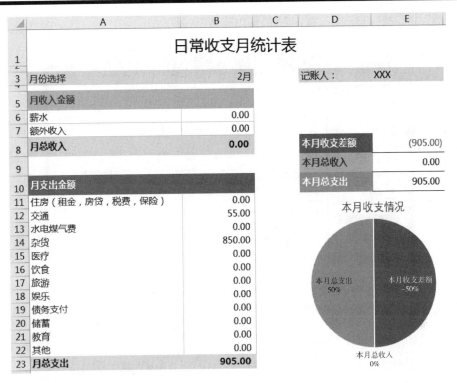

图 1.44 复制得到其他月份收支统计表

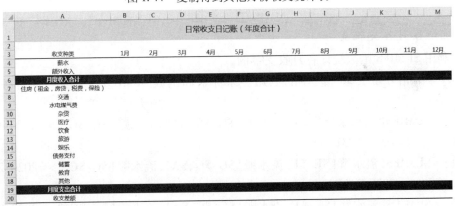

图 1.45 "年度合计"工作表

后居中"。

（1）收支种类。

在 A3 单元格内输入"收支种类"，然后利用自定义序列（参见图 1.39）的方式完成该列相关内容的填充，具体操作方法为：在 A4 单元格内输入"薪水"，然后利用填充句柄向下复制填充至"其他"。然后通过插入行命令，在第 6、19 和 20 行添加"月度收入合计""月度支出合计"和"收支差额"。

（2）月份。

月份的输入可以通过设置自定义格式的方法进行填充。具体操作方法如下：

第一步，在 B3 单元格内输入"1"，然后打开如图 1.46 所示"设置单元格格式"对话框，在

"数字/分类"中选择"自定义",在"类型"框内输入"0 月"。

第二步,利用填充句柄向右复制直至"12 月",完成自动填充序列。

图 1.46　自定义数字格式

2. 统计各月各类收支

(1)利用 SUMIFS 函数统计各月收支金额。

自 B4 单元格开始至 M4 单元格,利用多条件求和函数 SUMIFS 统计 1 ~ 12 月各类收支金额。

1 月: = SUMIFS(流水账! $E:$E,流水账! $G:$G,$A4,流水账! $C:$C,">=2020/1/1",流水账! $C:$C,"<=2020/1/31")

2 月: = SUMIFS(流水账! $E:$E,流水账! $G:$G,$A4,流水账! $C:$C,">=2020/2/1",流水账! $C:$C,"<=2020/2/28")

3 月: = SUMIFS(流水账! $E:$E,流水账! $G:$G,$A4,流水账! $C:$C,">=2020/3/1",流水账! $C:$C,"<=2020/3/31")

4 月: = SUMIFS(流水账! $E:$E,流水账! $G:$G,$A4,流水账! $C:$C,">=2020/4/1",流水账! $C:$C,"<=2020/4/30")

5 月: = SUMIFS(流水账! $E:$E,流水账! $G:$G,$A4,流水账! $C:$C,">=2020/5/1",流水账! $C:$C,"<=2020/5/31")

6 月: = SUMIFS(流水账! $E:$E,流水账! $G:$G,$A4,流水账! $C:$C,">=2020/6/1",流水账! $C:$C,"<=2020/6/30")

7 月: = SUMIFS(流水账! $E:$E,流水账! $G:$G,$A4,流水账! $C:$C,">=2020/7/1",流水账! $C:$C,"<=2020/7/31")

8 月: = SUMIFS(流水账! $E:$E,流水账! $G:$G,$A4,流水账! $C:$C,">=2020/8/1",流

水账!$C:$C,"<=2020/8/31")

9 月：=SUMIFS(流水账!$E:$E,流水账!$G:$G,$A4,流水账!$C:$C,">=2020/9/1",流水账!$C:$C,"<=2020/9/30")

10 月：=SUMIFS(流水账!$E:$E,流水账!$G:$G,$A4,流水账!$C:$C,">=2020/10/1",流水账!$C:$C,"<=2020/10/31")

11 月：=SUMIFS(流水账!$E:$E,流水账!$G:$G,$A4,流水账!$C:$C,">=2020/11/1",流水账!$C:$C,"<=2020/11/30")

12 月：=SUMIFS(流水账!$E:$E,流水账!$G:$G,$A4,流水账!$C:$C,">=2020/12/1",流水账!$C:$C,"<=2020/12/31")

选择 B4:M4 单元格区域,用鼠标拖动其填充句柄向下复制填充直至"其他"行,得到各月各类收支金额。

知识 1-10：多条件求和函数 SUMIFS。

SUMIFS 函数的语法格式为对一组给定条件指定的单元格求和。SUMIFS 函数可以对同时满足最多 255 个条件的单元格区域进行求和。在本案例中,各个参数的意义如图 1.47 所示。

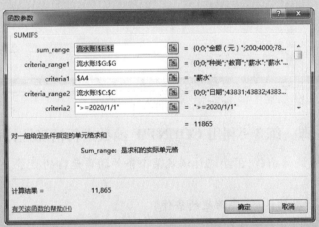

图 1.47　SUMIFS 函数参数

sum_range："流水账"表中需要进行求和的区域——E 列(即"金额"列)；

criteria1：条件一,即 A4 单元格中的收支种类"薪水"；

criteria_range1：条件一所在区域,即"流水账"表中的 G 列(即"种类"列)；

criteria2：条件二,即当前月份的起始日期(即">2020/1/1")；

criteria_range2：条件二所在区域,即"流水账"表中的 C 列(即"日期"列)；

criteria3：条件三,即当前月份的终止日期(即"<=2020/1/31")；

criteria_range3：条件三所在区域,即"流水账"表中的 C 列(即"日期"列)。

【拓展知识】"年度合计"工作表中的各月各类收支金额,也可以利用 SUMPRODUCT 函数计算,公式更为简单。在 B4 单元格中构建如下函数公式：

$$= \text{SUMPRODUCT}((\text{MONTH}(流水账!\$C\$4:\$C\$10000) = B\$3) * (流水账!\$G\$4:\$G\$10000$$
$$= \$A4) * 流水账!\$E\$4:\$E\$10000)$$

利用填充句柄将其向下、向右填充至各月各类收支金额所在单元格区域即可得到与 SUM-IFS 函数一样的计算结果。

（2）统计各项收支合计。

如表 1.2 所示，分别在相应位置，构建函数公式，统计各月各类收支合计。

表 1.2　　　　　　　　　　　　　　统计各项收支合计

单元格	统计项目	函数公式
B6	月度收入合计	$= \text{SUM}(B4:B5)$
B17	月度支出合计	$= \text{SUM}(B7:B16)$
B18	收支差额	$= B6 - B17$

利用填充句柄分别复制上述公式向右填充，分别得到 1～12 月的各项收支合计。最终效果如图 1.48 所示。

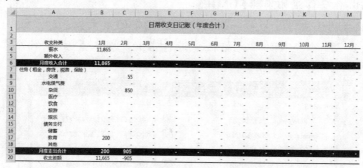

图 1.48　"年度合计"效果图

一课一练 3　利用 COUNTIF 函数进行精确统计（二）

COUNTIF 是一个统计函数，用于统计满足某个条件的单元格的数量。COUNTIF 的语法格式可以简化为：

$$= \text{COUNTIF}(要计数的区域，要满足的条件)$$

练习 1. 统计某身份证号出现次数

如图 1.49 所示，在 D3 单元格中构建如下函数公式，统计身份证号（110108196301020119）出现的次数。

$$= \text{COUNTIF}(B:B, "110108196301020119 * ")$$

图 1.49　统计某身份证号出现次数

【函数解读】默认情况下,COUNTIF 函数对数字只识别前 15 位,而带上通配符 ＊ 后可以识别其为文本型格式。

练习 2. 统计包含当前日期的单元格数量

如果要统计 A 列中包含当前日期的单元格数量,可以构建如下函数公式:

＝ COUNTIF(A:A,TODAY())

练习 3. 统计包含大于平均值的单元格数量

如果要统计 A 列中大于该列数据的平均值的单元格数量,可以构建如下函数公式:

＝ COUNTIF(A:A,">"&AVERAGE(A:A))

案例 1.4　自动计算工作总时长和津贴

【情境引入】小丽是某知名洗衣机品牌售后服务站点的行政人员,每个月末,都需要统计服务站维修人员的每月工作时长,然后以此为依据来计算他们的津贴。因为涉及维修员工的切身利益,小丽每次完成这个工作时都异常小心,可还是经常出错,使得维修员工和老板对她的意见都很大,小美内心非常崩溃。实际上,利用 Excel 表格强大的编辑计算和统计分析功能,就可以帮助她轻松地解决这个棘手的问题。

【相关知识】

- ROW、TODAY、MONTH、SUMIFS、AND 和 OR 函数;
- 套用表格格式;
- 数据验证;
- 自定义格式。

一、案例分析

分析案例要求,我们可以得到如下信息:一是有多名维修人员;二是记录每天每名维修人员的工作时段;三是按月统计计算每名维修人员的工作总时长;四是根据总时长,统计计算维修人员的每月津贴。

根据这些信息,我们准备将数据通过两个工作表区域来组织:一是数据记录区:记录维修人员的姓名、工作日期、工作时段,计算出每日工作时长;二是数据统计区:根据数据记录区的信息,统计出每名维修员工每月的工作总时长,计算出月工作津贴。

二、数据记录区:维修时间记录表

新建一个工作簿,命名为"员工维修津贴统计",将其中的工作表 Sheet1 重命名为"维修时间记录",在其中构建如图 1.50 所示标题行,形成数据区结构。

	A	B	C	D	E	F
1	序号	员工姓名	维修日期	开始时间	结束时间	维修时长（分钟）
2						
3						

图 1.50　构建标题行

1. 数据录入的逻辑结构

在实际工作当中,数据不应该全部都是手动录入,否则工作效率非常低,于是非常有必要构建数据录入的逻辑结构。分析图 1.50 中各列之间的逻辑关系,我们准备形成这样的数据录入逻辑结构:一是"员工姓名"通过选择的方式进行录入;二是录入维修员工姓名之后,自动生成"序号"值;三是录入维修员工姓名之后,自动生成"维修日期";四是录入开始时间和结束时间之后,自动计算"维修时长"。

同时还应该有一个必须重视的现实问题:随着时间的推移,数据记录会越来越多,我们必须考虑到公式、数据有效性的可拓展性,否则后期的修改工作量会非常大。

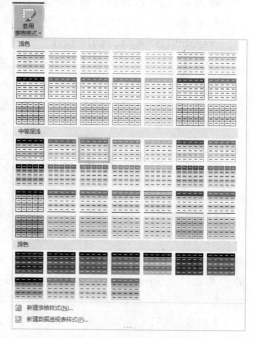

图 1.51　表格样式列表

2. 实现表格区域的自动拓展性

为了解决这个问题,我们采用"套用表格格式"的方法,将一般的数据区域变成格式化表格的方式来表达,这样做最大的好处就是,各列的最终数据区域会随着数据录入的变化而自动变化,简化了公式的应用。具体操作如下:

第一步,定位在标题行中,依次单击"开始"/"格式"/"套用表格格式"命令,弹出如图 1.51 所示表格样式列表。

第二步,单击选择一种表格样式,弹出如图 1.52 所示"套用表格式"提示框,勾选"表包含标题"复选框。

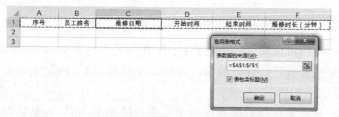

图 1.52　"套用表格式"提示框

单击"确定"按钮,得到如图 1.53 所示效果。用鼠标左键拖拽 F2 单元格右下角的三角按钮,可以向下或向右拓展表区域。

图 1.53　套用表格格式效果

3. 实现数据录入的逻辑结构

(1)员工姓名:变为可选项。

要实现这个要求,需要使用"数据验证"功能中的序列来实现。具体操作为:选择 B 列,依次单击"数据"/"数据工具"/"数据验证"命令,弹出如图 1.54 所示"数据验证"对话框,设置允许值为"序列",来源框中输入员工姓名(使用英文逗号隔开)。

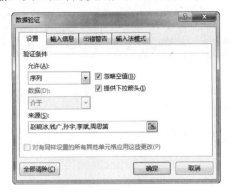

图 1.54　"数据验证"对话框

单击"确定"按钮,然后单击 B2 单元格右侧的三角按钮,可以弹出一个下拉列表,从中单击选择一位员工姓名便可输入单元格中,如图 1.55 所示。

图 1.55　通过下拉列表选择输入员工姓名

(2)序号:自动添加递增序列。

"序号"列的输入有两种方式:方法一,在 A2 单元格中输入第一个序号"1",然后按住 Ctrl 键,用鼠标左键拖拽该单元格右下角的填充句柄向下自动填充得到递增序列"1、2、3……";方法二,自行判断 B 列(即:"员工姓名"列)是否有数据,如果有则"序号"列自动添加递增序列,添加内容为当前单元格的行号减 1。在 A2 单元格中构建函数公式:

　　=IF([@员工姓名]="","",ROW()-1)

按下 Enter 键,得到第一个序号的计算结果("1")。同时,由于整个区域是套用了一个格式化表格,所以 A 列其他单元格会自动获取一样的公式。这样,当右侧的 B 列中输入了一位员工姓名后,A 列单元格中就会自动生成递增序列"1、2、3……"。

知识 1-11:利用 ROW 函数获取行号。

ROW 函数的语法格式为:返回一个引用的行号,如果参数缺省,则表示返回当前单元格所在的行号,如图 1.56 所示。

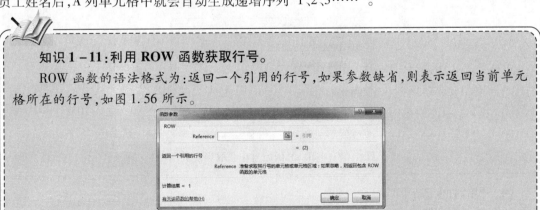

图 1.56　利用 ROW 函数获取行号

本案例中的函数公式 = IF([@员工姓名] = "","",ROW() - 1)表示:如果 B 列为空白,则 A 列返回值为空白;否则返回值为当前的行号减1。如图 1.57 所示。

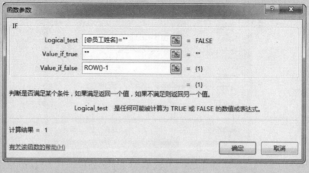

图 1.57　利用 IF + ROW 函数组合自动生成序号

(3)维修日期:自动填充当前日期。

一般情况下,本表格的记录方式相当于一个"流水账",即根据实际客户需要实时记录维修人员出工情况。因此,本案例的设计思路为:C 列能够提供一个下拉列表,从中选择当前日期(电脑系统当前的日期)。具体操作方法如下:第一步,在右侧的 J1 单元格中构建函数公式: = TODAY();第二步,选择 C 列设置数字格式类型为"短日期",然后依次单击"数据"/"数据工具"/"数据验证"命令,打开"数据验证"对话框,设置允许值为"序列",来源为" = $J$1",单击"确定"按钮。这样,在实际使用过程中,只要 B 列单元格中输入了维修人员的姓名之后,单击 C 列单元格右侧的下拉三角按钮,在弹出的列表中单击选择其中显示的日期,即可得到当前日期,并且不会再发生改变。

【说明】如果数据录入人员需要手动编辑日期,则需要事先将该单元格的"数据验证"取消。

知识 1 – 12:TODAY 函数自动获取当前日期。

TODAY 函数的语法格式为:返回日期格式的当前日期。该函数不需要参数,如图1.58 所示。

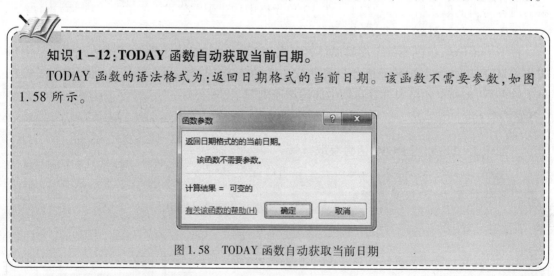

图 1.58　TODAY 函数自动获取当前日期

(4)开始时间与结束时间。

这两列的数据既可由录入员手动录入,也可以参照"维修日期"的录入方法,通过设置数据验证,提供下拉列表的方式进行(说明:使用的函数公式应为" = NOW()")。并且,需要事先设置单元格格式为如图 1.59 所示的时间类型。

图 1.59　设置单元格格式

4. 计算维修时长

维修时长的计算方法为:维修时长 = 结束时间 – 开始时间,单位为分钟。那么,如何计算两个时间差之间的分钟数呢? 在 F2 单元格中构建如下函数公式:

=IF(OR([@ 开始时间] = "" , [@ 结束时间] = "") , "" , ([@ 结束时间] – [@ 开始时间]) * 24 * 60)

按下 Enter 键,得到维修时长的计算结果。

数据记录的效果如图 1.60 所示。

	A	B	C	D	E	F
1	序号	员工姓名	维修日期	开始时间	结束时间	维修时长(分钟)
2	1	钱广	2020/1/7	9:10	11:30	140
3	2	赵晓冰	2020/1/9	8:00	9:50	110
4	3	赵晓冰	2020/1/12	9:10	15:30	380
5	4	李斌	2020/1/14	8:00	11:20	200
6	5	赵晓冰	2020/1/15	8:30	10:50	140
7	6	赵晓冰	2020/1/16	14:50	18:00	190
8	7	周思第	2020/1/27	14:30	16:50	140
9	8	赵晓冰	2020/1/30	7:50	9:00	70
10	9	孙宇	2020/2/12	8:20	12:00	220
11	10	钱广	2020/2/17	9:15	12:00	165
12	11	赵晓冰	2020/2/18	8:40	10:30	110

图 1.60　数据记录的效果

知识 1 – 13:逻辑函数 OR 和 AND。

逻辑类函数中的 OR 表示"或",即多个逻辑关系中只要有一个满足,返回值为 TRUE,否则返回值为 FALSE。AND 则表示"与",即多个逻辑关系中必须同时满足,返回值才为 TRUE,否则为 FALSE。

上述公式表示:如果 D 列("开始时间")或者 E 列("结束时间")单元格为空白,那么 F 列("维修时长")为空白,否则按照" = 结束时间 – 开始时间"计算,并且换算成"分钟"单位。

三、数据统计区:津贴统计表

1. 数据统计区结构

新建一个工作表,命名为"津贴统计表",如图 1.61 所示编辑相关数据结构,其中维修员工是相对固定的,所以将其直接填充到统计表中。

2. 数据统计逻辑与实现

(1)统计月份。

可以运用数据验证功能,实现统计月份的选择。定位在 C2 单元格中,打开"数据验证"对话框,允许值选择"整数",数据框内选择"介于",确定最小值为"1",最大值为"12",如图 1.62 所示。单击"确定"按钮,C2 单元格中将仅限于输入"1、2、3……、12"整数。在此,我们根据统计需要输入月份值(仅保留 1)。

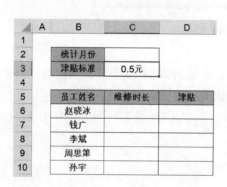

图 1.61　津贴统计表

图 1.62　利用数据验证限制"统计月份"

(2)津贴标准。

本案例中,津贴标准为 0.5 元/分钟。在 C3 单元格中输入"津贴标准"(仅保留 0.5),并且为该单元格设置自定义格式:"0.0 元",如图 1.63 所示。

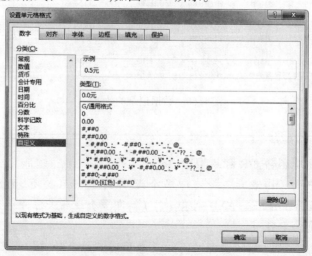

图 1.63　设置自定义格式

（3）维修时长。

某位员工的维修时长，应该是他在统计月份内"维修时长"的总和，求和需要考虑到两个条件：员工姓名、统计月份，可以使用多条件求和函数 SUMIFS 来实现。为了简化计算公式，需要在"维修时间记录表"中创建一个辅助列（如图 1.64 所示），利用 MONTH 函数根据"维修日期"获取其所在月份。

MONTH	× ✓ fx	=MONTH(表1[@维修日期])						
	A	B	C	D	E	F	G	H
1	序号	员工姓名	维修日期	开始时间	结束时间	维修时长（分钟）		辅助列（月份）
2	1	钱广	2020/1/7	9:10	11:30	140		[@维修日期]
3	2	赵晓冰	2020/1/9	8:00	9:50	110		1
4	3	赵晓冰	2020/1/12	9:10	15:30	380		1
5	4	李斌	2020/1/14	8:00	11:20	200		1
6	5	赵晓冰	2020/1/15	8:30	10:50	140		1
7	6	赵晓冰	2020/1/16	14:50	18:00	190		1
8	7	周思第	2020/1/27	14:30	16:50	140		1
9	8	赵晓冰	2020/1/30	7:50	9:00	70		1
10	9	孙宇	2020/2/12	8:20	12:00	220		2
11	10	钱广	2020/2/17	9:15	12:00	165		2

图 1.64　创建辅助列

在 H2 单元格中构建如下函数公式：

＝MONTH（表 1［@维修日期］）

将公式向下复制填充，得到辅助列数据。

返回"津贴统计表"，在 C6 单元格中构建如下函数公式：

＝SUMIFS（维修时间记录!F:F,维修时间记录!B:B,B6,维修时间记录!H:H,$C$2）

将公式向下复制填充，得到每位员工的维修时长。如图 1.65 所示。

C6	× ✓	=SUMIFS(维修时间记录!F:F,维修时间记录!B:B,B6,维修时间记录!H:H,$C$2)				
	A	B	C	D	E	F	G
1						
2		统计月份	1			
3		津贴标准	0.5元			
4						
5		员工姓名	维修时长	津贴		
6		赵晓冰	890	¥ 445.00		
7		钱广	140	¥ 70.00		
8		李斌	200	¥ 100.00		
9		周思第	140	¥ 70.00		
10		孙宇	0	¥ -		

图 1.65　计算"维修时长"和"津贴"

知识 1－14：利用 SUMIFS 函数统计员工维修时长。

SUMIFS 函数的语法格式为：对一组给定条件的单元格求和。

本案例中，其参数 sum_range 为"维修时间记录"表的 F 列（即"维修时长（分钟）"）数据；参数 criteria1 和 criteria2 分别为求和的两个条件：员工姓名、统计月份；参数 criteria_range1 和 criteria_range2 分别为与求和条件相对应的两个查询区域——"维修时间记录"表的 B 列（即"员工姓名"）和"维修时间记录"表的 H 列（即"辅助列（月份）"）。如图 1.66 所示。

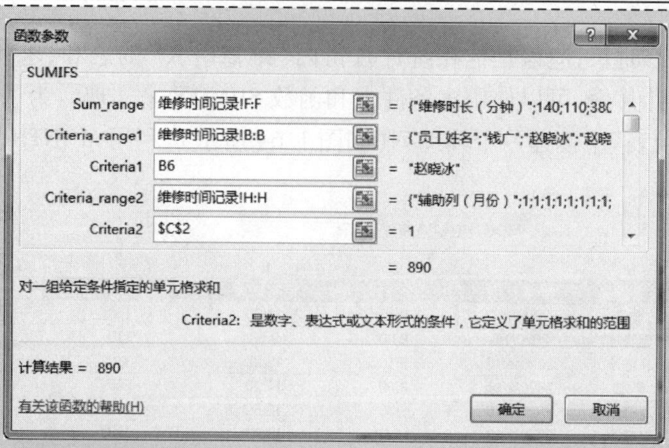

图 1.66　多条件求和函数 SUMIFS

（4）津贴。

津贴计算的方法很简单：=维修时长×津贴标准。在 D6 单元格中输入函数公式：

　　=C6 * $C$3

将公式向下复制填充，得到每位员工的津贴。

知识 1-15：单元格地址引用——相对引用和绝对引用。

在津贴的计算公式中，用到了 Excel 的两种单元格地址引用：相对引用和绝对引用。其中 C6 为相对引用，是指随着公式的向下复制填充，单元格地址引用也随之下移；$C$3 为绝对引用，是指该单元格地址引用并不随着公式的向下复制填充而发生改变，因为"津贴标准"的单元格地址是固定不变的。绝对引用也可以理解为"锁定"了该单元格地址。

【拓展思考】上述案例中我们使用函数公式实现了数据统计，其实完全可以用数据透视表的方式来实现，相对于函数公式而言，它更简单灵活。我们将在后续案例中介绍数据透视表制作的相关知识和技巧。

一课一练4　根据日期查询相关信息

如图 1.67 所示，在 B6 单元格内输入任意日期（例如，2018/12/4）。接下来将根据此日期借助更多的时间函数，查询获取相关信息。

练习 1. DAY 函数——查询本月第几天

在 B8 单元格内构建如下函数公式：

　　=DAY(B6)

按下 Enter 键，得到计算结果（4）。如图 1.68 所示。

选择该单元格，在"设置单元格格式"对话框中，设置自定义格式"第 0 天"（如图 1.69 所示），显示为"第 4 天"。

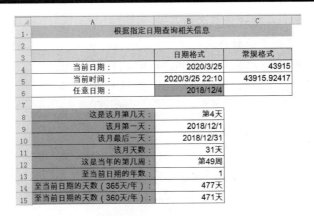

图 1.67 根据日期查询相关信息

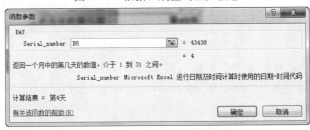

图 1.68 Day 函数参数

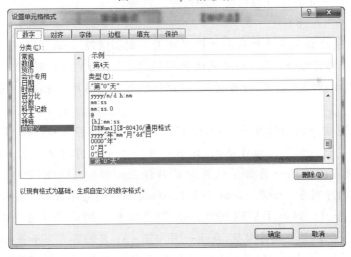

图 1.69 自定义格式

【函数解读】Day 函数。

语法格式：= DAY(serial_number)。返回以序列号表示的某日期的天数,用整数 1～31 表示。

函数参数:serial_number(必须)要查找的那一天的日期。该日期可以通过以下方法输入:

- 引用含有日期的单元格;
- 使用 DATE 函数输入。例如, = DATE(2008,5,23)可以输入"2008 年 5 月 23 日";
- 将日期作为其他公式或函数的结果输入。

如果日期以文本形式输入,则会出现问题(例如,手动输入 2018/5/23)。

练习 2. DATE 函数——查询本月的第一天

在 B9 单元格内构建如下函数公式：

= DATE(TEXT(B6 , "yyyy") , TEXT(B6 , "mm") , 1)

按下 Enter 键，得到计算结果（2018/12/1）。如图 1.70 所示。

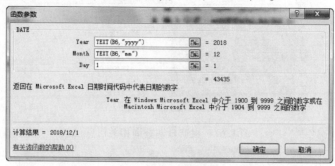

图 1.70　Date 函数参数

如果 B9 之前的单元格格式为"常规"，则上述计算结果为日期 2018/12/1 的序列号——"43435"，将 B9 单元格设置为"短日期"格式，即可显示为"2018/12/1"。

【函数解读】DATE 函数。

函数语法：= DATE(year , month , day) 。

函数意义：返回表示特定日期的连续序列号。例如，公式 = DATE(2008 , 7 , 8) 返回 39637，该序列号表示 2008 - 7 - 8 。

函数用途：在通过公式或单元格引用提供年月日时，DATE 函数最为有用。例如，可能有一个工作表所包含的日期使用了 Excel 无法识别的格式（如 YYYYMMDD）。通过将 DATE 函数与其他函数（例如：TEXT 函数）结合使用，可以将这些日期转换为 Excel 可识别的序列号。

函数参数：

year（必须）：包含一到四位数字。例如，DATE(2008 , 1 , 2) 将返回 2008 年 1 月 2 日。

month（必须）：一个正整数或负整数，表示一年中 1 ~ 12 月的各个月。如果 month 大于 12，则 month 从指定年份的一月份开始累加该月份数。例如，DATE(2008 , 14 , 2) 返回表示 2009 年 2 月 2 日的序列号。如果 month 小于 1，month 则从指定年份的一月份开始递减该月份数，然后再加上 1 个月。例如，DATE(2008 , -3 , 2) 返回表示 2007 年 9 月 2 日的序列号。

day（必须）：一个正整数或负整数，表示一月中 1 ~ 31 日的各天。如果 day 大于指定月份的天数，则 day 从指定月份的第一天开始累加该天数。例如，DATE(2008 , 1 , 35) 返回表示 2008 年 2 月 4 日的序列号。如果 day 小于 1，则 day 从指定月份的第一天开始递减该天数，然后再加上 1 天。例如，DATE(2008 , 1 , -15) 返回表示 2007 年 12 月 16 日的序列号。

【函数解读】TEXT 函数。

函数语法：= TEXT(value , format_text) 。

函数意义：将数值转换为文本，并可通过使用特殊格式字符串来指定显示格式。需要以可读性更高的格式显示数字或需要合并数字、文本或符号时，此函数很有用。例如，假设单元格 A1 含有数字 23.5 。若要将数字格式设置为人民币金额，可以使用以下公式：= TEXT(A1 , "￥0.00") ，显示￥23.50 。

如果需要设置数字格式并将其与其他文本合并,使用 TEXT 函数是最佳选择。例如,
= TEXT(A1 ,"¥0.00")&" 每小时"

结果显示:¥23.50 每小时。

函数参数:

value(必须):数值、计算结果为数值的公式,或对包含数值的单元格的引用。如图 1.71 所示。

format_text(必须):使用双引号括起来作为文本字符串的数字格式,例如,"m/d/yyyy" 或 "#,##0.00"。

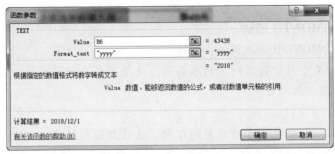

图 1.71　Text 函数参数

若要将数字显示为日期格式(如日、月和年),format_text 参数中需要使用如表 1.3 所示代码。

表 1.3　　　　　　　　　　　　　　日期和时间格式的准则

显示内容	显示格式	使用此格式	备注
月	1 – 12	"m"	将月显示为不带前导零的数字
月	01 – 12	"mm"	根据需要将月显示为带前导零的数字
月	Jan – Dec	"mmm"	将月显示为缩写形式(Jan 到 Dec)
月	January – December	"mmmm"	将月显示为完整名称(January 到 December)
月	J – D	"mmmmm"	将月显示为单个字母(J 到 D)
日	1 – 31	"d"	将日显示为不带前导零的数字
日	01 – 31	"dd"	根据需要将日显示为带前导零的数字
日	Sun – Sat	"ddd"	将日显示为缩写形式(Sun 到 Sat)
日	Sunday – Saturday	"dddd"	将日显示为完整名称(Sunday 到 Saturday)
年	00 – 99	"yy"	将年显示为两位数字
年	1900 – 9999	"yyyy"	将年显示为四位数字

练习 3. EOMONTH 函数——查询本月的最后一天

在 B10 单元格内构建如下函数公式:

= EOMONTH(B6 ,0)

按下 Enter 键,得到计算结果(2018/12/31)。如图 1.72 所示。

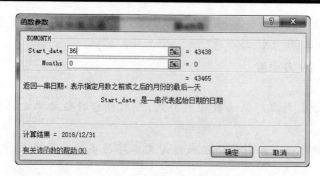

图 1.72　EOMONTH 函数参数

【函数解读】EOMONTH 函数。

函数语法：= EOMONTH(start_date,months)。

函数意义：返回某个月份最后一天的序列号。使用函数 EOMONTH 可以计算正好在指定月份中最后一天到期的到期日。

函数参数：

start_date(必须)：一个代表开始日期的日期。该日期输入的方法包括：第一，引用包含日期的单元格；第二，使用 DATE 函数输入日期；第三，将日期作为其他公式或函数的结果输入。例如，使用函数 DATE(2008,5,23)的结果为：2008 年 5 月 23 日。如果日期以文本形式输入，则会出现问题。

months(必须)：start_date 之前或之后的月份数，正值将生成未来日期(例如，1 代表下月)；负值将生成过去日期(例如，-1 代表上月)。

练习 4. 计算本月天数

在 B11 单元格内构建如下函数公式：

= DAY(EOMONTH(B6,0))

按下 Enter 键，得到计算结果(31)。将该单元格设置自定义格式"0 天"，则得到结果"31天"。如图 1.73 所示。在上述例子中，先由 EOMONTH 函数计算得到本月最后一天的日期(2018/12/31)，再由 DAY 函数据此计算得到这一天的天数(31)。

图 1.73　利用 DAY 和 EOMONTH 函数查询本月最后一天

练习 5. WEEKNUM 函数——查询本月在当年的周数

在 B12 单元格内构建如下函数公式：

= WEEKNUM(B6,2)

按下 Enter 键，得到计算结果(49)。将该单元格设置自定义格式"第 0 周"，则得到结果"第 49 周"。如图 1.74 所示。

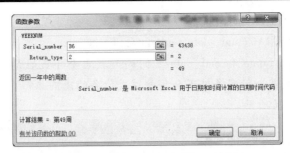

图 1.74　利用 Weeknum 函数查询周数

【函数解读】WEEKNUM 函数。

函数语法：= WEEKNUM(serial_number , [return_type])。

函数意义：返回特定日期的周数。例如，包含 1 月 1 日的周为该年的第 1 周，其编号为第 1 周。如图 1.75 所示。这里，我们按照习惯，第二参数(return_Type)选择"2"——将星期一作为一周的第一天。

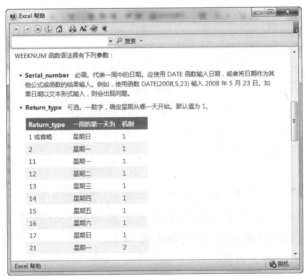

图 1.75　Weeknum 函数参数

练习 6. YEARFRAC 函数——查询至当前日期的年数

在 B13 单元格内构建如下函数公式：

= YEARFRAC(B6 , $B$4 , 3)

按下 Enter 键，得到计算结果。如图 1.76 所示。

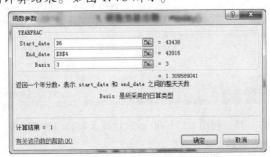

图 1.76　利用 YEARFRAC 函数查询至当前日期的年数

【函数解读】YEARFRAC 函数。

函数语法:= YEARFRAC(start_date,end_date,[basis])。

函数意义:返回 start_date 和 end_date 之间的天数占全年天数的百分比。使用 YEARF-RAC 工作表函数可判别某一特定条件下全年效益或债务的比例。

函数参数:如图 1.77 所示。

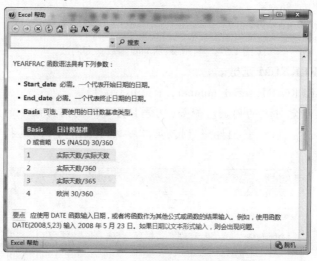

图 1.77   YEARFRAC 函数参数

练习 7. 查询至当前日期的天数(按照 365 天/年)

在 B14 单元格内构建如下函数公式:

= $B$4 − B6

按下 Enter 键,得到计算结果(477)。将该单元格设置自定义格式"0 天",则得到结果"477 天"。(在默认情况下,两个日期相减,得到的是按照 365 天/年计算的天数差)

练习 8. 查询至当前日期的天数(按照 360 天/年)

在 B15 单元格内构建如下函数公式:

= DAYS360(B6,$B$4)

按下 Enter 键,得到计算结果(471)。将该单元格设置自定义格式"0 天",则得到结果"471 天"。如图 1.78 所示。

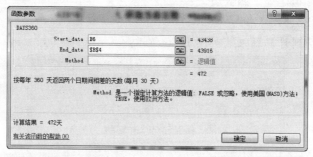

图 1.78   利用 DAYS360 函数计算天数差(360 天/年)

【函数解读】DAYS360 函数。

函数语法:= DAYS360(start_date,end_date,[method])。

函数意义:按照一年 360 天的算法(每个月以 30 天计,一年共计 12 个月),返回两日期间相差的天数,这在一些会计计算中将会用到。如果会计系统是基于一年 12 个月,每月 30 天,则可用此函数帮助计算支付款项。

函数参数:

start_date,end_date(必须):要计算期间天数的起止日期。如果 start_date 在 end_date 之后,则 DAYS360 将返回一个负数。

method(可选):一个逻辑值,它指定在计算中是采用欧洲方法还是美国方法。

- FALSE 或省略——美国方法(NASD):如果起始日期为某月的最后一天,则等于当月的 30 日;如果终止日期为某月的最后一天,并且起始日期早于某月的 30 日,则终止日期等于下个月的 1 日,否则,终止日期等于当月的 30 日。
- TRUE——欧洲方法:如果起始日期和终止日期为某月的 31 日,则等于当月的 30 日。

案例 1.5 两个能记录时间的表

【情境引入】在 Excel 中,日期和时间函数 NOW 能够获得当前的时间数据,而且 NOW 函数会随着表格的任何变动,实时刷新时间。在某些情况下,我们希望时间同步更新,但有时却希望"时间停留在记录的时间点"。例如,一家电商企业的运营岗位需要对数据进行收集工作:在"双十一"当天,在 5 个时间点分别记录自己产品 A 与竞品 B 的销量,并保存记录时间点。再例如,单位准备召开一个内部会议,需要记录下参会人员签到的情况,其中要包含签到的具体时间点。接下来,我们实现通过 NOW 函数,实现"时间自动登记与停留"。

【相关知识】

- 迭代运算;
- 日期和时间类函数 NOW;
- 逻辑类函数 IF、OR。

一、"双十一"活动销售时间点记录

新建一个工作簿,保存为"两个能记录时间的表",将其中的 Sheet1 工作表重命名为""双十一"活动销售时间点记录",如图 1.79 所示构建表格结构,并进行适当的格式设置。

图 1.79 "双十一"活动销售时间点记录

1. 迭代运算

与普通的公式不同,本案例需要循环使用公式,那么,如何开启公式循环引用功能? 单击工作簿左上角的"文件"命令,在弹出的快捷菜单中选择"选项"命令,打开如图 1.80 所示"Excel 选项"对话框。切换至"公式"选项卡,在右侧面板中的"计算选项"功能区中勾选"启用迭代计算"复选框,然后单击"确定"按钮,完成设置。

图 1.80　迭代运算

2. 设置时间点格式

选中 B4:G4 单元格区域,然后右单击该区域,选择"设置单元格格式"快捷菜单命令,弹出如图 1.81 所示"设置单元格格式"对话框,切换至"自定义"选项卡,然后在"类型"框中输入"yyyy/m/d h:mm:ss"格式。

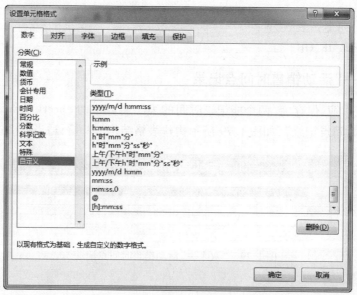

图 1.81　设置时间点格式

3. 计算时间点

在 B4 单元格中构建如下函数公式：

$=IF(B5="","",IF(B4="",NOW(),B4))$

按下 Enter 键，为该单元格预置公式，利用填充句柄将该公式向右复制直至 G4 单元格。

> **知识 1-16：IF 函数的嵌套与迭代运算。**
>
> 在使用逻辑类函数 IF 进行条件判断时，往往需要进行多层 IF 函数嵌套。本案例中，第一个 IF 函数公式表示：如果 B5 是空值，则 B4 返回空白；如果 B5 不是空值，B4 返回值为第二个 IF 函数公式。第二个 IF 函数公式表示：如果 B4 是空值，则 B4 等于当前时间（NOW 函数同步获取最新时间点）；如果 B4 不是空值，返回值为 B4。
>
> IF 函数嵌套的最终结果：如果在 B5 单元格中输入"售卖品 A"的销量，则在 B4 单元格中记录即刻的时间点。即使后期对 B5 单元格中的销量数字进行修改，也不会改变 B4 单元格中的记录时间；如果删除 B5 单元格中的销量，则同步删除 B4 单元格中的记录时间。

4. 效果演示

在 B5 单元格中输入一个"售卖品 A"的销量数字，可以观察到 B4 单元格中同步记录时间点的情况。在 C5 单元格中输入第二个时间点的"售卖品 A"的销量数字，C4 单元格中相应显示该时间点，而之前在 B4 单元格中生成的第一个时间点并不改变。如图 1.82 所示。

	A	B	C	D	E	F	G
C4				$=IF(C5="","",IF(C4="",NOW(),C4))$			
1			"双十一"活动销售时间点记录				
2							
3	销量			时间记录点			
4		2021/4/26 17:59:54	2021/4/26 18:00:25				
5	售卖品A	55	101				
6	竞争品B						

图 1.82　同步记录时间点

5. 举一反三

上述案例，如果要求同时在"售卖品 A"和"竞争品 B"两个单元格中完成销量输入之后，再记录时间点，则可以利用另一个逻辑类函数——OR（"或"关系）。

在 B4 单元格中构建如下函数公式：

$=IF(OR(B5="",B6=""),"",IF(B4="",NOW(),B4))$

按下 Enter 键，为该单元格预置公式，利用填充句柄将该公式向右复制直至 G4 单元格。

【试一试】分别在 B5 和 C5 单元格中输入两个"售卖品 A"的销量数字，然后在 B6 单元格中输入一个"竞争品 B"的销量数字，可以观察到 B4 单元格中同步记录时间点的情况，但是 C4 单元格中并没有显示时间点。如图 1.83 所示。

二、自动排序的会议签到表

利用 NOW 函数及"迭代运算"技巧，还可以设计一个能够根据参会人员签到的时间先后，

C4		× ✓ fx	=IF(OR(C5="",C6=""),"",IF(C4="",NOW(),C4))				

"双十一"活动销售时间点记录

	A	B	C	D	E	F	G
1							
2							
3	销量			时间记录点			
4	售卖品A	2021/4/26 18:07:51					
5		55	101				
6	竞争品B	41					

图 1.83　举一反三

自动记录进场顺序的会议签到表。新建一个工作表,命名为"会议签到表",如图 1.84 所示构建表格结构,事先输入参会人员的姓名。

会议签到表

	序号	参会人员	签到	签到时间
1				
2				
3	序号	参会人员	签到	签到时间
4	1	黎凡	签到	2021/4/26 19:29:27
5		柳晓洁		
6	2	谢文杰	签到	2021/4/26 19:29:34
7		章瑞		
8		卓芮安		
9		肯云伟		
10		邹新叶		
11		章昕睿		
12		章璐		
13		汪颜君		
14		宋佳佳		
15		柳秋玲		
16		宁晓彤		
17		汲腾腾		
18		汪飞彤		
19		杜超群		
20		黎旭		
21		孙乐		
22		卜婷婷		
23				

图 1.84　会议签到表

1. 签到方式:数据验证

为了简化入场时人员签到操作手续,为 C 列("签到"列)设置数据验证,提供一个包含"签到"和"未到"两项内容的下拉列表。具体操作方法为:选择 C4:C22 单元格区域,依次单击"数据"/"数据工具"/"数据验证"命令,弹出如图 1.85 所示"数据验证"对话框,设置"允许"类型为"序列",在"来源"框中,输入"签到,未到"(注意:使用英文逗号隔开)。单击"确定"按钮,完成数据验证设置。

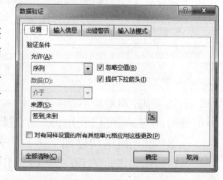

图 1.85　数据验证

2. 签到时间:迭代运算

在 D4 单元格中构建如下函数公式:

= IF(C4 <>"签到","",IF(D4 = "",NOW() ,D4))

将公式向下复制填充直至 D22 单元格。将 D 列的单元格格式设置为自定义"yyyy/m/d h:mm:ss"格式。在"签到"列中为人员标注"签到"信息,可以看到"签到时间"列中相应的单元格内即可显示当前的时间点。如图 1.86 所示。如果"签到"列中填写其他信息,如"未到"

或者空白,则"签到时间"列中的相应位置均显示为空白。

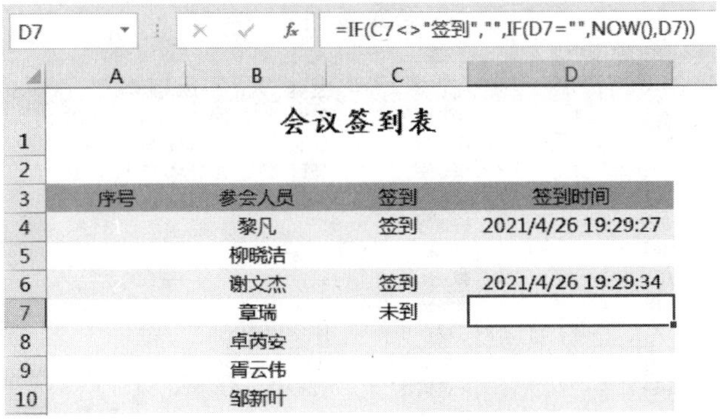

图 1.86　自动记录签到时间点

3. 自动生成"序号"

在"序号"列中,利用 RANK 函数对"签到时间"按照"升序"方式自动排序,可以获得参会人员入场签到的先后顺序。

在 A4 单元格中构建如下函数公式:

= IF(C4 <>"签到","",RANK(D4,$D$4 ;$D$22 ,1))

将公式向下复制填充直至最后一行数据。当参会人员逐一完成签到之后,在"序号"列中将会逐一显示该员工签到的入场次序。如图 1.87 所示。

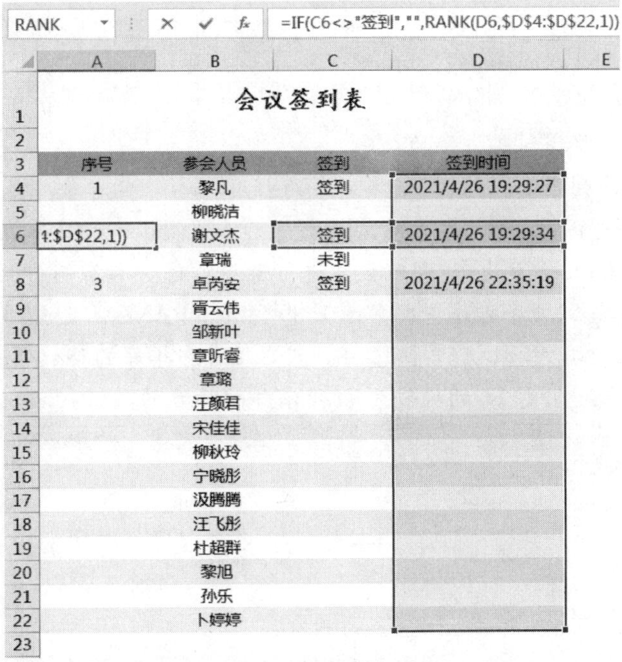

图 1.87　自动生成"序号"

会议签到结束之后,只需定位在"序号"列任意单元格中,依次单击"开始"/"编辑"/"排序和筛选"/"升序"命令,即可根据"序号"的大小,将表格重新排序,从而获得签到如图 1.88 所示效果。

	A	B	C	D
		会 议 签 到 表		
1				
2				
3	序号	参会人员	签到	签到时间
4	1	黎凡	签到	2021/4/26 19:29:27
5	2	谢文杰	签到	2021/4/26 19:29:34
6	3	卓芮安	签到	2021/4/26 22:35:19
7	4	邹新叶	签到	2021/4/26 22:42:25
8		柳晓洁		
9		章瑞	未到	
10		胥云伟	未到	
11		章昕睿		
12		章璐		
13		汪颜君		
14		宋佳佳		
15		柳秋玲		
16		宁晓彤		
17		汲腾腾		
18		汪飞彤		
19		杜超群		
20		黎旭		
21		孙乐		
22		卜婷婷		

图 1.88　按照"序号"大小为表格排序

知识 1 - 17:排名函数 RANK。

RANK 函数的语法格式为:返回一列数字的数字排位(相对于列表中其他值的大小)。

公式为: = RANK(number, ref, [order])。

参数为:

number(必须):要找到其排位的数字。

ref(必须):数字列表的数组,对数字列表的引用。ref 中的非数字值会被忽略。

order(可选):一个指定数字排位方式的数字。如果 order 为 0(零) 或省略,则对数字进行降序排位;如果 order 不为零,则对数字进行升序排位。本案例中利用 RANK 函数对参会人员"黎凡"的签到顺序排序情况如图 1.89 所示。RANK 函数遇到重复数字时,将会返回"并列",同时影响后续数值的排位。例如,在按升序排序的整数列表中,如果数字 10 出现两次,且其排位为 5,则 11 的排位为 7(没有排位为 6 的数值)。

图 1.89　RANK 函数升序排序

一课一练5　单条件求和函数 SUMIF(一)

简介:SUMIF 函数语法格式。

返回对范围中符合指定条件的值求和。该函数拥有十分强大的条件求和功能,在工作中有极其广泛的应用。

公式为:=SUMIF(range,criteria,[sum_range])。

参数为:

range(必须):条件区域。每个区域中的单元格都必须是数字或名称、数组或包含数字的引用。空值和文本值将被忽略。

criteria(必须):条件(用于确定对哪些单元格求和)。其形式可以为数字、表达式、单元格引用、文本或函数。

sum_range(可选):求和区域。如果省略,将对 range 参数所指定区域(即条件区域)求和。

【说明】

第一,参数 criteria 中的任何文本条件或任何含有逻辑或数学符号的条件都必须使用双引号括起来(例如,当参数 criteria 中包含比较运算符时,运算符必须用双引号括起,否则公式会出错)。如果条件为数字,则无须使用双引号。criteria 参数支持使用通配符:一是问号(?),匹配任意单个字符;二是星号(*),匹配任意一串字符。例如,查找单元格结尾包含"商场"字符的所有内容,可以写为""*商场""。

第二,如果要查找实际的问号或星号,需要在该字符前键入波形符"~"。使用 SUMIF 函数匹配超过 255 个字符的字符串或字符串#VALUE! 时,将返回不正确的结果。

第三,sum_range 参数与 range 参数的大小和形状可以不同,参数 sum_range 可以简写,即只写出该区域左上角的单元格,SUMIF 函数会自动从该单元格延伸到与参数 range 等高的区域范围。例如,对于公式:=SUMIF(A1:A5,">3",B2)来说,参数 sum_range 只输入了单元格引用 B2,此公式相当于:=SUMIF(A1:A5,">3",B2:B6)。注意,这种情况下会使 SUMIF 函数具有易失性,引发工作表重算。

第四,SUMIF 函数中 criteria 参数的格式会限定其选择条件求和的范围。例如,如果 criteria 参数格式是数值类型,SUMIF 函数就只对第一参数是数值格式的单元格对应的求和区域中进行统计,而忽略其他格式如文本、逻辑值、错误值等。利用 SUMIF 函数的这个特性,我们可以排除错误值进行求和。

第五,range 和 sum_range 必须为单元格区域引用,而不能是数组。

练习1. SUMIF 函数何时具备"易失性"?

SUMIF 函数本身不是易失性函数,但当 SUMIF 函数中的 range 和 sum_range 参数包含的单元格个数不相等时,会具备易失性。例如,以下公式:

=SUMIF(B2:B9,"女",C2:C3)

=SUMIF(B2:B9,"女",C2:C99)

=SUMIF(B2:B9,"女",C2)

三个公式返回的结果一致,SUMIF 函数的 sum_range 参数的单元格个数都与 range 的单元格个数不同,但都会将 sum_range 的区域按照 C2:C9 计算,即以 C2 为起始单元格,延伸至大小和形状与 B2:B9 相同的单元格，相当于以下公式（效果如图 1.90 所示）：

=SUMIF(B2:B9,"女",C2:C9)

姓名	性别	成绩
宋美佳	女	74
张文宇	男	65
宋慧婷	女	51
高俊杰	男	52
卢泉秀	男	88
褚心怡	女	85
朱天燕	女	74
李天尧	男	95

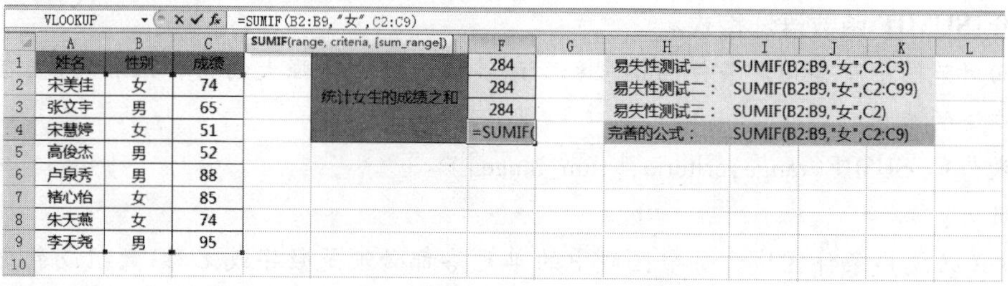

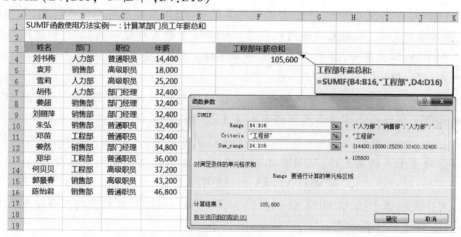

图 1.90　SUMIF 函数的易失性测试

【注意】易失性会引发工作表的重新计算，计算时间会比预期的要长，工作中应尽量避免这种情况出现。

练习 2. 统计部门员工年薪总和

本例效果如图 1.91 所示，在 F4 单元格中构建如下公式，计算工程部员工年薪总和：

=SUMIF(B4:B16,"工程部",D4:D16)

姓名	部门	职位	年薪
刘书梅	人力部	普通职员	14,400
袁芳	销售部	高级职员	18,000
雪莉	人力部	高级职员	25,200
胡伟	人力部	部门经理	32,400
姜超	销售部	部门经理	32,400
刘丽萍	销售部	部门经理	32,400
朱弘	销售部	普通职员	32,400
邓苗	工程部	普通职员	32,400
姜然	销售部	部门经理	34,800
郑华	工程部	普通职员	36,000
何贝贝	工程部	高级职员	37,200
郭景春	销售部	高级职员	43,200
陈怡君	销售部	普通职员	46,800

图 1.91　计算某部门员工年薪总和

【举一反三】

第一，工程部年薪总和：=SUMIF($B$4:$B$16,"工程部",$D$4:$D$16)；

第二，普通职员年薪总和：=SUMIF($C$4:$C$16,"普通职员",$D$4:$D$16)；

第三，工程部普通职员年薪总和：=SUM(SUMIF($B$4:$C$16,{"销售部","普通职员"},$D$4:$D$16))。

SUMIF 函数也可以解决单字段、多条件求和的需求。这里{"销售部","普通职员"}是常量数组，充当 SUMIF 函数的第 2 个参数。因为 SUMIF 同时分别求两个条件的年薪之和，因此要在 SUMIF 的最外面再加一个 SUM 函数来加总这三个求和值。

练习 3. 统计前(后)两名员工销售额

当在工作中遇到涉及数值大小的问题，该用什么思路去解决呢？可以利用 SUMIF 函数结合 LARGE 函数、SMALL 函数嵌套计算。本例效果如图 1.92 所示，在 D4 和 E4 单元格中分别构建如下公式，计算销售额位于前两名的员工、后两名的员工的销售额总和。公式如下：

$$= SUMIF(B4:B12,">"\&LARGE(B4:B12,3))$$

$$= SUMIF(B4:B12,"<"\&SMALL(B4:B12,3))$$

图 1.92　分别计算前两名员工、后两名员工的销售额总和

在第一个公式中,criteria 参数:" > "&LARGE(B4:B12,3)表示大于区域 B4:B12 中第 3 大的数据,即区域中第 1 和第 2 数据。在第二个公式中,criteria 参数:" < "&SMALL(B4:B12,3)表示小于区域 B4:B12 中倒数第 3 小的数据,即区域中倒数第 1 和第 2 的数据。

练习 4. 统计 90 分以上的成绩之和

在很多情况下,当条件区域和求和区域重合时,还可以简化公式写法。例如,在下面的案例中,简化公式的结果也是正确的。如图 1.93 所示。

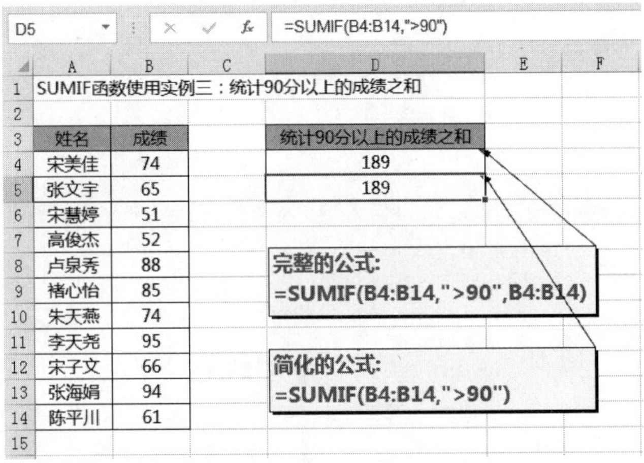

图 1.93　统计 90 分以上的成绩之和(简化公式)

练习 5. 统计北上广的销售额总和

SUMIF 函数也可以解决单字段、多条件求和的需求。例如,在如图 1.94 所示表格中,左侧是数据源区域,要求统计北京分公司、上海分公司、广州分公司这三家销售额总和。

一般思路:如果是只求一家分公司(如北京)的销售额那很简单,公式为:

$$= SUMIF(A4:A14,"北京",B4:B14)$$

图 1.94　统计北上广的销售额总和(SUMIF 函数多条件求和)

多家怎么办呢? 最直接的办法是构建公式:

= SUMIF(A4:A14,"北京",B4:B14) + SUMIF(A4:A14,"上海",B4:B14) + SUMIF(A4:A14,"广州",B4:B14)

是不是只有这种方法呢? 如果需要统计的分公司增加,岂不是公式越来越长? 更好的办法是,在 D5 单元格内构建如下公式(注意:花括号是键盘手动输入的):

= SUM(SUMIF(A4:A14,{"北京","上海","广州"},B4:B14))

这里,{"北京","""上海","广州"}是常量数组,充当 SUMIF 函数的第 2 个参数,SUMIF 将根据常量数组中所有条件逐一计算各个地区销售额之和,最终还需要再加一个 SUM 函数完成加总计算,得到最终结果。如图 1.94 所示。

第 2 部分　Excel 在账务处理中的应用

日常账务处理也称会计核算组织程序,是指对会计数据的记录、归类、汇总、陈报的步骤和方法。即从原始凭证的整理、汇总,记账凭证的填制、汇总,日记账、明细分类账的登记,到会计报表编制的步骤和方法。深通有限责任公司为增值税一般纳税人,增值税税率为 13% ,所得税税率为 25% ,材料核算采用先进先出法。本案例将通过该公司的经营业务介绍 Excel 在账务处理中的应用。

案例 2.1　制作会计科目及期初余额表

【情境引入】设置账户即建立一个"会计科目及期初余额表"。会计科目是会计记账的核心,一般分为一级科目、二级科目及明细科目,其中一级科目是财政部统一规定的(如图 2.1 所示)。企业可以根据自己的实际情况,增设、分拆、合并会计科目,企业不存在的交易或者事项,可以不设置相关会计科目。

	A	B	C	D	E
1			会计科目表		
2					
3	顺序号	一级科目代码	一级科目名称	适用范围	类别
4	1	1001	库存现金		资产类
5	2	1002	银行存款		资产类
6	3	1003	存放中央银行款项	银行专用	资产类
7	4	1011	存放同业	银行专用	资产类
161	158	6604	勘探费用		成本类
162	159	6701	资产减值损失		成本类
163	160	6711	营业外支出		成本类
164	161	6801	所得税		成本类
165	162	6901	以前年度损益调整		成本类

图 2.1　会计科目表

【相关知识】

- SUMIF、LEN、COUNTA、OFFSET 函数;
- 试算平衡表;
- 定义动态名称。

一、设置科目代码和名称

新建一个工作簿,命名为"账务处理(2020)",将如图 2.1 所示的会计科目表复制到最左端,命名为"会计科目表"。插入一个新工作表,命名为"期初余额表",然后根据企业经营业务的需要编辑相关数据。

1. 设置科目代码

自 A1 单元格开始向右依次输入"科目代码""科目名称""期初借方余额""期初贷方余额"作为标题行。

第一步,选择 A 列数据,打开"设置单元格格式"对话框,将"一级科目代码"列设置为"文本"格式。

第二步,科目代码具有唯一性、不可重复性,因此需要为其设置数据验证。选择 A 列,打开"数据验证"对话框,"允许"框内选择"自定义","公式"框中输入如图 2.2 所示公式:

图 2.2　数据验证

$$= COUNTIF(A:A,A1) = 1$$

单击"确定"按钮,完成设置。

知识 2 −1:单条件计数函数 COUNTIF。

COUNTIF 函数用于对指定区域中符合特定条件的单元格进行计数。图 2.2 中所示公式表示在 A 列中等于 A1 单元格的个数必须等于 1,即验证 A 列中 A1 是否为唯一值。

根据企业经营业务的实际情况,参考"新会计准则会计科目表",自 A2 单元格开始,自行输入所需要的科目代码。

2. 利用 VLOOKUP 函数输入"科目名称"

"科目名称"列除了一级科目之外,根据需要还可以添加二级科目、三级科目。输入方法有两种:第一,一级科目,根据 A 列的"科目代码",利用 VLOOKUP 函数从"新会计准则会计科目表"中自动获取。第二,二级科目(即明细科目),根据企业实际需要自行输入添加。

在 B2 单元格内构建如下函数公式:

$$= IF(LEN(A2) = 4,VLOOKUP(A2,新会计准则会计科目表!B:C,2,0),"")$$

向下复制公式,得到与 A 列科目代码相对应的一级科目名称。根据实际情况,在与 A 列二级科目代码相对应的位置,自行输入二级科目名称。

知识 2 −2:LEN 函数。

上述函数公式表示:如果 A2 单元格内的科目代码字符长度为 4 位(即一级科目),则使用 VLOOKUP 函数在"新会计准则会计科目表"的 B:C 区域中查询与该科目代码相对应的科目名称(一级科目),否则为空(可以手动输入其他明细科目名称)。LEN 函数的语法格式为返回文本字符串中的字符个数,如图 2.3 所示。

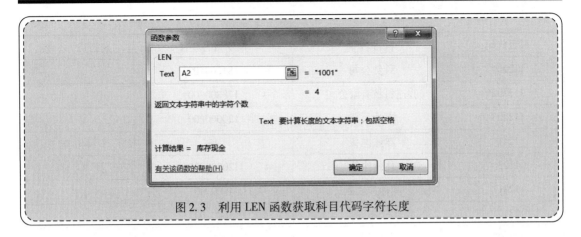

图 2.3 利用 LEN 函数获取科目代码字符长度

二、输入期初余额

从会计账务处理的数据传递关系来看,本期借方期初余额应该等于上期借方期末余额,可以从上期总账中直接获取作为本期的期初余额表使用。

在输入"期初借方余额"和"期初贷方余额"两列数据的时候,要定义有明细账目的一级科目的计算公式,在输入时只要求输入最低级科目的余额,其上一级科目的余额要根据公式自动计算,即汇总科目的数值是通过其他单元格数据加总得出的。"期初借方余额"和"期初贷方余额"的取值公式可以根据以下原则设置:

资产类:"期初借方余额"的上级科目 = 期初借方余额下级科目汇总和;

其他类:"期初贷方余额"的上级科目 = 期初贷方余额下级科目汇总和。

1. 输入期初余额

根据上下级科目的数值关系,分别在相应位置(一级科目余额)输入公式(加总明细科目),完成"会计科目及余额表"的期初余额输入。最终效果如表 2.1 所示。

表 2.1 会计科目及余额表

科目代码	科目名称	期初借方余额	期初贷方余额
1001	库存现金	6000.00	
1002	银行存款	3192000.00	
100201	工行	1872000.00	
100202	建行	1320000.00	
1015	其他货币资金	153600.00	
101501	外埠存款	13200.00	
101502	银行汇票	140400.00	
1101	交易性金融资产	30000.00	
1121	应收票据	295200.00	
1122	应收账款	480000.00	

续表

科目代码	科目名称	期初借方余额	期初贷方余额
112201	科健公司	181200.00	
112202	乔连科技有限公司	178800.00	
112203	宜达公司	120000.00	
1241	坏账准备	—	1440.00
1123	预付账款	120000.00	
1231	其他应收款	4800.00	
123101	于泽安	3600.00	
123102	陈翠屏	1200.00	
1402	在途物资	294000.00	
1403	原材料	660000.00	
1431	周转材料	117660.00	
143101	包装材料	45660.00	
143102	低值易耗品	72000.00	
1406	库存商品	2040000.00	
1524	长期股权投资	300000.00	
152401	股权投资	300000.00	
1601	固定资产	2400000.00	
1602	累计折旧		480000.00
1604	在建工程	1800000.00	
1606	固定资产清理		
1701	无形资产	720000.00	
1702	累计摊销		
1801	长期待摊费用	240000.00	
2001	短期借款		288000.00
2201	应付票据		360000.00
2202	应付账款		1100220.00
2211	应付职工薪酬		132000.00
221101	工资		120000.00
221102	福利费		12000.00
2221	应交税费		36000.00
222101	应交增值税		

科目代码	科目名称	期初借方余额	期初贷方余额
22210101	销项税额		
22210102	进项税额		
22210103	已交税金		
222102	未交增值税		
222103	应交所得税		36000.00
222110	应交教育费附加		
2232	应付利息		
2241	其他应付款		69120.00
2601	长期借款		1920000.00
260101	本金		1920000.00
260102	应付利息		—
4001	实收资本		7200000.00
4002	资本公积		711600.00
400201	资本溢价		711600.00
4101	盈余公积		300000.00
410101	法定盈余公积		300000.00
4103	本年利润		
4104	利润分配		254880.00
410401	未分配利润		254880.00
5001	生产成本		
500101	基本生产成本		
500102	辅助生产成本		
5101	制造费用		
6001	主营业务收入		
6111	投资收益		
6401	主营业务成本		
6402	其他业务成本		
6405	营业税金及附加		
6601	销售费用		
6602	管理费用		
6603	财务费用		

续表

科目代码	科目名称	期初借方余额	期初贷方余额
6711	营业外支出		
6801	所得税		
合计		12853260.00	12853260.00

2. 设置求和提醒

为了提醒用户在核算期初余额时上下级科目之间存在着加总求和的数据关系,可以通过设置数据验证的方法,在输入上级科目余额时弹出一条提示信息,帮助用户准确完成数据的输入。

选择 C 列("期初借方余额"列),打开"数据验证"对话框,切换至"输入信息"选项卡,然后在"输入信息"文本框中输入"上级科目余额＝下级科目余额汇总",单击"确定"按钮完成设置。如图 2.4 所示。

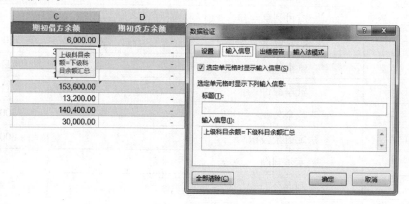

图 2.4　设置求和提醒

3. 期初余额合计

在数据区域右侧添加如图 2.5 所示数据区域,分别计算"期初借方余额"和"期初贷方余额"的一级科目汇总。在 G2 单元格内构建如下函数公式,计算"期初借方余额"的一级科目合计值:

＝SUMIF($A:$A," ????",C:C)

将该公式向右复制,得到"期初贷方余额"的一级科目合计值:

＝SUMIF($A:$A," ????",D:D)

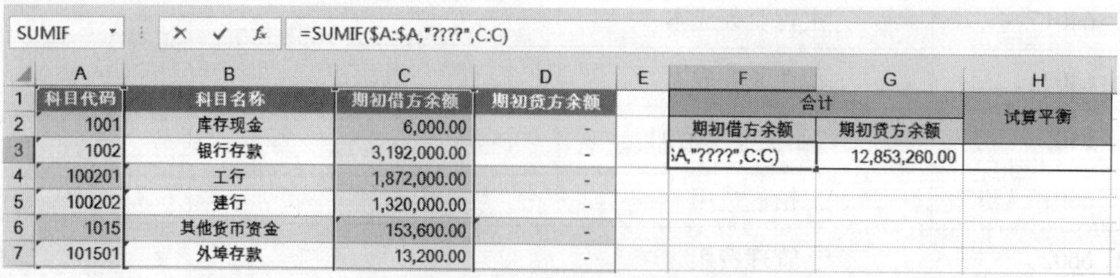

图 2.5　利用函数 SUNIF 计算"合计"

知识 2 –3：单条件求和函数 SUMIF。

"期初借方余额"的合计，是查询 A∶A 数据区域（科目代码）中所有的一级科目（四位数字的字符串），然后对期初借方余额（C∶C 数据区域）的数据进行汇总，可以利用 SUMIF 函数进行求算。SUMIF 函数的语法格式如图 2.6 所示。

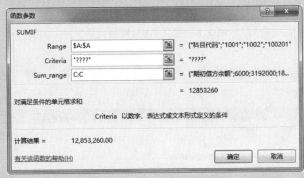

图 2.6　SUMIF 函数语法格式

Range：要进行计算的单元格区域，本案例为所有的科目代码（A∶A 单元格区域）；

Criteria：以数字、表达式或文本定义的条件，本案例使用了通配符——代表任意四位数字的"????"；

Sum_range：用于求和计算的实际单元格（省略时，将使用 Range 中的单元格），本案例为所有的期初借方余额（C∶C 单元格区域）。

4. 试算平衡

在 H3 单元格内构建公式：= F3 = G3。按下 Enter 键，可以判断 F3 和 G3 单元格中的合计数是否相等——相等为 TRUE、不等为 FALSE。如图 2.7 所示。选择 H3 单元格，为其设置"条件格式"，即"突出显示单元格规则"/"等于 … "/FALSE/"浅红色填充深红色

图 2.7　试算平衡

文本"。这样，当完成期初余额的编辑之后，观察试算平衡区域，判断期初借方余额合计和期初贷方余额合计是否相等，如果不等，试算平衡显示"FALSE"，填充效果为"浅红色填充深红色文本"。

5. 定义名称

为了在以后的工作中方便引用"会计科目及期初余额表"工作表中的数据，可以分别为其中的部分内容定义名称。

（1）科目代码。

选择 A 列，依次单击"公式"/"定义名称 … "命令，打开"编辑名称"对话框，在名称框内输入"科目代码"，在引用位置框中输入公式：

= OFFSET（期初余额表！$A$2,,,COUNTA（期初余额表！$A∶$A）–1）

单击"确定"按钮，完成名称的定义。如图 2.8 所示。

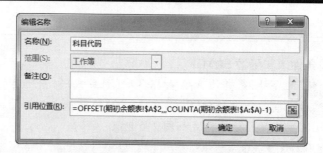

图 2.8　定义名称:科目代码

(2)会计科目。

选择 A:B 列,然后在"名称框"中输入"会计科目",按下 Enter 键完成设置。已经定义的名称结果如图 2.9 所示。

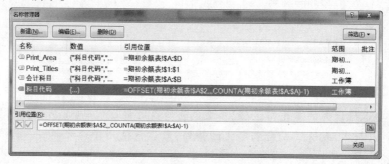

图 2.9　名称管理器

知识 2－4:利用 OFFSET、COUNTA 函数定义动态名称。

为"期初余额表"中的 A 列(即科目代码)定义名称,是为了方便后续表格取数。有三种方式可以考虑:

第一,选定现有数据定义名称。缺点:当增添新科目代码时,需要重新定义名称,否则不能更新内容。

第二,选定 A 列定义名称。缺点:包含了空白区域。

第三,利用 OFFSET、COUNTA 函数定义动态名称。优点:当增添新科目代码时,自动扩展数据区域,从而达到自动更新内容的目的。

一课一练6　单条件求和函数 SUMIF(二)

简介:SUMIF 函数语法格式。

返回对范围中符合指定条件的值求和。该函数拥有十分强大的条件求和功能,在工作中有极其广泛的应用。

公式:= SUMIF(range,criteria,[sum_range])。

参数:

range(必须):条件区域。每个区域中的单元格都必须是数字或名称、数组或包含数字的引用。空值和文本值将被忽略。

criteria(必须):条件(用于确定对哪些单元格求和)。其形式可以为数字、表达式、单元格引用、文本或函数。

sum_range(可选):求和区域。如果省略,将对 range 参数所指定区域(即条件区域)求和。

练习1. 利用通配符进行模糊条件求和

工作中有时要按照模糊条件求和,而 SUMIF 函数支持通配符的使用。如图 2.10 所示,表格左侧是数据源区域,要求统计姓"张"的员工成绩之和。在 D4 单元格内构建如下公式:

= SUMIF(A4:A14,"张 * ",B4:B14)

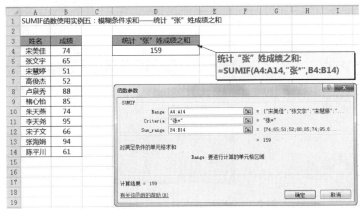

图 2.10　模糊条件求和——统计"张"姓成绩之和

练习2. 统计登记人非空的入库数

工作中的数据源可能来自多种渠道,有的是系统导出,有的是人工填写收集,有的是第三方机构提供,都难免遇到数据源中某字段包含空值或者无效值的情况,统计之前往往需要先排除这些无效记录。

如何利用 SUMIF 函数统计求和条件涉及非空值问题呢? 如图 2.11 所示,"登记人"为空的记录都属于无效记录,统计入库数量时不予考虑,仅统计"登记人"非空的入库数。在 D4 单元格中构建如下函数公式:

= SUMIF(A4:A10,"*",B4:B10)

图 2.11　统计登记人非空的入库数的方法

【举一反三】如果需要登记人为空的入库数,则上述公式可以更改为: = SUMIF($A$4:$A$10,"",$B$4:$B$10)。

练习 3. 统计入库日期非空的数量和

上面的案例介绍的是文本数据中掺杂空值的处理方法,下面介绍使用 SUMIF 函数统计入库日期非空的数量和的方法。如图 2.12 所示,入库日期为空的记录都属于无效记录,统计入库数量时不予考虑,仅统计入库日期非空的入库数。在 D4 单元格中构建如下函数公式:

= SUMIF(A4 : A10, "<>", B4 : B10)

图 2.12　统计入库日期非空的数量和

其中,通配符"<>"表示不等于任意日期(即日期非空)。

练习 4. 实现查找引用功能

说到查找引用,就会想到 VLOOKUP、INDEX + MATCH 等函数。其实,SUMIF 函数除了条件求和外,也可以实现查找引用功能。如图 2.13 所示,为 G4 单元格设置数据验证,提供下拉列表输入员工姓名。在 H4 单元格内构建如下公式函数:

= SUMIF($A$4:$A$14,$G$4,B4:B$14)

向右复制填充,即可得到与 G4 单元格内对应的员工的所有成绩。

【说明】和查询函数 VLOOKUP 一样,员工不能有重名,否则就不能得到正确结果(会将重名的员工单科成绩相加,出现错误结果),只能根据其他唯一性信息(例如,员工工号等)进行查询。

图 2.13　查找员工成绩

练习 5. 多列区域条件求和

前面介绍的 SUMIF 函数,其条件区域一般只有一列,求和区域也只有一列,那么如果遇到条件区域和求和区域都是多列区域,如何处理呢? 如图 2.14 所示,展示的是某企业的员工工号信息表,工号和对应姓名放置在多列区域中,需要在 F4:G4 单元格区域根据员工的姓名提取对应的员工工号。首先为 F4 单元格设置数据验证,提供员工姓名下拉列表序列。其次在 G4 单元格内构建如下函数公式:

= SUMIF($B\$4:$D\$8,$F\$4,$A\$4:$C\$8)

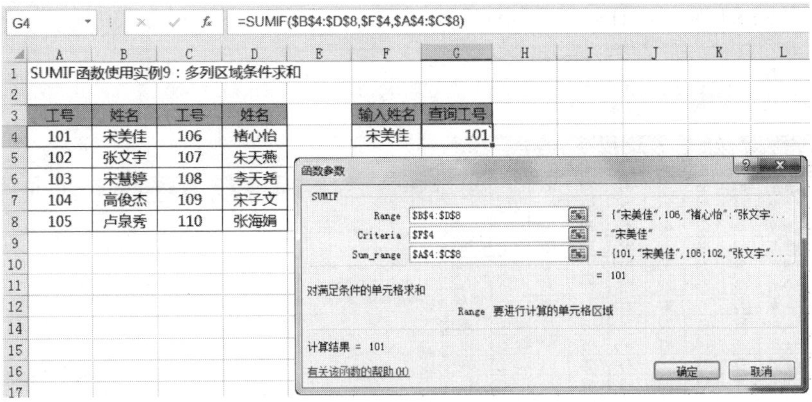

图 2.14　多列区域条件求和

练习 6. 排除错误值求和

出于各种原因,平时在处理数据时难免遇到错误值,当数据源中包含错误值时,普通的求和公式返回的也是错误值。如图 2.15 所示,数据源中几乎包含了各类情况的错误值,那么如何既能排除错误值又能不影响条件求和呢? 在 D4 单元格中构建如下函数公式:

= SUMIF(B4:B14,"<9e307")

图 2.15　排除错误值求和

【函数解读】"<9e307"代表什么意思?

9E +307 在 Excel 中表示科学计数法,意思是 9 乘以 10 的 307 次幂(即 9 * 10^307 代表一个 Excel 能接受的足够大的数值),在 Excel 中经常用它代表最大数。在此公式中,它表示在 B4:B14 区域内查询条件为小于这一最大数值的所有成绩并求和,而其他非数值型数据则被全部筛选出去，不参加求和运算。

练习 7. 隔列分类汇总——汇总“计划”和“实际”数量

无论是财务还是市场销售人员，都会面临在数据源中跨列进行条件求和的需求。如图 2.16 所示，在包含计划和实际销售额的表格中分别汇总“计划”和“实际”的总和。本案例中，每个业务员制定的计划数据和实际完成数据交替出现，最后要在 H:I 单元格区域输入公式，完成对图 2.16 中计划和实际总和的统计。在 H5 单元格构建如下公式，填充至 H5:I15 单元格区域即可。

=SUMIF($B$4:$G$4,H$4,$B5:$G5)

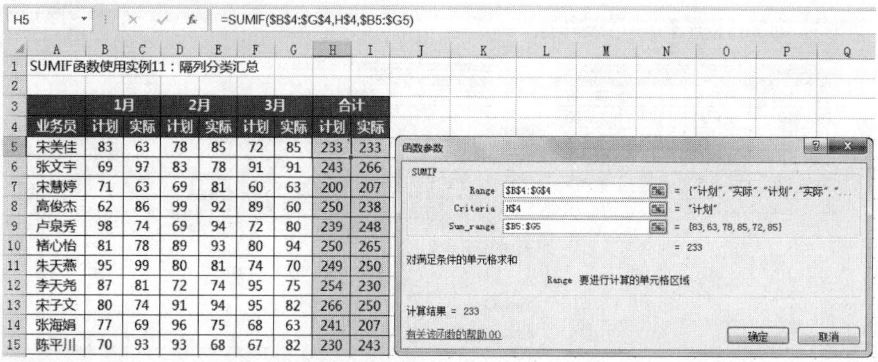

业务员	1月 计划	1月 实际	2月 计划	2月 实际	3月 计划	3月 实际	合计 计划	合计 实际
宋美佳	83	63	78	85	72	85	233	233
张文宇	69	97	83	78	91	91	243	266
宋慧婷	71	63	69	81	60	63	200	207
高俊杰	62	86	99	92	89	60	250	238
卢泉秀	98	74	69	94	72	80	239	248
褚心怡	81	78	89	93	80	94	250	265
朱天燕	95	99	80	81	74	70	249	250
李天尧	87	81	72	74	95	75	254	230
宋子文	80	74	91	94	95	82	266	250
张海娟	77	69	96	75	68	63	241	207
陈平川	70	93	93	68	67	82	230	243

图 2.16　隔列分类汇总：汇总“计划”和“实际”数量

练习 8. 隔列分类汇总——汇总不同商品的总销量

如图 2.17 所示，A:F 单元格区域记录的是不同连锁店的各种商品的销售情况，需要在 I 列中统计出各种商品的“总销量”。在 I2 单元格中构建如下函数公式：

=SUMIF(A:E,H2,B:F)

按下 Enter 键，并将公式向下复制填充直至 I10 单元格中，得到所有商品的“总销量”数据。

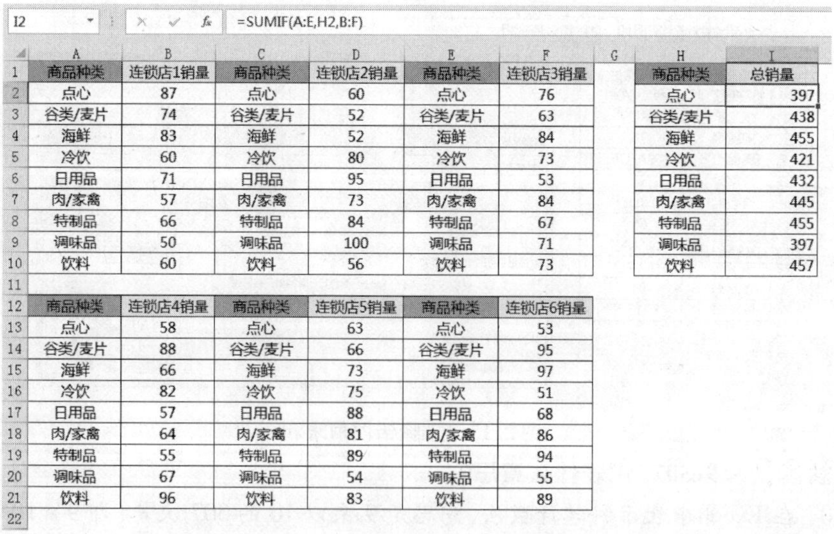

商品种类	连锁店1销量	商品种类	连锁店2销量	商品种类	连锁店3销量
点心	87	点心	60	点心	76
谷类/麦片	74	谷类/麦片	52	谷类/麦片	63
海鲜	83	海鲜	52	海鲜	84
冷饮	60	冷饮	80	冷饮	73
日用品	71	日用品	95	日用品	53
肉/家禽	57	肉/家禽	73	肉/家禽	84
特制品	66	特制品	84	特制品	67
调味品	50	调味品	100	调味品	71
饮料	60	饮料	56	饮料	73

商品种类	连锁店4销量	商品种类	连锁店5销量	商品种类	连锁店6销量
点心	58	点心	63	点心	53
谷类/麦片	88	谷类/麦片	66	谷类/麦片	95
海鲜	66	海鲜	73	海鲜	97
冷饮	82	冷饮	75	冷饮	51
日用品	57	日用品	88	日用品	68
肉/家禽	64	肉/家禽	81	肉/家禽	86
特制品	55	特制品	89	特制品	94
调味品	67	调味品	54	调味品	55
饮料	96	饮料	83	饮料	89

商品种类	总销量
点心	397
谷类/麦片	438
海鲜	455
冷饮	421
日用品	432
肉/家禽	445
特制品	455
调味品	397
饮料	457

图 2.17　隔列分类汇总：汇总不同商品的总销量

案例 2.2　编制记账凭证

【情境引入】编制记账凭证就是建立一个"202001 记账凭证"工作表,在此表中输入所有 2020 年 1 月的业务凭证。记账凭证清单应设置如下信息:类别编号、凭证日期、附件、摘要、科目代码、总账科目、明细科目、借方金额、贷方金额、制单人、审核人、记账人等。此外,在输入过程中要设置一定的数据校验功能,例如日期格式、金额格式、科目代码和科目名称的有效性等。在登记过程中,通过输入科目代码,由系统自动给出总账科目名称和明细科目名称。

【相关知识】

- 文本函数 CONCATENATE、LEN 和 LEFT;
- 日期和时间函数 YEAR、MONTH、DATE;
- 逻辑函数 IFERROR、信息函数 ISERROR;
- 求和函数 SUMIF、查询函数 VLOOKUP;
- 数据验证;
- 条件格式。

一、制作记账凭证模板

为了方便后期每个会计期间记账凭证的编辑使用,我们首先制作一个模板——记账凭证模板,在其中做好函数计算、数据验证、条件格式等相关设置。

1. 制作表头和标题行

在"账务处理(202001)"工作簿中新建一个工作表,命名为"凭证模板",然后如图 2.18 所示构建表头和标题行。

图 2.18　表头

(1)设置数据验证输入记账日期。

定位在 B3 单元格中,依次单击"数据"/"数据工具"/"数据验证"命令,打开如图 2.19 所示"数据验证"对话框,在"允许"框内选择"日期",然后设置数据介于"2020/1/1"和"2020/12/31"之间(说明:后期可以根据需要修改该时间区段)。

(2)利用 CONCATENATE 函数制作表头。

在 A1 单元格内构建如下函数公式:

= CONCATENATE("深通有限责任公司",YEAR(B3),

图 2.19　验证日期

"年",MONTH(B3),"月记账凭证")

按下 Enter 键,得到表头文本:"深通有限责任公司 2020 年 1 月记账凭证"。

知识 2 - 5:CONCATENATE 函数。

CONCATENATE 属于"文本"函数,可以将多个字符串连接为一个文本字符串。如图 2.20 所示为该函数的参数设置。

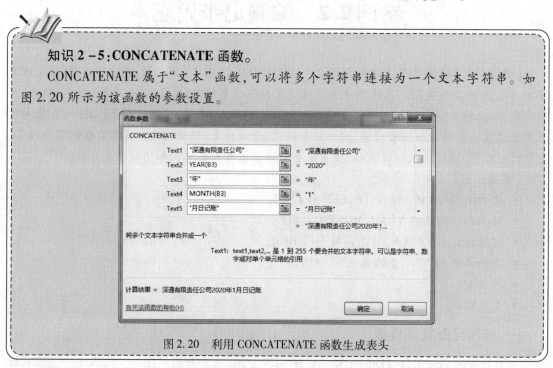

图 2.20　利用 CONCATENATE 函数生成表头

知识 2 - 6:日期和时间函数 YEAR 和 MONTH。

YEAR 函数的语法格式为:返回日期的年份值。利用它可自动获取 B3 单元格中的年份(介于 1900 ~ 9999 之间)。

MONTH 函数的语法格式为:返回日期的月份值。利用它可自动获取 B3 单元格中的月份(介于 1 ~ 12 之间)。

(3)通过套用表格格式美化表格。

选择从第 5 行开始的数据区域,为其添加单元格底纹和边框、调整行高和列宽、设置字体格式和数字类型(例如,"凭证日期"列设置"短日期";"科目代码"列设置"文本";"借方金额"和"贷方金额"列设置"数值"等)。

2. 为"凭证编号"和"凭证日期"自定义格式

(1)凭证编号。

"凭证编号"列数据的填充效果要求显示格式为"记001",可以利用自定义的方式实现。选择 A 列,单击"数字"对话框启动器,打开"设置单元格格式"对话框,在"自定义"的"类型"框中输入:记 000(如图 2.21 所示),单击"确定"按钮完成设置。这样,只要在"凭证编号"列中输

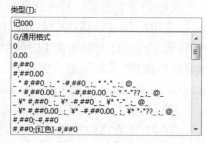

图 2.21　自定义"凭证编号"数字类型

入数字,如输入"10",即可显示"记 010"的数字格式。

(2)凭证日期。

本凭证列举的是 2020 年 1 月份财务报表,因此凭证日期限制在本月。为了简化凭证日期的输入,设计如下:在 A 列单元格中输入凭证编号(例如,1)时,B 列单元格中根据 B3 单元格中的记账日期(例如,2020/1/31),自动填充日期为:2020/1/1。

在 B6 单元格中构建如下函数公式:

= IF([@凭证编号]<>"",DATE(YEAR($B$3),MONTH($B$3),[@凭证编号]),"")

按下 Enter 键,得到计算结果,并向下复制填充公式,如图 2.24 所示。

> **知识 2 –7:利用 DATE 函数自动获取凭证日期。**
>
> 　　上述公式表示:如果 A 列凭证编号不为空,则自动填充天数与"凭证编号"数值相同的日期,否则返回值为空白。DATE 函数的语法格式为返回由年(YEAR:利用 YEAR 函数从 B3 单元格的记账日期中获取)、月(MONTH:利用 MONTH 函数从 B3 单元格的记账日期中获取)和日(DAY:即 A 列的凭证编号)组成的代表日期的数字(如图 2.22 所示)。
>
>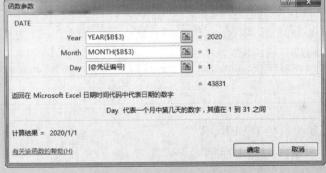
>
> 图 2.22　利用 DATE 函数自动获取日期

3. 限制"附件""摘要""科目代码"的输入

(1)附件。

作为业务来往的票据,应该将其数量填写在"附件"列中,这里仅允许整数填充,范围是 0～1000。选择 C 列,打开"数据验证"对话框,在"允许"框中选择"整数",设置数据"介于"最小值"0"和最大值"1000"之间。切换至"输入信息"选项卡,在"输入信息"文本框输入"请输入 0～1000 的整数!",这样可以提示填表人注意数值格式和范围。

(2)摘要。

"摘要"列要简明扼要地填写具体业务来往,仅允许文本输入,范围是 1～50 个字。选择 D 列,打开"数据验证"对话框,在"允许"框中选择"文本长度",设置数据"介于"最小值"1"和最大值"50"之间。切换至"输入信息"选项卡,在"输入信息"文本框输入"请输入 50 个字以内的摘要!",这样可以提示填表人注意字符输入的个数限制。

(3)科目代码。

对于不熟悉科目代码的用户来说,在"科目代码"列(E 列)中限制填写范围,提供预设的会计科目,可以方便输入,防止误操作。选择 E 列,打开"数据验证"对话框,在"允许"框内选择"序列",在"来源"框内输入"=科目代码",单击"确定"按钮完成设置。这样既可以通过单击单元格右侧的下拉按钮,从下拉列表中选择输入,也可以直接手动输入科目代码。

4. 自动获取总账科目和明细科目

(1)总账科目。

"总账科目"是指一级科目,它是根据 E 列单元格中的"科目代码"自动获取的。在 F6 单元格内构建如下函数公式:

= IFERROR(VLOOKUP(LEFT([科目代码],4),会计科目,2,0),"")

按下 Enter 键,得到计算结果,将该公式向下复制填充至 200 行(或更多,以满足记账凭证需要)。

知识 2-8:为什么在 VLOOKUP 函数参数中嵌套 LEFT 函数?

在计算"总账科目"时,因为科目代码包含一级科目(总账科目)和下级科目(明细科目),所以需要使用 LEFT 函数截取 E 列单元格中的"科目代码"的前四位数字,作为 VLOOKUP 的第一参数,然后在"会计科目及余额表"中 A、B 两列(定义名称为"会计科目")中查询与之相应的一级科目名称。

知识 2-9:逻辑类函数 IFERROR。

当公式延伸至没有填写科目代码的单元格时,如果直接使用 VLOOKUP 函数(嵌套 LEFT 函数)进行查询,会在单元格内得到错误值符号(例如,#N/A),非常不美观。嵌套逻辑函数 IFERROR 则可以完美地解决这一问题。在上述公式中,IFERROR 函数的第一参数构建一个表达式(即 VLOOKUP 公式),IFERROR 检测该表达式是否是一个错误,如果错误(例如,#N/A),则返回值为空白(即第二参数);否则返回表达式自身的值(即 VLOOKUP 函数查询的结果),如图 2.23 所示。

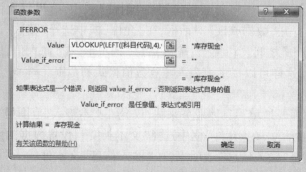

图 2.23　利用 IFERROR 函数纠错

（2）明细科目。

明细科目同样也是依据"科目代码"内容获取的。在 E 列中输入科目代码,在"明细科目"中自动显示相应的科目名称。在 F4 单元格内构建如下函数公式:

= IF(ISERROR(IF(LEN(E6)<>4,VLOOKUP(E6,会计科目,2,0) ,"")) ,"",IF(LEN(E6)<>4,F6&"_"&VLOOKUP(E6,会计科目,2,0) ,""))

按下 Enter 键,得到计算结果,形式为"总账科目_明细科目",如图 2.24 所示。

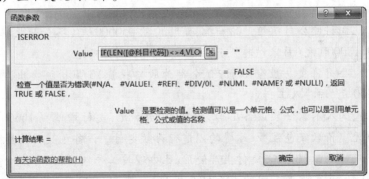

	A	B	C	D	E	F	G	H	I
5	凭证编号	凭证日期	附件	摘要	科目代码	总账科目	明细科目	借方金额	贷方金额
6	记001	2020/1/1	1	支付汇票	2201	应付票据			
7	记001	2020/1/1		支付汇票	100201	银行存款	银行存款_工行		
8	记002	2020/1/2		采购原材料	1402	在途物资			
9	记002	2020/1/2		采购原材料	22210102	应交税费	应交税费_进项税额		
10	记002	2020/1/2		采购原材料	100201	银行存款	银行存款_工行		
11	记003	2020/1/3		材料验收入库	1403	原材料			
12	记003	2020/1/3		材料验收入库	1402	在途物资			

图 2.24　明细科目名称

【函数解读】在上述公式中,IF(LEN(E6)<>4,VLOOKUP(E6,会计科目,2,0) ,"")表示:利用 LEN 函数获取 E 列(即科目代码)的数字位数,如果科目代码位数不等于 4(明细科目或者空白),则返回值为空白;否则返回 VLOOKUP 函数查询的结果(说明:这种结果有缺陷,如果 E 列单元格尚未输入科目代码,VLOOKUP 返回值为错误值#N/A)。

信息类函数 ISERROR 语法格式为:检查一个值是否为错误,返回逻辑值 TRUE 或者 FALSE(如图 2.25 所示)。它可以辅助 IF 函数进行纠错,如果查询结果为错误值,则返回值为空白,从而避免产生不美观的效果。

图 2.25　利用 ISERROR 函数检查错误

5. 试算平衡

如图 2.26 所示,在 K:M 列建立一个试算平衡表区域。在 K7 单元格内输入公式:= SUM(H:H),在 L7 单元格内输入公式:= SUM(I:I),在 M7 单元格内输入公式:= K7 = L7。

	J	K	L	M
4				
5		合计		试算平衡
6		借方金额合计	贷方金额合计	
7		0.00	0.00	=K7=L7

图 2.26　试算平衡表

选择 M7 单元格,依次单击"开始"/"条件格式"/"突出显示单元格规则"/"等于…"命令,打开"等于"对话框,如图 2.27 所示设置条件格式。这样,当 K7 单元格与 L7 单元格的合计金额不等时,在 M7 单元格内显示"FALSE"(试算不平衡),该单元格突出显示为"浅红色填充深红色文本"格式。

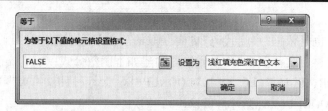

图 2.27　为试算平衡设置条件格式

二、制作记账凭证

深通有限责任公司为增值税一般纳税人,增值税税率为 13%,所得税税率为 25%,材料核算采用先进先出法。该公司原材料月初库存量为 500 吨,2020 年 1 月发生的具体业务如下:

(1)1 月 1 日,收到银行通知,用工行存款支付到期的商业承兑汇票 150000 元。

(2)1 月 2 日,购入原材料 160 吨,用工行存款支付货款 240000 元,以及购入材料应付的增值税税额 31200 元,款项已付,材料未到。

(3)1 月 3 日,收到原材料一批,数量 110 吨,材料成本 165000 元,材料已验收入库,货款已于上月支付。

(4)1 月 4 日,用银行汇票支付采购材料价款,公司收到开户银行转来的银行汇票多余款收账通知,通知上填写的多余款为 351 元,材料为 100 吨,购入材料为 149700 元,支付的增值税税额为 19461 元,原材料已验收入库。

(5)1 月 5 日,基本生产领用原材料 600 吨,车间领用计入产品成本的低值易耗品 75000 元。

(6)1 月 6 日,向科健公司销售产品一批,销售价款 450000 元(不含应收取的增值税),该批产品实际成本 180000 元(月末结转),产品已发出,价款未收到。

(7)1 月 7 日,公司将交易性金融资产(全部为股票投资)37500 元卖出,收到本金 37500元,投资收益 7500 元,均存入工行。

(8)1 月 8 日,购入不需安装设备 1 台,价款 128705 元,支付增值税 16666.65 元,支付包装费、运费 1000 元。价款及包装费、运费均以建行存款支付。设备已交付使用。

(9)1 月 9 日,一项工程完工,交付生产使用,已办理竣工手续,固定资产价值 2100000 元。

(10)1 月 10 日,基本生产车间的 1 台机床报废,原价 300000 元,已计提折旧 270000 元,清理费用 750 元,残值收入 2700 元,均通过工行存款收支。该项固定资产清理完毕。

(11)1 月 11 日,归还短期借款本金 225000 元,当月利息 3750 元,由工行存款支付。

(12)1 月 13 日,用工行存款支付工资 750000 元,其中包括支付给在建工程人员工资 300000 元。

(13)1 月 14 日,分配应支付的职工工资 450000 元(不包括在建工程应负担的工资),其中生产人员工资 412500 元,车间管理人员工资 15000 元,行政管理人员工资 22500 元。

(14)1 月 14 日,提取职工福利费 63000 元(不包括在建工程应负担的福利费 42000 元),其中生产工人福利费 57750 元,车间管理人员福利费 2100 元,行政管理部门福利费 3150 元。

(15)1 月 15 日,提取应计入本期损益的借款利息共 32250 元。其中,短期借款利息 17250元,长期借款利息共 15000 元。

(16)1 月 16 日，销售产品一批，销售价款 1050000 元，应收的增值税税额为 136500 元，销售产品的实际成本为 420000 元(月末结转)，货款工行已妥收。

(17)1 月 17 日，摊销无形资本 15000 元。

(18)1 月 18 日，计提固定资产折旧 150000 元，其中计入制造费用 120000 元，管理费用 30000 元。

(19)1 月 19 日，收到科健公司应收账款 226500 元，存入工行，并计提坏账准备 900 元。

(20)1 月 20 日，用工行存款支付产品展览费 15000 元。

(21)1 月 30 日，将制造费用结转计入生产成本。

(22)1 月 30 日，计算并结转本期完工产品成本 1657350 元。

(23)1 月 30 日，广告费 15000 元，已用工行存款支付。

(24)1 月 30 日，公司本期产品销售应缴纳的教育费附加为 3000 元。

(25)1 月 30 日，用工行存款缴纳增值税 150000 元，教育费附加 3000 元。

(26)1 月 30 日，结转本期产品销售成本 900000 元。

(27)1 月 30 日，将各损益类科目结转计入本年利润。

(28)1 月 30 日，计算并结转应交所得税(不考虑纳税调整事项，税率为 25%)。

1. 输入会计分录

将“凭证模板”复制一份置于原表右侧，命名为“202001 记账凭证”。根据公司发生的经济业务，输入 2020 年 1 月的会计分录(以发生在 2020 年 1 月 1 日的经营业务为例)。在 A6 单元格中输入数字“1”——自动显示“记 001”，代表 1 号凭证；B6 单元格中自动获取凭证日期——“2020 年 1 月 1 日”。在 C6 单元格中输入附件个数；在 D6 单元格中输入摘要“支付汇票”。在 E6 单元格中选择科目代码“2201”，在 F6 单元格和 G6 单元格中将自动显示总账科目名称、明细账目名称。在 H6 单元格中输入借方金额“150000”，在 I6 单元格中输入贷方金额。继续输入其他会计分录，最终效果如图 2.28 所示。

	A	B	C	D	E	F	G	H	I
1	深通有限责任公司2020年1月记账凭证								
2									
3	记账日期：	2020/1/31		制单人：		审核人：		记账人：	
4									
5	凭证编号	凭证日期	附件	摘要	科目代码	总账科目	明细科目	借方金额	贷方金额
6	记001	2020/1/1	1	支付汇票	2201	应付票据		150,000.00	-
7	记001	2020/1/1		支付汇票	100201	银行存款	银行存款_工行	-	150,000.00
8	记002	2020/1/2		采购原材料	1402	在途物资		240,000.00	-
9	记002	2020/1/2		采购原材料	22210102	应交税费	应交税费_进项税额	31,200.00	-
10	记002	2020/1/2		采购原材料	100201	银行存款	银行存款_工行	-	271,200.00
11	记003	2020/1/3		材料验收入库	1403	原材料		165,000.00	-
12	记003	2020/1/3		材料验收入库	1402	在途物资		-	165,000.00
13	记004	2020/1/4		采购材料	1403	原材料		149,700.00	-
14	记004	2020/1/4		采购材料	22210102	应交税费	应交税费_进项税额	19,461.00	-
15	记004	2020/1/4		采购材料	100201	银行存款	银行存款_工行	351.00	-
16	记004	2020/1/4		采购材料	101502	其他货币资金	其他货币资金_银行汇票	-	169,512.00
17	记005	2020/1/5		生产领料	500101	生产成本	生产成本_基本生产成本	1,050,000.00	-
18	记005	2020/1/5		生产领料	1403	原材料		-	975,000.00
19	记005	2020/1/5		生产领料	143102	周转材料	周转材料_低值易耗品	-	75,000.00

图 2.28　记账凭证

2. 合计及试算平衡表

当完成记账凭证的编辑之后，观察 K5：M7 区域的合计及试算平衡表，判断借方余额合计和贷方余额合计是否相等，如果不等，试算平衡显示“FALSE”，填充效果为“浅红色填充深红色文本"。如图 2.29 所示。

图 2.29　合计及试算平衡表

3. 设置单元格格式

根据需要,对数据区域的字体格式、居中方式、数字格式、行高和列宽以及边框和底纹等进行适当的设置,使得表格美观大方。

4. 页面布局

将表格数据区域设置为打印区域,适当调整列宽和页边距,使其宽度能够限制在一张 A4 纸张的宽度内(长度不限)。

一课一练 7　多条件求和函数 SUMIFS

简介:SUMIFS 函数语法格式。

是按多个条件对指定单元格求和,用于计算单元格区域或数组中符合多个指定条件的数字的总和。其语法格式为:

= SUMIFS(sum_range, criteria_range1, criteria1, [criteria_range2], [criteria2],...)

参数:

sum_range(必选):表示要求和的单元格区域。

criteria_range1(必选):表示要作为条件进行判断的第 1 个单元格区域。

criteria1(必选):表示要进行判断的第 1 个条件,形式可以为数字、文本或表达式。例如,16、"16"、" >16"、"图书" 或" > "&A1。

criteria_range2,...(可选):表示要作为条件进行判断的第 2 ~ 127 个单元格区域。

criteria2,...(可选):表示要进行判断的第 2 ~ 127 个条件,形式可以为数字、文本或表达式。

【注意】如果在 SUMIFS 函数中设置了多个条件,那么只对参数 sum_range 中同时满足所有条件的单元格进行求和。可以在参数 criteria 中使用通配符——问号(?)和星号(*),用法与 SUMIF 函数相同。参数 sum_range 中的单元格如果包含 TRUE,则按 1 来计算,如果包含 FALSE,则按 0 来计算。与 SUMIF 函数不同的是,SUMIFS 函数中的求和区域(sum_range)与条件区域(criteria_range)的大小和形状必须一致,否则公式出错。

练习 1. 指定范围的销售额汇总

如图 2.30 所示,在 E1 单元格中构建如下公式,汇总销售额为 15000 ~ 25000 元的员工销售总额。公式如下:

= SUMIFS(B4 : B12, B4 : B12, ">= 15000", B4 : B12, "< = 25000")

也可以使用 SUMIF 函数的普通公式或 SUM 函数的数组公式来实现与上面的公式等同的功能。

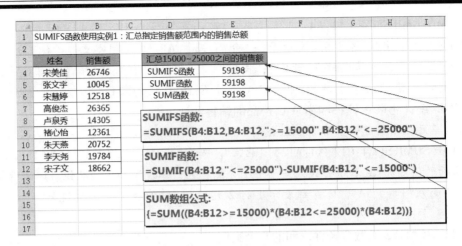

图 2.30　汇总指定销售额范围内的销售总额

$$= \text{SUMIF}(B4:B12,"<=25000") - \text{SUMIF}(B4:B12,"<=15000")$$
$$\{= \text{SUM}((B2:B10>=15000)*(B2:B10<=25000)*(B2:B10))\}$$

练习 2. 统计北京 A 产品销量合计

如图 2.31 所示，A:C 单元格区域记录的是不同地区、不同产品的销量，需要在 F3 单元格中统计北京 A 产品的销量合计。在 F3 单元格中构建如下函数公式：

$$= \text{SUMIFS}(C4:C12,A4:A12,"北京",B4:B12,"A")$$

按下 Enter 键，得到计算结果。这是 SUMIFS 函数最为基本的用法。

	A	B	C	D	E	F
1	SUMIFS函数使用实例2：与SUM函数及数组常量结合打好"组合拳"					
2						
3	地区	产品	销量	北京A产品的销量合计		9
4	北京	A	8	北京A和C产品销售合计		12
5	南京	B	7	统计北京和上海A和C产品销售合计		16
6	上海	D	9	统计北京A产品和南京C产品的销售合计		13
7	北京	A	1			
8	北京	B	6			
9	上海	C	10			
10	上海	A	1			
11	北京	C	3			
12	南京	C	4			

图 2.31　SUMIFS 与 SUM 函数及数组常量结合

练习 3. 统计北京 A 和 C 产品销售的合计

如图 2.31 所示，A:C 单元格区域记录的是不同地区、不同产品的销量，需要在 F 列单元格中根据不同要求进行数据汇总。很多用户会使用 SUMIFS()＋SUMIFS() 相加的方法加以解决，但是如果产品很多，公式就会非常长。

在 F4 单元格中构建如下常量数组公式，即可解决：

$$= \text{SUM}(\text{SUMIFS}(C4:C12,A4:A12,"北京",B4:B12,\{"A","C"\}))$$

{"A","C"} 是一个常量数组，可以让 SUMIFS 函数分别计算这 2 个产品的销量，得到的是 2 个产品的销量合计{9,3}，同样为一组数。SUM() 对分别计算出的 A 和 C 产品的销售合计进行二次求和。

练习 4. 统计北京和上海两个地区的 A 和 C 产品销量合计

在 F5 单元格中构建如下常量数组公式：

$$= SUM(SUMIFS(C4:C12,A4:A12,\{"北京";"南京"\},B4:B12,\{"A","C"\}))$$

$\{"北京";"南京"\}$ 中间用英文分号（;）分隔，而 $\{"A","C"\}$ 用英文逗号（,）分隔。体现了如下的数组之间的运算规则：$\{"北京";"南京"\}$ 表示 1 列 2 行数组，和 $\{"A","C"\}$ 运算时，不是一一对应运算，是多对多运算，即北京 A，北京 C；南京 A，南京 C。

练习 5. 统计北京 A 产品和南京 C 产品的销售合计

在 F6 单元格中构建如下常量数组公式：

$$= SUM(SUMIFS(C4:C12,A4:A12,\{"北京","南京"\},B4:B12,\{"A","C"\}))$$

和上面的问题相比，本题公式只差了一个分隔符号。体现了如下的数组之间的运算规则：$\{"北京","南京"\}$ 和 $\{"A","C"\}$ 都表示 1 行 2 列数组，它们会一一对应运算，即北京 A，南京 C。

练习 6. SUMIFS 函数多条件求和的 9 个实例

如图 2.32 所示，完成 10 个项目的"金额"计算。

	A	B	C	D	E	F	G
3	客户	月份	销售额		项目序号	项目内容	金额
4	A	1	100		项目01	客户A的销售额	700
5	B	2	200		项目02	客户A的1月份销售额	300
6	C	2	200		项目03	客户A的1月份和3月份销售额	500
7	D	4	200		项目04	客户A和C的销售额	1100
8	A	1	200		项目05	客户A和C的1月份销售额合计	300
9	C	2	200		项目06	客户A的1月份和客户C的3月份销售额合计	300
10	A	3	200		项目07	客户A和客户C的1月份和3月份销售额合计	500
11	A	4	200		项目08	客户A和客户C的1月份、3月份、4月份销售额合计	700
12	B	1	200		项目09	客户A、B、C的1月份、3月份、4月份销售额合计	900

图 2.32　SUMIFS 函数多条件求和的 9 个实例

项目 01：$= SUMIFS(C4:C12,A4:A12,"A")$；

项目 02：$= SUMIFS(C4:C12,A4:A12,"A",B4:B12,1)$；

项目 03：$= SUM(SUMIFS(C4:C12,A4:A12,"A",B4:B12,\{1,3\}))$；

项目 04：$= SUM(SUMIFS(C4:C12,A4:A12,\{"A","C"\}))$；

项目 05：$= SUM(SUMIFS(C4:C12,A4:A12,\{"A","C"\},B4:B12,1))$；

项目 06：$= SUM(SUMIFS(C4:C12,A4:A12,\{"A","C"\},B4:B12,\{1,3\}))$；

项目 07：$= SUM(SUMIFS(C4:C12,A4:A12,\{"A","C"\},B4:B12,\{1;3\}))$；

项目 08：$= SUM(SUMIFS(C4:C12,A4:A12,\{"A","C"\},B4:B12,\{1;3;4\}))$；

项目 09：$= SUM(SUMIFS(C4:C12,A4:A12,\{"A","B","C"\},B4:B12,\{1;3;4\}))$。

在上面的项目 08 的函数公式中，月份是用英文的分号（;）隔开的，如果使用逗号（,）隔开，则得到错误结果，要注意区分逗号和分号不同的使用方法。

案例 2.3　编制总账

【情境引入】总账用来定期对全部记账凭证进行汇总，按照总账科目列示其借方发生额和贷方发生额的一种汇总凭证。依据借贷记账法的基本原理，总账表中各个会计科目的借方发生额合计与贷方发生额合计应该相等,因此,它具有试算平衡作用,是记账凭证汇总表核算形式下总分类账登记的依据。

【相关知识】

* IFERROR、INDEX、ROW、SMALL、LEN、SUMIF 函数;
* 数组公式;
* 打印设置。

一、获取会计科目以及期初余额

1. 科目代码

新建一个工作表,命名为"202001 科目汇总表"。然后自 A1 单元格开始向右,依次输入"科目代码""科目名称""期初借方余额""期初贷方余额""本期借方发生额""本期贷方发生额""期末借方余额""期末贷方余额"等,构建标题行(如图 2.33 所示)。

	A	B	C	D	E	F	G	H
1	科目代码	科目名称	期初借方余额	期初贷方余额	本期借方发生额	本期贷方发生额	期末借方余额	期末贷方余额
2	1001	库存现金						
3	1002	银行存款						
4	1015	其他货币资金						
5	1101	交易性金融资产						
6	1121	应收票据						
7	1122	应收账款						
8	1241	坏账准备						

图 2.33　输入标题行

在"期初余额表"中,我们根据本企业经营业务需要,录入了科目代码和相对应的科目名称等信息,这里我们就可以从中获取这些信息,整合在"202001 科目汇总表"中。考虑到"期初余额表"中的科目可能在企业发展过程中有所更新,在此需要考虑到上述两个表格之间数据的链接关系,一旦"期初余额表"的科目代码有变更,能够自动在"202001 科目汇总表"中加以更新调整。

在 A2 单元格内构建如下函数公式:

=IFERROR(INDEX(期初余额表!A:A,SMALL(IF(LEN(期初余额表!A:A)=4,ROW(期初余额表!A:A),9E+307),ROW(期初余额表!A2))),"")

按下 Ctrl+Shift+Enter 组合键,得到结果"1001",利用填充句柄向下复制公式,即可自动获取"期初余额表"中所有的一级科目代码。

【函数解读】上述公式是一个数组公式,需要在编辑完成后按下 Ctrl+Shift+Enter 组合键才能得到正确结果。其中:

IF(LEN(期初余额表!A:A)=4,ROW(期初余额表!A:A),9E+307)表示如果"期初余额表"的 A 列科目代码位数为 4,则返回值为该科目代码所在的行号;否则返回值为 9E+307 的行号(代表 Excel 能够处理的最大值);

SMALL(IF(LEN(期初余额表!A:A)=4,ROW(期初余额表!A:A),9E+307),ROW(期初余额表!A2))获取上述行号中的第 K 小值(ROW(期初余额表!A2));

整个公式则表示:在"期初余额表"的 A 列中,查找所有位数为 4 的科目代码。最后用 IFERROR 函数纠错,如果查询结果为错误值,则返回值为空白。

> **知识 2 - 10:数组公式。**
>
> 　　数组就是单元格集合或是一组处理值的集合,一个数组公式可以执行多个输入的操作并产生多个结果,每个结果显示在一个单元格中。数组公式可以看成是有多重数值的公式,与单值公式的不同之处在于它可以产生一个以上的结果。Excel 中数组公式非常有用,尤其在不能使用工作表函数直接得到结果时,数组公式显得特别重要,它可建立产生多值或对一组值而不是单个值进行操作的公式,输出结果可能是一个,也可能是多个,这一个或多个值是公式对多重输入进行复合运算而得到的新数组中的元素。
>
> 　　在编辑栏中输入数组公式之后,然后按 Ctrl + Shift + Enter 组合键锁定数组公式,Excel 将在公式两边自动加上花括号“{}”。注意:不要自己键入花括号,否则,Excel 认为输入的是一个正文标签。在公式或函数中使用数组常量时,其他运算对象或参数应该和第一个数组具有相同的维数。必要时,Microsoft Excel 会将运算对象扩展,以符合操作需要的维数。每一个运算对象的行数必须和含有最多行的运算对象的行数一样,而列数也必须和含有最多列数对象的列数一样。

2. 科目名称

有了科目代码,就可以利用 VLOOKUP 函数轻松获取科目名称了。在 B4 单元格中构建如下函数公式:

　　= IFERROR(VLOOKUP(A2,会计科目,2,0),"")

按下 Enter 键,得到计算结果,向下复制填充公式至最后一行明细。

3. 期初余额

分别在 C4、D4 单元格中构建如下函数公式:

　　= IFERROR(VLOOKUP($A2,期初余额表!$A:$D,3,0),"")

　　= IFERROR(VLOOKUP($A2,期初余额表!$A:$D,4,0),"")

按下 Enter 键,分别得到“期初借方余额”和“期初贷方余额”的计算结果,向下复制填充公式至最后一行明细。

> **知识 2 - 11:利用 OFFSET 和 MATCH 函数计算。**
>
> 　　上述“科目名称”“期初借方余额”“期初贷方余额”也可以借助于 OFFSET 和 MATCH 函数得到。在 B2 单元格中构建如下函数公式:
>
> 　　= OFFSET($A$1,MATCH($A2,期初余额表!$A$2:$A$100,0),MATCH(B$1,期初余额表!$B$1:$D$1,0))
>
> 　　按下 Enter 键,得到第一个科目名称“库存现金”。将该公式向右复制,分别得到“期初借方余额”和“期初贷方余额”。
>
> 　　OFFSET 和 MATCH 函数嵌套关系如图 2.34 所示。

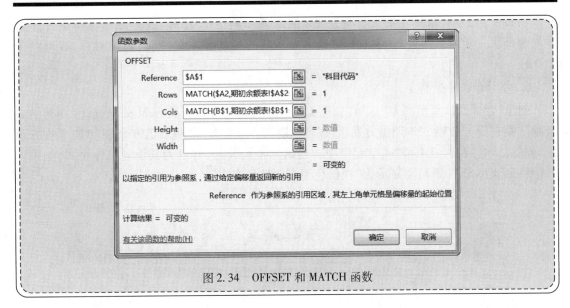

图 2.34　OFFSET 和 MATCH 函数

4. 本期发生额

"本期借方发生额"和"本期贷方发生额"是以总账科目为条件对"202001 记账凭证"表中"借方金额"和"贷方金额"的汇总,可以利用 SUMIF 函数实现。

分别在 E2 单元格("本期借方发生额")、F2 单元格("本期贷方发生额")中构建如下所示函数公式:

= IFERROR(SUMIF('202001 记账凭证'! $F: $F, $B2, '202001 记账凭证'! H: H) , "")

= IFERROR(SUMIF('202001 记账凭证'! $F: $F, $B2, '202001 记账凭证'! I: I) , "")

按下 Enter 键得到计算结果,并将公式向下复制填充至最后一行明细。

5. 期末余额

期末借方余额的计算公式定义为: =(期初借方余额 – 期初贷方余额) +(本期借方发生额 – 本期贷方发生额)。期末贷方余额的计算公式定义为: =(期初贷方余额 – 期初借方余额) +(本期贷方发生额 – 本期借方发生额)。

在 G2 单元格中构建如下公式:

= IFERROR(IF((C2 – D2) +(E2 – F2) >= 0, (C2 – D2) +(E2 – F2) ,0) , "")

按下 Enter 键,得到"期末借方余额"的计算结果,将公式向下复制填充直至最后一行明细。

以"库存现金"的计算为例,整个公式的含义是:如果"库存现金"的借方期初余额减去贷方期初余额,与本期借方发生额减去贷方发生额之和大于或等于 0,则 G2 单元格返回值为:(借方期初余额 – 贷方期初余额) +(本期借方发生额 – 本期贷方发生额),否则就等于 0。

在 H2 单元格中构建如下公式:

= IFERROR(IF((C2 – D2) +(E2 – F2) < 0, ABS((C2 – D2) +(E2 – F2)) ,0) , "")

按下 Enter 键,得到"期末贷方余额"的计算结果,将公式向下复制填充直至最后一行明细。

以"库存现金"的计算为例,整个公式的含义是:如果"库存现金"的借方期初余额减去贷方期初余额,与本期借方发生额减去贷方发生额之和小于0,则H2单元格返回值为:(借方期初余额－贷方期初余额)＋(本期借方发生额－本期贷方发生额)的绝对值,否则就等于0。

6. 合计(试算平衡)

创建"合计及试算平衡表"区域,如图2.35所示,利用求和函数SUM分别统计"期初借方余额""期初贷方余额""本期借方发生额""本期贷方发生额""期末借方余额""期末贷方余额"列的总额。在J4、L4和N4单元格中构建试算平衡公式,并且为其设置条件格式,如果计算结果为"FALSE",则自动显示为"浅红色填充深红色文本"。

J4			× ✓ fx	=J3=K3	
	J	K	L	M	N	O
1	合计及试算平衡					
2	期初借方余额	期初贷方余额	本期借方发生额	本期贷方发生额	期末借方余额	期末贷方余额
3	12,853,260.00	12,853,260.00	14,356,453.65	14,356,453.65	12,909,499.35	12,909,499.35
4	TRUE		TRUE		TRUE	

图 2.35　试算平衡表

二、打印设置

根据需要,为"202001总账"工作表进行调整行高列宽、设置数字格式、添加边框和底纹等操作,并完成打印设置。将A:H列设置为打印区域,第1行设置为打印顶端标题行,采用横排A4纸打印,所有列要显示在一页内。如图2.36、图2.37所示。

科目代码	科目名称	期初借方余额	期初贷方余额	本期借方发生额	本期贷方发生额	期末借方余额	期末贷方余额
1001	库存现金	6,000.00	-	750,000.00	750,000.00	6,000.00	-
1002	银行存款	3,192,000.00	-	1,461,051.00	1,730,266.65	2,922,784.35	-
1015	其他货币资金	153,600.00	-	-	169,512.00	-	15,912.00
1101	交易性金融资产	30,000.00	-	-	37,500.00	-	7,500.00
1121	应收票据	295,200.00	-	-	-	295,200.00	-
1122	应收账款	480,000.00	-	508,500.00	226,500.00	762,000.00	-
1241	坏账准备	-	1,440.00	-	-	-	1,440.00
1123	预付账款	120,000.00	-	-	-	120,000.00	-
1231	其它应收款	4,800.00	-	-	900.00	3,900.00	-
1402	在途物资	294,000.00	-	240,000.00	165,000.00	369,000.00	-
1403	原材料	660,000.00	-	314,700.00	975,000.00	-	300.00
1431	周转材料	117,660.00	-	-	75,000.00	42,660.00	-
1406	库存商品	2,040,000.00	-	1,657,350.00	900,000.00	2,797,350.00	-
1524	长期股权投资	300,000.00	-	-	-	300,000.00	-
1601	固定资产	2,400,000.00	-	2,229,705.00	300,000.00	4,329,705.00	-
1602	累计折旧	-	480,000.00	270,000.00	150,000.00	-	360,000.00
1604	在建工程	1,800,000.00	-	300,000.00	2,100,000.00	-	-
1606	固定资产清理	-	-	30,750.00	30,750.00	-	-
1701	无形资产	720,000.00	-	-	-	720,000.00	-
1702	累计摊销	-	-	-	15,000.00	-	15,000.00
1801	长期待摊费用	240,000.00	-	-	-	240,000.00	-
2001	短期借款	-	288,000.00	225,000.00	-	-	63,000.00
2201	应付票据	-	360,000.00	150,000.00	-	-	210,000.00
2202	应付账款	-	1,100,220.00	-	-	-	1,100,220.00
2211	应付职工薪酬	-	132,000.00	450,000.00	513,000.00	-	195,000.00
2221	应交税费	-	36,000.00	220,522.65	307,725.00	-	123,202.35
2232	应付利息	-	-	-	17,250.00	-	17,250.00
2241	其他应付款	-	69,120.00	-	-	-	69,120.00

图 2.36　"202001总账"打印预览(1)

科目代码	科目名称	期初借方余额	期初贷方余额	本期借方发生额	本期贷方发生额	期末借方余额	期末贷方余额
2601	长期借款	-	1,920,000.00	-	15,000.00	-	1,935,000.00
4001	实收资本	-	7,200,000.00	-	-	-	7,200,000.00
4002	资本公积	-	711,600.00	-	-	-	711,600.00
4101	盈余公积	-	300,000.00	-	-	-	300,000.00
4103	本年利润	-	-	1,178,325.00	1,507,500.00	-	329,175.00
4104	利润分配	-	254,880.00	-	-	-	254,880.00
5001	生产成本	-	-	1,657,350.00	1,657,350.00	-	-
5101	制造费用	-	-	137,100.00	137,100.00	-	-
6001	主营业务收入	-	-	1,500,000.00	1,500,000.00	-	-
6111	投资收益	-	-	7,500.00	7,500.00	-	-
6401	主营业务成本	-	-	900,000.00	900,000.00	-	-
6402	其它业务成本	-	-	-	-	-	-
6405	税金及附加	-	-	3,000.00	3,000.00	-	-
6601	销售费用	-	-	30,000.00	30,000.00	-	-
6602	管理费用	-	-	70,650.00	71,550.00	-	900.00
6603	财务费用	-	-	36,000.00	36,000.00	-	-
6702	信用减值损失	-	-	900.00	-	900.00	-
6711	营业外支出	-	-	28,050.00	28,050.00	-	-

图 2.37　"202001 总账"打印预览(2)

一课一练 8　统计两个日期之间的工作日天数

在做年终总结的时候可能会遇到需要统计两个日期之间的工作日天数,这个其实很简单,看看日期数一数就知道了。不过呢,还可以使用 Excel 函数来统计更加省时省力。下面的三个案例涉及使用 NETWORKDAYS 函数统计两个日期之间的工作日天数的方法,为了使其更具有广泛的通用性,主要以按周六、日双休不考虑节日,按周日单休不考虑节日、自定义节假日,按周六、日双休三种情况分别讲解。

练习 1. 利用 NETWORKDAYS 函数统计天数(周六、日双休不考虑节日)

这个最简单,在 C4 单元格中构建如下函数公式:

= NETWORKDAYS(A4,B4)

计算结果如图 2.38 所示。

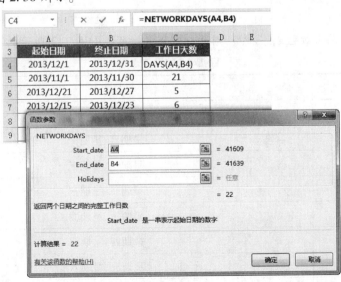

图 2.38　周六、日双休不考虑节日

练习 2. 利用 NETWORKDAYS. INTL 函数(按周日单休不考虑节日)

在 C4 单元格中构建如下函数公式:

= NETWORKDAYS. INTL(A4 , B4 ,11)

计算结果如图 2. 39 所示。

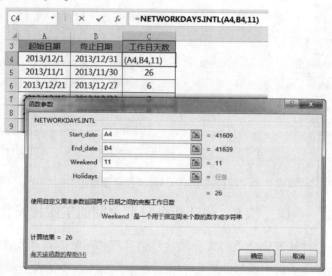

图 2.39　按周日单休不考虑节日

NETWORKDAYS. INTL 函数返回两个日期之间的所有工作日数,使用参数指示哪些天是周末,以及有多少天是周末。周末和任何指定为假期的日期不被视为工作日。其语法格式为:

= NETWORKDAYS. INTL(start_date ,end_date ,[weekend] ,[holidays])

参数:

start_date 和 end_date(必须):要计算其差值的起始日期和终止日期。start_date 可以早于或晚于 end_date,也可以与它相同。

weekend(可选):表示介于 start_date 和 end_date 之间但又不包括在所有工作日数中的周末日。weekend 是周末数值或字符串,用于指定周末时间。如表 2. 2 所示。

表 2. 2　　　　　　　　　　　　　　Weekend 的数值表示

周末数	周末日
1 或省略	星期六、星期日
2	星期日、星期一
3	星期一、星期二
4	星期二、星期三
5	星期三、星期四
6	星期四、星期五
7	星期五、星期六
11	仅星期日

续表

周末数	周末日
12	仅星期一
13	仅星期二
14	仅星期三
15	仅星期四
16	仅星期五
17	仅星期六

holidays(可选):一个包含一个或多个日期的可选集合,这些日期将作为节假日不参与工作日个数统计。假期应该是包含日期的单元格区域,也可以是代表这些日期的序列值的数组常量。假期中的日期或序列值的顺序可以是任意的,不影响统计。

练习3. 自定义节假日,按周六、日双休

这个就比较复杂了,但更具有通用性,其实也是可以使用相应的 Excel 函数解决的。

解决思路:

● 使用 NETWORKDAYS. INTL 函数统计两个日期之间的工作日数。

● 调整该函数的第3、4参数以实现需求,具体解析如图2.40所示。

● 第4参数可以结合自定义名称的创建以实现节假日区域的自由扩展,公式结果动态更新。

图 2.40　第三参数 weekend 的取值方式

具体操作:

第一步,在 E 列输入自定义的节假日日期。如图2.41所示。

第二步,对 E 列定义名称为"holiday",引用位置为"= OFFSET(Sheet1!$E$2,,,COUNTA(Sheet1!$E:$E)−1)",其中的 Sheet1 为当前工作表的名称。

第三步,在 C2 单元格中构建如下函数公式:

= NETWORKDAYS. INTL(A2,B2,1,holidays)

将公式向下复制填充得到所有的"工作日天数"。

	A	B	C	D	E
C2		fx =NETWORKDAYS.INTL(A2,B2,1,holidays)			
1	起始日期	终止日期	工作日天数		自定义节假日
2	2013/12/1	2013/12/31	20		2013/12/20
3	2013/11/1	2013/11/30	21		2013/12/25
4	2013/12/21	2013/12/27	4		2014/1/1
5	2013/12/15	2013/12/23	5		
6	2013/12/26	2013/12/31	4		
7	2014/1/1	2014/1/31	22		

图 2.41　自定义节假日,按周六、日双休

案例 2.4　利用数据透视表生成各类明细账

【情境引入】明细分类账简称明细账,是根据总分类科目设置的,由其所属的明细分类科目开设的明细分类账户组成,用以记录某一类经济业务明细核算资料的分类账簿,能够提供有关经济业务的详细资料。

【相关知识】

- 创建数据透视表;
- 更改报表布局;
- 查看和筛选;
- 切片器;
- 显示报表筛选页。

一、创建数据透视表

1. 创建数据透视表

明细账是根据"202001 记账凭证"表生成的,下面介绍如何通过数据透视表功能具体实现的方法。

定位在"记账凭证"工作表数据区域内,依次单击"插入"/"数据透视表"/"数据透视表…"选项命令,选择放置数据透视表的位置为"新工作表"(如图 2.42 所示),单击"确定"按钮,创建一个空白数据透视表,命名为"202001 明细账"。

2. 构建字段列表

如图 2.43 所示,在弹出的"数据透视表字段"窗格中,分别将"明细账目"拖入"筛选器"区域;将"凭证号""摘要""科目代码""总账科目"拖入"行"区域;将"借方金额"和"贷方金额"拖入"值"区域。

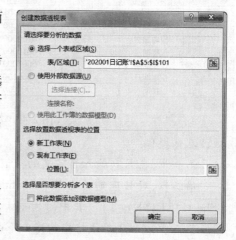

图 2.42　创建数据透视表

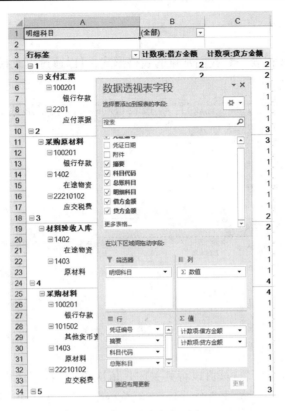

图 2.43　构建字段列表

3. 值字段设置

值字段列表框中均应为"求和项",如果显示为"计数项",则需要单击右侧的下三角按钮,从弹出的列表中选择"值字段设置"命令,弹出如图 2.44 所示"值字段设置"对话框,然后修改计算类型为"求和"。

图 2.44　值字段设置

二、更改报表布局

默认生成的数据透视表并非我们常见的表格形式,可以通过更改报表布局来实现。

1. 以表格形式显示

依次单击"数据透视表工具"/"设计"/"报表布局"/"以表格形式显示"选项命令,即可将其变成一张表格样式(如图 2.45 所示)。

图 2.45　以表格形式显示

2. 去除汇总

如果不想显示默认的汇总行,可以将其关闭。依次单击"数据透视表工具"/"设计"/"分类汇总"/"不显示分类汇总"选项命令,即可将汇总行删除(如图 2.46 所示)。

图 2.46　不显示分类汇总

3. 去除" – "

如果想去除科目代码前面的" – "符号,可以将其去除。依次单击"数据透视表工具"/"分析"/"显示"/" + / – 按钮"选项命令,即可去除" – "符号。如图 2.47 所示。

	A	B	C	D	E	F
1	明细科目	(全部)				
2						
3	凭证编号	摘要	科目代码	总账科目	求和项:借方金额	求和项:贷方金额
4	1	支付汇票	100201	银行存款	0	150000
5			2201	应付票据	150000	0
6	2	采购原材料	100201	银行存款	0	271200
7			1402	在途物资	240000	0
8			22210102	应交税费	31200	0
9	3	材料验收入库	1402	在途物资	0	165000

图 2.47　去除" – "效果

4. 合并且居中排列带标签的单元格

数据透视表中有些单元格内容如果想合并后居中,可以通过修改"数据透视表选项"来实现。右单击任意需要合并的单元格,从弹出的下拉列表中选择"数据透视表选项 … "命令,弹出"数据透视表选项"对话框,勾选"合并且居中排列带标签的单元格"复选框,单击"确定"按钮,完成修改,得到如图 2.48 所示的最终效果。

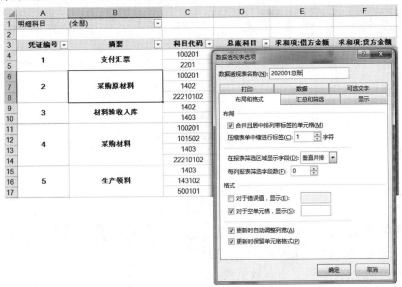

图 2.48　合并且居中排列带标签的单元格

5. 修改字段名称

E3 和 F3 单元格中的字段名称可以通过删除"求和项:"字符进行简化的。选择 E3 单元格,在编辑栏中删除"求和项:"字符,输入一个空格,按下 Enter 键即可得到如图 2.49 所示效果。

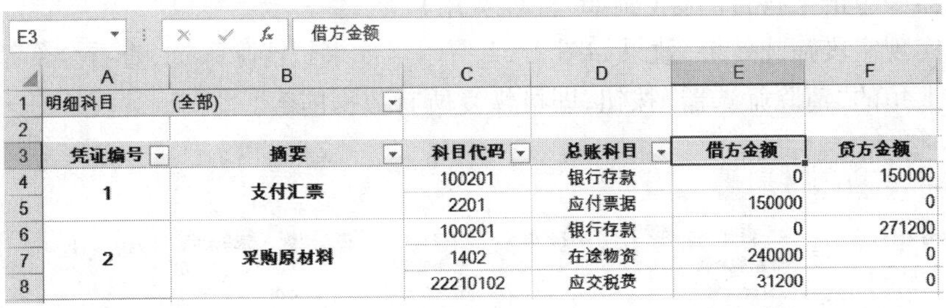

图 2.49　修改字段名称

三、查看和筛选

如果想要单独查看某一个科目(例如"管理费用")的情况,可以通过以下几种方法来实现。

1. 字段筛选

单击"总账科目"列标签右侧的下三角按钮,弹出下拉列表,去除"全选"复选框,只保留"管理费用"复选项,即可仅查看该科目的明细内容,如图 2.50 所示。

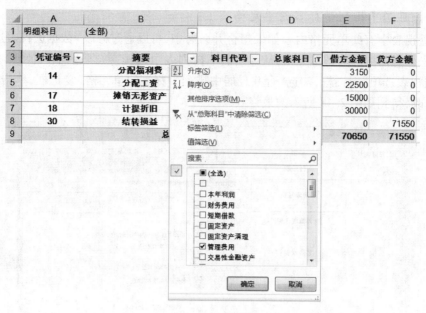

图 2.50　字段筛选

如果想清除筛选,查看全部结果,可以勾选如图 2.50 所示"全选"复选框,或者单击"从'总账科目'中清除筛选"命令,即可恢复所有数据内容。

2. 插入切片器

依次单击"数据透视表工具"/"插入切片器"命令,弹出"插入切片器"对话框,勾选"总账科目"选项,单击"确定"按钮,插入一个名为"总账科目"的切片器,如图 2.51 所示。

图 2.51　插入切片器

在切片器中单击某科目名称(例如,管理费用),则可以快速实现字段筛选效果,效果如图 2.52 所示。如果想清除筛选,查看全部结果,可以单击切片器右上角的"清除筛选器"按钮,即可恢复所有数据内容。

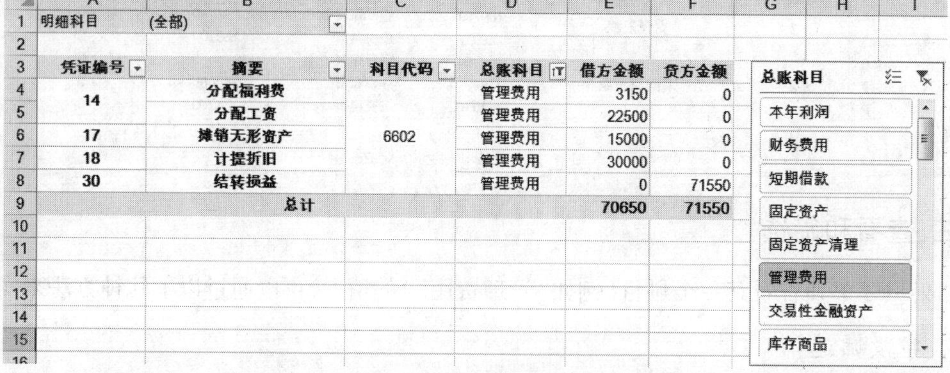

图 2.52　切片器筛选

四、快速生成各类明细账

1. 通过“切片器”快速查看明细账

参照上述步骤，插入一个“明细科目”切片器，单击其中的选项（如图 2.53 所示的“银行存款_工行”），即可在当前数据透视表中筛选得到与之相对应的所有明细科目的数据。

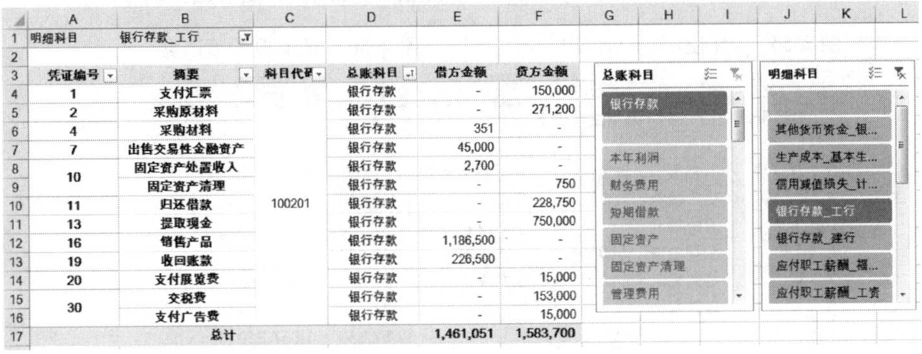

凭证编号	摘要	科目代码	总账科目	借方金额	贷方金额
1	支付汇票	100201	银行存款	-	150,000
2	采购原材料		银行存款	-	271,200
4	采购材料		银行存款	351	-
7	出售交易性金融资产		银行存款	45,000	-
10	固定资产处置收入		银行存款	2,700	-
	固定资产清理		银行存款	-	750
11	归还借款		银行存款	-	228,750
13	提取现金		银行存款	-	750,000
16	销售产品		银行存款	1,186,500	-
19	收回账款		银行存款	226,500	-
20	支付展览费		银行存款	-	15,000
30	交税费		银行存款	-	153,000
	支付广告费		银行存款	-	15,000
总计				1,461,051	1,583,700

图 2.53　通过“切片器”快速查看明细账

2. 通过“报表筛选”快速查看明细账

单击 B2 单元格右侧的报表筛选下三角按钮，弹出报表筛选页，从中选择一种明细科目（如图 2.54 所示的“银行存款_工行”），即可在当前数据透视表中筛选得到与之相对应的所有明细科目的数据。

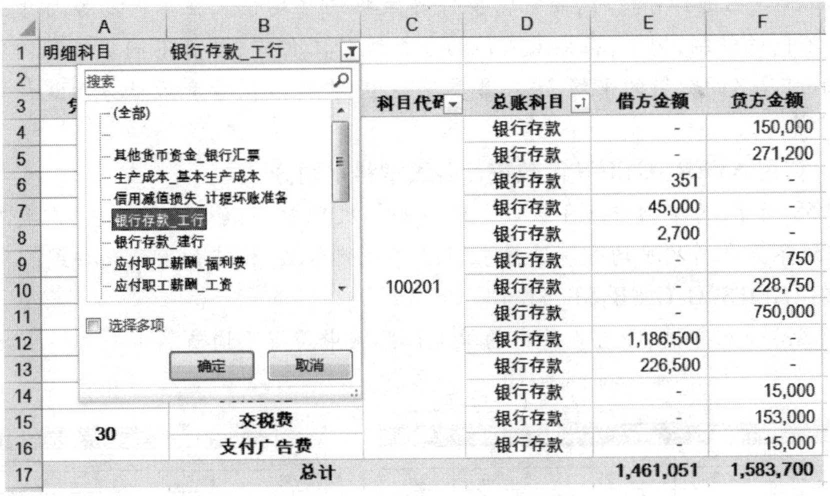

图 2.54　通过“报表筛选”快速查看明细账

3. 快速拆分各类明细报表

如果想按照不同的明细科目名称生成各自的明细账报表，可以利用显示报表筛选页功能来实现。定位在数据透视表中，依次单击“分析”/“选项”/“显示报表筛选页 ... ”命令（如图 2.55 所示），弹出如图 2.56 所示对话框，单击“确定”按钮。

所有的明细科目报表都拆分出来，得到多个工作表，分别保存了各类明细账。如图 2.57 所示。

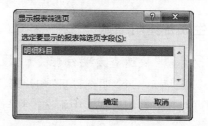

图 2.55　数据透视表/选项　　　　　　图 2.56　显示报表筛选页

	A	B	C	D	E	F	G	H
1	明细科目	生产成本	基本生产成本					
2								
3	凭证编	摘要	科目代	总账科目	借方金额	贷方金额		
4	5	生产领料		生产成本	1,050,000	-		
5	14	分配福利		生产成本	57,750	-		
6		分配工资	500101	生产成本	412,500	-		
7	30	结转完工		生产成本	-	1,657,350		
8		结转制造		生产成本	137,100	-		
9		总计			1,657,350	1,657,350		
10								
11								

图 2.57　快速拆分各类明细报表

一课一练9　计算平均值

在对 Excel 数据进行分析时,经常需要计算数据的平均值。在不同场合对于平均值的计算往往会有不同的限制,例如,在期末成绩的分数统计工作中,计算不同班级不同学科的平均分、统计排名前几名的分数的平均分;在各类赛事中,去掉最高分和最低分后统计评委的最后平均分等。

练习 1. 利用 AVERAGEIFS 函数统计各班学科平均分

如图 2.58 所示,为某初中三年级 6 个班级的一次期中测试成绩汇总表,需要在右侧区域统计每个班级不同学科的平均分。选择 J2:M7 单元格区域,构建如下函数公式:

= AVERAGEIFS(C:C, $B:$B, $I2)

按 Ctrl + Enter 组合键,即可在选中的单元格区域中获得平均值。

	A	B	C	D	E	F	G	H	I	J	K	L	M
1	学生姓名	班级	语文	数学	英语	物理	总分			语文平均分	数学平均分	英语平均分	物理平均分
2	金传旭	九-1班	82	65	72	76	295		九-1班	83	68	73.5	83
3	柳晶晶	九-1班	84	71	75	90	320		九-2班	80.5	75.5	75.5	64
4	宁嘉仪	九-2班	76	91	75	63	305		九-3班	61.5	74.5	81.5	83.5
5	邹禹荣	九-2班	85	60	76	65	286		九-4班	87.5	78	84.5	74
6	贺龙	九-3班	60	63	78	77	278		九-5班	71.5	76.5	97	72
7	欢龙源	九-3班	63	86	85	90	324		九-6班	76	83	88.5	73
8	章雅君	九-4班	83	80	77	78	318						
9	黎姿颖	九-4班	92	76	92	70	330						
10	赵薇薇	九-5班	74	77	94	74	319						
11	邝慧芳	九-5班	69	76	100	70	315						
12	杨梦瑾	九-6班	64	83	91	67	305						
13	黎星宇	九-6班	88	83	86	79	336						
14													

图 2.58　使用 AVERAGEIFS() 函数获得平均值

AVERAGEIFS() 函数用于返回满足多重条件的所有单元格的平均值,其语法格式为:

= AVERAGEIFS(average_range,criteria_range1,criteria1,[criteria_range2,criteria2],…)

其中,参数 average_range 为要计算平均值的一个或多个单元格,这里指定对某单科分数所在列(例如,"语文"成绩所在的 C:C 区域)的数据计算平均值;参数 criteria_range 用于指定关联条件,共计可以支持 1 至 127 个区域(此处指的是班级所在的 B:B 区域);criteria1 参数可以是数字、文本、单元格引用或表达式,其定义求平均值的条件(例如,此处以 I2 单元格的内容"九 – 1 班"作为求平均值的条件)。

【注意】这个公式实际上进行的是单条件求值。

练习 2. 利用 AVERAGE + LARGE 组合函数统计年级前三名平均分

如图 2.59 所示,为某初中三年级 6 个班级的一次期中测试成绩汇总表,需要在右侧区域统计全年级每个学科前三名的平均分。

I2		✕ ✓ fx	{=AVERAGE(LARGE(C:C,ROW(1:3)))}								
	A	B	C	D	E	F	G	H	I	J	K	L
1	学生姓名	班级	语文	数学	英语	物理			语文	数学	英语	物理
2	金传旭	九-1班	82	65	72	76		年级总分前3名的平均分	88.3	86.7	95.3	86.3
3	柳晶晶	九-1班	84	71	75	90						
4	宁嘉仪	九-2班	76	91	75	63						
5	邹禹荣	九-2班	85	60	76	65						
6	贺龙	九-3班	60	63	78	77						
7	炊龙源	九-3班	63	86	85	90						
8	章雅君	九-4班	83	80	77	78						
9	黎姿颖	九-4班	92	76	92	70						
10	赵薇薇	九-5班	74	77	94	74						
11	邗慧芳	九-5班	69	76	100	70						
12	杨梦瑾	九-6班	64	83	91	67						
13	黎星宇	九-6班	88	83	86	79						

图 2.59 统计年级前三名平均分:AVERAGE + LARGE 函数

在 I2 单元格中构建如下函数公式:

= AVERAGE(LARGE(C:C,ROW(1:3)))

按 Ctrl + Shift + Enter 键将其转换为数组公式,将公式向右填充到其他单科成绩所在单元格中,分别获得各自的平均值。

本案例中使用 ROW(1:3)作为 LARGE()函数的第 2 个参数,以获取 C:C 区域中的前 3 个最大的值;然后使用 AVERAGE()函数求得这些值的平均值。

【注意】所得平均值是可能包含重复数据的平均值,而不一定是 3 个不同大小数据的平均值。

第 3 部分　Excel 在职工薪酬核算中的应用

工资管理是财务管理中必不可少的一项工作,涉及人员基础信息、考勤信息、加班信息、绩效考核、社会保险扣款、公积金扣款、个人所得税扣款等多方面数据。本章主要介绍 Excel 在工资核算中的应用,帮助读者提高工作效率。

与工资管理有关的原始数据一般包括人事信息、考勤信息、生产绩效信息及工资计算等方面的内容,可以根据需要建立若干个独立的表格分别存储。例如,员工档案表、员工考勤记录表、考勤奖惩表、个税税率等,最终生成职工薪酬管理系统,多个工作表之间存在数据链接关系,方便信息传递。

案例 3.1　利用 Excel 管理人事信息

【情境引入】讯飞公司是一家规模较小的企业,员工的档案信息使用 Excel 表格编辑更方便企业进行管理和统计。公司职工的薪酬管理首先要制作一个"员工档案表",在其中对员工的姓名、最高学历、职称、职务、联系方式、身份证号、入职日期等进行归档记录。其中还要根据身份证号判断分析员工的性别、出生日期、年龄,根据入职日期计算员工的工龄,根据公司制定的工资发放标准等计算员工的基本工资和绩效工资等。

【相关知识】
- 编辑自定义列表:快速获取员工姓名;
- 定义自动扩展的动态名称;
- 数据验证:限制数据输入;
- "文本"数字格式:正确输入序号和身份证号码;
- 自定义日期格式;
- 从身份证号码中获取信息:TEXT、MID 函数;
- 利用 INT 和 TODAY 函数计算工龄;
- 利用 VLOOKUP 函数查询计算;
- 使用 IFERROR 函数屏蔽错误值;
- 为扩展数据区域自动添加边框线和底纹。

一、制作"基础信息"表

新建一个工作簿,命名为"职工薪酬管理系统",将其中的 Sheet1 工作表命名为"基础信息",然后如图 3.1、图 3.2 所示,输入、编辑基础数据。

图 3.1　"基础信息"表(1)

	R	S	T	U	V	W	X	Y	Z	AA	AB	AC	AD	AE
1	4	加班天数	补贴		5	职工级别	通信费			6	级数	全月应纳税所得额	临界点	税率	速算扣除数
2		1天	200			总经理	500				1	<=3000元	0	0.03	0
3	加				通	研究生学历且为高级职称	300			所	2	超过3000元至12000元的部分	3000	0.1	210
4	班				信	部门经理	300			得	3	超过12000元至25000元的部分	12000	0.2	1410
5	补				费	其他职工	150			税	4	超过25000元至35000元的部分	25000	0.25	2660
6	贴				发					计	5	超过35000元至55000元的部分	35000	0.3	4410
7	标				放					算	6	超过55000元至80000元的部分	55000	0.35	7160
8	准				标					标	7	超过80000元的部分	80000	0.45	15160
9					准					准					

图 3.2　"基础信息"表(2)

【说明】在制作较为复杂的含有多工作表的工作簿时,为了方便后续表格的数据传递和更新,一般需要制作一个"基础信息"工作表,在其中放置一些基础数据,以便于后续表格从中获取信息,而且在更改其中基础信息数据后,其他后续表格中的数据即可随之更新。

接下来还需要通过"编辑自定义列表"和"定义名称"等方式对其中的部分数据进行编辑处理。

1. 编辑自定义列表

首先,对于其中的"姓名"和"部门"等数据列,我们可以利用"编辑自定义列表"功能让 Excel"记住"它们,并且在后续表格需要输入它们时提供下拉列表以便操作。依次单击"文件"/"选项"/"高级"命令,在如图 3.3 所示界面中单击"编辑自定义列表…"按钮,弹出如图 3.4 所示"选项"对话框。在"导入"框内引用"基础信息!$A$2:$A$48"单元格地址,单击"导入"按钮,即可将"基础信息"工作表中的员工姓名导入"自定义序列"中。连续单击"确定"按钮,退出 Excel 选项窗口,完成编辑自定义列表操作。

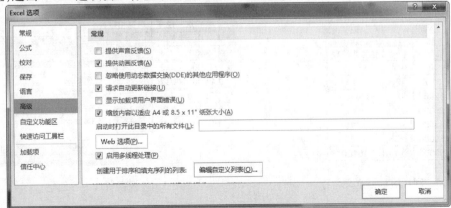

图 3.3　Excel 选项

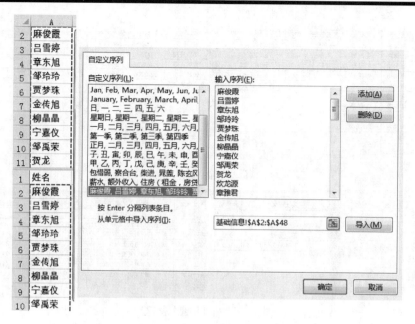

图 3.4　自定义序列

2. 根据所选内容创建名称

在 Excel 中,名称表示一个固定区域,通过定义名称可以获取该区域的数据。相对于使用单元格地址引用的方式,在公式中以及数据验证等需要引用的地方,使用名称更加易懂并快捷。创建名称的方式有多种,下面我们先通过两种方法分别为"基础信息"表中的"税率"列和"速算扣除数"列定义名称。

(1)利用"名称框"定义名称:税率。

如图 3.5 所示,选择 AD2:AD8 单元格区域,直接在名称框中输入"税率"。

(2)根据所选内容定义名称:速算扣除数。

如图 3.6 所示,选择 AE1:AE8 单元格区域,依次单击"公式"/"定义的名称"/"根据所选内容创建"命令。

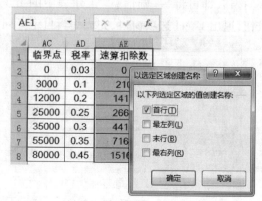

图 3.5　利用名称框定义名称　　　　　　图 3.6　根据所选内容创建

参照上述操作方法,分别为"基本信息"表中的部分数据区域定义名称,以便后续表格取数。如表 3.1 所示。

表 3.1　　　　　　　　　　　　　　　利用名称框定义名称

单元格区域	定义名称
I1：K6	工资标准
O2	全勤奖
P3	病假系数
P4	事假系数
P5	缺勤系数
T2	加班补贴
AC1：AE8	所得税标准
AD2：AD8	税率
AE1：AE8	速算扣除数

3. 定义自动扩展的动态名称

使用常规方法定义名称,其表示的区域一般是固定区域,无法动态地调整区域的大小。下面我们通过对"基础信息"表中的"部门"列数据进行操作,介绍如何使得 Excel 自动扩展引用的单元格区域,实现"动态"的定义名称。

(1)定义"部门"名称。

在"基础信息"表中选择 B 列数据,然后依次单击"公式"/"名称"/"定义名称..."命令,打开如图 3.7 所示"新建名称"对话框,在"名称"框内输入"部门",在"引用位置"框内输入函数公式: = OFFSET(基础信息!\$B\$2,,,COUNTA(基础信息!\$B：\$B) - 1)。单击"确定"按钮完成操作。

图 3.7　定义自动扩展的动态名称

(2)定义"最高学历"等名称。

参照上述操作方法,分别为"基础信息"工作表中的"最高学历""职务""职称"等数据列定义动态名称。最终定义的名称可以在"名称管理器"中查看或进行编辑、删除等操作。如图 3.8 所示。

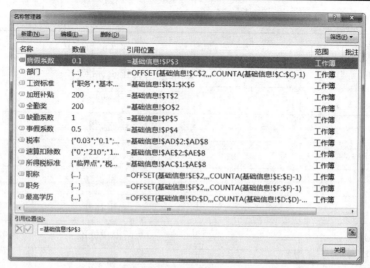

图 3.8　名称管理器

知识 3 - 1:OFFSET 和 COUNTA 函数。

在上述定义动态名称的引用位置框内,使用了如下函数公式:

= OFFSET(基础信息!\$B\$2,,,COUNTA(基础信息!\$B:\$B) - 1)

其中的 COUNTA 函数是统计类函数,用来计算范围中非空单元格个数(COUNTA 函数不会对空单元格进行计数),其公式为: = COUNTA(value1,[value2],…)。

value1(必须):表示要计数的值的第一个参数(包含任何类型的信息,包括错误值和空文本的单元格)。

value2(可选):表示要计数的值的其他参数,最多可包含 255 个参数。

公式中,COUNTA(基础信息!\$B:\$B) - 1 表示对"基础信息"表 B 列中的非空单元格进行计数(减 1 的目的是为了获取除 B1 单元格以外的非空单元格个数,即当前部门种类个数)。如图 3.9 所示。

图 3.9　COUNTA 函数获取当前"部门"种类个数

OFFSET 函数是查找和引用函数,表示以指定的引用(单元格或者区域)为参考系,通过上下左右偏移得到新的区域的引用。返回的引用可以是一个单元格或者是一个区域,并且可以引用指定行列数的区域。常用来跟其他函数构成组合函数,解决较为复杂的实际问题。其语法格式为:

= OFFSET(reference, rows, cols, height, width)

reference:作为参照系的引用区域,其左上角单元格是偏移量的起始位置。本案例中是指"基础信息"表中的 B2 单元格("办公室")。

rows:相对于引用参照系的左上角单元格,上(下)偏移的行数。这里为空(仅保留与先后参数相隔的英文逗号),表示不偏移(因为该定义区域要包含 B2 单元格)。

cols:相对于引用参照系的左上角单元格,左(右)偏移的列数。这里为空,表示不偏移(因为该定义区域始终在 B 列)。

height:新引用区域的行数。

width:新引用区域的列数。这里为空(因为该定义区域始终在 B 列)。

= OFFSET(基础信息!$B$2,,,COUNTA(基础信息!$B:$B)−1)函数公式的最终结果是:根据 COUNTA 函数计算 B 列中已填单元格个数(减 1 即为已填部门个数)作为 OFFSET 函数中新引用区域的行数,最终作为定义名称时需要引用的单元格区域,实现定义动态名称的目的。如图 3.10 所示。

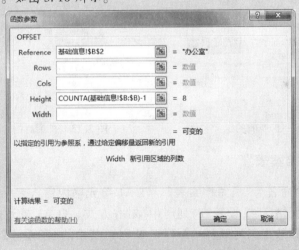

图 3.10　利用 OFFSET 函数实现定义动态名称

【试一试】通过"数据验证"验证定义动态名称。

第一步,设置数据验证。定位在 D2 单元格中,依次单击"数据"/"数据工具"/"数据验证…"命令,打开如图 3.11 所示"数据验证"对话框,在"允许"框内选择"序列",在"来源"框内输入"=部门",单击"确定"按钮完成设置。

第二步,单击 D2 单元格右侧的下拉三角按钮,可以看到当前 B 列中输入的所有部门名称,如图 3.12 所示。

第三步,在 B 列中继续输入其他部门名称(例如,"一车间""二车间"等),然后再次打开 D2 单元格中的下拉列表,此时看到的就是自动扩展的动态名称内容,如图 3.13 所示。

图 3.11　数据验证

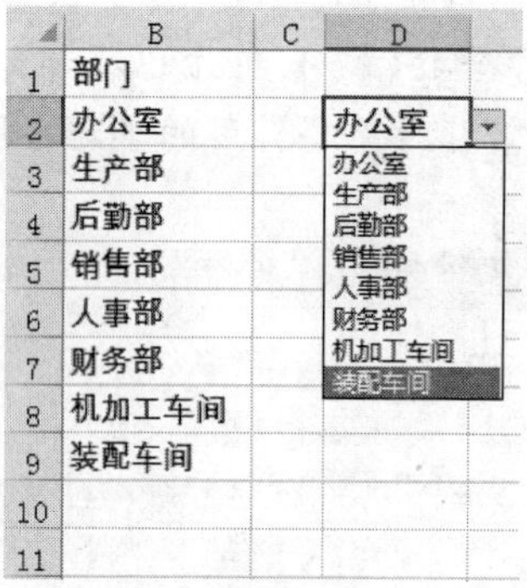

图 3.12　扩展前的定义名称 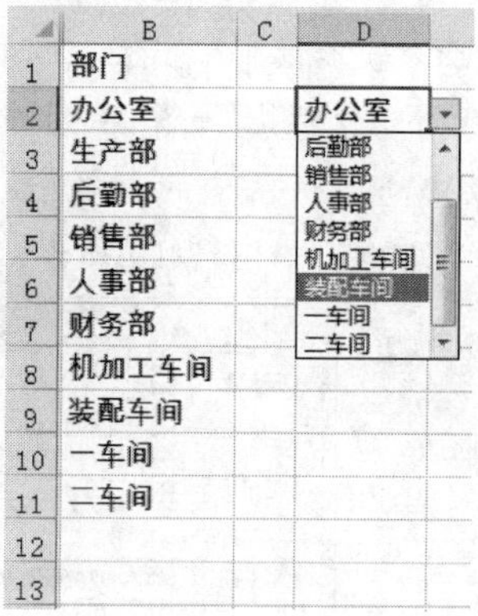　　　图 3.13　扩展后的定义名称

二、制作"员工档案表"

新建一个工作表,命名为"员工档案表"。在 A1 单元格内输入表头"讯飞公司员工档案表"。选择 A1:N1 单元格区域,设置"跨列居中"对齐方式。自 A3 单元格开始依次向右输入"序号""姓名"……"绩效工资"标题行(A 列至 N 列),其中的"联系号码""身份证号码""入职时间"列数据必须手工输入,其他各列可以通过数据验证或者公式计算等方式生成。如图 3.14 所示。

	A	B	C	D	E	F	G	H	I	J	K	L	M	N
1							讯飞公司员工档案表							
2														
3	序号	姓名	性别	最高学历	职称	部门	职务	联系号码	身份证号码	入职时间	出生日期	工龄	基本工资	绩效工资
4	001	麻俊霞						13927855632	411316198203123725	2004/4/22				
5	002	吕雪婷						13885563244	332514197810121525	1978/11/3				
6	003	章东旭						13327855632	352134198007015518	1980/7/30				
7	004	邹玲玲						13156234283	330483198705241824	1987/6/18				
8	005	贾梦珠						15922413578	339005199002042364	1990/2/27				
9	006	金传旭						13942685737	411328198204285010	1982/5/19				

图 3.14　"员工档案表"初始数据

1. 自动填充序列输入"序号"和"姓名"信息

(1)自动填充。

选择 B4 单元格,输入第一位员工姓名"麻俊霞",然后向下自动填充序列直至最后一位员工("陆雪")。选择 A 列("序号"列),将其数字格式设置为"文本",然后在 A4 单元格内输入"001",双击该单元格右下角的填充句柄,即可向下复制填充得到"001、002、003……"递增序列直至最后一行数据。

(2)数据验证。

接下来,我们利用数据验证的方法,限制"最高学历""职称""部门""职务""身份证号码"列数据的输入。按照表 3.2 所示,分别设置不同数据列的数据验证。

表 3.2　　　　　　　　　　　　　　设置数据验证

列标题	范围/列	允许值	数据	来源
性别	C	序列		男,女
最高学历	D	序列		=最高学历
职称	E	序列		=职称
部门	F	序列		=部门
职务	G	序列		=职务
联系号码	H	文本长度	等于	11
身份证号码	I	文本长度	等于	18

其中,"最高学历"等的数据来源为"基础信息"表中定义的名称。"联系号码"和"身份证号码(I 列)"的设置方法如图 3.15 所示。

2. 从身份证号码中获取信息

(1)出生日期。

在 K4 单元格中构建函数公式:=TEXT(MID(I4,7,8),"0000 - 00 - 00"),按下 Enter 键,得到计算结果:"1982 - 03 - 12"。向下复制公式直至该列最后一行的单元格内。

图 3.15　数据验证"身份证号码"

知识 3 - 2:文本函数 MID 和 TEXT。

MID(文本类)函数:在一个文本字符串的指定起始位置开始截取指定长度的字符串。

=MID(I4,7,8)的语法格式式为:将 I4 单元格(身份证号码)中的文本字符串自第 7 位开始,截取 8 位文本长度,得到文本字符串"19820312",如图 3.16 所示。

TEXT(文本类)函数:将数值转换为按照指定格式表示的文本。

=TEXT(MID(I4,7,8),"0000 - 00 - 00")的语法格式为:将 MID 函数从 I4 单元格

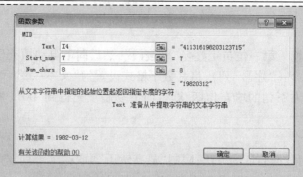

图 3.16　利用 MID 函数截取身份证号码中的出生日期

（身份证号码）截取的文本字符串（"19820312"），利用 TEXT 函数按照指定日期格式 "0000 - 00 - 00" 将其转换为日期格式。如图 3.17 所示。

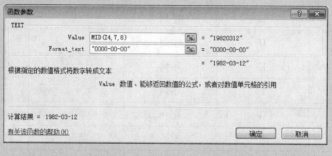

图 3.17　利用 TEXT 函数将数字转换为日期格式

（2）工龄。

在 L4 单元格内构建函数公式（如图 3.18 所示）：＝INT（（TODAY（） - J4）/365），按下 Enter 键，得到计算结果，利用填充句柄向下复制公式，生成"工龄"列数据。

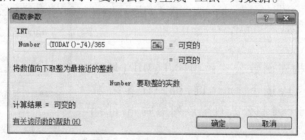

图 3.18　利用 INT 和 TODAY 函数计算"工龄"

知识 3 - 3：TODAY 和 INT 函数。

TODAY（）函数：返回当前日期。

（TODAY（） - J4）/365：当前日期与入职时间的天数差除以 365 得到两者之间年数差；

INT（（TODAY（） - J4）/365）：INT 函数的语法格式为"向下取整"，利用它将上述年数差的小数部分舍去，得到整数年数，即"工龄"（满整年计为 1 年）。

（3）基本工资、绩效工资。

企业根据员工的工作劳动强度、技术难度、岗位职责等确定工资标准，其中的职务等级分为"总经理""部门经理""管理人员""销售人员""基本生产人员"等 5 级。如图 3.19 所示。

第一，计算"基本工资"。在 M4 单元格内构建函数公式：= IFERROR(VLOOKUP($G4,工资标准,2,0)," ")。

第二，计算"绩效工资"。在 N4 单元格内构建函数公式：= IFERROR(VLOOKUP($G4,工资标准,3,0)," ")。

	I	J	K
1	职务	基本工资	绩效工资
2	总经理	7000	4400
3	部门经理	6000	3400
4	管理人员	5000	2600
5	销售人员	5000	1600
6	基本生产人员	3000	1400

图 3.19　工资标准

将上述函数公式利用填充句柄分别向下复制填充到最后行，得到"基本工资"和"绩效工资"数据列。效果如图 3.20 所示。

序号	姓名	性别	最高学历	职称	部门	职务	联系号码	身份证号码	入职时间	出生日期	工龄	基本工资	绩效工资
001	麻俊壹	女	研究生	初级	行政部	总经理	13927855632	411316198203123725	2004/4/22	1982-03-12	17	7,000	4,400
002	吕雪嫕	女	专科	中级	研发部	部门经理	13885563244	332514197810121525	1978/11/3	1978-10-12	42	6,000	3,400
003	章东旭	男	专科	中级	销售部	部门经理	13327855632	352134198007015518	1980/7/30	1980-07-01	40	6,000	3,400
004	邹玲玲	女	专科	中级	财务部	部门经理	13156234283	330483198705241824	1987/6/18	1987-05-24	33	6,000	3,400
005	贾梦珠	女	专科	中级	装配车间	基本生产人员	15922413578	339005199002042364	1990/2/27	1990-02-04	31	3,000	1,400
006	金传旭	男	专科	中级	销售部	销售人员	13942685737	411328198204285O102	1982/5/19	1982-04-28	38	5,000	1,600
007	柳晶晶	女	本科	中级	机加工车间	基本生产人员	13912357684	330481198910160148	1989/11/14	1989-10-16	31	3,000	1,400

"讯飞公司员工档案表"

图 3.20　"员工档案表"数据

知识 3 - 4：VLOOKUP 和 IFERROR 函数。

在"查找和引用"类函数中，VLOOKUP 是一个十分重要的入门级查询函数。它的语法格式为：

= VLOOKUP (lookup_value,table_array,col_index_num,range_looup)

即 = VLOOKUP（查找谁,到哪查,第几列,精确或者模糊查）或者 = VLOOKUP（查找谁,到哪查,第几列,准不准）。

本案例中，VLOOKUP($G4,工资标准,2,0)表示在"基本信息"工作表的 $I$1:$K$6 区域（已经定义名称为"工资标准"）中的第 2 列查询与当前工作表 G4 单元格内容"总经理"相对应的"基本工资"，如图 3.21 所示。

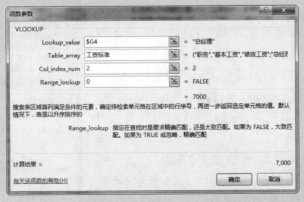

图 3.21　利用 IF 和 VLOOKUP 函数计算"绩效工资"

而 IFERROR 作为逻辑类函数,其语法格式为:返回公式计算结果为错误时指定的值,否则,它将返回公式的结果。公式为:

= IFERROR(value,value_if_error)

参数意义:

value:被判断是否为错误的任意值、表达式或引用;

value_if_error:公式计算结果为错误时要返回的值(将评估的错误类型:#N/A、#VAL-UE!、#REF!、#DIV/0!、#NUM!、#NAME? 或 #NULL!)。

本案例中,IFERROR(VLOOKUP($G4,工资标准,2,0),"")表示:如果 VLOOKUP($G4,工资标准,2,0)计算结果为错误值,则返回空值;否则返回 VLOOKUP($G4,工资标准,2,0)查询结果本身。如图 3.22 所示。

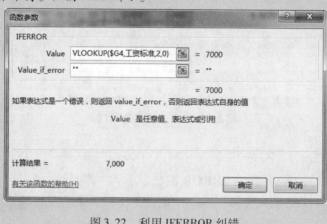

图 3.22　利用 IFERROR 纠错

3. 设置单元格格式

(1)自动添加边框线和底纹。

我们对制作完成的"员工档案表"进行适当的美化。一般情况下,美化工作表包含设置数据区域的字体格式、对齐方式、调整行高列宽、添加边框和底纹等操作。在这里,我们仅对表格数据区域如何自动添加边框线或底纹进行介绍,其他操作由读者自行设置。

自动添加边框线和底纹填充颜色,是针对可能动态延长的表格数据区域而言的。如果为了方便日后"员工档案表"添加新的员工数据行,我们不但可以为后续表格数据区域预留函数公式,还可以通过设置"条件格式"规则,实现一旦有新数据填充时,Excel 会自动为其添加边框线和底纹。

选择 A3:N300 数据区域,依次单击"开始"/"条件格式"/"新建规则…"选项命令,弹出如图 3.23 所示"新建格式规则"对话框,选择"使用公式确定要设置格式的单元格",然后在"为符合此公式的值设置格式"中输入公

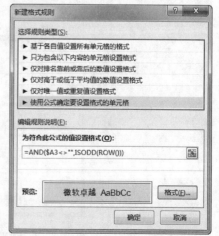

图 3.23　使用公式为单元格添加边框线

式：= AND($A3 <>"",ISODD(ROW()))。

单击"格式"按钮,选择适当的边框和填充颜色。最后,单击"确定"按钮,即可为上述区域的奇数行添加边框线和底纹,该区域必须同时满足两个条件:第一,该行 A 列已写入数据;第二,该行为奇数行。如图 3.24 所示。

序号	姓名	性别	最高学历	职称	部门	职务	联系号码	身份证号码	入职时间	出生日期	工龄	基本工资	绩效工资
						讯飞公司员工档案表							
001	麻俊霞	女	研究生	初级	行政部	总经理	13927855632	411316198203123725	2004/04/22	1982-03-12	17	7,000	4,400
002	吕雪婷	女	专科	中级	研发部	部门经理	13885563244	332514197810121525	1978/11/03	1978-10-12	42	6,000	3,400
003	章东旭	男	专科	中级	销售部	部门经理	13327855632	352134198007015518	1980/07/30	1980-07-01	40	6,000	3,400
004	邹玲玲	女	专科	中级	财务部	部门经理	13156234283	330483198705241824	1987/06/18	1987-05-24	33	6,000	3,400
005	贾梦琪	女	专科	中级	装配车间	基本生产人员	15922413578	339005199002042364	1990/02/27	1990-02-04	31	3,000	1,400
006	金传旭	男	专科	中级	销售部	销售人员	13942685737	411328198202850102	1982/05/19	1982-04-28	38	5,000	1,600
007	柳晶晶	女	本科	中级	机加工车间	基本生产人员	13912357684	330481198910160148	1989/11/14	1989-10-16	31	3,000	1,400
008	宁嘉仪	女	专科	中级	财务部	管理人员	13832465743	330523199107184129	1991/08/10	1991-07-18	29	5,000	2,600

图 3.24　自定义格式和自动添加边框和底纹

知识 3 – 5:AND 和 ISODD 函数。

在上述条件格式设置中, = AND($A3 <>"",ISODD(ROW()))表示当前数据行填写了"序号"且同时是奇数行时,整行显示边框线和底纹(如图 3.24 所示)。其中,AND 函数表示"与"关系(即必须同时满足所有条件);ROW() 函数表示获取当前数据行的行号;ISODD 函数表示判断当前行号是否为奇数;$A3 <>"" 表示当前行的首个单元格不为空(如果修改为 A3 <>"",则意味着仅为当前行中含有数据的单元格添加边框线和底纹,其他空白单元格仍默认显示)。

(2)自定义日期和时间格式。

为了使得生成的日期和时间数据列整齐划一,我们可以通过为其设置"自定义格式"实现日期数据结果"等宽"的效果。操作方法为:选择 J 列("入职时间")和 K 列("出生日期"),打开"设置单元格格式"对话框,在数字格式类型中选择"自定义",自行输入数字格式"yyyy – mm – dd",单击"确定"按钮完成设置。

一课一练 10　SUMPRODUCT 函数

简介:SUMPRODUCT 函数语法格式。

用于计算给定的几组数组中对应元素的乘积之和,即:先对各组数字中对应的数字进行乘法运算,然后再对乘积进行求和。其语法格式为:

= SUMPRODUCT(array1 ,[array2],[array3],…)

参数:

array1(必选):表示要参与计算的第 1 个数组。如果只有一个参数,那么 SUMPRODUCT 函数直接返回该参数中的各元素之和。

array2,array3,…(可选):表示要参与计算的第 2 ~ 255 个数组。

【说明】如果不止一个参数,即有多个数组参数,那么每个数组参数的维数必须相同,否则,SUMPRODUCT 函数将返回错误值#VALUE!。例如,如果第一个参数为 A1:A5,那么第二个参数就不能是 B1:B6。如果参数中包含非数值型的数据,SUMPRODUCT 函数将按 0 来处理。

练习 1. 计算商品打折后的总价格

本例效果如图 3.25 所示,在 F4 单元格构建如下公式,计算商品打折后的总价格。

= SUMPRODUCT(B4:B15,C4:C15,D4:D15)

图 3.25   计算商品打折后的总价格

上述公式中,不同的数组常量,既可以放在 SUMPRODUCT 的不同参数中(例如,array1,array2,array3,…)中,也可以将两个或多个数组常量用" ∗ "相乘,放在 SUMPRODUCT 的同一参数中(例如,Array1),表示同时满足两个或多个条件,即:

= SUMPRODUCT((B4:B15)∗(C4:C15)∗(D4:D15))

如图 3.26 所示。

图 3.26   数组常量相乘

练习 2. 统计销售部女员工人数

本例效果如图 3.27 所示,在 E4 单元格中构建如下公式,统计销售部女员工人数。

= SUMPRODUCT((B4:B15 = "女")∗(C4:C15 = "销售部"))

也可以构建如下函数公式:

= SUMPRODUCT((B4:B15 = "女")∗1,(C4:C15 = "销售部")∗1)

如图 3.28 所示。

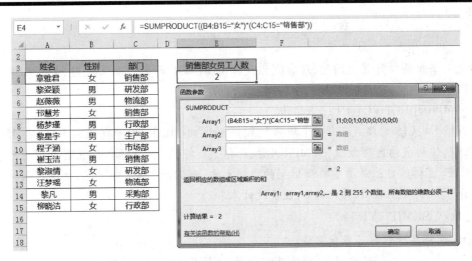

图 3.27　统计销售部女员工人数(方法 1)

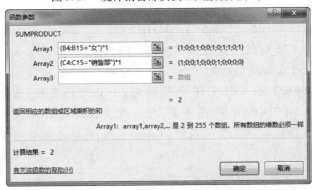

图 3.28　统计销售部女员工人数(方法 2)

在 SUMPRODUCT 函数中包含两个数组。第一个数组判断区域 B4:B15 中的值是否为"女",第二个数组判断区域 C4:C15 中的值是否为"销售部",判断结果为包含逻辑值的数组。为了让这两个数组可参加运算,需要将每个数组都乘以 1,将其转换为包含 1 和 0 的数组。

练习 3. SUMPRODUCT 函数取代其他函数

如图 3.29 所示,某公司工资发放记录表,A 列是工资发放的时间,B 列是员工所属的部门,C 列是员工姓名,D 列是相关员工领取的工资金额。

日期	部门	姓名	工资金额		统计要求	统计结果
2015/2/1	市场部	刘书海	¥ 5,438.00		1. 胡伟领了几次工资	2
2015/2/8	财务部	袁芳	¥ 9,549.00		2. 胡伟共计领取了多少工资	¥ 12,141.00
2015/2/12	单证部	雪莉	¥ 9,167.00		3. 六月份财务部发放工资次数	3
2015/2/13	船务部	胡伟	¥ 4,738.00		4. 六月份财务部累计发放工资	¥ 21,357.00
2015/3/1	市场部	姜超	¥ 4,006.00		5. 六月份财务部和市场部合计发放工资总额	¥ 30,984.00
2015/3/14	财务部	刘丽萍	¥ 7,452.00			
2015/4/6	单证部	胡伟	¥ 7,403.00			
2015/6/1	船务部	邓苗	¥ 4,155.00			
2015/6/2	财务部	姜然	¥ 9,906.00			
2015/6/18	财务部	何贝贝	¥ 3,210.00			
2015/6/20	市场部	郭景春	¥ 9,627.00			
2015/6/22	财务部	袁世伟	¥ 8,241.00			

图 3.29　利用 SUMPRODUCT 函数统计员工工资发放情况

1. 取代 COUNTIF 函数

例如，胡伟领取了几次工资。

这是一个单条件计数的问题，通常我们使用 COUNTIF 函数。如果使用 SUMPRODUCT 函数，一般写成这样：

=SUMPRODUCT((C4:C15 = "胡伟")*1)

先判断 C4:C15 的值是否等于"胡伟"，相等则返回 TRUE，不等则返回 FALSE，由此建立一个有逻辑值构成的内存数组，SUMPRODUCT 有一个特性，它会将非数值型的数组元素作为 1 或 0 处理，逻辑值自然是属于非数值型的数组元素，我们使用 *1 的方式，把逻辑值转化为数值，TRUE 转化为 1，FALSE 转化为 0，最后统计求和。

2. 取代 SUMIF 函数

例如，胡伟共计领取了多少工资。

这是一个单条件求和的问题，通常我们使用 SUMIF 函数。如果使用 SUMPRODUCT 函数，我们可以写成这样：

=SUMPRODUCT((C4:C15 = "胡伟") * D4:D15)

依然首先判断 C4:C15 的值是否等于"胡伟"，得到逻辑值 FALSE 或 TRUE，再和 D4:D15 的值对应相乘，最后统计求和得出结果。

那么，既然使用 SUMIF 和 COUNTIF 也能做到，而且做得更好，为什么还要使用 SUMPRODUCT 函数呢？SUMPRODUCT 的优点是，对参数类型没有什么特别要求，COUNTIF 和 SUMIF 就不同，其个别参数必须是区域数组（Range），如下面这两个问题，使用 COUNTIF 和 SUMIF 函数就不方便。

3. 取代 COUNTIFS 函数

例如，6 月份财务部发放了几次工资。

首先，这是一个多条件计数的问题。可以使用 COUNTIFS 函数进行处理。

第一个条件：发放工资的时间必须是 6 月份；

第二个条件：发放工资的部门必须是财务部。

但是，使用 COUNTIFS 函数来判断发放工资的时间是否属于 6 月份，会简单问题复杂化。

=COUNTIFS(B4:B15,"财务部",A4:A15,">=2015/6/1",A4:A15,"<=2015/6/30")

而使用 SUMPRODUCT 函数，可以简单地写成这样：

=SUMPRODUCT((MONTH(A4:A15)=6)*(B4:B15 = "财务部"))

4. 取代 SUMIFS 函数

例如，统计 6 月份财务部发放了多少工资。

这是一个常见的多条件求和问题。如果使用 SUMIFS 函数，判断发放工资的时间是否属于 6 月份，和 COUNTIFS 类似，也会简单问题复杂化。

=SUMIFS(D4:D15,B4:B15,"财务部",A4:A15,">=2015/6/1",A4:A15,"<=2015/6/30")

利用 SUMPRODUCT 函数，则计算过程简单得多：

=SUMPRODUCT((MONTH(A4:A15)=6)*(B4:B15 = "财务部"),D4:D15)

上面这个公式可以说是 SUMPRODUCT 多条件求和的典型用法，可以归纳为：

= SUMPRODUCT((条件区域 1 = 条件 1)*(条件区域 2 = 条件 2)*… ,求和区域)

5. 使用数组常量

例如,6 月份财务部和市场部合计发放了多少工资。

利用多个 SUMPRODUCT 函数相加,可以得到结果:

= SUMPRODUCT((MONTH(A4:A15) = 6)*(B4:B15 = "财务部")*D4:D15) + SUM-PRODUCT((MONTH(A4:A15) = 6)*(B4:B15 = "市场部")*D4:D15)

问题是:计算两个部门上述方法还勉强,但是如果多个部门同时查询,公式就会写得非常长,既不方便编辑,也不方便修改。可以构建为如下函数公式:

= SUMPRODUCT((MONTH(A4:A15) = 6)*(B4:B15 = {"财务部","市场部"})*D4:D15)

案例 3.2　利用 Excel 统计考勤奖惩

【情境引入】为了方便统计每天的员工出勤情况,需要制作一个自动化考勤表,要求能够自动根据指定的日期判断并填充当月应出勤工作日天数、自动汇总当月考勤记录,同时能够自动判断当月的周六、周日并为其自动填充单元格颜色(或者根据单、双休仅为周日单元格填充颜色),并为其中的全勤和缺勤记录自动标注填充颜色等。并根据月考勤记录,完成考勤奖惩统计。

【相关知识】

- 数据验证;
- 条件格式:突出显示双休日、全勤和缺勤记录;
- 日期和时间函数:DATE、MONTH、EMONTH、NETWORKDAYS. INTL;
- 统计函数:COUNTIF、COUNTA;
- 查找和引用函数:OFFSET。

一、制作自动化考勤表

新建一个工作表,命名为"考勤记录表",然后参照如图 3.30 所示构建表头部分。

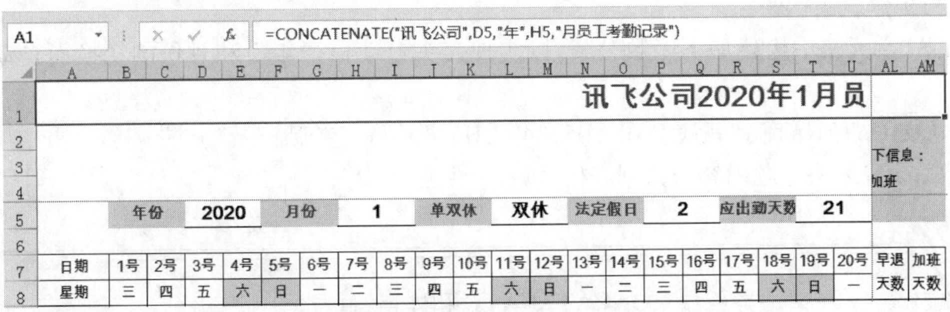

图 3.30　"考勤记录表"的表头

1. 根据所选日期自动更新表头内容

（1）构建日期信息。

第一步，在第 5 行中分别将 B5 和 C5、F5 和 G5、J5 和 K5、N5 和 O5、R5 和 S5 单元格区域进行"合并及居中"，并分别输入"年份""月份""单双休""法定假日""应出勤天数"等文本信息。

第二步，分别对如下指定单元格区域进行"合并及居中"设置，并使用不同方法输入数据信息：

D5 和 E5：设置数据验证（允许值为"序列"，来源为"2019,2020,2021,2022,2023"），然后从下拉列表中选择一个年份输入（例如，2020）；

H5 和 I5：设置数据验证（允许值为"整数"，数据"介于"最小值 1 和最大值 12 之间），然后从下拉列表中选择一个月份输入（例如，12）；

L5 和 M5：设置数据验证（允许值为"序列"，来源为"单休,双休"），然后从下拉列表中选择输入（例如，双休）；

P5 和 Q5：手动输入该月的国家法定假日的天数（例如，2）——此处使用公式计算比较麻烦，所以简单处理为手动输入，即当月如果存在法定节假日，直接输入休息天数即可。

T5 和 U5：自动计算当月出勤，会根据单双休自动计算（即双休默认一周休息两天，单休默认休息 1 天）。在 T5 单元格中构建如下函数公式：

= IF（L5 = " 双休"，NETWORKDAYS. INTL（B7，EOMONTH（B7,0），1）- P5，NETWORK-DAYS. INTL（B7，EOMONTH（B7,0），11）- P5）

> **知识 3 - 6：EOMONTH 和 NETWORKDAYS. INTL 函数。**
>
> EOMONTH（B7,0）：获取当月（B7 单元格）最后一天的日期（其中，0 表示当月）。
>
> NETWORKDAYS. INTL（B7，EOMONTH（B7,0），1）- P5：按照"双休"计算当月工作日为几天（其中，1 表示双休日为星期六和星期日；- P5 表示减去法定假日天数）。
>
> NETWORKDAYS. INTL（B7，EOMONTH（B7,0），11）- P5：按照"单休"计算当月工作日为几天（其中，11 表示单休日为星期日；- P5 表示减去法定假日天数）。
>
> 这个公式在主体上是 IF 函数，利用 IF 函数判断单双休（表达式：L5 = "双休"），满足条件按照双休计算工作日，不满足则按照单休计算工作日。

（2）构建表头标题。

在 A1 单元格中构建如下函数公式，以实现表头自动根据年份和月份的切换而自动更新内容。

= CONCATENATE（"讯飞公司"，D5，"年"，H5，"月员工考勤记录"）

然后设置表头标题内容跨数据表格区域"合并后居中"。

> **知识 3 - 7：文本类函数 CONCATENATE 和连字符（&）。**
>
> 使用文本函数 CONCATENATE 可以将两个或多个文本字符串连接为一个字符串。

语法为:CONCATENATE(text1,[text2],…)。

本案例中 CONCATENATE 函数参数设置如图 3.31 所示。

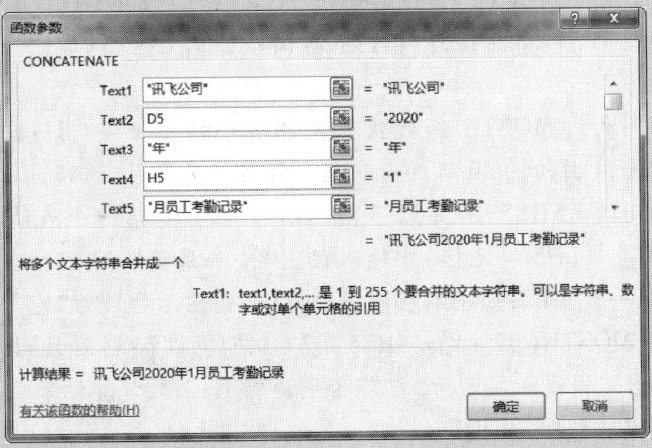

图 3.31　CONCATENATE 函数

也可以在 A1 单元格内构建如下函数公式:

＝"讯飞公司"&D5&"年"&H5&"月员工考勤记录"

& 为连字符,可以借此将多个信息连成一个完整的较长的信息。其中,如果连接的对象是中英文字符(例如,年),则必须使用英文的双引号引起来;如果连接的对象是公式函数、单元格地址引用(例如,D5),则不需要使用双引号。

2. 自动判断当月的天数和对应星期

在"考勤记录表"中,我们需要根据第 5 行选择的日期自动获取第 7 行的"日期"和第 8 行的"星期"。

(1)利用 DATE 函数自动获取"1 号"。

在 B7 单元格中构建函数公式:＝DATE(D5,H5,1),然后为 B7 单元格设置自定义格式——"d 号"。如图 3.32 所示。

图 3.32　利用 DATE 函数自动获取"1 号"

（2）利用 MONTH 函数自动获取"2 号"。

在 C7 单元格中构建函数公式：= IFERROR（IF（MONTH（B7 + 1）= $H$5，B7 + 1，""），""），然后为 C7 单元格设置自定义格式——"d 号"。选择 C7 单元格，利用填充句柄将其向右填充，直至出现 31 日（如果该月没有第 31 天则显示为空白）。

【函数解读】

MONTH（B7 + 1）：利用 MONTH 函数获取左侧单元格中日期（B7：1 日）的下一天（即 2 日）所在月份——例如，4 月份的 30 日的后一天所在月份为 5 月。

IF（MONTH（B7 + 1）= $H$5，B7 + 1，""）：利用 IF 函数构建一个表达式，即 MONTH 获取的当天月份是否等于表头（H5 单元格）中输入的月份，如果前一日期和当前日期所在月份相同，则显示结果为"上一天 + 1"；如果不在同一个月份，则显示结果为"空"。

= IFERROR（IF（MONTH（B7 + 1）= $H$5，B7 + 1，""），""）：利用 IFERROR 函数对上述 IF 函数结果纠错，如果出现错误则显示为"空"，否则返回 IF 函数计算结果。

（3）利用自定义格式获取"星期"。

在 B8 单元格中输入公式：= B7，然后为其设置自定义格式为：aaa，按下 Enter 键得到计算结果。选择 B8 单元格，利用填充句柄向右填充数据直至最后一天，这样即可得到与第 7 行天数相对应的星期。

3. 通过"数据验证"输入考勤表信息

为了方便输入和保证考勤信息表中相关数据的正确性，我们可以为其设置"数据验证"。

（1）利用数据验证输入"姓名"。

第一步，设置"数据验证"。选择 A9 单元格，依次单击"数据"/"数据工具"/"数据验证…"命令，弹出"数据验证"对话框，如图 3.33 所示设置允许值为"序列"，在"来源"框中输入如下函数公式：

= OFFSET（基础信息!$A$2,,,COUNTA（基础信息!$A:$A）- 1）

这样，就可以自动获取"基础信息"工作表"姓名"列中动态扩展的员工姓名数据了。

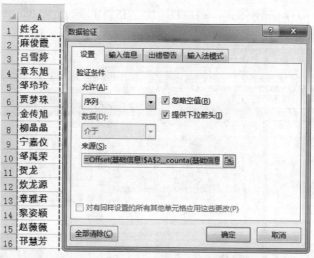

图 3.33　为"姓名"列设置数据验证

第二步,自动填充姓名。选择 A9 单元格,利用填充句柄向下复制填充直至最后一行,即可为所选区域设置相同的数据验证。然后就可以通过单击每个单元格右侧的下拉三角按钮,从列表中选择输入员工姓名(也可以输入第一位员工姓名之后,向下复制填充得到所有员工姓名)。

图 3.34　利用数据验证记录出勤状态

(2)利用数据验证记录出勤状态。

选择 B9:AF9 单元格区域,利用"数据验证"/"序列"功能,为其设置如图 3.34 所示的数据验证效果。然后选中上述单元格区域,向下复制填充直至最后一行,在"自动填充选项"列表中选择"仅填充格式"命令,这样就为整个考勤表中的出勤记录区域设置好了相同的数据验证。

4. 自动汇总当月考勤

在日常考勤中,如实填入每天的出勤记录之后,就可以通过 COUNTIF 函数自动汇总当前的出勤记录了。如图 3.35 所示,在 AG9 单元格内构建如下函数公式:

$= COUNTIF(\$B9:\$AF9,"出勤")$

按下 Enter 键,得到第一位员工当月"出勤天数"的汇总结果。参照上述操作,在 AH9:AL9 单元格中依次完成"请假天数""缺勤天数""迟到天数""早退天数""加班天数"的汇总统计。

AH9(病假天数): $= COUNTIF(\$B9:\$AF9,"病假")$;

AI9(事假天数): $= COUNTIF(\$B9:\$AF9,"事假")$;

AJ9(缺勤天数): $= COUNTIF(\$B9:\$AF9,"缺勤")$;

AK9(迟到天数): $= COUNTIF(\$B9:\$AF9,"迟到")$;

AL9(早退天数): $= COUNTIF(\$B9:\$AF9,"早退")$;

AM9(加班天数): $= COUNTIF(\$B9:\$AF9,"加班")$。

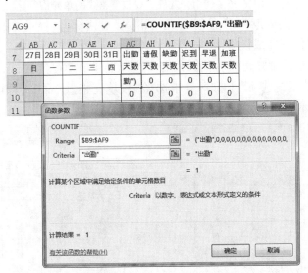

图 3.35　通过 COUNTIF 函数自动汇总出勤记录

5. 突出显示考勤记录信息

(1)根据单双休自动填充周末颜色。

常见的日历中,周末两天的颜色总是在七天之中突出显示的,在 Excel 中我们可以通过设置

"条件格式"的方法,实现根据日期更新而自动突出显示星期为"六"和"七"的数据列的效果。

第一步,设置条件格式。选择"星期"所在第 8 行数据(即 B8:AF8 单元格),依次单击"开始"/"样式"/"条件格式"/"新建规则…"命令,弹出如图 3.36 所示"新建格式规则"对话框,在"选择规则类型"框中单击"使用公式确定要设置格式的单元格",然后在"为符合此公式的值设置格式"框中输入如下函数公式:

= IF($L$5 = "双休",WEEKDAY(B$8,2)>5,WEEKDAY(B$8,2)>6)

图 3.36　使用公式确定要设置格式的单元格

然后单击"格式…"按钮弹出"设置单元格格式"对话框,选择一个自己喜欢的"填充"颜色,连续单击"确定"按钮完成设置。

第二步,自动填充。设置完成后我们只需要选择上述星期行数据,拖动填充句柄向下填充至最后一行,在"自动填充选项"下拉列表中选择"仅填充格式"命令,即可实现批量向下填充格式。如图 3.37 所示。

图 3.37　自动填充选项:仅填充格式

知识 3 - 8：日期和时间类函数 WEEKDAY。

WEEKDAY 返回对应于某个日期的一周中的第几天，默认情况下，天数是 1（星期日）到 7（星期六）范围内的整数。语法格式为：= WEEKDAY(serial_number,[return_type])。

参数 serial_number(必须)：一个序列号，代表尝试查找的那一天的日期。

参数 return_type(可选)：用于确定返回值类型的数字(用 2 表示：数字 1 代表星期一，数字 7 代表星期日)。如图 3.38 所示。

图 3.38　利用 WEEKDAY 函数获取当前星期几

= IF($L$5 = "双休",WEEKDAY(B$8,2)>5,WEEKDAY(B$8,2)>6) 公式表示的意义是：利用 IF 函数判断 L5 单元格中的值是不是"双休"，如果是就返回第一个结果(星期数大于 5)，如果不是就返回第二个结果(星期数大于 6)。现在，我们可以通过调整改变 D5(年份)、H5(月份)、L5(单双休)单元格中的日期来观察考勤记录表数据区域的颜色变化。

(2) 突出显示考勤记录中的"缺勤"信息。

为了在"考勤记录表"中的数据区域快速获取某位员工"缺勤"信息，突出显示该单元格是最直观的方法了。这里我们利用"条件格式"功能实现自动突出显示的效果。选择 B9 单元格，依次单击"开始"/"样式"/"条件格式"/"突出显示单元格规则"/"等于…"命令(如图 3.39 所示)，在弹出的"等于"对话框中输入"缺勤"，设置突出显示格式(例如，浅红填充色深红色文本)，如图 3.40 所示。这样，输入了"缺勤"信息的单元格内就会自动突出显示为设置好的格式。

图 3.40　"等于"规则　　　　　　　　图 3.39　突出显示单元格规则

(3)突出显示汇总区域中的“全勤”记录。

选择 AG9 单元格,依次单击“开始”/“样式”/“条件格式”/“新建规则 ... ”命令,在如图 3. 36 所示“新建格式规则”对话框的“选择规则类型”框中选择“使用公式确定要设置格式的单元格”,在“为符合此公式的值设置格式”框中输入公式:= $AG9 >= $T$5;单击“格式”按钮进入“设置单元格格式”对话框,选择一种“填充”格式;连续单击“确定”按钮完成条件格式的设置。选择 AG9 单元格,利用填充句柄向下填充至最后一行(在“自动填充选项”下拉列表中选择“仅填充格式”)。

这样,一个简单的公司考勤记录表就制作完成了,在实际考勤时,将其复制若干份,每一份标记为“ ×年 ×月考勤记录表”就可以单独作为公司的月考勤表使用了。如图 3. 41 所示为公司在 2020 年 1 月份的考勤记录表。

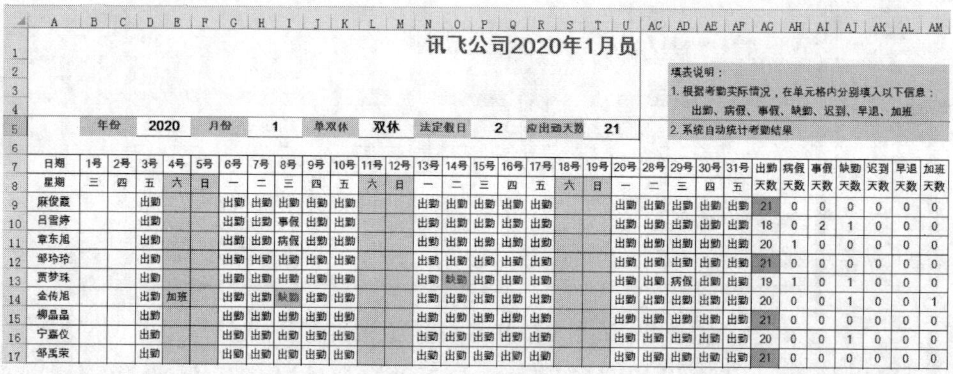

讯飞公司2020年1月员

年份 2020　月份 1　单双休 双休　法定假日 2　应出勤天数 21

填表说明:
1. 根据考勤实际情况,在单元格内分别填入以下信息:
出勤、病假、事假、缺勤、迟到、早退、加班
2. 系统自动统计考勤结果

日期	1号	2号	3号	4号	5号	6号	7号	8号	9号	10号	11号	12号	13号	14号	15号	16号	17号	18号	19号	20号	28号	29号	30号	31号	出勤天数	病假天数	事假天数	缺勤天数	迟到天数	早退天数	加班天数
星期	三	四	五	六	日	一	二	三	四	五	六	日	一	二	三	四	五	六	日	一	二	三	四	五							
麻俊霞			出勤			出勤	出勤	出勤	出勤	出勤			出勤	出勤	出勤	出勤	出勤			出勤	出勤	出勤	出勤	出勤	21	0	0	0	0	0	0
吕雪婷			出勤			出勤	出勤	事假	出勤	出勤			出勤	出勤	出勤	出勤	出勤			出勤	出勤	出勤	出勤	出勤	18	0	2	1	0	0	0
章东旭			出勤			出勤	出勤	病假	出勤	出勤			出勤	出勤	出勤	出勤	出勤			出勤	出勤	出勤	出勤	出勤	20	1	0	0	0	0	0
邹玲玲			出勤			出勤	出勤	出勤	出勤	出勤			出勤	出勤	出勤	出勤	出勤			出勤	出勤	出勤	出勤	出勤	21	0	0	0	0	0	0
贾梦珠			出勤			出勤	出勤	出勤	出勤	出勤			出勤	缺勤	出勤	出勤	出勤			出勤	出勤	病假	出勤	出勤	19	1	0	1	0	0	0
金传旭			出勤	加班		出勤	出勤	缺勤	出勤	出勤			出勤	出勤	出勤	出勤	出勤			出勤	出勤	出勤	出勤	出勤	20	0	0	1	0	0	1
柳晶晶			出勤			出勤	出勤	出勤	出勤	出勤			出勤	出勤	出勤	出勤	出勤			出勤	出勤	出勤	出勤	出勤	21	0	0	0	0	0	0
宁嘉仪			出勤			出勤	出勤	出勤	出勤	出勤			出勤	出勤	出勤	出勤	出勤			出勤	出勤	出勤	出勤	出勤	20	0	0	1	0	0	0
邹禹荣			出勤			出勤	出勤	出勤	出勤	出勤			出勤	出勤	出勤	出勤	出勤			出勤	出勤	出勤	出勤	出勤	21	0	0	0	0	0	0

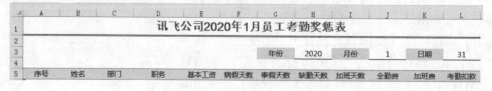

图 3. 41　考勤记录表效果

二、制作考勤奖惩表

下面,我们以 2020 年 1 月的考勤记录为例,根据“基础信息”工作表中的员工病事假扣款标准、加班费用标准等信息,介绍绩效考核中的“考勤奖惩”工作表的制作。新建一个工作表,命名为“2020 年 1 月考勤奖惩表”,在其中用来记录和统计员工的奖惩工资。如图 3. 42 所示构建表头、考勤日期和标题行。

讯飞公司2020年1月员工考勤奖惩表

年份 2020　月份 1　日期 31

序号	姓名	部门	职务	基本工资	病假天数	事假天数	缺勤天数	加班天数	全勤费	加班费	考勤扣款

图 3. 42　构建“考勤奖惩”表头和标题行

1. 使用 DATE 和 EOMONTH 函数自动生成月末

一般的考勤日期均在月末的某一天进行统计的,这里我们使用日期和时间函数自动获取每月最后一天作为统计日期。

(1)为年份和月份设置数据验证和自定义格式。

分别在 H3、J3、L3 单元格内输入“年份”“月份”“日期”。按照下面的方法构建相关数据信息:

选择 H3 单元格(年份),为其设置数据验证,允许值为“序列”,来源为“2020,2021,

2021";为其设置自定义格式:0000 年。然后选择输入年份:2020。

选择 J3 单元格(月份),为其设置数据验证,允许值为"序列",来源为"1,2,3,4,5,6,7,8, 9,10,11,12";为其设置自定义格式:0 月。然后选择输入月份:1。

选择 L3 单元格(日期),首先为其设置自定义格式:0 日。然后输入如下函数公式:

＝DAY(EOMONTH(DATE(H3,J3,1),0))

按下 Enter 键,得到计算结果——2020 年 1 月的最后一天"31"。如图 3.43 所示。

图 3.43　DAY 函数:获取指定日期在当前月中位于第几天

知识 3 - 9:DATE、DAY 和 EOMONTH 函数。

本案例公式中,涉及日期和时间类的三个常用函数 DAY、DATE、EOMONTH。

DATE(H3,J3,1)将三个参数值——year("2020",即 H3 单元格)、month("1",即 J3 单元格)、day("1",即当月第一天)转换成代表日期时间格式的数字(计算结果:43831)。在通过公式或单元格引用提供年月日时,DATE 函数最为有用。例如,可能有一个工作表所包含的日期使用了 Excel 无法识别的格式(如 YYYYMMDD)。通过将 DATE 函数与 MID 函数嵌套组合,可以将这些不规范的日期转换为 Excel 可识别的日期序列号。

EOMONTH(DATE(H3,J3,1),0):EOMONTH 函数根据 DATE 提供的日期中的月份,判断当前月份(参数 months 值为 0)的最后一天(计算结果:43861)。如图 3.44 所示。

图 3.44　EOMONTH 函数:获取当前月的最后一天

DAY(EOMONTH(DATE(H3,J3,1),0)):DAY 函数根据 ENOMONTH 函数提取的本月最后一天(日期时间格式数字 43861),计算出该日期是本月的第几天(计算结果:31),并且根据设定的自定义格式("0 日"),最终显示为"31 日"。

（2）使用 CONCATENATE 函数构建表头标题。

在考勤奖惩表的表头标题部分,我们使用 CONCATENATE 函数自动获取第三行的考勤日期。在 A1 单元格中构建如下函数公式:

= CONCATENATE("讯飞公司",H3,"年",J3,"月员工考勤奖惩表")

按下 Enter 键,得到表格标题——"讯飞公司 2020 年 1 月员工考勤奖惩表"。

2. 获取员工信息

从 A5 单元格开始依次向右,分别输入"序号""姓名""部门""职务""基本工资""病假天数""事假天数""缺勤天数""加班天数""全勤费""加班费""考勤扣款",如图 3.42 所示。

（1）根据"序号"获取员工基本信息。

选择 A6 单元格,设置"文本"格式,然后输入"001",向下复制填充直至最后一位员工。分别利用 VLOOKUP 函数,根据"序号",分别从"员工档案表"中获取"姓名""部门""职务""基本工资"等信息:

姓名（B6 单元格）: = VLOOKUP($A6,员工档案表!$A:$N,2,0);

部门（C6 单元格）: = VLOOKUP($A6,员工档案表!$A:$N,6,0);

职务（D6 单元格）: = VLOOKUP($A6,员工档案表!$A:$N,7,0);

基本工资（E6 单元格）: = VLOOKUP($A6,员工档案表!$A:$N,13,0)。

利用填充句柄,向下复制上述公式直至最后一位员工,如图 3.45 所示。

序号	姓名	部门	职务	基本工资	病假天数	事假天数	缺勤天数	加班天数	全勤费	加班费	考勤扣款
									讯飞公司2020年1月员工考勤奖惩表		
						年份	2020	月份	1	日期	31
序号	姓名	部门	职务	基本工资	病假天数	事假天数	缺勤天数	加班天数	全勤费	加班费	考勤扣款
001	麻俊霆	行政部	总经理	7000	0	0	0	0	200.00	-	
002	吕雪婷	研发部	部门经理	6000	0	2	1	0	-	-	387.10
003	章东旭	销售部	部门经理	6000	1	0	0	0	-	-	19.35
004	邹玲玲	财务部	部门经理	6000	0	0	0	0	200.00	-	
046	郭贝	机加工车间	基本生产人员	3000	0	1	0	1	-	200.00	48.39
047	陆雪	机加工车间	基本生产人员	3000	0	0	0	0	200.00	-	

图 3.45   利用 VLOOKUP 函数获取相关信息

（2）根据"姓名"统计考勤数据。

分别利用 VLOOKUP 函数,根据"姓名",分别从"2020 年 1 月考勤记录表"中获取"病假天数""事假天数""缺勤天数""加班天数"等信息:

病假天数（F6 单元格）: = VLOOKUP($B6,'2020 年 1 月考勤记录表'!$A:$AM,34,0)

事假天数（G6 单元格）: = VLOOKUP($B6,'2020 年 1 月考勤记录表'!$A:$AM,35,0)

缺勤天数（H6 单元格）: = VLOOKUP($B6,'2020 年 1 月考勤记录表'!$A:$AM,36,0)

加班天数（I6 单元格）: = VLOOKUP($B6,'2020 年 1 月考勤记录表'!$A:$AM,39,0)

利用填充句柄,向下复制上述公式直至最后一位员工,如图 3.45 所示。

3. 计算考勤奖惩

（1）全勤费。

根据"基本信息"工作表中的奖金发放标准:"全勤费 = 全勤奖 * 应勤天数",在 J6 单元格中构建如下函数公式:

= IF(VLOOKUP($B6,′2020 年 1 月考勤记录表′!$A:$AM,33,0)=′2020 年 1 月考勤记录表′!$T$5,全勤奖,0)

（2）加班费。

根据"基本信息"工作表中的奖金发放标准："加班费 = 加班天数 ＊ 加班补贴"，在 K6 单元格中构建如下函数公式：

= I6 ＊ 加班补贴

（3）考勤扣款。

根据"基本信息"工作表中的奖金发放标准：考勤扣款 =（病假天数 ＊ 病假系数 + 事假天数 ＊ 事假系数 + 缺勤天数 ＊ 缺勤系数）＊ 日工资，在 L6 单元格中构建如下函数公式：

= ROUND((F6 ＊ 病假系数 + G6 ＊ 事假系数 + H6 ＊ 缺勤系数）＊ E6⁄$L$3,2)

利用填充句柄，分别将上述公式向下复制直至最后一位员工，如图 3.45 所示。

知识 3–10：单元格地址引用和定义名称。

上述公式中，"考勤日期($M$3)"为什么必须使用"绝对引用"呢？在 Excel 的公式中常见的单元格引用包括：相对引用、绝对引用和混合引用。

其中，相对引用也称为相对地址引用，是指在一个公式中，直接用单元格的列标题和行号来取用某个单元格中的内容，例如在 B1 单元格中输入公式：= SUM(A1:A20)，如果上述公式被复制到另一个单元格（如 C2 单元格），公式中的引用也会随之发生相应的变化，= SUM(B2:B21)的变化依据是公式所在原单元格到目标单元格所发生的行列位移，公式中所有的单元格引用都会发生与公式相同的位移变化。

而绝对引用是指总是引用固定位置的单元格，如果公式所在单元格的位置改变，绝对引用保持不变，绝对引用的形式是在引用单元格的列标题和行号前面加"$"符号，如在 B1 单元格中输入公式：= SUM($A$1:$A$20)，如果上述公式被复制到另一个单元格（如 C2 单元格），公式中仍然为：= SUM($A$1:$A$20)。

另外，混合引用是指绝对引用列和相对引用行（或是绝对引用行和相对引用列）。如在 B1 单元格中输入公式：= SUM($A1:$A20)，就是具有绝对列和相对行的混合引用，该公式如果被复制到 C2 单元格，则变为：= SUM($A2:$A21)；再如，在 B1 单元格中输入公式：= SUM(A$1:A$20)，就是具有绝对行和相对列的混合引用，该公式如果被复制到 C2 单元格，则变为：= SUM(B$1:B$20)。也就是说，如果包含有混合引用的公式所在单元格的位置改变，则混合引用中的相对引用改变，但其中的绝对引用不变。

在 Excel 的公式中，可以引用相同工作表中的单元格，也可以引用不同工作表中的单元格，还可以引用不同工作簿中的单元格。如果引用同一工作表中的单元格，就称为内部引用。如果引用不同工作表中的单元格，就成为外部引用。例如，在统计"病假天数"的函数公式：= VLOOKUP($B6,′2020 年 1 月考勤记录表′!$A:$AM,34,0)中，$B6 是具有绝对列和相对行的混合引用，′2020 年 1 月考勤记录表′!$A:$AM 是工作表内部的绝对引用。

　　有时候,在公式中要引用另一个工作表中的单元格(区域)很不方便,Excel 则允许为该单元格(区域)定义名称(即用一个名称来代替单元格或区域的引用)。在需要引用该单元格时,直接用它的名称就行了。在一个工作簿中,同一名称能够被用于不同的工作表中,定义名称应用于公式中就相当于绝对引用,也使公式的意义更加明确,便于别人理解。例如,在函数公式 =ROUND((F6 * 病假系数 + G6 * 事假系数 + H6 * 缺勤系数) * E6/$L$3,2)中,"病假系数""事假系数""缺勤系数"就是在"基本信息"表中相关单元格区域的定义名称。

一课一练11　VLOOKUP 函数应用(1)

　　平时工作中经常需要对 Excel 表格中数据进行查询调用,VLOOKUP 函数是工作中使用频率超高的查询函数之一。

　　语法格式为:搜索某个单元格区域的第一列,然后返回该区域相同行上任何单元格中的值。

　　公式:= VLOOKUP(lookup_value,table_array,col_index_num,[range_lookup])。

　　解读:= VLOOKUP(查找谁,在哪查,找到后返回其右侧对应的第几列数据,精确还是模糊查找)。

　　参数:

lookup_value:查找谁;

table_array:在哪查;

col_index_num:第几列;

[range_lookup]:精确查或模糊查(如果为 FALSE 或 0 表示精确匹配,如果为 TRUE 或忽略表示模糊匹配)。

　　练习1. 最基础的应用:单条件查找数据

　　如图 3.46 所示,工作中的数据源为 A:B 两列,分别放置业务员姓名和对应的销售额,当需要按照业务员查找其对应的销售额时,就要用到 VLOOKUP 函数了。

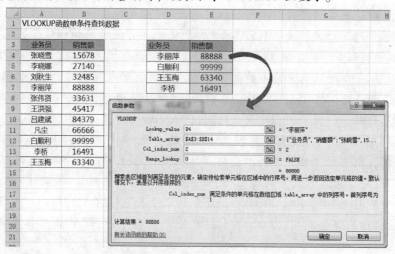

图 3.46　VLOOKUP 函数单条件查找数据

在 E4 单元格中构建如下公式：

= VLOOKUP(D4,$A$3:$B$14,2,0)

这个公式是标准的 VLOOKUP 函数的基础应用方法，每个参数都没有变形，所以很方便初学者获悉这个函数最原始的含义和作用。

第 1 参数：查找谁（即按什么查找）。此处按照业务员查找，所以输入 D4。

第 2 参数：在哪找。数据源区域在 A:B 列，所以输入$A$3:$B$14。

第 3 参数：找到后返回第几列，此处要查找的是 B 列的销售额（即第 2 参数中的第 2 列），所以输入 2。

第 4 参数：这里要精确查找，所以输入 0。

翻译过来就是：= VLOOKUP(要查找的业务员，包含业务员和其销售额的数据源区域，找到后返回第 2 列，精确查找)。

练习 2.　多条件查找

方法一：添加辅助列。如图 3.47、图 3.48 所示，数据源为 A:C 列，分别放置水果、产地和对应的销售额，当需要在 G 列单元格中查找同时符合"水果"和"产地"多个条件的"销售额"，简单的处理方法可以在数据源 A 列左侧和查询区域 E 列左侧各自创建一个辅助列，将多个条件用 & 符号连接起来作为条件查找列：

= VLOOKUP(F4,$A$3:$D$14,4,0)

	A	B	C	D	E	F	G
1	水果	产地	销售额		水果	产地	销售额
2	菠萝	国内	4,567.8		苹果	进口	
3	菠萝	进口	2,714.0		苹果	国内	
4	芒果	国内	3,248.5		荔枝	进口	
5	荔枝	国内	2,114.4		荔枝	国内	
6	苹果	国内	6,334.0				
7	香蕉	国内	3,363.1				
8	水晶梨	进口	4,541.7				
9	水晶梨	国内	8,437.9				
10	芒果	进口	3,102.0				
11	荔枝	进口	8,079.2				
12	苹果	进口	1,649.1				

图 3.47　VLOOKUP 函数多条件查找：原始数据

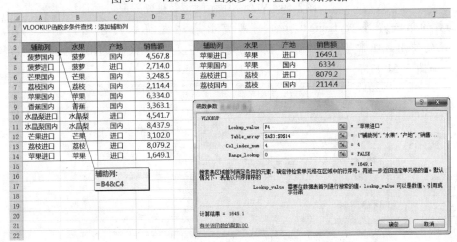

图 3.48　VLOOKUP 函数多条件查找：添加辅助列

方法二：利用数组公式。如果数据源左侧不允许插入列，或者想直接用一个公式进行多条件查找，可以通过构建数组公式解决。如图 3.49 所示，在 G4 单元格中构建如下数组公式，按"Ctrl + Shift + Enter"组合键结束输入。

$$= VLOOKUP(E4\&F4, IF(\{1,0\}, \$A\$4:\$A\$14\&\$B\$4:\$B\$14, \$C\$4:\$C\$14), 2, 0)$$

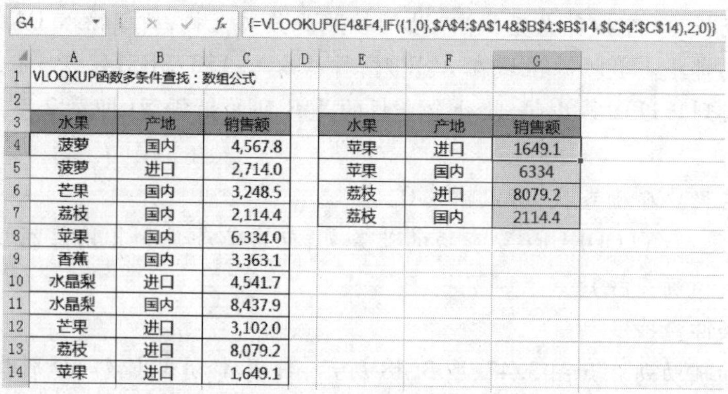

图 3.49　VLOOKUP 函数多条件查找：数组公式

VLOOKUP 的第一个参数 LOOKUP_value 使用了连字符 &，将"水果"列和"产地"列连成一个字符串"水果 + 产地"作为查询的数据；vlookup 的第二个参数 table_array 由 IF 函数获取数据源区域。如图 3.50 所示。

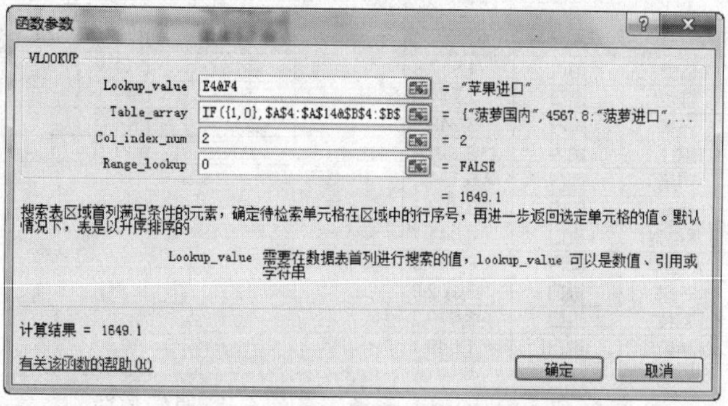

图 3.50　VLOOKUP 函数参数设置

IF 函数的第一个参数 Logical_test 一般需要表达式获取两种逻辑结果：TRUE 还是 FALSE。此处使用数组常量 $\{1,0\}$ 解决了该问题：既可以是 1（代表 TRUE），又可以是 0（代表 FALSE）。如图 3.51 所示。

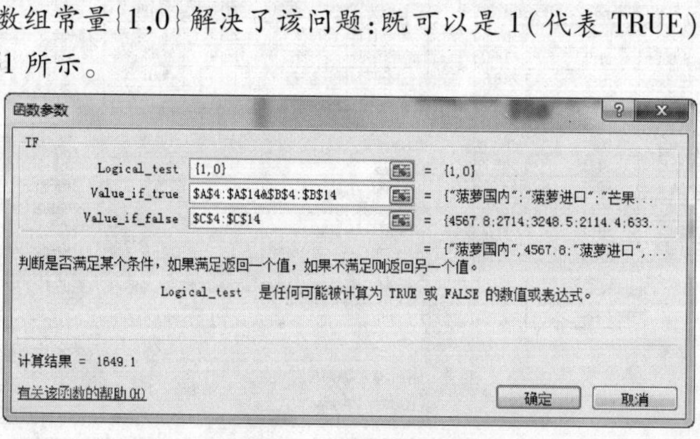

图 3.51　IF 函数参数设置

在上述逻辑关系下,IF 函数提供了 VLOOKUP 函数所需要的数据源区域——参数 value_if_true 提供"首列",参数 value_if_false 提供查询结果。

练习 3. 查找并返回多列数据

前面的案例都是输入一个公式然后向下复制填充一列的形式,如果有多列数据需要根据查找值调取对应数据,那么如何输入一个公式就能完成一个区域的数据调用呢? 如图 3.52 所示,左侧表格是数据源区域,需要在右侧 G:K 列区域根据业务员姓名调取对应的科目成绩。通过观察,可以发现右侧查询表格和左侧数据源表格的科目顺序一致,都是从"数学"到"体育",如果利用 VLOOKUP 函数逐列构建公式,对于需要查找的列数量较多时无疑是一项大工程。这里给出一个简单实用的方法:选中 H3:K7 单元格区域,构建如下公式后按"Ctrl + Enter"组合键(注意是组合键同时按下,而不要只按 Enter 键)。

= VLOOKUP($G4,$A$4:$E$14,COLUMN(B3),0)

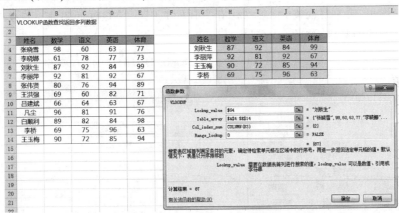

图 3.52　VLOOKUP 函数查找返回多列数据

练习 4. 从右向左查找

在工作中经常会遇到数据源中要调取的数据在查找值所在列的左侧,而 VLOOKUP 函数的常规用法是从左往右找,那么遇到这种需要从右往左查找的问题如何解决呢? 如图 3.53 所示表格中,需要按照给出的编号查找对应业务员的姓名。

图 3.53　VLOOKUP 函数从右向左查找

有一种解题思路:既然 VLOOKUP 函数只能从左往右找,那干脆把数据源里面的编号列改到左边不就行了吗? 没错,这样是可以实现的,但如果遇到以下几种情况,还是学会一个公式一步到位比较好。

- 当数据源格式不允许改动时;
- 当这项工作出现的频率较高,懒得每次都要重新改数据源,想一劳永逸时。

在 F4 单元格构建如下公式后向下复制填充。

= VLOOKUP(E4,IF({1,0},$B$4:$B$14,$A$4:$A$14),2,0)

【函数解读】IF 函数中的{1,0}是什么?

在图 3.54 中,A:B 列是数据源,需要根据 D4 单元格中指定的姓名查询对应的职务。E4 单元格的公式为: = VLOOKUP(D4,IF({1,0},B4:B11,A4:A11),2)。

通常情况下,VLOOKUP 函数被查询的值需要位于数据源的首列,也就是从左向右查询。但是这个数据源中,需要逆向查询,所以就有了 IF({1,0},...)这样的用法。在使用 VLOOKUP 函数进行逆序查询的时候,经常会看到这样的公式。

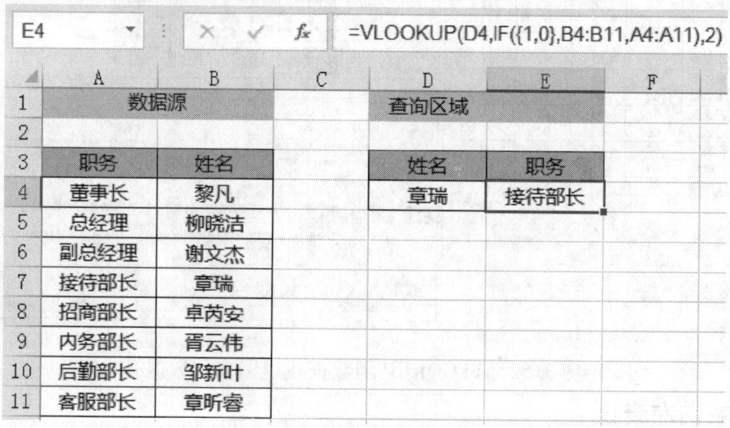

E4　=VLOOKUP(D4,IF({1,0},B4:B11,A4:A11),2)

	A	B	C	D	E	F
1	数据源			查询区域		
2						
3	职务	姓名		姓名	职务	
4	董事长	黎凡		章瑞	接待部长	
5	总经理	柳晓洁				
6	副总经理	谢文杰				
7	接待部长	章瑞				
8	招商部长	卓芮安				
9	内务部长	胥云伟				
10	后勤部长	邹新叶				
11	客服部长	章昕睿				

图 3.54　逆序查询

{1,0}是一个水平方向的一维数组,它有两个值:一个是 1;另一个是 0。这里的{1,0}是用作 IF 函数的第一个参数,1 代替的是"真"(即 TRUE),0 代替的是"假"(即 FALSE)。例如, = IF(1,10,20)的计算结果为 10; = IF(0,10,20)的计算结果为 20。这样,在公式 = IF({1,0},B4:B11,A4:A11)中,数组{1,0}作 IF 函数的第一参数,这个公式就可以分成两个公式,且返回结果不同。 = IF(1,B4:B11,A4:A11),返回结果为 B4:B11; = IF(0,B4:B11,A4:A11),返回结果为 A4:A11。这就是公式"IF({1,0},D2:D10,C2:C10)"的价值所在——实际上是调换了两列数据的位置。

案例 3.3　利用 Excel 编制工资表

【情境引入】在企业中,一般按车间、部门分别填制每月的工资表,其中按照职工分行填列应付工资、代发款项、代扣款项、应发金额等。其用途如下:第一,按职工姓名裁成工资条,连同应发金额发给职工,以便职工查对;第二,作为劳资部门进行劳动工资统计的依据;第三,作为工资结算和支付的凭证,并据以进行工资结算的汇总核算。职工工资数据是进行工资管理的基础,需要建立一个工作表来记录这些数据。

【相关知识】

- 日期和时间函数:DATE;
- 文本函数:CONCATENATE、TEXT。

一、编制表头

新建一个工作表,命名为"2020 年 1 月工资表",在第 1 行构建表格标题,在第 3 行构建制表日期,在第 5 行从左到右依次输入如下内容构建列标签:序号、姓名、最高学历、职称、部门、职务、基本工资、绩效工资、全勤费、加班费、考勤扣款、通信费、应发工资、社保、公积金、应纳税所得额、个人所得税、实发工资。如图 3.55 所示。

	A	B	C	D	E	F	G	H	I	J	K	L	M	N	O	P	Q	R

| A1 | | × ✓ fx | =CONCATENATE("讯飞公司",TEXT(R3,"e年m月"),"工资表") | | | | | | | | | | | | | | | |

公式栏显示:=CONCATENATE("讯飞公司",TEXT(R3,"e年m月"),"工资表")

序号	姓名	最高学历	职称	部门	职务	基本工资	绩效工资	全勤费	加班费	考勤扣款	通信费	应发工资	社保	公积金	应纳税所得额	个人所得税	实发工资
												讯飞公司2020年1月工资表					
														制表日期	2020-1-31		
001	麻俊霞	研究生	初级	行政部	总经理	7000	4400	200.00	-		500.00	12,100.00	1,218.00	1,160.00	4,222.00	212.20	9,509.80
002	吕雪峥	专科	中级	研发部	部门经理	6000	3400			387.10	300.00	9,312.90	946.35	901.29	2,165.26	64.96	7,400.30
003	童东旭	专科	中级	销售部	部门经理	6000	3400			19.35	300.00	9,680.65	984.97	938.07	2,457.61	73.73	7,683.88
004	郭玲玲	专科	中级	财务部	部门经理	6000	3400	200.00			300.00	9,900.00	1,008.00	960.00	2,632.00	78.96	7,853.04
005	贾梦珠	专科	中级	装配车间	基本生产人员	3000	1400			106.45	150.00	4,443.55	450.82	429.36	-1,586.63	-	3,563.37
006	金传旭	专科	中级	销售部	销售人员	5000	1600	-	200.00	161.29	150.00	6,788.71	697.06	663.87	277.78	8.33	5,419.45

图 3.55　"工资表"表头

1. 制表日期

本案例中的"制表日期"数据源自"2020 年 1 月考勤奖惩表"的表头信息部分。在 R3 单元格内构建如下函数公式:

$=TEXT(DATE(考勤奖惩表!\$H\$3,考勤奖惩表!\$J\$3,考勤奖惩表!\$L\$3),"yyyy-m-d")$

按下 Enter 键,得到计算结果:2019-1-31。

2. 表头

在 A1 单元格中构建如下函数公式:

$=CONCATENATE("讯飞公司",TEXT(R3,"e年m月"),"工资表")$

按下 Enter 键,得到计算结果:讯飞公司 2020 年 1 月工资表。

知识 3-11:TEXT 函数转换日期格式。

TEXT 函数可将序列号格式的数值转换并显示为指定格式的文本。

在公式:$=TEXT(DATE(考勤奖惩表!\$H\$3,考勤奖惩表!\$J\$3,考勤奖惩表!\$L\$3),"yyyy-m-d")$ 中,TEXT 函数将由 DATE 函数获取的序列号格式数值"43861",按照指定格式"yyyy-m-d"转换成文本"2020-1-31",如图 3.56 所示。

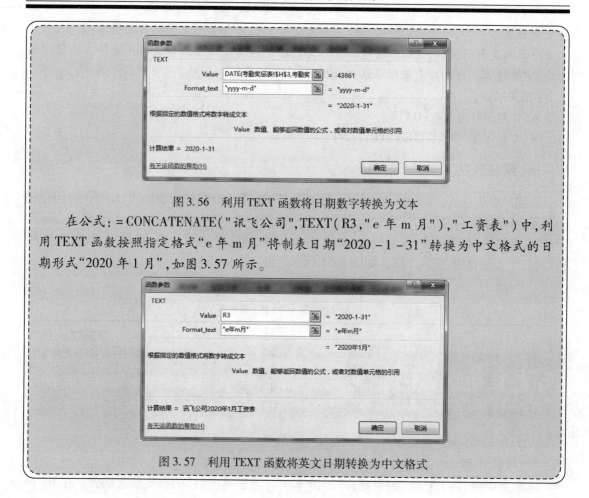

图 3.56　利用 TEXT 函数将日期数字转换为文本

在公式：= CONCATENATE("讯飞公司",TEXT(R3,"e 年 m 月"),"工资表")中,利用 TEXT 函数按照指定格式"e 年 m 月"将制表日期"2020 - 1 - 31"转换为中文格式的日期形式"2020 年 1 月",如图 3.57 所示。

图 3.57　利用 TEXT 函数将英文日期转换为中文格式

二、汇总工资明细

"工资表"中的明细数据从其来源和计算方法上可以分为三部分:第一,A:H 列数据可取自"员工档案表";第二,I:K 列数据可取自"2020 年 1 月考勤奖惩表";第三,L:R 列数据则需要计算获得。

1. 从"员工档案表"中获取档案信息

(1)输入"序号"。

设置 A6 单元格格式为"文本",输入"001",向下复制填充直至最后一行,得到所有员工的序号。

(2)利用 VLOOKUP 函数获取档案信息。

自 B6 单元格开始向右依次构建如下函数公式,得到"姓名""部门"等档案信息。

姓名(B6 单元格):= VLOOKUP($A6,员工档案表!$A:$N,2,0);

最高学历(C6 单元格):= VLOOKUP($A6,员工档案表!$A:$N,3,0);

职称(D6 单元格):= VLOOKUP($A6,员工档案表!$A:$N,4,0);

部门(E6 单元格):= VLOOKUP($A6,员工档案表!$A:$N,5,0);

职务（F6 单元格）：= VLOOKUP($A6,员工档案表!$A:$N,6,0)；

基本工资（G6 单元格）：= VLOOKUP($A6,员工档案表!$A:$N,13,0)；

绩效工资（H6 单元格）：= VLOOKUP($A6,员工档案表!$A:$N,14,0)。

2. 从"2020 年 1 月考勤奖惩表"中获取绩效工资

自 I6 单元格开始向右依次构建如下函数公式，得到"全勤费""加班费""考勤扣款"等绩效工资。

全勤费（I6 单元格）：= VLOOKUP($A6,2020 年 1 月考勤奖惩表!$A:$L,10,0)；

加班费（J6 单元格）：= VLOOKUP($A6,2020 年 1 月考勤奖惩表!$A:$L,11,0)；

考勤扣款（K6 单元格）：= VLOOKUP($A6,2020 年 1 月考勤奖惩表!$A:$L,12,0)。

3. 计算"通信费"

根据国家税务总局《关于个人所得税有关政策问题的通知》精神，讯飞公司制定了通信费补贴标准：总经理补贴 500元；研究生学历及以上且职称为高级或者是部门经理补贴300 元；其他职工补贴 150 元。在"基本信息"表中我们构建了如图 3.58 所示的通信费发放标准（元/月），利用 OR 和 IF 函数的嵌套组合可以获得每位员工的"通信费"。

职工级别	通信费
总经理	500
研究生学历且为高级职称	300
部门经理	300
其他职工	150

图 3.58　"通信费"标准

在 L6 单元格中构建如下函数公式：

= IF(F6 = " 总经理",基础信息!$X$2,IF(OR(F6 = " 部门经理",AND(C6 = " 研究生",D6 = " 高级")),基础信息!$X$3,基础信息!$X$5))

复制上述公式直至最后一行。

【说明】不建议使用的函数公式：

= IF(F6 = " 总经理",500,IF(OR(F6 = " 部门经理",AND(C6 = " 研究生",D6 = " 高级")),300,150))

在上述公式中，数据"500、300、150"等没有与源数据——"基本信息"表建立数据链接关系，如果将来企业执行标准发生变化，将导致大量的重复性手动修改而带来麻烦。

4. 一般工资项目计算

在"工资表"中，"应发工资""社保""公积金""实发工资"等工资项目计算方法比较简单。

（1）应发工资。

按照"应发工资 = 基本工资 + 绩效工资 + 全勤费 + 加班费 − 病事假/旷工扣款 + 通信费"的计算方法，在 M6 单元格中构建函数公式：= G6 + H6 + I6 + J6 − K6 + L6。

（2）社保。

按照"社保 =（应发工资 − 通信费）* 10.5%"的计算方法，在 N6 单元格中构建函数公式：= ROUND((M6 − L6)* 10.5% ,2)。

（3）公积金。

按照"公积金 =（应发工资 − 通信费）* 10%"的计算方法，在 O6 单元格中构建函数公式：= ROUND((M6 − L6)* 10% ,2)。

（4）实发工资。

按照"实发工资 =应发工资 −社保 −公积金 −个人所得税"的计算方法，在 O6 单元格中构建函数公式：= ROUND(M6 - N6 - O6 - Q6,2)。

复制上述公式向下直至最后一行，得到相应数据列。

5. 个人所得税的四种计算公式

“个人所得税”是职工薪资计算中最复杂的一个，目前我国为七级超额累进税率，所以速算扣除率也是七级递增，且与七级税率相对应（具体税率表可以参阅“基本信息”工作表）。通常可以采用的方法有 IF 函数多层嵌套、VLOOKUP 函数、MAX 函数和数组公式等。

(1)利用 IF 函数多层嵌套。

按照“个人所得税”的计算方法，在设置 Excel 函数时用得最多的一种方法就是利用多层嵌套 IF 函数：七级税率需要嵌套 6 个 IF 函数。在 Q6 单元格中构建如下函数公式：

= IF(P6 < 0,0,IF(P6 <= 3000,P6 * 0.03 - 0,IF(P6 <= 12000,P6 * 0.1 - 210,IF(P6 <= 25000,P6 * 0.2 - 1410,IF(P6 <= 35000,P6 * 0.25 - 2660,IF(P6 <= 55000,P6 * 0.3 - 4410,IF(P6 <= 80000,P6 * 0.35 - 7160,P6 * 0.45 - 15160)))))))

(2)利用 VLOOKUP 函数模糊查询。

在 Q6 单元格中构建如下函数公式：

= IF(P6 < 0,0,P6 * VLOOKUP(P6,所得税标准,2) - VLOOKUP(P6,所得税标准,3))

其中，第一个 VLOOKUP 函数表示在“基本信息”工作表的$AC$1:$AE$8 绝对区域（该区域在前面已经被定义名称为“所得税标准”）的“临界点”列中，模糊查询“工资表”P6 单元格中的“应纳税所得额”(4222.00)，并返回与之所对应的“税率”(“10%”——如图 3.59 所示 AD3 单元格)。此处的“模糊查询”匹配规则是：当在“临界点”列查询不到 4222.00 时，则查询比它小的最大值(3000)，返回相应税率为 AD3 单元格的“10%”。该函数的语法格式如图 3.60 所示。

所得税标准　　fx　临界点

	Z	AA	AB	AC	AD	AE
1	6	级数	全月应纳税所得额	临界点	税率	速算扣款数
2	.	1	<=3000元	0	0.03	0
3	所	2	超过3000元至12000元的部分	3000	0.1	210
4	得	3	超过12000元至25000元的部分	12000	0.2	1410
5	税	4	超过25000元至35000元的部分	25000	0.25	2660
6	计	5	超过35000元至55000元的部分	35000	0.3	4410
7	算	6	超过55000元至80000元的部分	55000	0.35	7160
8	标	7	超过80000元的部分	80000	0.45	15160
9	准					

图 3.59　“个人所得税”七级超额累进税率表

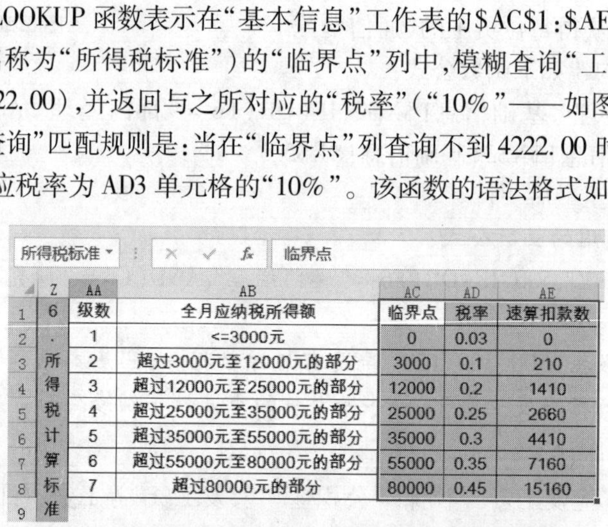

图 3.60　利用 VLOOKUP 函数模糊查询获取“税率”

　　第二个 VLOOKUP 函数表示在"基本信息"工作表 $AC$1:$AE$8 单元格区域的"临界点"列中,模糊查询"工资表"P6 单元格的"应纳税所得额"(4222.00),并返回与之所对应的"速算扣除数"(210),如图 3.59 所示。此处的"模糊查询"匹配规则是:当在"临界点"列查询不到 4222.00 时,则查询比它小的最大值(3000),返回相应速算扣除数为 AE2 单元格的"210"。

　　(3)利用 MAX 函数计算"个人所得税"。

　　如果我们剖析"个人所得税"的计算原理,就可以理解利用 MAX 函数计算"个人所得税"的方法。以"应纳税所得额"为 2000 元为例,计算不同税率下的"个人所得税",如表 3.3 所示。

表 3.3　　　　　　　　　　　　　不同税率下的个人所得税税额

临界点	税率	速算扣除数	个人所得税
0	3%	0	$= 2000 * 3\% - 0 = 60$
3000	10%	210	$= 2000 * 10\% - 210 = -10$
12000	20%	1410	$= 2000 * 20\% - 1410 = -1010$
25000	25%	2660	$= 2000 * 25\% - 2660 = -2160$
35000	30%	4410	$= 2000 * 30\% - 4410 = -3810$
55000	35%	7160	$= 2000 * 35\% - 7160 = -6460$
80000	45%	15160	$= 2000 * 45\% - 15160 = -14260$

　　由此可见,应纳税所得额 2000 元的正确级数为 1(即税率为 3%,速算扣除数为 0),这意味着符合正确级数的"个人所得税"数值是所有结果中的最大值,可以利用 MAX 函数进行"个人所得税"计算。

　　在 Q6 单元格中构建如下函数公式:

　　$= MAX(0, P6 * 0.03 - 0, P6 * 0.1 - 210, P6 * 0.2 - 1410, P6 * 0.25 - 2660, P6 * 0.3 - 4410, P6 * 0.35 - 7160, P6 * 0.45 - 15160)$

　　上述公式的意义是:将七个等级的税率分别计算一遍(参数中加入"0"值,是因为"个人所得税"不能为负值),最终取这 8 个数中的最大值。

　　(4)利用 MAX 函数和数组公式计算"个人所得税"。

　　因为"个人所得税"为七级超额累进,所以采用数组的方法可以进行更为简便的计算。这里,要用到之前定义的名称——"税率"和"速算扣除数",以便于更加简化公式。

　　在"工资表"Q6 单元格内构建如下函数公式:

　　$= MAX(0, P6 * 税率 - 速算扣除数)$

　　按下 Ctrl + Shift + Enter 组合键,得到数组公式{$= MAX(0, P6 * 税率 - 速算扣除数)$}。

　　该数组公式的意义是:使用"税率"和"扣除数"对应的两列数组,分别计算根据"应纳税所得额"需要缴纳的个人所得税与"0"值(0 表示"应纳税所得额"为负值的不需要缴纳"个人所得税")进行最大值(MAX 函数)求算,计算结果就是应缴的个人所得税。如图 3.61 所示。

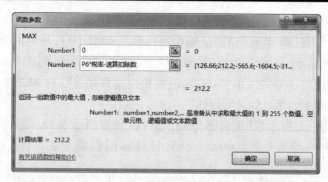

图 3.61 利用 MAX 函数和数组计算"个人所得税"

知识 3-12：什么是数组？

数组是指按照规则排列的一组数据的集合，上述"税率"和"速算扣除数"分别代表两列数组（各自包含 7 个常量），与 P6（一个常量）进行四则运算，是普通常量之间四则运算计算量的 7 倍。数组计算最后需要用按下 Ctrl + Shift + Enter 组合键的方式结束公式输入，最终公式为"｛= MAX(M6 * 税率 - 扣除数,0)｝"。如果按照常规公式计算，结果是错误的"0"。

一课一练 12　VLOOKUP 函数应用(2)

练习 1. 模糊查找——使用通配符进行文本型模糊查找

VLOOKUP 函数一般是用于精确查找，但也可以用于模糊查找。在 Excel 中模糊应用属于更高级的应用技巧，模糊查找按照查找数据类型可以分为两种：一种是文本型模糊查找；另一种是数字的模糊查找（也可以称为区间查找）。在工作中有时需要利用查找值的一部分字符进行查找，此时可以利用通配符来实现。如图 3.62 所示，表格中左侧是数据源，需要查找名字中带"强"的业务员的销售额。

	A	B	C	D	E
	E4		fx	=VLOOKUP("*强*",A4:B14,2,0)	
1	VLOOKUP函数使用通配符模糊查找				
2					
3	姓名	销售额		业务员	销售额
4	张晓雪	4,567.8		名字中含"强"	3363.1
5	李晓娜	2,714.0			
6	刘秋生	3,248.5			
7	李丽萍	2,114.4			
8	张伟贤	6,334.0			
9	王洪强	3,363.1			
10	吕建斌	4,541.7			
11	凡尘	8,437.9			
12	白顺利	3,102.0			
13	李桥	8,079.2			
14	王玉梅	1,649.1			
15					

图 3.62　使用通配符模糊查找

在文本型数值查询中,使用比较多的通配符有两种: *(星号)通配任意个字符;?(问号)通配单一字符。本案例中模糊查找的规则是只要名字中含有"强"就可以,所以需要使用" *强 *"这种形式,支持"强"字出现在任意位置。

在 E4 单元格中构建函数公式:= VLOOKUP(" *强 *",$A$4:$B$14,2,0)。

练习 2. 模糊查找——给定区间进行数字型模糊查找

相比文本模糊查找,数字的区间模糊查找要难得多。数字区间查找即给定多个区间,指定一个数就可以查找出它在哪个区间并返回这个区间所对应的值。VLOOKUP 的第 4 个参数如果为 0 或 FALSE 表示精确查找,如果是 1 或 TRUE 或省略则为模糊查找,那么实现区间查找正是第 4 个参数的模糊查找应用。

首先需要了解一下 VLOOKUP 函数模糊查找的两个重要规则:规则一,引用的数字区域(即 VLOOKUP 函数的第二参数)一定要从小到大排序,无序的数字是无法准确查找到的;规则二,VLLOOKUP 函数在对指定数字进行模糊查找时,返回和该数字最接近,但比该数字小的那个数值。

如图 3.63 所示,要求根据右侧的提成比率表,在提成表计算表中计算每个销售额的提成比率和提成额。其中,B5 单元格中的公式为:= VLOOKUP(A5,$E$4:$F$9,2)。

B5	▼ : × ✓ *fx*	=VLOOKUP(A5,$E$4:$F$9,2)				
	A	B	C	D	E	F	G
1	数字型模糊查找:给定区间						
2							
3	提成计算表				提成比率表		
4	销售额	提成比率	提成额		销售额	比率	区间
5	94,467	4%	3,779		0	1%	大于等于0小于10000
6	40,215	4%	1,609		10000	2%	大于等于10000小于30000
7	250,789	5%	12,539		30000	3%	大于等于30000小于40000
8	196,434	4%	7,857		40000	4%	大于等于40000小于50000
9	299,362	5%	14,968		200000	5%	大于200000

图 3.63　利用 VLOOKUP 模糊查找计算提成

上述公式省略了 VLOOKUP 最后一个参数,相当于把第 4 个参数设置成 1 或 TRUE,这表示 VLOOKUP 要进行数字的区间查找。在如图 3.63 所示公式中,在查找 94467 时返回比率表 40000 所对应的比率 4%,原因是 40000 和 200000 与 94467 最接近,但 VLOOKUP 只选比查找值小的那一个,所以公式会返回 40000 所对应的比率 4%。

练习 3. 替代 IF 嵌套的多层级查找——简单的 VLOOKUP 模糊查询

遇到多层级条件嵌套查找,很多用户第一时间想到的是 IF 多层嵌套,其实利用 VLOOKUP 函数的模糊查询也可以解决。如图 3.64 所示,需要根据会员的消费金额查找其所处的会员等级。当消费金额处在两级会员等级之间时,按较低一级的等级算,比如消费金额 3333 元,处于会员等级三级和四级之间,那么该会员属于三级会员,只有达到 5000 消费金额后才算四级会员。

在 E4 单元格中构建如下函数公式,向下填充。

= VLOOKUP(D4,$A$4:$B$10,2)

练习 4. 替代 IF 嵌套的多层级查找——利用 VLOOKUP 常量数组公式

在工作中经常遇到这样的需求:根据指定的规则,划分不同的等级或给出不同的评价等。

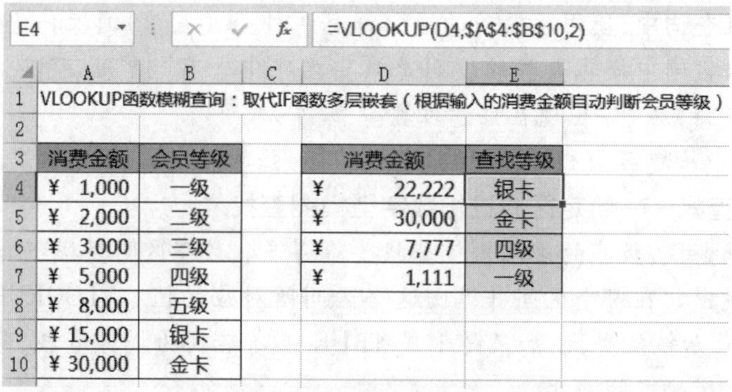

E4　=VLOOKUP(D4,$A$4:$B$10,2)

	A	B	C	D	E
1	VLOOKUP函数模糊查询：取代IF函数多层嵌套（根据输入的消费金额自动判断会员等级）				
2					
3	消费金额	会员等级		消费金额	查找等级
4	¥ 1,000	一级		¥ 22,222	银卡
5	¥ 2,000	二级		¥ 30,000	金卡
6	¥ 3,000	三级		¥ 7,777	四级
7	¥ 5,000	四级		¥ 1,111	一级
8	¥ 8,000	五级			
9	¥ 15,000	银卡			
10	¥ 30,000	金卡			

图 3.64　VLOOKUP 函数模糊查询:取代 IF 函数多层嵌套

例如,在如图 3.65 所示的左侧数据区域,需要按照右侧的“等级划分规则”,根据成绩给予员工相应的等级。此处共有三种方法,公式分别放置在 C、D、E 三列中。

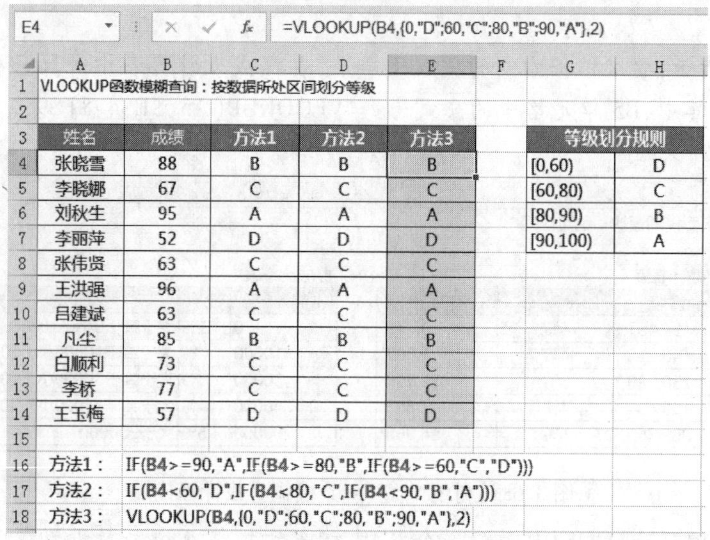

E4　=VLOOKUP(B4,{0,"D";60,"C";80,"B";90,"A"},2)

	A	B	C	D	E	F	G	H
1	VLOOKUP函数模糊查询：按数据所处区间划分等级							
2								
3	姓名	成绩	方法1	方法2	方法3		等级划分规则	
4	张晓雪	88	B	B	B		[0,60)	D
5	李晓娜	67	C	C	C		[60,80)	C
6	刘秋生	95	A	A	A		[80,90)	B
7	李丽萍	52	D	D	D		[90,100)	A
8	张伟贤	63	C	C	C			
9	王洪强	96	A	A	A			
10	吕建斌	63	C	C	C			
11	凡尘	85	B	B	B			
12	白顺利	73	C	C	C			
13	李桥	77	C	C	C			
14	王玉梅	57	D	D	D			
15								
16	方法1：	IF(B4>=90,"A",IF(B4>=80,"B",IF(B4>=60,"C","D")))						
17	方法2：	IF(B4<60,"D",IF(B4<80,"C",IF(B4<90,"B","A")))						
18	方法3：	VLOOKUP(B4,{0,"D";60,"C";80,"B";90,"A"},2)						

图 3.65　VLOOKUP 函数模糊查询:按数据所处区间划分等级

很多用户肯定会想到利用 IF 多条件嵌套来解决,如下面的两种公式:

= IF(B4 >= 90 , "A", IF(B4 >= 80 , "B", IF(B4 >= 60 , "C", "D")))

= IF(B4 < 60 , "D", IF(B4 < 80 , "C", IF(B4 < 90 , "B", "A")))

但是如果等级划分规则更多时,编辑公式就需要多层嵌套,用 IF 书写公式简直变成了体力活。有没有更简便的办法呢? 实际上,只要学会利用 VLOOKUP 模糊匹配就可以轻松实现了。在 E4 单元格内构建如下函数公式,就可以实现和 IF 多层条件嵌套同样的结果。

= VLOOKUP(B4 , {0 , "D" ;60 , "C" ;80 , "B" ;90 , "A" } ,2)

练习 5. 在合并单元格中查找

在工作中应该尽量避免合并单元格,尤其是在数据处理过程中。但这并不能避免跟合并单元格打交道,因为数据来源渠道太多了,遇到了合并单元格也要学会如何进行数据处理和分析。如图 3.66 所示,左侧的班级列包含多个合并单元格且都是 3 行一合并,右侧的查找是根据班级和名次进行多条件查找。

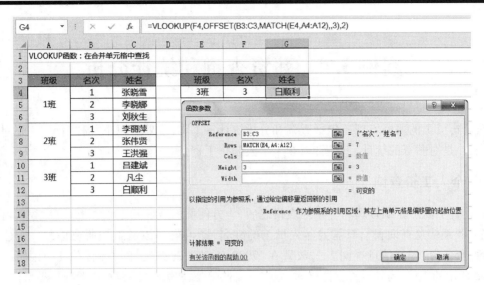

图 3.66　VLOOKUP 函数:在合并单元格中查找

最简便的办法是在数据源左侧做个辅助列,将合并单元格拆分并填充,这就回归到前面介绍过的多条件查找的用法了。如果不创建辅助列,也不改动数据源结构,应该如何直接利用 VLOOKUP 函数公式进行数据提取呢? 即在 G4 单元格中构建如下函数公式:

= VLOOKUP(F4,OFFSET(B3:C3,MATCH(E4,A4:A12,),,3) ,2,)

练习 6. 一对多查询

在 VLOOKUP 的常规用法下,当有多个查找值满足条件时,只会返回从上往下找到的第一个值,那么如果需要 VLOOKUP 函数一对多查找时,返回查找到的所有值,应该怎样解决呢? 如图 3.67 所示表格中左侧是数据源,当右侧 D2 单元格选择不同的著作时,需要在 E 列区域返回根据 D2 查找到的多个值。

	A	B	C	D	E
1	著作	人物		查询信息	所有结果
2	西游记	唐僧		西游记	唐僧
3	三国演义	张飞			女儿国国王
4	红楼梦	贾宝钗			猪八戒
5	西游记	女儿国国王			
6	红楼梦	林黛玉			
7	水浒传	武松			
8	水浒传	林冲			
9	三国演义	刘备			
10	三国演义	孙权			
11	西游记	猪八戒			
12	水浒传	史进			

图 3.67　一对多查询

方法一:INDEX + SMALL + IF 组合(最常用的数组公式)。

在 E2 单元格构建如下数组公式,按 < Ctrl + Shift + Enter > 组合键结束输入。

= INDEX(B:B,SMALL(IF(A$2:A$1000 = D$2,ROW($2:$1000) ,4^8) ,ROW(A1))) &""

这是经典的一对多查找时使用的 INDEX + SMALL + IF 组合。

方法二:VLOOKUP 数组公式。

如果使用 VLOOKUP 函数,则在 E2 单元格中构建如下数组公式,按 < Ctrl + Shift + Enter > 组合键结束输入。

= IF(COUNTIF(A$2:A$1000,D$2) < ROW(A1) ,"",VLOOKUP(D$2&ROW(A1) ,IF({1, 0} ,A$2:A$1000&COUNTIF(INDIRECT(" A2:A" &ROW($2:$1000)) ,A$2:A$1000) ,B$2:B $1000) ,2,))

案例 3.4　薪资查询和统计分析

对公司员工的薪资管理还包括查询和分析统计等工作，主要有以下几种情况：一是对薪资的查询；二是对薪资的统计；三是针对职工个人制作工资条。

一、个人工资查询

在完善了职工薪酬管理的一系列表格之后，为方便部门或职工个人查询信息，我们可以创建一个"职工信息查询表"，只需要输入员工的姓名，即可得到该员工的所有信息。新建一个工作表，命名为"职工信息查询表"，放置在"2020 年 1 月工资表"的右侧，在其中编辑一个如图 3.68 所示的表格，为其设置字体格式、调整行高列宽、添加边框和底纹、设置数字类型格式等。

| E6 | | | fx | =OFFSET(工资表!$B$5,MATCH($C$6,工资表!$B$6:$B$1000,0),MATCH(D6,工资表!$C$5:$R$5,0)) |

职工信息查询表

输入姓名：　麻俊霞

个人档案		工资明细	
姓名	麻俊霞	基本工资	¥　7,000.00
		绩效工资	¥　4,400.00
性别	女	全勤费	¥　200.00
最高学历	研究生	加班费	¥　-
职称	初级	考勤扣款	¥　-
部门	行政部	通信费	¥　500.00
职务	总经理	应发工资	¥　12,100.00
联系号码	13927855632	社保	¥　1,218.00
身份证号码	411316198203123725	公积金	¥　1,160.00
入职时间	2004年4月22日	应纳税所得额	¥　4,222.00
出生日期	1982-03-12	个人所得税	¥　212.20
工龄	17	实发工资	¥　9,509.80

图 3.68　职工信息查询

1. 通过数据验证输入姓名

为了方便查询和防止输入错误信息，需要对员工的姓名输入设置数据验证。选择 C3 单元格，依次单击"数据"/"数据验证"/"数据验证…"选项命令，打开"数据验证"对话框，在"允许"列表框内选择"序列"，在"来源"框内选择"员工档案表"的 B4：B97 单元格区域（即"姓名"列数据），单击"确定"按钮，完成设置，并且通过下拉三角按钮，在弹出的下拉列表中选择一位员工姓名（例如，麻俊霞）。

2. 查询"个人档案"

分别将 B6：B7 单元格和 C6：C7 单元格"合并后居中"，然后在 C6 单元格中输入公式：＝C3。

在 C8 单元格中构建如下函数公式：

＝OFFSET（员工档案表!$B$3，MATCH（$C$6，员工档案表!$B$4：$B$1000，0），MATCH（B8，员工档案表!$C$3：$N$3，0））

将上述公式向下复制填充至 C17 单元格，分别得到"性别""最高学历""职称""部门""职务""联系号码""身份证号码""入职时间""出生日期""工龄"等计算结果。

　　3. 查询"工资明细"

　　在 E6 单元格中构建如下函数公式：

　　= OFFSET(2020 年 1 月工资表!$B$5,MATCH($C$6,2020 年 1 月工资表!$B$6:$B$1000,0),MATCH(D6,2020 年 1 月工资表!$C$5:$R$5,0))

　　将上述公式向下复制填充至 E17 单元格，分别得到"基本工资""绩效工资""全勤费""加班费""考勤扣款""通信费""应发工资""社保""公积金""应纳税所得额""个人所得税""实发工资"等计算结果。

知识 3 − 13：查询函数 OFFSET 和 MATCH。

　　在制作信息查询工作表时，OFFSET + MATCH 是一个"万能查询组合"，往往能够通过一个通用公式，快速完成多种数据的查询工作。其中 OFFSET 语法格式可以解释为：= OFFSET(参照位置,向下/上偏移行数,向右/左偏移列数)。

　　以查询"工资明细"的函数公式为例：

　　= OFFSET(工资表!$B$5,MATCH($C$6,工资表!$B$6:$B$1000,0),MATCH(D6,工资表!$C$5:$R$5,0))

　　参数 reference(工资表!$B$5)是查询数据区域(参照系的引用区域)的左上角单元格,是偏移量的起始位置。

　　参数 rows(MATCH($C$6,工资表!$B$6:$B$1000,0))是返回从参数 reference 开始向下偏移的行数,如图 3.69 所示的"1"表示从"工资表!$B$5"(即"姓名")开始向下偏移行数为 1。行数可为正数(代表在 reference 下方)或负数(代表在 reference 上方)。

　　参数 cols(MATCH(D6,工资表!$C$5:$R$5,0))是返回从参数 reference 开始向右偏移的列数,如图 3.69 所示的"5"表示从"工资表!$B$5"(即"姓名")开始向右偏移列数为 5。列数可为正数(代表在 reference 右边)或负数(代表在 reference 左边)。

　　将得到的向下偏移行数和向右偏移列数进行交汇,即可得到一个交叉点,OFFSET 函数即可获取这个交叉点单元格中的信息。如图 3.69 所示。

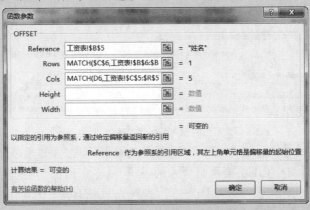

图 3.69　OFFSET 函数的参数

本案例中,rows 和 cols 需要分别利用 MATCH 函数来确定。MATCH 函数的语法格式可以解释为:= MATCH(查找值,查找区域,匹配方式)。其中的参数 match_type 表示数值匹配的方式,通常使用 0 代表精确匹配,如图 3.70 所示。

Match_type	行为
1 或省略	**MATCH** 函数会查找小于或等于 **lookup_value** 的最大值。**lookup_array** 参数中的值必须按升序排列,例如 :...-2, -1, 0, 1, 2, ..., A-Z, FALSE, TRUE。
0	**MATCH** 函数会查找等于 **lookup_value** 的第一个值。**lookup_array** 参数中的值可以按任何顺序排列。
-1	**MATCH** 函数会查找大于或等于 **lookup_value** 的最小值。**lookup_array** 参数中的值必须按降序排列,例如 : TRUE, FALSE, Z-A, ...2, 1, 0, -1, -2, ... 等等。

图 3.70　Match_type 参数取值方式

需要说明的是,MATCH 获得的是查找值在查找区域中的单元格地址,并非单元格中的内容。例如,参数 rows 的获取方式如图 3.71 所示。

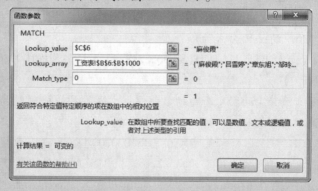

图 3.71　利用 MATCH 函数获取 Rows 参数

参数 cols 的获取方式如图 3.72 所示。

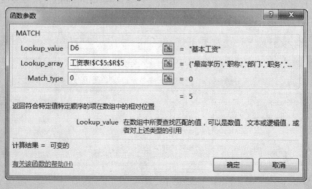

图 3.72　利用 MATCH 函数获取 Cols 参数

整个函数公式的意义:以"工资表"的 B5 单元格("姓名")作为参照系引用区域的左上角起始位置,利用 MATCH 函数根据输入的姓名(如"麻俊霞")查找向下偏移量(计算结果为"1"),根据查询类型(如"基本工资")查找向右偏移量(计算结果为"5"),从而确定单元格位置,获取其中的值"7000"。

二、利用"排序"方法制作工资条

根据"2020 年 1 月工资表"中的数据,可以制作出工资条,打印后发放到每一位职工手中,让员工清楚地知道自己的工资明细账目。

1. 构建数据区域

新建一个工作表,命名为"工资条"。

(1)复制列标签。

将"2020 年 1 月工资表"中的标题行复制,然后采用"粘贴值"的方式粘贴在"工资条"表的第一行,将该标题行向下复制 47 行(共计 47 位员工),如图 3.73 所示。

	A	B	C	D	E	F	G	H	I	J	K	L	M	N	O	P	Q	R
1	序号	姓名	最高学历	职称	部门	职务	基本工资	绩效工资	全勤费	加班费	考勤扣款	通信费	应发工资	社保	公积金	应纳税所得额	个人所得税	实发工资
2	序号	姓名	最高学历	职称	部门	职务	基本工资	绩效工资	全勤费	加班费	考勤扣款	通信费	应发工资	社保	公积金	应纳税所得额	个人所得税	实发工资
3	序号	姓名	最高学历	职称	部门	职务	基本工资	绩效工资	全勤费	加班费	考勤扣款	通信费	应发工资	社保	公积金	应纳税所得额	个人所得税	实发工资
4	序号	姓名	最高学历	职称	部门	职务	基本工资	绩效工资	全勤费	加班费	考勤扣款	通信费	应发工资	社保	公积金	应纳税所得额	个人所得税	实发工资
5	序号	姓名	最高学历	职称	部门	职务	基本工资	绩效工资	全勤费	加班费	考勤扣款	通信费	应发工资	社保	公积金	应纳税所得额	个人所得税	实发工资
6	序号	姓名	最高学历	职称	部门	职务	基本工资	绩效工资	全勤费	加班费	考勤扣款	通信费	应发工资	社保	公积金	应纳税所得额	个人所得税	实发工资
7	序号	姓名	最高学历	职称	部门	职务	基本工资	绩效工资	全勤费	加班费	考勤扣款	通信费	应发工资	社保	公积金	应纳税所得额	个人所得税	实发工资
8	序号	姓名	最高学历	职称	部门	职务	基本工资	绩效工资	全勤费	加班费	考勤扣款	通信费	应发工资	社保	公积金	应纳税所得额	个人所得税	实发工资
9	序号	姓名	最高学历	职称	部门	职务	基本工资	绩效工资	全勤费	加班费	考勤扣款	通信费	应发工资	社保	公积金	应纳税所得额	个人所得税	实发工资

图 3.73　复制标题行

(2)复制工资数据。

复制"2020 年 1 月工资表"中的数据区域(不含标题行),然后在"工资条"工作表的 A48 单元格,执行"粘贴"/"粘贴链接"命令(目的:使得"工资条"的数据和"2020 年 1 月工资表"的数据保留链接关系,便于修改、更新;如果不需要链接关系,也可以选择"粘贴值"命令),如图 3.74 所示。

	A	B	C	D	E	F	G	H	I	J	K	L	M	N	O	P	Q	R	S
1	序号	姓名	最高学历	职称	部门		职务	基本工资	绩效工资	全勤费	加班费	考勤扣款	通信费	应发工资	社保	公积金	应纳税所得额	个人所得税	实发工资 0.8
2	序号	姓名	最高学历	职称	部门		职务	基本工资	绩效工资	全勤费	加班费	考勤扣款	通信费	应发工资	社保	公积金	应纳税所得额	个人所得税	实发工资 1.8
3	序号	姓名	最高学历	职称	部门		职务	基本工资	绩效工资	全勤费	加班费	考勤扣款	通信费	应发工资	社保	公积金	应纳税所得额	个人所得税	实发工资 2.8
4	序号	姓名	最高学历	职称	部门		职务	基本工资	绩效工资	全勤费	加班费	考勤扣款	通信费	应发工资	社保	公积金	应纳税所得额	个人所得税	实发工资 3.8
45	序号	姓名	最高学历	职称	部门		职务	基本工资	绩效工资	全勤费	加班费	考勤扣款	通信费	应发工资	社保	公积金	应纳税所得额	个人所得税	实发工资 44.8
46	序号	姓名	最高学历	职称	部门		职务	基本工资	绩效工资	全勤费	加班费	考勤扣款	通信费	应发工资	社保	公积金	应纳税所得额	个人所得税	实发工资 45.8
47	序号	姓名	最高学历	职称	部门		职务	基本工资	绩效工资	全勤费	加班费	考勤扣款	通信费	应发工资	社保	公积金	应纳税所得额	个人所得税	实发工资 46.8
48	001	麻俊霞	研究生		行政部	总经理	7000	4400	200	0		500	12100	1218	1160	4222		9509.8	0.9
49	002	吕雪婷	专科	中级	研发部	部门经理	6000	3400		0	387.1	300	9312.9	946	901.29	2165.26	64.9578	7400.3	1.9
50	003	童东旭	专科	中级	销售部	部门经理	6000	3400		0	19.35	300	9680.65	985	938.07	2457.61	73.7283	7683.88	2.9
51	004	邹玲玲	专科	中级	财务部	部门经理	6000	3400	200	0		300	9900	1008	960	2632	78.96	7853.04	3.9
52	005	贾梦珠	专科	中级	装配车间	基本生产人员	3000	1400		0	106.45	150	4443.55	451	429.36	−1586.63	0	3563.37	4.9
53	006	金传旭	专科	中级	销售部	销售人员	5000	1600		200	161.29	150	6788.71	697	663.87	277.78	8.3334	5419.45	5.9
54	007	樗晶晶	本科	中级	机加工车间	基本生产人员	3000	1400		0		150	4750	483	460	−1343	0	3807	6.9

图 3.74　复制工资数据

2. 构建排序区域

因为每位员工工资条的结构都是三行:标题行、数据行、空白行(便于分隔、裁剪),因此可以考虑按照上述顺序,在表格右侧 S 列增加辅助列,分别为其构建排序的顺序号。

"标题行"顺序号:在 S1 和 S2 单元格内分别输入初始值"0.8"和"1.8",然后选择上述两个单元格,向下复制直至"46.8";

"数据行"顺序号:在 S48 和 S49 单元格内分别输入初始值"0.9"和"1.9",然后选择上述两个单元格,向下复制直至"46.9";

"空白行"顺序号:在 S95 和 S96 单元格内分别输入初始值"1"和"2",然后选择上述两个单元格,向下复制直至"47"。

3. 排序

定位在 S 列中,执行"开始"/"排序和筛选"/"升序"选项命令,得到如图 3.75 所示效果。

	A	B	C	D	E	O	P	Q	R	S
1	序号	姓名	最高学历	职称	部门	公积金	应纳税所得额	个人所得税	实发工资	0.8
2	001	麻俊霞	研究生	初级	行政部	1,160.00	4,222.00	212.20	9,509.80	0.9
3										1
4	序号	姓名	最高学历	职称	部门	公积金	应纳税所得额	个人所得税	实发工资	1.8
5	002	吕雪婷	专科	中级	研发部	901.29	2,165.26	64.96	7,400.30	1.9
6										2
7	序号	姓名	最高学历	职称	部门	公积金	应纳税所得额	个人所得税	实发工资	2.8
8	003	章东旭	专科	中级	销售部	938.07	2,457.61	73.73	7,683.88	2.9
9										3
10	序号	姓名	最高学历	职称	部门	公积金	应纳税所得额	个人所得税	实发工资	3.8
11	004	邹玲玲	专科	中级	财务部	960.00	2,632.00	78.96	7,853.04	3.9
12										4

图 3.75　升序排序

4. 设置单元格格式

（1）设置字体和数字格式。

选择 A:R 列数据区域，设置"微软雅黑、10 磅、居中对齐"格式；选择 G:R 列数据区域，设置"会计专用、小数位数 2、货币符号 无"。

（2）添加边框线。

因为空白行用于分隔和裁剪，不需要边框线，因此可以按照"先添加、后去除"的步骤，为每一位员工的工资条添加边框线，具体操作步骤如下：

"先添加"：选择 A1:R141 单元格区域，依次单击"开始"/"字体"/"所有框线"选项命令，为其统一添加边框线。

"后去除"：选择 A1:R141 单元格区域，依次单击"开始"/"编辑"/"查找和选择"/"定位条件…"选项命令，打开"定位条件"对话框，选择"空值"，单击"确定"按钮，在当前数据区域，则仅包括空白单元格在内的区域被选中，如图 3.76 所示。

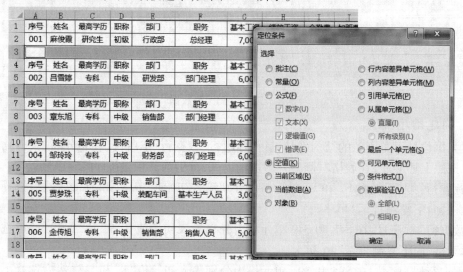

图 3.76　定位"空值"

依次单击"开始"/"字体"/"边框线"/"边框和底纹…"选项命令，打开"设置单元格格式"对话框，取消所有竖线。得到如图 3.77 所示效果（隐藏"网格线"，工资条效果更明显）。

	A	B	C	D	E	F	G	H	P	Q	R
1	序号	姓名	最高学历	职称	部门	职务	基本工资	绩效工资	应纳税所得额	个人所得税	实发工资
2	001	麻俊霞	研究生	初级	行政部	总经理	7,000	4,400.00	4,222.00	212.20	9,509.80
3											
4	序号	姓名	最高学历	职称	部门	职务	基本工资	绩效工资	应纳税所得额	个人所得税	实发工资
5	002	吕雪婷	专科	中级	研发部	部门经理	6,000	3,400.00	2,165.26	64.96	7,400.30
6											
7	序号	姓名	最高学历	职称	部门	职务	基本工资	绩效工资	应纳税所得额	个人所得税	实发工资
8	003	章东旭	专科	中级	销售部	部门经理	6,000	3,400.00	2,457.61	73.73	7,683.88
9											
10	序号	姓名	最高学历	职称	部门	职务	基本工资	绩效工资	应纳税所得额	个人所得税	实发工资
11	004	邹玲玲	专科	中级	财务部	部门经理	6,000	3,400.00	2,632.00	78.96	7,853.04
12											
13	序号	姓名	最高学历	职称	部门	职务	基本工资	绩效工资	应纳税所得额	个人所得税	实发工资
14	005	贾梦珠	专科	中级	装配车间	基本生产人员	3,000	1,400.00	-1,586.63	-	3,563.37
138											
139	序号	姓名	最高学历	职称	部门	职务	基本工资	绩效工资	应纳税所得额	个人所得税	实发工资
140	047	陆雪	专科	中级	生产车间	基本生产人员	3,000	1,400.00	-1,343.00	-	3,807.00

图 3.77　工资条效果

三、利用"筛选"功能查询薪资信息

薪资信息的查询可以通过 Excel 强大的"筛选"功能来完成通过筛选,仅显示满足条件的数据,其他不满足条件的数据暂时隐藏起来。筛选分为三种形式:"自动筛选"、"自定义筛选"和"高级筛选"。

1. 自动筛选:查询"生产车间"的工资

"自动筛选"是最简单的一种查询任意符合条件的方法。例如,要查询"生产车间"的所有员工的薪资情况,具体操作方法为:将"工资表"复制一份,命名为"自动筛选"。将鼠标定位在数据区域中的任意单元格中,依次单击"开始"/"编辑"/"排序和筛选"/"筛选"选项命令,数据区域的每一个行标签右侧就会自动创建一个"筛选"下拉按钮(☑),单击"部门"行标签右侧的下拉筛选按钮(☑),在弹出的下拉列表中仅勾选"生产车间"复选框,单击"确定"按钮即可得到相应的筛选结果。如图 3.78 所示。

	A	B	C	D	E	F	N	O	P	Q	R
5	序号	姓名	最高学	职	部门	职务	社保	公积金	应纳税所得	个人所得	实发工资
14	009	邹禹荣	本科	中级	生产车间	基本生产人员	483.00	460.00	-1,343.00	-	3,807.00
25	020	黎淑情	本科	高级	生产车间	基本生产人员	451.84	430.32	-1,578.93		3,571.07
28	023	柳晓洁	本科	高级	生产车间	基本生产人员	472.84	450.32	-1,419.93	-	3,730.07
42	037	杜超群	专科	中级	生产车间	管理人员	819.00	780.00	1,201.00	36.03	6,314.97
52	047	陆雪	专科	中级	生产车间	基本生产人员	483.00	460.00	-1,343.00		3,807.00
53											

图 3.78　利用自动筛选查询"生产车间"薪资情况

2. 自定义筛选:查询"实发工资"前五名员工的薪资情况

在运用自动筛选不能直接得到想要的筛选结果时,还可以通过"筛选器"对文本、数字、单元格颜色、日期和时间等数据进行"自定义筛选"。例如,要想得到"实发工资"前 5 名员工的薪资情况,具体操作方法为:将"工资表"复制一份,重命名为"自定义筛选 1",单击"实发工资"行标签右侧的下拉筛选按钮(☑),在弹出的下拉列表中选择"数字筛选"下的"前10 项 ... "命令(如图 3.79 所示),在弹出的对话框中,设置"最大 5 项",即可得到相应的筛选结果。

3. 自定义筛选：查询所有"经理"级别的薪资情况

将"工资表"复制一份，重命名为"自定义筛选 2"，单击"部门"行标签右侧的下拉筛选按钮（▼），在弹出的下拉列表中选择"文本筛选"下的"结尾是 ... "命令（如图 3.80 所示），在弹出的"自定义自动筛选方式"对话框中，设置"结尾是 经理"，即可得到相应的筛选结果。

图 3.79　数字筛选（前 10 项）　　　　图 3.80　自定义筛选（所有"经理"级别的薪资情况）

4. 高级筛选

如果同时需要满足两个甚至两个以上条件的筛选结果时，自动筛选和自定义筛选可能难以一次性达到要求，就需要更为"高级"的筛选方式——"高级筛选"（在筛选数据区域之外的空白区域中手动设置筛选的"条件区域"）。

（1）"与"关系。

例如，查询"生产车间"中"加班费"不为零的员工薪资情况。具体操作方法为：新建一个工作表，命名为"高级筛选（与）"，在 B1 和 C1 单元格中分别输入列标签"部门"和"加班费"，在 B2 和 C2 单元格中分别输入"生产车间"和"<>0"，构建一个条件区域。

依次单击"数据"/"排序和筛选"/"高级"命令，弹出"高级筛选"对话框，选择"将筛选结果复制到其他位置"单选项，在"列表区域"框中选择整个"工资表"数据区域，在"条件区域"框中选择 B1：C2 单元格区域，在"复制到"框中单击选择 A6 单元格，单击"确定"按钮，即可得到符合筛选要求的工资明细，如图 3.81 所示。

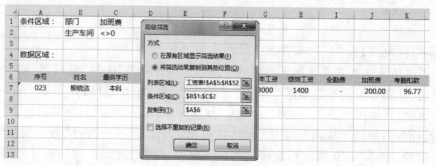

图 3.81　高级筛选："与"关系

【说明】"与"关系的高级筛选,条件区域中的多个条件是并列关系,需要写在一行。

【练一练】

利用高级筛选,查询"基本生产人员"中缺勤员工薪资情况。

利用高级筛选,查询"生产车间"及"基本生产人员"中尚未达到纳税标准的员工薪资情况。

(2)"或"关系。

例如,查询"实发工资"在 6000～9000 元,以及经理级别的员工薪资情况。具体操作方法为:新建一个工作表,命名为"高级筛选(或)",在 B1、C1 和 D1 单元格中分别输入列标签"职务""实发工资""实发工资",在 B3 单元格中输入"经理",在 C2 和 D2 单元格中分别输入"＞=6000"和"＜=9000",构建一个条件区域。依次单击"数据"/"排序和筛选"/"高级"命令,弹出"高级筛选"对话框,选择"将筛选结果复制到其他位置"单选项,在"列表区域"框中选择整个"工资表"数据区域,在"条件区域"框中选择 B1:D3 单元格区域,在"复制到"框中单击选择A7 单元格,单击"确定"按钮,即可得到符合筛选要求的工资明细,如图 3.82 所示。

图 3.82　高级筛选:"或"关系

【说明】"或"关系的高级筛选,条件区域中的多个条件如果不是并列关系,需要写在不同行。

四、利用"数据透视"功能统计分析薪资

运用 Excel 强大的数据统计分析功能,可以简便、快捷地对公司员工薪资情况进行分析,为管理者提供帮助,其中数据透视表和数据透视图就是两种有效的手段。下面,分别以计算每一部门每类职务"应发工资"的平均值和按照"实发工资"分段统计人数为例,介绍利用"数据透视"功能统计分析薪资的操作方法和技巧。

1. 计算每一部门每类职务"应发工资"的平均值

(1)创建数据透视表。

定位在"工资汇总"表的数据区域中,依次单击"插入"/"数据透视表"/"数据透视图"选项命令,在弹出的"创建数据透视表"对话框中,选择放置数据透视表及数据透视图的位置为"新工作表",然后单击"确定"按钮,将得到的新工作表移动至最右侧位置,重命名为"数据透视(汇总工资)"。如图 3.83 所示,依次构建数据透视表列表字段,将"部门"拖拽至"行"字

段,将"职务"拖拽至"列"字段,将"应发工资"拖拽至"值"字段。

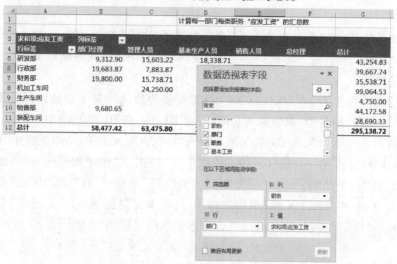

图 3.83   构建数据透视表字段列表

(2)修改值字段设置。

在值字段中单击"求和项:应发工资"右侧的三角按钮,弹出如图 3.84 所示对话框,将汇总方式修改为"平均值"。

(3)创建数据透视图。

定位在数据透视表中,依次单击"数据透视表工具"/"分析"/"数据透视图"/"簇状柱形图"命令,在数据透视表的下方创建一个数据透视图,如图 3.85 所示。

图 3.84   值字段设置:平均值

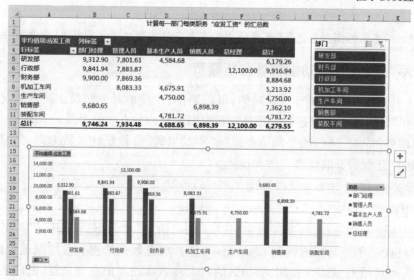

图 3.85   创建数据透视图

（4）添加数据标签。

单击数据透视图右侧的"＋"图标，从弹出的快捷菜单中依次单击"数据标签"/"更多选项 … "命令，弹出"设置数据标签格式"窗格，选择"值"复选框，标签位置选择"数据标签外"，以便在数据透视图上显示数值。

（5）插入切片器。

依次单击"数据透视表工具"/"分析"/"插入切片器"命令，在数据透视表的右侧插入一个切片器（仅包含"部门"选项）。如果想要查看"研发部"的薪资信息，只需在插片器中单击"研发部"标签即可，簇状柱形图也随之改变。如图 3.86 所示。如果想恢复完整的数据透视表结构，只需要单击切片器右上角的"清除筛选器"按钮即可。

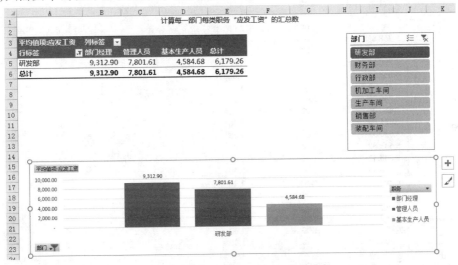

图 3.86　利用切片器筛选查看数据

（6）查看工资占比。

如果想要查询每一部门每类职务"应发工资"的汇总数占"应发工资"总和的百分比，具体操作方法为：右单击数据透视表中任意数据单元格，依次选择级联菜单"值显示方式"/"行汇总的百分比"选项（或者"列汇总的百分比"），如图 3.87 所示。

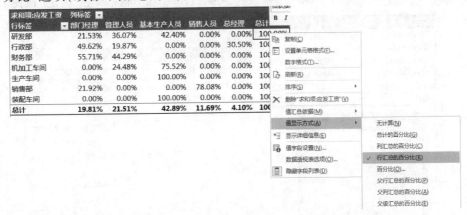

图 3.87　工资占比

2. 按照"实发工资"分段统计人数

如果想要按照"实发工资"分段统计人数,可以利用数据透视表的"创建组"功能实现。

(1)创建组。

将上述"数据透视(汇总工资)"工作表复制一份,放置在原表右侧,重命名为"按工资统计人数",分别将"实发工资"字段拖拽到"行"和"值"字段标签中,修改值字段设置为"计数",如图 3.88 所示。

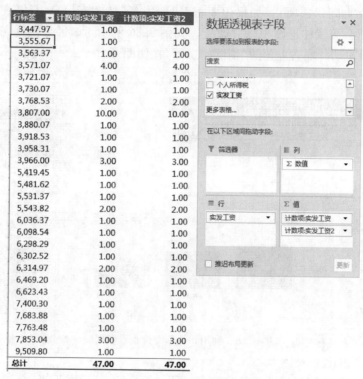

图 3.88   实发工资(计数)

右单击"行标签"下方的任意数字,选择"创建组 … "命令,弹出如图 3.89 所示"组合"对话框,分别将"起始于""终止于""步长"修改为 3000、11000 和 1000,单击"确定"按钮。

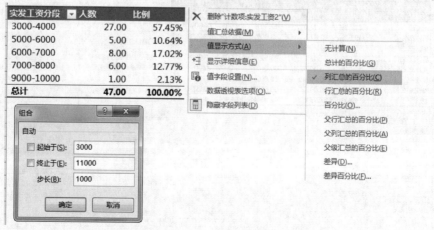

图 3.89   按照"实发工资"分段统计人数

（2）修改字段名称。

在编辑栏中，分别将"行标签""计数项:实发工资""计数项:实发工资"修改为"实发工资分段""人数""比例"。

（3）修改值显示方式。

右单击"比例"列中的任意数字，从弹出的下拉列表中选择"值显示方式"/"列汇总的百分比"选项，得到如图 3.89 所示效果。

参照上述步骤，我们还可以实现按照年龄段统计人数（间隔为 10 岁，如 20～30 岁）等效果。

一课一练 13　LOOKUP 函数

LOOKUP 函数应用广泛，灵活性强，下面来认识 LOOKUP 函数的一些主要用法。

练习1. 逆向查询

如图 3.90 所示，A:C 列是员工基础信息表，分别是部门、姓名和职务。

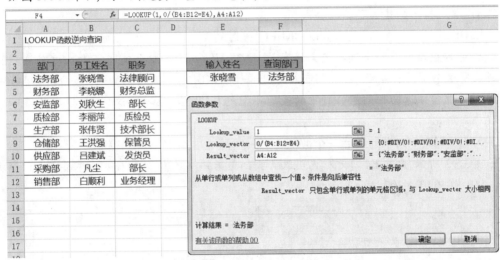

图 3.90　LOOKUP 函数逆向查询

现在要根据 E4 单元格中的员工姓名，在 F4 单元格中获取该员工所属部门信息，即逆向查询，可以使用 LOOKUP 函数进行计算。在 F5 单元格构建如下公式：

=LOOKUP(1,0/(B4:B12=E4),A4:A12)

上面这个公式就是 LOOKUP 函数最典型用法。可以归纳为：

=LOOKUP(1,0/(条件),目标区域或数组)

其中，条件可以是多个逻辑判断相乘组成的多条件数组：

=LOOKUP(1,0/((条件1)*(条件2)*(条件N)),目标区域或数组)

以 0/(B4:B12=E4)构建一个 0、#DIV/0! 组成的数组，再用永远大于第 2 个参数中所有数值的 1 作为查找值，即可查找最后一个满足非空单元格条件的记录。

练习2. 查询 A 列中的最后一个文本

如图 3.91 所示，要在 E4 单元格内获取 A 列的最后一个文本数据，使用 LOOKUP 函数可以轻松解决。

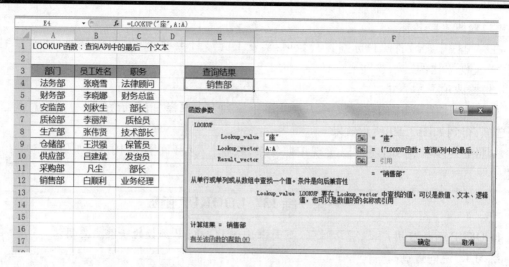

图 3.91　查询 A 列中的最后一个文本

在 E4 单元格内构建如下函数公式：

$= \text{LOOKUP}("々",A:A)$ 或者 $= \text{LOOKUP}("座",A:A)$

"々"通常被看作是一个编码较大的字符，按下 Alt＋41385 组合键即可输入该字符。如果感觉每次写这个符号有点费事儿，也可以写成：$= \text{LOOKUP}("座",A:A)$。一般情况下，第一参数写成"座"也可以返回一列或一行中的最后一个文本（因为，在所有汉字中，按字母排序最靠后的拼音是"zuo"）。

练习3.　查询 A 列中的最后一个数值

如图 3.92 所示，要在 E4 单元格内获取 A 列的最后一个数值，可以使用如下公式加以解决。

$= \text{LOOKUP}(9E＋307,A:A)$

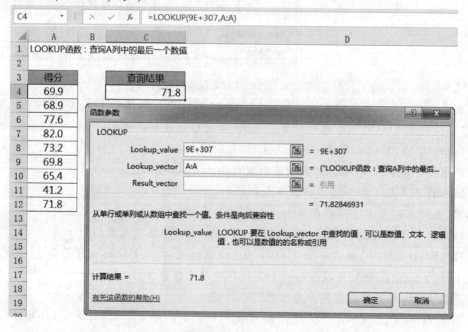

图 3.92　查询 A 列中的最后一个数值

其中,9E307 被认为是接近 Excel 规范与限制允许键入最大数值的数,用它做查询值,可以返回一列或一行中的最后一个数值。

练习 4. 查询 A 列中的最后一个数据

如果 A 列中的数据既有文本也有数值,想得到最后一个单元格内容,如何解决? 如图 3.93 所示,在 C4 单元格中构建如下函数公式:

$$= LOOKUP(1,0/(A:A<>""),A:A)$$

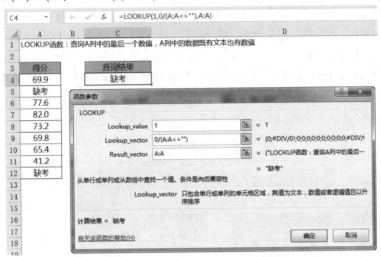

图 3.93　查询 A 列中的最后一个数据

【注意】此公式中整列引用的写法在 Excel 较低版本中不适用,可以写成实际的单元格区域引用。

练习 5. 根据简称查询全称

如图 3.94 所示,A 列是客户的简称,要求根据 E 列的客户全称对照表,在 C 列写出客户的全称。

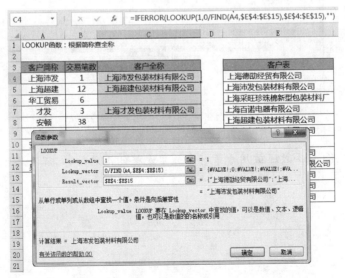

图 3.94　根据简称查询全称

在 C4 单元格内构建如下公式,可得到"上海沛发"的客户全称"上海沛发包装材料有限公司"。

= IFERROR(LOOKUP(1,0/FIND(A4,E\$4:E\$15),E\$4:E\$15),"")

公式中"0/FIND(A2,E\$4:E\$15)"部分,首先用 FIND 函数查询 A2 单元格"上海沛发"在 E\$4:E\$15 的起始位置,得到一个由错误值和数值组成的数组。余下部分的计算过程就和前面说过的一样了,使用 IFERROR 函数来屏蔽公式查询不到对应结果时返回的错误值。

练习 6. 多个区间的条件判断

某公司组织员工技能考核,要求根据不同的分值,给出相应的评语:50 分以下的为"很差";50 ~ 59 分的为"差";60 ~ 74 分的为"一般";75 ~ 85 分的为"较好";86 ~ 95 分的为"优秀";96 分及以上的为"能手"。

在此案例中,涉及多区间判断,而且需要判断的条件和区间都很多,如果使用 IF 函数多层嵌套输入,既烦琐又不易修改。而使用 LOOKUP 函数来解决,则会非常简单。如图 3.95 所示,在 C4 单元格构建如下公式,向下复制即可。

= LOOKUP(B4,{0,50,60,75,86,96;"很差","差","一般","较好","优秀","能手"})

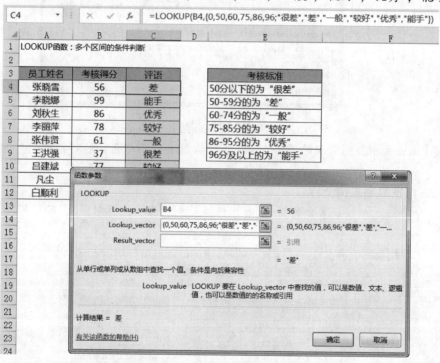

图 3.95　多个区间的条件判断

除此之外,LOOKUP 函数还被用于带有合并单元格的汇总计算,以及单元格中数值字段的提取等。

第4部分　固定资产管理核算

在会计工作中,经常遇到统计固定资产折旧的问题,如何通过一个表格将需要的折旧数据计算出来,作为各种数据汇总的依据,就是我们今天要讨论的问题。作为一个比较完整的固定资产折旧表,大体需要这样几部分内容:固定资产分类及折旧政策、基础数据录入区域、数据计算区域。如果本单位的固定资产数量不多,此表可作为固定资产台账使用,因为它不但能显示每月的折旧金额,还能显示截至本期净值、累计已提折旧、使用年限、已经计提折旧月数等数据。通过这部分的学习,将会使用 Excel 设计固定资产核算系统,运用筛选及数据分析工具进行固定资产数据的汇总的查询。

案例 4.1　编制固定资产台账

【情境引入】编制固定资产台账是记录固定资产购置、使用、折旧和处置等各方面信息的 Excel 工作表,是固定资产手工记录向计算机管理的一个衔接,它的建立要求把企业现有固定资产重新进行核对,按照统一的格式将各项固定资产的有关信息全部输入 Excel 工作表中。

【相关知识】

- CONCATENATE、YEAR、MONTH、SUMPRODUCT 等函数的应用;
- 数据验证;
- 固定资产计提折旧的方法;
- 折旧函数的使用。

一、建立"基础信息表"

为了方便对固定资产进行日常管理,一般需要根据公司固定资产的实际情况设置一些初始化的项目,例如固定资产类别编号、使用部门、增加方式、减少方式、使用状况、折旧方法以及折旧费用类别等。将上述内容整合在一个工作表的不同区域,方便后续表格取数。

1. 输入基础信息

新建一个工作簿,命名为"固定资产核算系统",将 Sheet1 工作表重命名为"基础信息表",在其中如图 4.1、图 4.2 所示录入相关数据信息。

2. 定义名称

为了方便后期其他表格的数据调用,将上述"基础信息表"中的不同数据区域,利用"定义

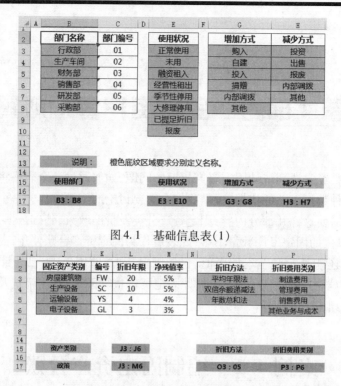

图 4.1　基础信息表（1）

图 4.2　基础信息表（2）

名称"功能,事先定义为较为常用的相关名称。例如,选择 B3:B8 单元格区域,然后在名称框内输入"使用部门"。按照上述方法,分别为"基础信息表"中的不同数据区域定义名称。已经定义的名称,可以通过"名称管理器"进行查看、编辑和删除等操作,如图 4.3 所示。

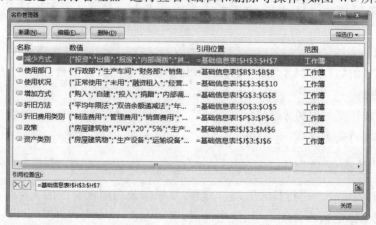

图 4.3　"名称管理器"

二、建立"固定资产明细账"

新建一个工作表,命名为"202001",在其中构建表头和标题行信息,如图 4.4、图 4.5 所示。

1. 根据制表日期自动生成标题行

在 B2 单元格中输入制表日期,例如,2020/1/31。然后在 A1 单元格中构建如下函数公式:

= CONCATENATE(YEAR($B$2) ,"年",MONTH($B$2) ,"月","固定资产明细表")

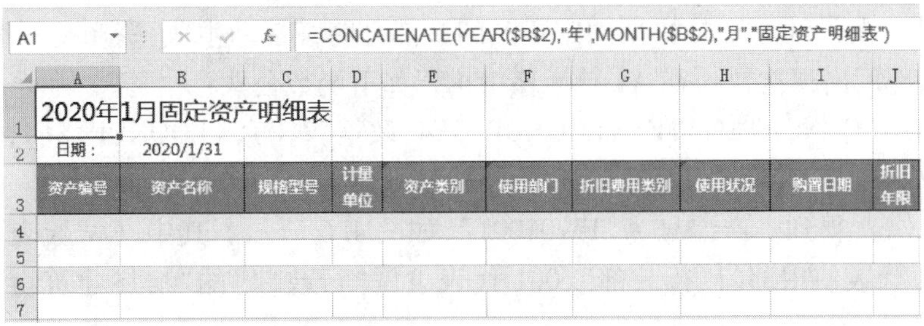

图 4.4　固定资产明细表(第 1 部分)

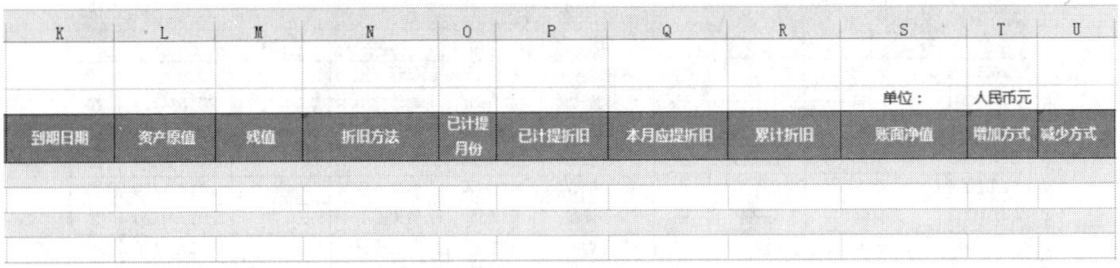

图 4.5　固定资产明细表(第 2 部分)

这样,就可以根据制表日期自动生成当月的固定资产明细表的标题行——"2020 年 1 月固定资产明细表"。

【说明】在 B2 单元格中输入某个固定日期,得到的就是该月份的固定资产明细表;如果想得到最新的固定资产明细表,可以在 B2 单元格中构建如下函数公式:

= TEXT(TODAY() ,"e 年 m 月")

按下 Enter 键,得到当前日期(例如,2021 年 3 月)。

2. 设置数据验证

为了提高数据录入的准确性,需要为部分列设置数据验证。例如,设置"资产类别"列数据的操作方法为:选择 E 列,依次单击"数据"/"数据验证"/"数据验证 …"命令,打开"数据验证"对话框,在"允许"框中选择"序列",在"来源"框中输入"=资产类别",单击"确定"完成设置。按照上述操作方法,分别为"使用部门""增加方式""使用状况""折旧年限""折旧方法""折旧费用类别"列设置相应的数据验证。然后参照图 4.6 录入基础数据信息。

知识 4 – 1:数据验证"来源"的三种设置方法。

(1)手动输入数据来源:如果数据验证的数据来源较为简单,例如,为"性别"设置数据验证,则可以直接在"数据验证"对话框的"来源"框中输入"男,女"(注意:中间使用英文的逗号或者分号隔开)。

(2)选择数据源区域:如果数据验证的数据来源来自当前工作簿中的某个单元格区域,则可以先定位在"来源"框中,然后再选择相应的单元格区域即可。

(3)使用定义名称:如果事先对数据来源所在的单元格范围存储为一个容易理解和记忆的名称(例如,"资产类别"),则可以在"来源"框中直接输入"=资产类别",这样更加方便、易懂。

3. 编制"资产编号"

"资产编号"的设计原则是根据固定资产的三部分明细自动生成:资产类别编号 + 使用部门编号 + 使用部门出现次数。在 A4 单元格中构建如下函数公式:

= IFERROR(CONCATENATE(VLOOKUP($E4,政策,2,0),VLOOKUP($F4,基础信息表! $B$3 : $C$8,2,0),TEXT(SUMPRODUCT(($F$1 : F7 = F4)*1),"000")),"")

按下 Enter 键,得到资产编号为"FW01001",如图 4.6 所示。其中,FW 代表资产类别"房屋建筑物",01 代表使用部门"行政部",001 代表隶属"行政部"的"房屋建筑物"类固定资产编号顺序。

	A	B	C	D	E	F	G	H	I	J
3	资产编号	资产名称	规格型号	计量单位	资产类别	使用部门	折旧费用类别	使用状况	购置日期	折旧年限
4	FW01001	办公楼	10万平米	栋	房屋建筑物	行政部	管理费用		2016/2/25	20
5	FW02001	厂房	100万平米	栋	房屋建筑物	生产车间	制造费用		2016/4/13	20
6	SC02002	机床	TBY-60	台	生产设备	生产车间	制造费用		2016/7/23	10
7	SC02003	机床	YBM132	台	生产设备	生产车间	制造费用		2016/12/30	10
8	FW02004	仓库	60万平米	栋	房屋建筑物	生产车间	制造费用		2017/1/19	20
9	GL01002	空调	三菱	台	电子设备	行政部	管理费用		2017/4/26	3
10	SC02005	机床	TBY-60	台	生产设备	生产车间	制造费用		2017/7/23	10
11	GL03001	打印机	佳能	台	电子设备	财务部	管理费用		2018/1/14	3
12	GL03002	笔记本电脑	明基	台	电子设备	财务部	管理费用		2018/1/14	3
13	GL03003	笔记本电脑	明基	台	电子设备	财务部	管理费用		2018/1/14	3
14	GL04001	复印机	惠普	台	电子设备	销售部	销售费用		2018/4/10	3
15	GL01003	传真机	惠普	台	电子设备	行政部	管理费用		2018/7/15	3
16	YS06001	货车	10吨	辆	运输设备	采购部	销售费用		2018/8/3	4
17	SC02006	压铸机	900T	台	生产设备	生产车间	制造费用		2018/8/3	10
18	SC02007	数控液压机	ZY316	台	生产设备	生产车间	制造费用		2018/8/3	10
19	YS01004	公务车	别克	辆	运输设备	行政部	管理费用		2018/12/26	4
20	GL04002	笔记本电脑	联想	台	电子设备	销售部	销售费用		2019/1/15	3
21	GL06002	笔记本电脑	联想	台	电子设备	采购部	销售费用		2019/1/15	3
22	GL03004	笔记本电脑	联想	台	电子设备	财务部	管理费用		2020/1/5	3

图 4.6 设置"资产编号"

可以通过四个步骤理解上述函数公式:

第一,利用 VLOOKUP 函数获取资产类别编号和部门编号。资产类别编号(例如,FW) = VLOOKUP($E4,政策,2,0);部门编号(例如,01) = VLOOKUP($F4,基础信息表!$B$3 : $C$8,2,0)。

第二,获取使用部门的出现次数。可以利用 SUMPRODUCT 函数获取当前资产类别(如房屋建筑物)所属"使用部门"出现的次数如图 4.7 所示,表示"行政部"当前出现次数共计 1 次。

图 4.7 利用 SUMPRODUCT 函数获取"使用部门"当前出现次数

然后,利用 TEXT 函数设置次数的显示位数(三位:000),如图4.8 所示。

图4.8　利用 TEXT 函数设置出现次数的显示位数(三位)

第三,利用 CONCATENATE 函数完成上述三部分编号合并,如图4.9 所示。

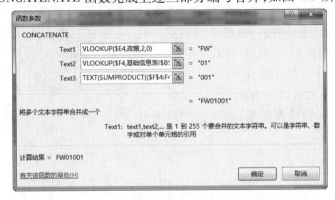

图4.9　利用 CONCATENATE 函数完成单元格内容合并

知识4－2:使用 SUMPRODUCT 函数根据"使用部门"次数设置连续编号。

SUMPRODUCT 函数是在给定的几组数组中,将数组间对应的元素相乘,并返回乘积之和。在本案例中,公式:＝SUMPRODUCT((\$F\$4:F4＝F4)＊1),计算自 F4 单元格开始至当前单元格中与当前单元格中内容相同的单元格个数。这听起来不太好懂,那么我们可以通过 A9 单元格的部分公式加以理解:

＝SUMPRODUCT((\$F\$4:F9＝F9)＊1)

计算结果为"3":自 F4 单元格开始至 F9 单元格,与 F9 单元格中内容相同("生产车间")的单元格出现的次数是第 3 次。如图4.6 所示,资产编号"SC02003"包括以下三部分:SC,"生产设备"(资产类别)的编号;02,"生产车间"(使用部门)的编号;003,"生产设备"在"生产车间"中当前出现的次数(第 3 次)。

第四,利用 IFERROR 函数检查错误值。

考虑到 A4 单元格公式向下复制到空白行的时候,会因为没有相关参数导致出现错误值"#N/A"而不美观,所以利用 IFERROR 函数检查上述 CONCATENATE 函数合并的内容是否有错误:如果正确则返回该值的结果;如果错误则返回空值(不显示任何内容)。如图 4.10 所示。

图 4.10　利用 IFERROR 函数检查错误值

4. 折旧年限

"折旧年限"(J 列)取值于"基础信息表"中的
J3：M6 单元格区域(已定义名称为"政策")的第 3 列
(如图 4.11 所示),可以利用 VLOOKUP 函数获取。

在 J4 单元格中构建如下函数公式：

$= VLOOKUP(\$E4,政策,3,0)$

按下 Enter 键,得到计算结果,将该公式向下复
制到最后一个数据行。

固定资产类别	编号	折旧年限	净残值率
房屋建筑物	FW	20	5%
生产设备	SC	10	5%
运输设备	YS	4	4%
电子设备	GL	3	3%

图 4.11　根据"资产类别"计算"折旧年限"

5. 到期日期

"到期日期"(K 列)是指自"购置日期"(I 列)开始,直至"折旧年限"(J 列)结束,可以利
用 EDATE 函数获取。在 K4 单元格内构建如下函数公式(如图 4.12 所示)：

$= EDATE(I4,J4*12)$

按下 Enter 键,得到计算结果,将该公式向下复制到最后一个数据行。

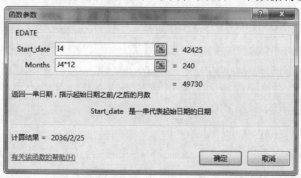

图 4.12　"到期日期"

知识 4 - 3:时间和日期类函数 EDATE。

函数 EDATE(start_date,months)计算并返回与起始日期(start_date)处于某月中同一
天的到期日的日期。参数 months 表示之前或之后的月份数(正值表示未来日期;负值表
示过去日期)。如图 4.13 所示。

	A	B
1	日期	
2	2019/10/31	
3	公式	说明（结果）
4	EDATE(A2,1)	此函数表示上述日期之后一个月的日期（2019/11/30）
5	EDATE(A2,-1)	此函数表示上述日期之前一个月的日期（2019/9/30）
6	EDATE(A2,2)	此函数表示上述日期之后两个月的日期（2019/12/31）

图 4.13　EDATE 函数举例

6. 残值

预计残值的计算公式为：＝资产原值 * 净残值率。其中的"净残值率"可以利用 VLOOK-UP 函数从"基础信息表"中的 J3：M6 单元格区域（已定义名称"政策"）的第 4 列（如图 4.11 所示）获取。另外，在涉及小数计算的时候偶尔会出现误差（浮点运算的原因造成的），可以用 ROUND 函数进行处理，将计算结果四舍五入保留两位小数。在 M4 单元格中构建如下函数公式：

＝ROUND(M4 * VLOOKUP(E4,政策,4,0),2)

按下 Enter 键，得到计算结果，将该公式向下复制到最后一个数据行。

7. 固定资产的折旧计提

按照现行企业会计准则规定，除以下情况外，企业应对所有固定资产计提折旧：一是已提足折旧仍继续使用的固定资产；二是按照规定单独计价作为固定资产入账的土地；三是处于更新改造过程中的固定资产。

【说明】一是未使用的机器设备、仪器仪表、运输工具、工具器具、季节性停用也要计提折旧；二是注意再计提固定资产折旧是应考虑固定资产减值准备；三是注意折旧期间跨年度时年折旧额的确定。

（1）已计提月份。

已计提月份的计算要考虑两种情况：一是当月购进的固定资产不计提折旧，返回值为"0"；二是已超过折旧年限的固定资产，返回值为折旧年限转换成的月份数（即已计提月份＝折旧年限 * 12）。

在 O4 单元格内构建如下函数公式：

＝IF(AND(MONTH($B$2)＝MONTH($I4),YEAR($B$2)＝YEAR($I4)),0,IF($B$2＜K4,(YEAR($B$2)－YEAR(I4)) * 12＋(MONTH($B$2)－MONTH(I4))－1,J4 * 12))

按下 Enter 键，得到计算结果，将该公式向下复制到最后一个数据行。

知识 4－4：逻辑函数 IF、AND。

上述函数公式中，第一层 IF 函数利用了并列函数 AND：AND(MONTH($B$2)＝MONTH($I4),YEAR($B$2)＝YEAR($I4))，用来判断记账日期（B2）和购置日期（J4）是否为同年同月（即判断固定资产是否为当月购进），如果是，返回值为0。如图 4.14 所示。

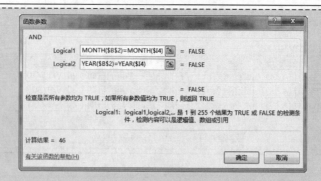

图 4.14　AND 函数

第二层 IF 函数,用来判断固定资产使用是否超过折旧年限,如果是,则已计提月份的返回值为折旧年限换成的月份数(J4 * 12);否则,则按照公式:(YEAR($B$2) - YEAR(I4)) * 12 + (MONTH($B$2) - MONTH(I4)) - 1 计算已计提月份,该公式表示从购置日期(I4)到记账日期(B2)之间的月数差。最后减 1,有两个原因:一是因为当月增加的固定资产不计提折旧,从下一月起计提折旧;二是因为该单元格为"已计提折旧期限(月份)",数据应截止到上月。

知识 4 - 5:已计提月份的另类计算公式。

已计提月份也可以使用隐藏函数 DATEDIF。在 O4 单元格中构建如下函数公式:

= IF(AND(MONTH($B$2) = MONTH($I4), YEAR($B$2) = YEAR($I4)), 0, IF($B$2 < K4, DATEDIF(EOMONTH(I4,0) + 1, EOMONTH($B$2,0), "M"), J4 * 12))

其中,DATEDIF(EOMONTH(I4,0) + 1, EOMONTH($B$2,0), "M")计算从购置日期(I4)到记账日期(B2)之间的月数差。DATEDIF 是一个隐藏函数,用户需要手动输入。它的第一个参数是起始时间,第二个参数是终止时间,第三个参数是显示格式——"y"代表显示格式为年数差;"M"代表显示格式为月数差。其中,EOMONTH(I4,0):计算购置日期(J4)是当月的最后一天。EOMONTH($B$2,0):计算记账日期(B2)是当月的最后一天。

(2)已计提折旧。

企业计提固定资产折旧的方法一般有直线法(包括平均年限法、工作量法)、加速折旧法(包括双倍余额递减法、年数总和法)。根据 N 列中选择的不同"折旧方法",在 P4 单元格内构建如下函数公式:

= IF(N4 = "平均年限法", SLN(L4, M4, J4)/12 * O4, (IF(N4 = "年数总和法", SYD(L4, M4, J4) * (2 * J4 - INT(O4/12) + 1) * INT(O4/12)/2 + SYD(L4, M4, J4, INT(O4/12) + 1)/12 * MOD(O4,12), IF(N4 = "双倍余额递减法", IF(O4 <= (J4 - 2) * 12, VDB(L4, M4, J4, 0, INT(O4/12)) + DDB(L4, M4, J4, INT(O4/12) + 1)/12 * MOD(O4,12), VDB(L4, M4, J4, 0, J4 - 2, 2, TRUE) + (L4 - VDB(L4, M4, J4, 0, J4 - 2, 2, TRUE) - M4)/2/12 * (O4 - (J4 - 2) * 12)), "请选择折旧方法"))))

按下 Enter 键,得到计算结果,将该公式向下复制到最后一个数据行。

知识 4 - 6:固定资产的折旧方法。

我国会计准则中可选用的固定资产折旧方法包括平均年限法、工作量法、双倍余额递减法和年数总和法。

第一,平均年限法(又称直线法)。

平均年限法是以固定资产的原价减去预计净残值除以预计使用年限,求得每年的折旧费用。在各年使用资产情况相同时,采用直线法比较恰当。其特点为简单常用,将固定资产的应计折旧额均衡地分摊到固定资产预计使用寿命内,采用这种方法计算的每期的折旧额是相等的。计算方法如下:

年折旧率 = (1 - 预计净残值率) * 100% / 预计使用年限;

月折旧率 = 年折旧率/12;

月折旧额 = 固定资产原值 * 月折旧率;

函数公式: = SLN(cost,salvage,life)。

其中,cost 为固定资产原值,salvage 为预计残值,life 为固定资产的生命周期(计算年折旧额时为"折旧年限(年)";计算月折旧额时为"折旧年限(年) * 12")。

第二,工作量法(又称变动费用法)。

工作量法是根据实际工作量计提折旧额的一种方法。根据规定,企业专业车队的客、货运汽车、大型设备以及大型建筑施工机械可采用工作量法计提折旧。由于各种专业设备具有不同的工作量指标,因而,工作量法又有行驶里程折旧法和工作小时折旧法之分。工作量法假定折旧是一项变动的,而不是固定的费用,即假定资产价值的降低不是由于时间的推移,而是由于使用的缘故。对于许多种资产来讲,工作量法这一假定是合理的,特别是在有形磨损比经济折旧更为重要。计算方法如下:

按照行驶里程:单位里程折旧额 = 原值 × (1 - 预计净残值率) ÷ 总行驶进程;

按照工作小时:每工作小时折旧额 = 原值 × (1 - 预计净残值率) ÷ 工作总小时;

按照台班:每台班折旧额 = 原值 × (1 - 预计净残值率) ÷ 工作总台班数;

函数公式: = 资产原值 * (1 - 净残值率) * 当月工作量/预计总工作量。

第三,双倍余额递减法。

双倍余额递减法是在固定资产使用年限到期前两年内,用平均年限法折旧率的两倍作为固定的折旧率乘以逐年递减的固定资产期初净值,得出各年应提折旧额的一种加速折旧的方法。在双倍余额递减法下,必须注意不能使固定资产的净值低于其预计净残值以下。计算方法如下:

年折旧率 = 2 * 100%/预计使用年限;

月折旧率 = 年折旧率/12;

月折旧额 = 每月月初固定资产账面净值 * 月折旧率;

函数公式:

= VDB(cost,salvage,life,start_period,end_period,[factor],[no_switch])

其中,cost 为资产原值,salvage 为资产残值(该值可以是 0),life 为资产的折旧期数

（也称作使用期限），start_period 为折旧的起始日期（start_period 必须与 life 使用相同的单位），end_period 为折旧的终止日期（end_period 必须与 life 使用相同的单位），factor 为余额递减速率（假定为 2，代表双倍余额递减法），no_switch 为逻辑值（指定当折旧值大于余额递减计算值时，是否转用直线折旧法：TRUE 表示即使折旧值大于余额递减计算值，也不转用直线折旧法；FALSE 或被忽略表示折旧值大于余额递减计算值时，Excel 将转用直线折旧法）。

第四，年数总和法（又称年限合计法）。

年数总和法是将固定资产的原值减去预计净残值的余额，乘以一个固定资产尚可使用寿命为分子、以预计使用寿命逐年数字之和为分母的逐年递减的分数计算每年的折旧额。计算方法如下：

年折旧率 =（预计使用年限 − 已使用年限）* 100%/预计使用年限的年数总和；

月折旧率 = 年折旧率/12；

月折旧额 =（固定资产原值 − 预计净残值）* 月折旧率；

函数公式：

= SYD（cost，salvage，life，per）

其中，cost 为资产原值，salvage 为资产残值，life 为资产折旧期数（也称作使用期限），per 为期间（必须与 life 使用相同的单位）。

（3）本月应提折旧。

在 R4 单元格内构建如下函数公式：

= IF（OR（P4 = K4 * 12，AND（MONTH（$B$2）= MONTH（$J4），YEAR（$B$2）= YEAR（$J4）））,0,IF（O4 = "平均年限法"，SLN（M4，N4，K4）/12，（IF（O4 = "年数总和法"，SYD（M4，N4，K4，INT（P4/12）+1）/12，IF（O4 = "双倍余额递减法"，（IF（P4 <（K4 − 2）* 12，DDB（M4，N4，K4，INT（P4/12）+1）/12，（M4 − VDB（M4，N4，K4，0，K4 − 2，2，TRUE）− N4）/2/12）），"请选择折旧方法")))))

按下 Enter 键，得到计算结果，将该公式向下复制到最后一个数据行。

（4）累计折旧。

累计折旧的计算公式为：= 已计提折旧 + 本月计提折旧。

在 R4 单元格内构建如下函数公式：

= P4 + Q4

按下 Enter 键，得到计算结果，将该公式向下复制到最后一个数据行。

（5）账面净值。

账面残值的计算要考虑两个方面：一是如果本月计提折旧（Q 列）等于 0，表示已经超过折旧年限不再计提折旧；二是如果已计提折旧（P 列）不等于 0，表示非当月购进。如果上述两个条件都满足，表示该固定资产已经提足折旧，账面净值为残值；否则继续计提折旧，按照"= 资产原值 − 累计折旧"方法计算账面净值。

在 S4 单元格内构建如下函数公式：

= IF（AND（Q4 = 0，R4 <>0），"残值"&（L4 − R4），L4 − R4）

按下 Enter 键,得到计算结果,将该公式向下复制到最后一个数据行。

【说明】对于账面净值显示有"残值"的固定资产,应该在"使用状况"列中的相应位置,由"正常使用"修改为"已提足折旧"。如果想得到其他月份的固定资产台账表,可以将上述表格 B2 单元格中的查询日期进行修改(例如,2020 年 2 月 28 日)即可。

一课一练 14　计算职工退休日期

在职工档案表中,有时需要通过职工的出生年月自动计算该职工的退休日期。如果男职工退休年龄为 60 岁,女职工退休年龄为 55 岁,则可以综合利用日期和时间类函数 EDATE、DATE、YEAR、MONTH 和 DAY 来计算。

练习 1. 根据"出生日期"计算退休日期

如图 4.15 所示,在 E4 单元格内构建如下函数公式:

$$= DATE(YEAR(C4) + IF(B4 = "男",60,55), MONTH(C4), DAY(C4))$$

	A	B	C	D	E	F
1	综合运用:计算职工退休年龄					
2						
3	身份证	性别	出生日期	年龄	退休年龄	
4	339005199002042354	男	1990-02-04	28	2050/2/4	
5	411328198204285092	男	1982-04-28	36	2042/4/28	
6	370828198407275621	女	1984-07-27	34	2039/7/27	
7	330523199107184129	女	1991-07-18	27	2046/7/18	
8	330324198706023299	男	1987-06-02	31	2047/6/2	
9	330481198910160138	男	1989-10-16	29	2049/10/16	
10	331022198207151861	女	1982-07-15	36	2037/7/15	
11	330124199006151816	男	1990-06-15	28	2050/6/15	
12	341024199011218031	男	1990-11-21	28	2050/11/21	
13	310018199004151220	男	1990-04-15	28	2045/4/15	
14	370828198111122028	女	1981-11-12	37	2036/11/12	

图 4.15　计算职工退休年龄(根据出生日期)

练习 2. 根据身份证号码计算退休日期

如图 4.16 所示,在 B4 单元格内构建如下函数公式:

$$= EDATE(TEXT(MID(A4,7,8),"0! /00! /00"), MOD(MID(A4,17,1),2)*120 + 600)$$

其中,600 代表 50 年共计 600 个月(女性工作月数);120 代表 10 年共计 120 个月(男性多出女性的工作月数)。MOD(MID(A4,17,1),2)代表身份证第 17 位数除二取余。如果余数为 1(被除数为奇数),表示男性,则多工作 120 个月(即 10 年);否则余数为 0(被除数为偶数),表示女性,工作 600 个月(即 50 年)。

图 4.16　计算职工退休年龄(根据身份证号码)

案例 4.2　编制“固定资产卡片”

【情境引入】:固定资产卡片是按照每一独立的固定资产项目设置的,用以进行明细分类核算的一种账簿形式。它是每一项固定资产的全部档案记录,即固定资产从进入企业开始到退出企业的整个生命周期所发生的全部情况都要在卡片上予以记载。对于新增的每一项固定资产,企业都要根据有关凭证为其建立一张卡片,详细列出固定资产名称、规格型号、生产厂家、原值、折旧率等情况;在固定资产使用过程中所发生的改建、扩建或技术改造以及内部转移、停止使用等情况都应该在固定资产卡片中做相应的记录。固定资产投资转出、出售或报废处理时,应根据有关凭证将卡片注销,另行保管。固定资产卡片一般一式三份,分别由管理部门、使用保管部门和财会部门保管。本案例中,需要根据固定资产折旧的不同方法,需要分别创建各自相对应的固定资产卡片模板样式——“固定资产卡片(平均年限法)”“固定资产卡片(双倍余额递减法)”“固定资产卡片(年数总和法)”“固定资产卡片(工作量法)”。

【相关知识】

- OFFSET、MATCH 函数;
- 几种财务函数:SLN、SYD、DDB、VDB。

一、编制“固定资产卡片(平均年限法)”

新建工作表,命名为“固定资产卡片(平均年限法)”,如图 4.17 所示构建数据信息(源自“202001”工作表)。其中,“卡片编号”需要用户手动填入;“登记日期”可以手动填入,也可以利用 TODAY()函数自动获取当前日期;“资产编号”根据“202001”工作表中的“资产编号”填入。其他的项目(例如,“资产名称”等)均需要设置取值公式,根据“资产编号”自动获取。

	A	B	C	D	E	F
1	固定资产管理卡片（平均年限法）					
2	卡片编号		登记日期	2021年3月30日	折旧方法	平均年限法
3	资产编号	GL01002	资产名称	空调		
4	规格型号	三菱	使用部门	行政部	计量单位	台
5	资产类别	电子设备	使用状况	0	增加方式	购入
6	到期日期	2020/4/26	折旧年限	3	折旧费用类别	管理费用
7	购置日期	2017/4/26	已计提月份	36	尚可使用期限（月）	0
8	资产原值	6000	净残值率	3%	残值	180
9						
10	年份	期初净值	年折旧额	累计折旧额	年折旧率	期末净值
11	2017年	¥6,000.00	¥1,940.00	¥1,940.00	32.33%	4,060
12	2018年	¥4,060.00	¥1,940.00	¥3,880.00	32.33%	2,120
13	2019年	¥2,120.00	¥1,940.00	¥5,820.00	32.33%	180

图 4.17　固定资产管理卡片(平均年限法)

1. 利用数据验证输入“资产编号”

定位在 B3 单元格,依次单击“数据”/“数据验证”命令,打开“数据验证”对话框,设置允许为“序列”,数据来源为“='202001'!$A$4:$A$22”。然后输入一种资产编号,如 GL01002,卡片中的其他信息均可以根据该资产编号获取。

2. 获取基础信息

固定资产卡片中的项目可以分为"基础信息"和"折旧信息"两部分。其中的"基础信息"部分为第 1 行至第 8 行,它的取值公式分为两种情况:

(1)单独使用公式获取。需要单独使用公式获取数据信息的项目包括"已计提月份""净残值率""尚可使用期限(月)"。

已计提月份(D7 单元格):如果"购置日期"与当前日期同处一个月份,当月不计提折旧,返回值为 0;如果当前日期尚未达到"到期日期",已计提月份返回值为两者之差(折算为月份值),否则返回值为"折旧年限"(折算为月份值)。函数公式为:

= IF(AND(YEAR(TODAY( )) = YEAR($B$7) , MONTH(TODAY( )) = MONTH($B$7)) , 0 , IF(TODAY( ) < $B$6 , (YEAR (TODAY ( )) − YEAR ($B$7)) × 12 + (MONTH (TODAY ( )) − MONTH($B$7)) − 1 , $D$6 ∗ 12))

净残值率(D8 单元格):利用 VLOOKUP 函数根据"资产编号"从"基础信息"表中获取。函数公式为:

= VLOOKUP(LEFT(B3 , 2) , 基础信息表! $K$3 : $M$6 , 3 , 0)

尚可使用年限(月)(F7 单元格):即"折旧年限"与"已计提月份"之差(折算为月份值)。函数公式为:

= D6 × 12 − D7

(2)共用相同(相似)公式获取。除了上述三种项目之外,其他项目均可利用相同(或相似)的方法从"202001"工作表中获取数据信息。

方法一:利用 VLOOKUP 函数。例如"资产名称"的计算公式为:

= VLOOKUP($B$3 , '202001'! $A : $T , 2 , 0)

其他项目均可以利用相似的函数公式获取,不同之处在于 VLOOKUP 的第三参数(列序号)需要分别设置为 3、4、5……等。

方法二:利用 INDEX 和 MATCH 函数。按照表 4.1 分别获取固定资产卡片中的各个项目数据信息。

表 4.1　　　　　　　　　　　　　利用 INDEX 和 MATCH 函数取值

固定资产项目	填充方法
资产编号	手动填写
资产名称	INDEX(固定资产台账表! $B : $B , MATCH($B$3 , 固定资产台账表! $A : $A , 0))
规格型号	INDEX(固定资产台账表! $C : $C , MATCH($B$3 , 固定资产台账表! $A : $A , 0))
计量单位	INDEX(固定资产台账表! $D : $D , MATCH($B$3 , 固定资产台账表! $A : $A , 0))
资产类别	INDEX(固定资产台账表! $E : $E , MATCH($B$3 , 固定资产台账表! $A : $A , 0))
使用部门	INDEX(固定资产台账表! $F : $F , MATCH($B$3 , 固定资产台账表! $A : $A , 0))
增加方式	INDEX(固定资产台账表! $G : $G , MATCH($B$3 , 固定资产台账表! $A : $A , 0))
使用状况	INDEX(固定资产台账表! $I : $I , MATCH($B$3 , 固定资产台账表! $A : $A , 0))
购置日期	INDEX(固定资产台账表! $J : $J , MATCH($B$3 , 固定资产台账表! $A : $A , 0))

续表

固定资产项目	填充方法
折旧年限	INDEX(固定资产台账表!$K:$K,MATCH($B$3,固定资产台账表!$A:$A,0))
到期日期	INDEX(固定资产台账表!$L:$L,MATCH($B$3,固定资产台账表!$A:$A,0))
资产原值	INDEX(固定资产台账表!$M:$M,MATCH($B$3,固定资产台账表!$A:$A,0))
残值	INDEX(固定资产台账表!$N:$N,MATCH($B$3,固定资产台账表!$A:$A,0))
折旧方法	INDEX(固定资产台账表!$O:$O,MATCH($B$3,固定资产台账表!$A:$A,0))
折旧费用类别	INDEX(固定资产台账表!$U:$U,MATCH($B$3,固定资产台账表!$A:$A,0))

方法三:一个公式计算整个固定资产卡片(OFFSET 和 MATCH 函数)。上述方法都需要手工匹配列数或者修改相关参数,过于复杂。可以使用"万能查询组合"——OFFSET + MATCH 进行取数。以查询 B4 单元格中的"规格型号"为例,在 B4 单元格中构建如下函数公式:

= OFFSET('202001'!$A$3,MATCH($B$3,'202001'!$A$4:$A$1000,0),MATCH(A4,'202001'!$B$3:$U$3,0))。

复制该公式,将其粘贴到其他需要获取数据信息的空白单元格中,即可得到全部计算结果。

知识 4 –7:OFFSET 函数的三个参数。

reference:作为参照系的引用区域,其左上角单元格是偏移量的起始位置。此处是指查询所需的数据区域的左上角单元格,即"202001!$A$3",如图 4.18 所示。

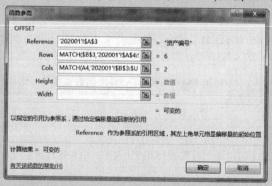

图 4.18　OFFSET 函数

rows:相对于引用参照系的左上角单元格上(下)偏移的行数(一般需要向下偏移),此处使用 MATCH 取值。其中,参数 lookup_value 表示在数组中所要查找的匹配值,即当前工作表中的资产编号"GL01002"($B$3 单元格);参数 lookup_array 表示含有要查找值(GL01002)的连续单元格区域,即"'202001'!$A$4:$A$1000",资产编号 GL01002 出现在该单元格区域的第 6 个(A9 单元格),即自 A3 单元格开始向下偏移行数为:MATCH($B$3,'202001'!$A$4:$A$1000,0),计算结果为6,如图 4.19 所示。

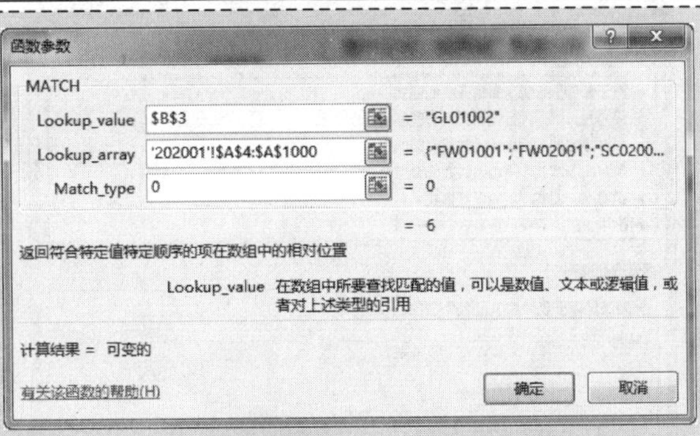

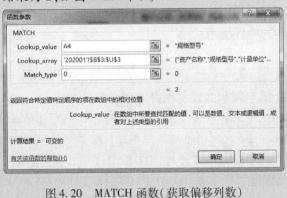

图 4.19　MATCH 函数(获取偏移行数)

cols:相对于引用参照系的左上角单元格左(右)偏移的行数,一般需要向右偏移。此处使用 MATCH 取值。其中,参数 lookup_value 表示在数组中所要查找匹配的值,即当前工作表中的"规格型号"(A4 单元格);参数 lookup_array 表示含有要查找值("规格型号")的连续单元格区域,即"'202001'!$B$3:$U$3",列标签"规格型号"出现在该单元格区域的第 2 个(C3 单元格),即自 A3 单元格开始向右偏移列数为:MATCH(A4,'202001'! $B$3:$U$3,0),计算结果为 2,如图 4.20 所示。

图 4.20　MATCH 函数(获取偏移列数)

3. 设置折旧方法的条件格式

"固定资产卡片(平均年限法)"是为适用"平均年限法"的固定资产量身定做的,为了避免其他折旧方式的固定资产使用该卡片样式,应通过设置条件格式来提醒用户误操作。

选择 F2 单元格,依次单击"开始"/"条件格式"/"突出显示单元格规则…"/"其他规则…"命令,打开如图 4.21 所示"新建格式规则"对话框,编辑规则为"不等于 平均年限法",格式为"加粗 标准红色"。

设置之后,当用户输入了不适用"平均年限法"的资产编号(例如,SC02006),导致 F2 单元格中自动生成其他的折旧方法(例如:双倍余额递减法),则以加粗红色字体提醒用户加以修正。

4. 获取折旧信息

固定资产卡片的"折旧信息"部分是指第 10 行开始向下(包含"年份""期初净值""年折旧额""累计折旧额""年折旧率""期末净值"等信息)。

图 4.21　设置"平均年限法"条件格式

（1）年份。

在 A11 单元格内构建如下函数公式：

$=IF(DATE(YEAR(\$B\$7)+ROW(A1)-1,12,31)<EDATE(\$B\$7,\$D\$6*12),DATE(YEAR(\$B\$7)+ROW(A1)-1,1,1),"")$

将该单元格设置自定义格式为：yyyy"年"，向下复制填充直至 A35 单元格（也可以多复制几行，便于折旧年限较多的项目使用）。

知识 4 -8：根据折旧年限和购置日期自动生成年份数。

因为固定资产的折旧年限各不相同，需要在 A 列的"年份"下方输入数目不同的年份值（例如：2016、2017、2018……等），可以根据折旧年限（D6 单元格）和购置日期（B7 单元格）自动生成年份数。以资产编号 GL01002 为例，A11 单元格中的函数公式可以分为三步理解：

第一，DATE 函数根据三个参数：YEAR(\$B\$7)+ROW(A1)-1（年份值 YEAR）、12（月份值 MONTH，即 12 月）和 31（日数 DAY，即 31 日），得到一个由"购置日期"开始递增的日期序列，均为当年的最后一天（例如，2017 年 12 月 31 日）。其中的 ROW(A1) 函数向下分别获取 A1、A2、A3……等单元格的行数，产生递增序列 1、2、3……，该行数减 1 表示第一个年份值开始于"购置日期"（B7 单元格）；向下依次递增 1 年，产生类似 2017、2018……的年份数。如图 4.22 所示。

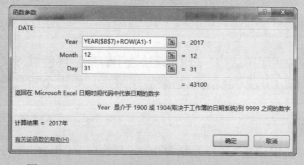

图 4.22　DATE 和 ROW 函数获取递增年份值序列

　　第二,EDATE 函数根据两个参数:B7(起始日期 start_date)和 D6 * 12(起始日期之后的月份值 months),得到从"购置日期"开始直至"折旧年限"结束的日期。如图 4.23 所示。

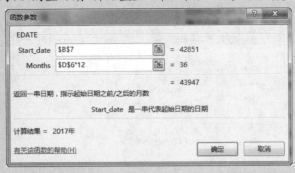

图 4.23　EDATE 函数获取折旧结束日期

　　第三,利用 IF 函数判断比较上述两个日期的大小:如果由 DATE(YEAR($B$7) + ROW(A1) - 1,12,31)获取的当年最后一天日期未超过由 EDATE($B$7,$D$6 * 12)获取的折旧结束日期,则继续自动递增年份值,由公式 DATE(YEAR($B$7) + ROW(A1) - 1,1,1)获取的当年第一天;否则自动停止填充(至"到期日期"为止),单元格显示为空白。

(2)期初净值。

在 B11 单元格内构建如下函数公式:

　= IF(A11 = "","",IF(A11 <= $B$7 + DAY(EOMONTH($B$7,0)),$B$8,F10))

将该单元格数字格式设置为:"会计专用 无货币符号",向下复制填充直至 B35 单元格(也可以多复制几行,便于折旧年限较多的项目使用)。

知识 4 - 9:利用 DAY 和 EOMONTH 函数组合获取某月的最后一天。

上述公式中,EOMONTH 函数用来获取"购置日期"(B7 单元格)当月(第二参数 0 表示当前月份)最后一天的日期,DAY 函数则据此获取该日期是这月的第几天。因为固定资产购置当月不计提折旧,因此第二个 IF 函数:IF(A11 <= $B$7 + DAY(EOMONTH($B$7,0)),$B$8,F10),表示如果 A 列单元格中的日期不超过"购置日期"当月,则"期初净值"仍为"资产原值"(B8 单元格),否则为上一折旧期末的"期末净值"(F10 单元格)。

(3)年折旧额。

在 C11 单元格内构建如下函数公式:

　= IF(A11 = "","",SLN($B$8,$F$8,$D$6))

将该单元格数字格式设置为:"会计专用 无货币符号",向下复制填充直至 C35 单元格(也可以多复制几行,便于折旧年限较多的项目使用)。

知识 4 - 10:按照"平均年限法"计算折旧的财务函数 SLN。

SLN(财务函数,Straight line 的缩写,适用于"平均年限法"折旧)的三个参数 cost、

salvage、life 分别表示"固定资产原值""净残值""折旧周期"("折旧年限"),如图 4.24 所示。当其用来计算年折旧额时,life 直接使用"折旧年限";计算月折旧额时,life 需要转换为月份值(乘以 12)。

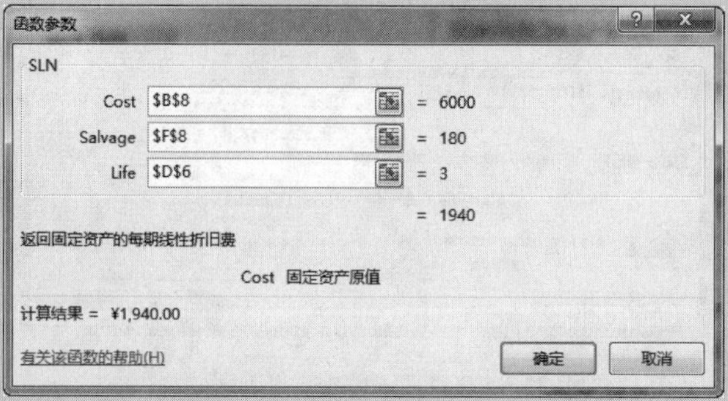

图 4.24　SLN 函数(平均年限法)

(4)累计折旧额。

累计折旧额指的是自起始折旧日期到当前日期为止的"年折旧额"的小计。在 D11 单元格内构建如下函数公式:

　=IF(A11="","",SUM($C$11:C11))

将该单元格数字格式设置为:"会计专用 无货币符号",向下复制填充直至 D35 单元格(也可以多复制几行,便于折旧年限较多的项目使用)。

(5)年折旧率。

年折旧率的计算方法为:年折旧率=(1-净残值率)/折旧年限。在 E11 单元格内构建如下函数公式:

　=IF(A11="","",(1-$D$8)/$D$6)

将该单元格数字格式设置为:"百分比 小数位数 2",向下复制填充直至 E35 单元格(也可以多复制几行,便于折旧年限较多的项目使用)。

(6)期末净值。

期末净值的计算方法为:期末净值=期初净值-年折旧额。在 F11 单元格内构建如下函数公式:

　=IF(A11="","",B11-C11)

将该单元格数字格式设置为"会计专用 无货币符号",向下复制填充直至 F35 单元格(也可以多复制几行,便于折旧年限较多的项目使用)。最终效果如图 4.17 所示。

二、编制"固定资产卡片(年数总和法)"

适用"年数总和法"的固定资产卡片样式与"平均年限法"的基本结构以及取值公式非常相近,因此可以在"固定资产卡片(平均年限法)"工作表的基础上进行修改。右键单击"固定资产卡片(平均年限法)"工作表标签,选择"移动和复制工作表…",勾选"建立副本"复选框,将其副本放置于"固定资产卡片(平均年限法)"右侧,重命名为"固定资产卡片(年数总和法)"。

1. 修改折旧方法的条件格式

选择 F2 单元格,依次单击"开始"/"条件格式"/"管理规则…"命令,打开如图 4.25 所示"条件格式规则管理器"对话框,选择已有规则,单击"编辑规则…"按钮,打开"编辑格式规则"对话框,参照图 4.21,将编辑规则修改为"不等于 年数总和法"。最后连续单击"确定"按钮即可。

图 4.25　编辑"年数总和法"条件格式规则

2. 修改"年折旧额"取值公式

在 B11 单元格内构建如下函数公式:

= IF(A11 = "","",SYD($B$8,$F$8,$D$6,ROW(A1)))

该公式表示:如果 A11 单元格为空,则计算结果为空;否则利用 SYD(财务函数)计算年数总和法下的年折旧额。参数 cost、salvage、life、per 分别表示"固定资产原值""净残值""折旧周期"("折旧年限")、折旧计算的期次(即"年份"数,它必须和 life 单位一致),这里使用 ROW (A11)自动获取当年年份的期次,如图 4.26 所示。最终效果如图 4.27 所示。

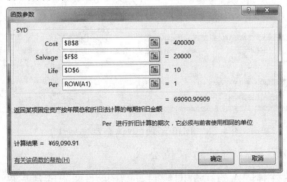

图 4.26　SYD 函数(年数总和法)

固定资产管理卡片（年数总和法）					
卡片编号		登记日期	2021年2月21日	折旧方法	年数总和法
资产编号	SC02007	资产名称		数控液压机	
规格型号	ZY316	使用部门	生产车间	计量单位	台
资产类别	生产设备	使用状况	0	增加方式	购入
到期日期	2028年8月3日 星期四	折旧年限	10	折旧费用类别	制造费用
购置日期	2018年8月3日 星期五	已计提月份	29	尚可使用期限（月）	91
资产原值	400,000	净残值率	5%	残值	20,000
年份	期初净值	年折旧额	累计折旧额	年折旧率	期末净值
2018年	¥400,000.00	¥69,090.91	¥69,090.91	9.50%	330,909
2019年	¥330,909.09	¥62,181.82	¥131,272.73	9.50%	268,727
2020年	¥268,727.27	¥55,272.73	¥186,545.45	9.50%	213,455
2021年	¥213,454.55	¥48,363.64	¥234,909.09	9.50%	165,091
2022年	¥165,090.91	¥41,454.55	¥276,363.64	9.50%	123,636
2023年	¥123,636.36	¥34,545.45	¥310,909.09	9.50%	89,091
2024年	¥89,090.91	¥27,636.36	¥338,545.45	9.50%	61,455
2025年	¥61,454.55	¥20,727.27	¥359,272.73	9.50%	40,727
2026年	¥40,727.27	¥13,818.18	¥373,090.91	9.50%	26,909
2027年	¥26,909.09	¥6,909.09	¥380,000.00	9.50%	20,000

图 4.27　"固定资产卡片(年数总和法)"最终效果

三、编制"固定资产卡片（双倍余额递减法）"

参照"固定资产卡片（年数总和法）"修改方法，继续制作适用于"双倍余额递减法"的"固定资产卡片（双倍余额递减法）"。

1. 修改折旧方法的条件格式

选择 F2 单元格，依次打开"条件格式规则管理器"和"编辑格式规则"对话框，将编辑规则修改为"不等于 双倍余额递减法"，最后连续单击"确定"按钮即可。

2. 修改"年折旧额"取值公式

在 B11 单元格内构建如下函数公式：

= IF(A11 = "","",DDB($B$8,$F$8,$D$6,A11))

该公式表示：如果 A11 单元格为空，则计算结果为空；否则利用 DDB（财务函数）计算双倍余额递减法下的年折旧额。参数 cost、salvage、life、per 含义和 SYD 的参数相同，factor 表示"折旧的加速因子"（可选项），默认值为 2，代表双倍余额递减；如果取值 3，则代表 3 倍余额递减。如图 4.28 所示。

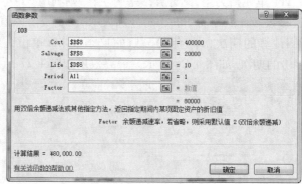

图 4.28　DDB 函数（双倍余额递减法）

3. 修改"年折旧额"最后两年的取值公式

采用双倍余额递减计算固定资产折旧额时，应在折旧期限的最后两年改为平均年限法，即将固定资产的账面折余价值（倒数第三年）按照两年平均分摊。因此，在计算具体固定资产卡片时，还需要将最后两行的"年折旧额"计算公式修改为：= ($F$18 −$F$8)/2。最终效果如图 4.29 所示。

四、编制"固定资产减损单"

在企业运作过程中，当某项固定资产因为非正常使用原因导致提前报废或者出售等情况时，需要变更其"使用状况"信息，并且需要制定固定资产减损单。例如，公司为财务部购入一台新的笔记本电脑的原因是，该部门 2020 年 1 月 11 日一台编号为 GL03003 的笔记本电脑因为主板烧毁而无法使用了，公司当月将其作为二手电脑出售清理。

1. 修改固定资产台账

根据要报废处理的笔记本电脑的"资产编号"，在"202001"表中找到资产编号为 GL03003 的资产数据，将"减少方式"和"使用状况"分别修改为"出售"和"报废"。

C19　=($F$18-$F$8)/2

固定资产管理卡片（双倍余额递减法）					
卡片编号		登记日期	2021年3月31日	折旧方法	双倍余额递减法
资产编号	SC02006	资产名称	压铸机		
规格型号	900T	使用部门	生产车间	计量单位	台
资产类别	生产设备	使用状况	0	增加方式	购入
到期日期	2028/8/3	折旧年限	10	折旧费用类别	制造费用
购置日期	2018/8/3	已计提月份	30	尚可使用期限（月）	90
资产原值	400000	净残值率	5%	残值	20000
年份	期初净值	年折旧额	累计折旧额	年折旧率	期末净值
2018年	400,000.00	80,000.00	80,000.00	9.50%	320,000.00
2019年	320,000.00	64,000.00	144,000.00	9.50%	256,000.00
2020年	256,000.00	51,200.00	195,200.00	9.50%	204,800.00
2021年	204,800.00	40,960.00	236,160.00	9.50%	163,840.00
2022年	163,840.00	32,768.00	268,928.00	9.50%	131,072.00
2023年	131,072.00	26,214.40	295,142.40	9.50%	104,857.60
2024年	104,857.60	20,971.52	316,113.92	9.50%	83,886.08
2025年	83,886.08	16,777.22	332,891.14	9.50%	67,108.86
2026年	67,108.86	23,554.43	356,445.57	9.50%	43,554.43
2027年	43,554.43	23,554.43	380,000.00	9.50%	20,000.00

图 4.29　“固定资产卡片（双倍余额递减法）”最终效果

2. 编制“固定资产减损单”

新建一个工作表，命名为“固定资产减损单”。如图 4.30 所示。

固定资产减损单					
资产编号：				日期：	
资产名称		购置日期		折旧年限	
规格型号		数　量		已计提月份	
资产原值		累计折旧		残值	
减损原因				估计废品价值	
				处理费用	
处理办法				其他应收款	
				实际损失额	
总经理		财务核准		设备管理部	
财务部负责人		使用部门负责人		设备使用人	

图 4.30　编制“固定资产减损单”（空白）

3. 编制计算公式

在 B2 单元格中填写资产编号“GL03003”，在 F2 单元格中填写减损日期“2020 年 1 月 11 日”，在 D4 单元格中填写数量“1”，在 B3 单元格中构建如下函数公式：

=OFFSET('202001'!$A$3,MATCH($B$2,'202001'!$A$4:$A$1000,0),MATCH(A3,'202001'!$B$3:$U$3,0))

按下 Enter 键，得到“资产名称”的计算结果（“笔记本电脑”）。选中该单元格复制，然后逐一粘贴到 B4、B5、D3、D5、F3、F4、F5 单元格中，分别得到“规格型号”“资产原值”“购置日期”“累计折旧”“折旧年限”“已计提月份”“残值”。如图 4.31 所示。

4. 填写减损信息

固定资产减损单中的“估计废品价值”“处理费用”“其他应收款”应根据实际情况输入，

固定资产减损单					
资产编号：	gl03003			日期：	2020年1月11日
资产名称	笔记本电脑	购置日期	2018/1/14	折旧年限	3
规格型号	明基	数　量	1	已计提月份	23
资产原值	¥ 5,600.00	累计折旧	¥ 3,621.33	残值	168
减损原因	主板烧毁，报废			估计废品价值	¥100.00
				处理费用	¥10.00
处理办法	出售，减损该项固定资产			其他应收款	¥0.00
				实际损失额	¥ 1,888.67
总经理		财务核准		设备管理部	财务部
财务部负责人		使用部门负责人		设备使用人	

图 4.31 “固定资产减损单”(效果)

红色加粗字体表示“营业外收入”。而“实际损失额”是固定资产清理科目结转而来的，此处默认正数为净损失(即“营业外支出”)，在 F9 单元格中输入公式：

= B5 - D5 + F7 - F6 - F8

按下 Enter 键，得到实际损失额的计算结果(1888.67)。

【说明】删除“报废”资产台账信息。

在下一个记账日期(“202002”工作表)时，需要新建一个“报废固定资产卡片”工作表，将报废的固定资产卡片(例如：GL03003)移动到其中，同时将该记账日期固定资产台账中的该资产记录删除(下方的行依次上移)。

五、编制“固定资产变动单”

企业发展、内部调动都可能造成固定资产的变动，因此这一过程也是固定资产管理中很重要的一个方面。而且，该过程至少涉及两个部门，财务记录上会有一定的复杂性，所以为方便管理，可以制作固定资产变动单以作备查。例如，公司决定自 2020 年 2 月 8 日起，将资产编号为 YS01002 的公务车从行政部调拨给销售部使用。

1. 修改固定资产台账

根据要调拨处理的公务车的资产编号，在 2020 年 1 月的固定资产台账中，找到资产编号为 YS01002 的资产数据，将“减少方式”修改为“内部调拨”。复制该行数据，粘贴到 2020 年 2 月的固定资产台账的最后一行，成为新固定资产，并将“使用部门”调整成“销售部”，此时资产编号自动变更为“YS04003”，并将该新增固定资产的“增加方式”修改为“内部调拨”，清空“减少方式”，将“折旧费用类别”修改为“销售费用”。此外，因为该固定资产 2 月时已经调离原部门，所以“减少方式”右侧的数据内容全部删除。

2. 编制“固定资产变动单”

因为固定资产内部调拨通常至少涉及两个部门，而且在处理台账时需要跨月甚至跨年处理，所以为了能够更显著地体现该项变动，还应该制作“固定资产变动单”以备后查。新增工作表，重命名为“固定资产变动单”，具体样式如图 4.32 所示，具体数据除了手动输入的内容之外，其他数据可以利用 VLOOKUP、INDEX + MATCH、OFFSET + MATCH 函数，参照“固定资产卡片”和“固定资产减损单”进行制作，此处不再赘述。

	固定资产变动单					
资产编号：	YS01004			日期：		
资产名称	公务车	规格型号	别克	资产类别	运输设备	
资产原值	160000	残 值	6400	折旧方法	平均年限法	
购置日期	2018-12-26	已折旧金额	38,400.00	本月应提折旧	3200	
使用年限	4	已使用月份	12	尚可使用月份	36	
使用	移出	行政部	备 注	自2017年11月8日起		
部门	移入	销售部				
附属设备						
备 注						
移入部门负责人			移出部门负责人			
财产管理部负责人			使用部门负责人			

图 4.32 固定资产变动单

六、利用数据透视表分析固定资产

1. 按照折旧费用类别分析

（1）创建数据透视表。

定位在"201001"工作表的数据区域中，依次单击"插入"/"数据透视表"命令，在弹出的对话框中选择数据透视表的位置为"新工作表"，单击"确定"按钮，创建一个含有数据透视表的新工作表，命名为"折旧费用分析"，并分别将"折旧费用类别"移动到"行"字段标签，"累计折旧"和"账面净值"移动到"值"字段标签，如图 4.33 所示。

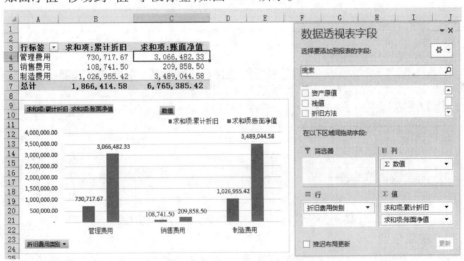

图 4.33 按照折旧费用类别分析

（2）创建数据透视图。

定位在数据透视表中，依次单击"数据透视表工具"/"分析"/"数据透视图"命令，在弹出的对话框中，选择"簇状柱形图"，单击"确定"按钮，生成一个数据透视图，调整图例位置，添加数据标签，修改"系列重叠"值为"-100%"，放置在数据透视表的下方，效果如图 4.33 所示。

2. 按照部门分析

参照上述方法，在新工作表中再创建一个数据透视表，命名为"部门统计"，将"使用部门"添加至"行"字段标签，将"累计折旧"和"账面净值"添加至"值"字段标签，如图 4.34 所示。

然后,根据数据透视表的 A3:B8 单元格区域创建一个饼图,隐藏其中的字段列表标签,修改图表标题为"各部门累计折旧",删除图例,添加数据标签为"百分比 类别名称",保留 2 位小数,效果如图 4.34 所示。

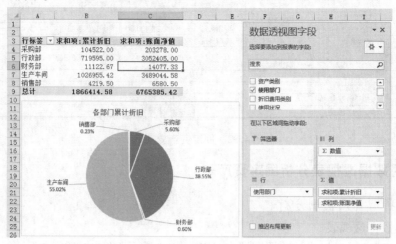

图 4.34　按照部门分析折旧额

一课一练15　从身份证号码中提取生日、年龄和性别

如图 4.35 所示,自 A5 单元格开始向下输入身份证号码,要求根据 A 列的身份证号码分别提取性别、出生日期和年龄。

身份证	性别			出生日期				年龄		
	方法1	方法2	方法3	方法1	方法2	方法3	方法4	方法1	方法2	方法3
339005199002042354	男	男	男	1990-02-04	1990年02月04日	1990年2月4日	1990年02月04日	28	28	28
411328198204285092	男			1982-04-28				36		
370828198407275621	女			1984-07-27				34		
330523199107184129	女			1991-07-18				27		
330324198706023299	男			1987-06-02				31		
330481198910160138	男			1989-10-16				29		
331022198207151861	女			1982-07-15				36		
330124199006151816	男			1990-06-15				28		
341024199011218031	男			1990-11-21				28		
310018199004151220	男			1990-04-15				28		
370828198111122028	女			1981-11-12				37		

图 4.35　效果图(获取身份证信息的多种方法)

练习1. 获取性别

身份证号码中的第 17 位数字如果是奇数表示性别为"男",偶数表示性别为"女"。利用 MID 函数提取第 17 位数,即 = MID(A2,17,1),然后再判断奇偶性。有三种方法:

方法一:利用 MOD 函数(除二取余)。语法格式为: = MOD(number,2),如果余数为 0 则为偶数,否则为奇数。

= IF(MOD(MID(A5,17,1),2),"男","女")

方法二:乘幂。计算数字"-1"的第 17 位数字的乘幂,如果第 17 位数字为偶数则结果 > 0;为奇数则结果 <0,如图 4.36 所示。

= IF(-1^MID(A5,17,1)<0,"男","女")

方法三:利用 ISODD 函数判断奇偶性。语法格式为: = ISODD(number),如果数字为奇数

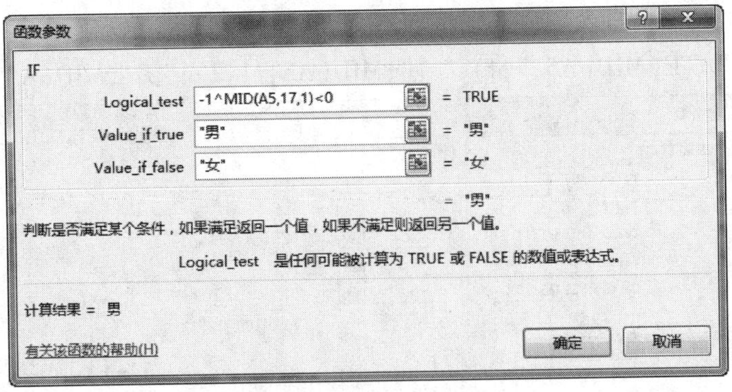

图 4.36　利用乘幂判断奇偶性

则返回结果为 TRUE,数字为偶数则返回结果为 FALSE。如图 4.37 所示。

$$= IF(ISODD(MID(A5,17,1)),"男","女")$$

图 4.37　利用 ISODD 函数判断奇偶性

练习 2. 获取出生日期

身份证号码的第 7~14 位表示出生日期,利用 MID 函数进行截取,然后再利用嵌套函数得到指定格式的日期。

方法一,利用 TEXT 函数。将截取的数字转换成为特定的文本格式。

$$= TEXT(MID(A5,7,8),"0-00-00")$$

如图 4.38 所示,MID 函数截取第 7 至第 14 位数字(结果为"19900204"),利用 TEXT 函数将其设置为"0-00-00"格式(结果为"1990-02-04")。TEXT 函数相当于函数版的自定义格式,它可以把单元格中的数字或文本设置成指定的格式,其中"0-00-00"是指定的数字格式,表示在倒数第 2 个零前面,倒数第 4 个零前面添加横线。

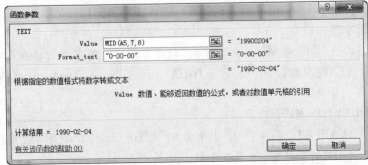

图 4.38　利用 MID 函数获取出生日期

方法二:利用 CONCATENATE 函数将多个文本字符串合并。如图 4.39 所示。

= CONCATENATE(MID(A5,7,4) ,"年",MID(A5,11,2) ,"月",MID(A5,13,2) ,"日")

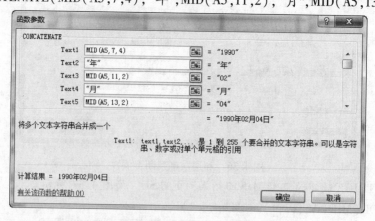

图 4.39　利用 CONCATENATE 函数合并信息

方法三,利用 DATE 函数获取代表日期的数字。如图 4.40 所示。

= DATE(MID(A5,7,4) ,MID(A5,11,2) ,MID(A5,13,2))

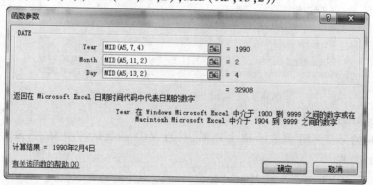

图 4.40　利用 DATE 函数获取代表日期的数字

DATE 函数的计算结果是代表日期的数字(32908),需要对单元格设置"日期"格式才能最终显示正确结果(1990 年 2 月 4 日)。

方法四,利用连字符&。先利用 MID 函数获取年、月、日,再用连字符 & 串联函数公式和文本"年""月""日"。

= MID(A5,7,4)&"年"&MID(A5,11,2)&"月"&MID(A5,13,2)&"日"

练习3. 获取年龄

"年龄"就是"今天"的年数减去"出生日期"的年数。可以有多种方法获取。

方法一,利用 YEAR 函数获取"今天"(TODAY) 的年(= year(today())),再减去"出生日期"。

= YEAR(TODAY()) – MID(A5,7,4)

方法二,利用 YEARFRAC 函数获取"出生日期"(Start_date) 和 TODAY(End_date) 之间年数差,再利用 INT 函数"向下取整"为周岁年数。如图 4.41 所示。

= INT(YEARFRAC(E5,TODAY() ,3))

其中,YEARFRAC 函数第 3 个参数 basis 的意义,如图 4.42 所示。

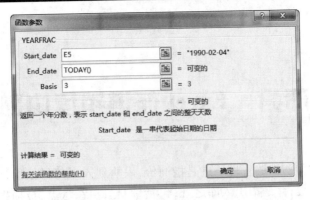

图 4.41　利用 YEARFRAC 函数获取起止日期之间的年份数

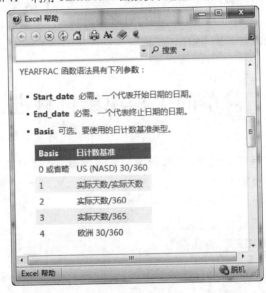

图 4.42　YEARFRAC 函数参数 Basis 的意义

方法三,利用 INT 函数,将今天(TODAY)和"出生日期"(E5 单元格)之间的天数差除以 365,所得结果利用 INT 函数"向下取整"为周岁年数。

$$= INT((TODAY() - E5)/365)$$

第 5 部分 Excel 在进销存中的应用

进销存管理又称为购销链管理。进是指询价、采购到入库与付款的过程;销是指报价、销售到出库与收款的过程;存是指出入库之外,包括领料、退货、盘点、报损报益、借出、调拨等影响库存数量的因素。进销存管理是企业对企业生产经营中的物流、资金流进行的管理,每一步都需要详尽准确的数据。利用 Excel 在进销存管理中的应用,通过对采购预付款业务、销售与收款业务表单的制作,完成管理数据的及时获取。

案例 5.1 简单的工程现场材料进销存管理

【情境引入】一个在工程现场管理工程物资的核算系统,通过记录入库信息、出库信息,核算物资的库存、供应商的付款和欠款情况,以及对不同施工队领用物资进行统计。适用人群:财务人员、统计人员等。

【相关知识】
- SUMPRODUCT、SUMIF 等函数;
- 定义名称;
- 数据验证。

一、简易的工程现场进销存核算流程图

在一般的工程现场,进销存核算包括供应商的入库统计和付款统计,施工队的领用统计和工程款统计,以及货物的入库统计和出库统计等。如图 5.1 所示。在整个流程图中,主要区域是工程物资现场核算,其他还包含入库记录,例如入库名称、数量、单价,以及入库材料的供应

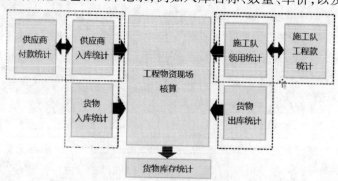

图 5.1 工程现场进销存核算流程

商的一些信息。同样还包含出库信息,例如哪个施工队领用的材料等。很多施工现场企业都会在现场设置一个仓库,可以直接办理入库和出库,主要关注的就是谁领用了材料,用在哪个项目和标段上了。

1. 编制"货物名称"和"供应商和施工队"表

新建一个工作簿,命名为"工程现场材料进销存管理",将其中的 Sheet1 工作表重命名为"货物名称",在其中输入和编辑工程所需的货物种类及名称(如图 5.2 所示),目的是做好后续表格取数的前期信息准备。货物名称按照两级方式管理:一级为大类(包括五金类、电料类、建材类和备用类等);二级为明细品种(例如,五金类下的"门锁""万能扳手""工具包"等),根据需要可以继续添加。新建一个工作表,命名为"供应商和施工队",输入、编辑有关供应商和施工队的信息,如图 5.3 所示。

	A	B	C	D
1	五金类	电料类	建材类	备用类
2	门锁	塔吊	木材	
3	执手	搅拌机	竹材	
4	撑挡	卷扬机	石材	
5	合页	升降机	水泥	
50	抽油烟机			
51	万能扳手			
52	工具包			
53	卷尺			
54	皮尺			

图 5.2　基础信息:货物名称

	A	B	C
1	供应商名称		施工队名称
2	供应商1		施工队1
3	供应商2		施工队2
4	供应商3		施工队3
5	供应商4		施工队4
15	供应商14		施工队14
16	供应商15		施工队15

图 5.3　基础信息:供应商和施工队

2. 定义名称

为了后续表格取数方便,需要对上述两个表格中的部分数据区域进行定义名称。如图 5.2 所示选择 A1:D1 单元格区域,依次单击"公式"/"定义的名称"/"定义名称"命令,弹出"新建名称"对话框,在"名称"框内输入"货物大类",在"引用位置"框中出现"=货物名称!A1:D1",单击"确定"按钮完成"货物大类"的定义名称。选择 A1:A54 单元格区域,依次单击"公式"/"定义的名称"/"根据所选内容创建"命令,弹出"以选定区域创建名称"对话框,勾选"首行"复选框,单击"确定"按钮,完成"五金类"的定义名称。参照上述步骤,分别选择两个表格中的不同单元格区域,为其定义名称。如图 5.4 所示。

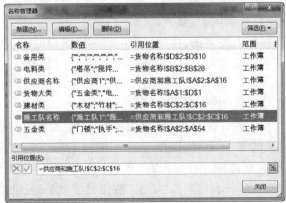

图 5.4　定义名称

二、编制"入库"表

新建一个工作表,命名为"入库",然后如图 5.5 所示输入和编辑相关数据,其中包括供应商信息、货物大类和明细、对应的数量和单价等,进行入库信息的登记。

	A	B	C	D	E	F	G	H	I	J
1		手工录入	本列为选择输入,请勿输入下拉列表中没有的内容	本列为选择输入,请勿输入下拉列表中没有的内容	本列为选择输入,请勿输入下拉列表中没有的内容	手工录入	手工录入	手工录入	自动计算	
2										
3	序号	日期	供应商名称	货物大类	货物名称	单位	入库数量	入库单价	金额	备注
4	1	2020/4/2	供应商1	五金类	卷尺	只	122	¥ 20.00	¥ 2,440.00	
5	2	2020/4/3	供应商1	五金类	皮尺	盒	303	¥ 30.00	¥ 9,090.00	
6	3	2020/4/4	供应商3	电料类	插座	只	137	¥ 55.00	¥ 7,535.00	
7	4	2020/4/5	供应商4	建材类	石子	立方	192	¥ 100.00	¥ 19,200.00	
17	14	2020/4/15	供应商12	电料类	Φ2电线	卷	160	¥ 300.00	¥ 48,000.00	
18	15	2020/4/16	供应商11	电料类	插座	只	338	¥ 55.00	¥ 18,590.00	
19										
20										

图 5.5　入库表

在表格的第一行中,可以分别输入不同数据列在数据录入时应该注意或者采取的方式,例如,手工输入还是自动计算等。各个数据列的具体设置方式如下:

(1)自动生成"序号"。

在"序号"列中,我们设置一个函数公式,目的是如果"日期"列填入了相关日期信息后,自动显示一个递增的"1、2、3……"序号序列。在 A4 单元格中构建如下函数公式:

=IF(B4<>"",MAX($A$3:A3)+1,"")

按下 Enter 键,得到计算结果,将公式向下复制填充,当右侧单元格填入日期后,序号列会自动填充。

(2)设置数据验证限制"供应商名称"输入。

在"供应商名称"列中,我们进行"数据验证"的设置,为每一个单元格提供一个下拉列表方便输入和编辑。具体操作方法是:选择 B4:B1000 单元格区域(也可以根据需要选择更多行),依次单击"数据"/"数据工具"/"数据验证"命令,打开"数据验证"对话框,在"允许"框内选择"序列",在"来源"框内输入"=供应商名称",单击"确定"按钮完成设置,然后就可以利用提供的下拉列表选择输入相关的供应商名称。

(3)设置数据验证限制"货物大类"输入。

在"货物大类"列中,参照上述方法,也要设置一个"数据验证"。在"允许"框内选择"序列",在"来源"框内输入"=货物大类",目的就是为每一个单元格提供一个下拉列表方便输入和编辑。

(4)通过二级下拉菜单输入"货物名称"。

在"货物名称"列中,我们设计在 D 列的"货物大类"中输入一种类别(例如,五金类)时,E 列自动产生一个与之相关的下拉菜单,以便于输入货物名称。具体操作方法是:选择 E4:E1000 单元格区域,打开"数据验证"对话框,在"允许"框内选择"序列",在"来源"框中输入"=INDIRECT(D4)"(如图 5.6 所示),单击"确定"按钮完成数据验证设置,然后可以通过下拉列表选择输入相应的货物名称。

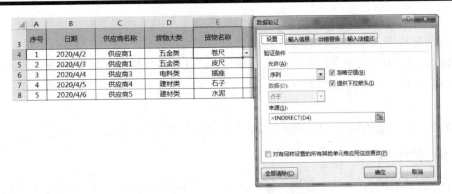

图 5.6　利用 INDIRECT 函数进行数据验证

知识 5-1:INDIRECT 函数。

INDIRECT 函数的语法格式为:返回由文本字符串指定的引用,并立即对引用进行计算,并显示其内容。例如,在 A2 单元格中输入"供应商 1",在 B2 单元格中输入与其相对应的单元格地址"A2",在 C 列输入函数公式: = INDIRECT(B2),按下 Enter 键,即可得到由文本字符串 B2 指向的 A2 单元格中的内容——"供应商 1",如图 5.7 所示。如果 A2 单元格内的内容是一个区域的定义名称,例如,"五金类"是数十种五金类明细类型所在数据区域的定义名称,则在 B 列输入公式: = INDIRECT($A$2),将公式向下复制填充至适当行数,则每个单元格中的返回值就是这些五金类明细类型的名称,如图 5.8 所示。

图 5.7　INDIRECT 函数:指向单元格内容　　　图 5.8　INDIRECT 函数:指向区域内容

本案例中,D4 单元格中输入的"五金类"是代表所有五金类明细数据区域的名称,因此在 E4 单元格中用公式: = INDIRECT(D4)作为数据验证的来源,得到的结果就是一个包含所有五金类明细名称的下拉列表。

(5)其他。

本案例中,如果在"货物名称"工作表中包含于每种货物名称相对应的"单位"和"单价",则此处可以使用 VLOOKUP 函数进行获取;也可以根据实际情况手动输入(在企业中,入库和出库的单价有其不同的核算方式,例如,先进先出法、后进先出法、个别计价法、加权平均法等,在财务处理上非常复杂)。对于企业来说,主要考虑到价值、纳税和现金流量、管理人员业绩评估等问题来选择最佳的成本核算方法。此处,作为一个简易的现场管理核算系统,不做更为细致的设置,即按照入库的单价核算出库的单价。

在如实输入“入库数量”之后,“入库金额”就可以按照“入库金额 = 单价 * 入库数量”进行计算。在 I4 单元格中构建如下公式:

= IF(E4 = "","",G4 * H4)

将该公式向下复制填充即可得到“入库金额”的计算结果。

三、编制“出库”表

“出库”表的结构与“入库”表基本相同,也要体现物资类的信息,所不同的就是要体现“施工队”的信息,如图 5.9 所示。具体的设置方法参考“入库”表即可。

	A	B	C	D	E	F	G	H	I	J
1		手工录入	本列为选择输入，请勿输入下拉列表中没有的内容	本列为选择输入，请勿输入下拉列表中没有的内容	本列为选择输入，请勿输入下拉列表中没有的内容	手工录入	手工录入	手工录入	自动计算	
2										
3	序号	日期	施工队名称	货物大类	货物名称	单位	出库数量	出库单价	金额	备注
4	1	2020/4/2	施工队1	五金类	卷尺	只	37	¥ 20.00	¥ 740.00	
5	2	2020/4/3	施工队4	五金类	工具包	个	87	¥ 180.00	¥ 15,660.00	
6	3	2020/4/4	施工队7	电料类	插座	只	101	¥ 55.00	¥ 5,555.00	
7	4	2020/4/5	施工队3	建材类	水泥	袋	90	¥ 110.00	¥ 9,900.00	
17	14	2020/4/15	施工队13	电料类		只	68	¥ 560.00	¥ 38,080.00	
18	15	2020/4/16	施工队11	电料类		只	112	¥ 55.00	¥ 6,160.00	
19										
20										
21										
22										
23										

水泥 混凝土 砖瓦 玻璃工程塑料 复合材料 涂料 油漆 贴面

图 5.9　出库表

四、编制“供应商应付款统计”表

在建立了“入库”表和“出库”表的基础上,还需要统计供应商的数量、给供应商的付款记录,以及统计给供应商的应付款、已付款以及欠款的数据。

1. 付款记录登记表

新建一个工作表,命名为“供应商应付款统计”,在 A:E 列建立“付款记录登记表”,如图 5.10 所示。在该表中,要记录的是项目方给供应商付款的明细数据,一般情况下手动输入即可。

	A	B	C	D	E
1	付款记录登记表				
2					
3	序号	日期	摘要	供应商名称	金额
4	1	2020/4/5		供应商1	¥ 1,282.00
5	2	2020/4/6		供应商3	¥ 1,219.00
6	3	2020/4/7		供应商4	¥ 1,980.00
7	4	2020/4/8		供应商5	¥ 1,478.00
8	5	2020/4/9		供应商6	¥ 1,569.00
9	6	2020/4/10		供应商8	¥ 1,106.00
10	7	2020/4/11		供应商15	¥ 1,427.00
26	23	2020/4/27		供应商3	¥ 1,189.00
27	24	2020/4/28		供应商4	¥ 1,600.00
28	25	2020/4/29		供应商5	¥ 1,016.00
29	26	2020/4/30		供应商12	¥ 1,068.00
30	27	2020/5/1		供应商12	¥ 1,063.00

图 5.10　付款记录登记表

2. 应付款统计汇总表

在图5.10右侧,需要建立一个“应付款统计汇总表”,在其中汇总目前已有供货关系的所有供货商的名单,以及项目方为其应付款、已付款和未付款的统计情况。根据获取供应商名称的不同方式,可以设计两种结构的表格。

(1)方法一:统计所有供货商。

如果统计所有供货商的名单,可以从“供应商和施工队”表中复制其名单,粘贴在当前表的G列(如图5.11左侧汇总表所示)。然后如图5.12所示建立相应的应付款统计汇总表。

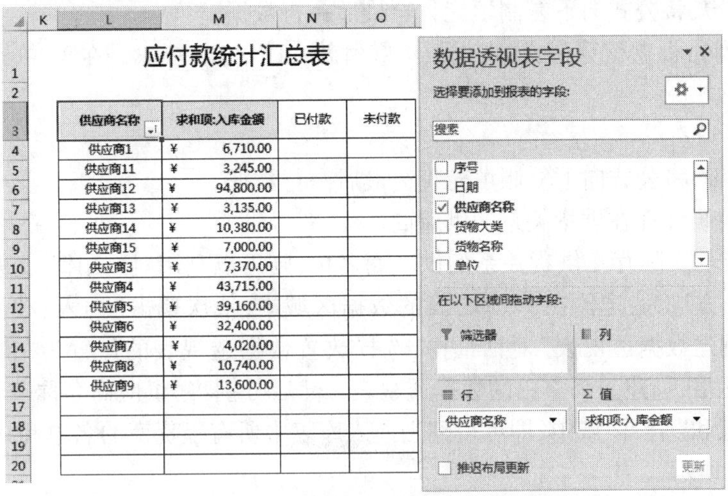

应付款统计汇总表

供应商名称	求和项:入库金额	已付款	未付款
供应商1	¥ 6,710.00		
供应商11	¥ 3,245.00		
供应商12	¥ 94,800.00		
供应商13	¥ 3,135.00		
供应商14	¥ 10,380.00		
供应商15	¥ 7,000.00		
供应商3	¥ 7,370.00		
供应商4	¥ 43,715.00		
供应商5	¥ 39,160.00		
供应商6	¥ 32,400.00		
供应商7	¥ 4,020.00		
供应商8	¥ 10,740.00		
供应商9	¥ 13,600.00		

图5.11 统计存在供货关系的供应商

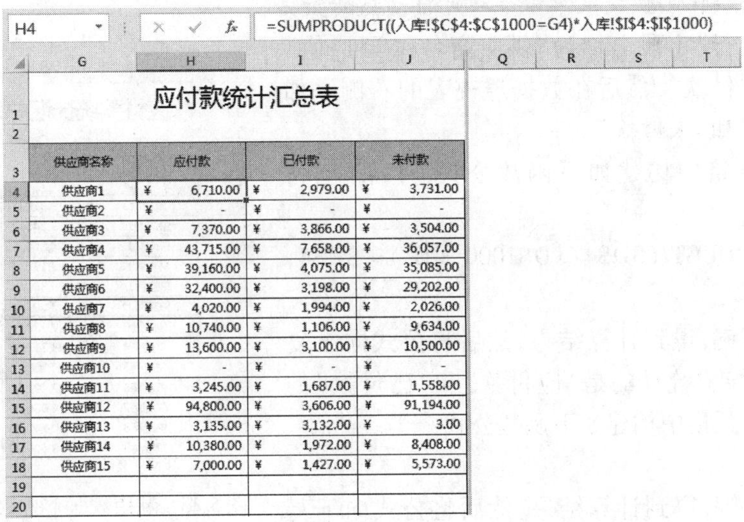

H4 =SUMPRODUCT((入库!$C$4:$C$1000=G4)*入库!$I$4:$I$1000)

应付款统计汇总表

供应商名称	应付款	已付款	未付款
供应商1	¥ 6,710.00	¥ 2,979.00	¥ 3,731.00
供应商2	¥ -	¥ -	¥ -
供应商3	¥ 7,370.00	¥ 3,866.00	¥ 3,504.00
供应商4	¥ 43,715.00	¥ 7,658.00	¥ 36,057.00
供应商5	¥ 39,160.00	¥ 4,075.00	¥ 35,085.00
供应商6	¥ 32,400.00	¥ 3,198.00	¥ 29,202.00
供应商7	¥ 4,020.00	¥ 1,994.00	¥ 2,026.00
供应商8	¥ 10,740.00	¥ 1,106.00	¥ 9,634.00
供应商9	¥ 13,600.00	¥ 3,100.00	¥ 10,500.00
供应商10	¥ -	¥ -	¥ -
供应商11	¥ 3,245.00	¥ 1,687.00	¥ 1,558.00
供应商12	¥ 94,800.00	¥ 3,606.00	¥ 91,194.00
供应商13	¥ 3,135.00	¥ 3,132.00	¥ 3.00
供应商14	¥ 10,380.00	¥ 1,972.00	¥ 8,408.00
供应商15	¥ 7,000.00	¥ 1,427.00	¥ 5,573.00

图5.12 统计所有供货商

其中,各列数据的获取方式分别为:

供应商名称(G列):通过复制“供应商和施工队”表中A2:A16单元格区域中的供应商名单获得。

应付款(H列):通过SUMPRODUCT函数获取。在H4单元格中构建如下函数公式:

= SUMPRODUCT((入库!$C$4:$C$1000 = G4) * 入库!$I$4:$I$1000)

按下 Enter 键,将公式向下复制填充直至最后一行数据。

已付款(I 列):“已付款”统计的是右侧的供应商在当前工作表的“付款记录登记表”E 列中“金额”的汇总数据,可以通过 SUMPRODUCT 或者 SUMIFS 函数获取。在 I4 单元格中构建如下函数公式:

方法一:= SUMPRODUCT(($D$4:$D$1000 = G4) * $E$4:$E$1000);

方法二:= SUMIF($D$4:$D$1000,G4,$E$4:$E$1000)。

按下 Enter 键,将公式向下复制填充直至最后一行数据。

未付款(J 列):根据核算公式“未付款 = 应付款 - 已付款”获取。在 J4 单元格中构建如下公式:

= H4 - I4

按下 Enter 键,将公式向下复制填充直至最后一行数据。

(2)方法二:统计存在供货关系的供应商。

如果统计目前实际存在供货关系的供应商名单,则可以利用对“入库”表进行数据透视来获取。具体操作方法为:定位在“入库”表的数据区域中,依次单击“插入”/“数据透视表”命令,在弹出的“创建数据透视表”对话框中,选择放置数据透视表的位置为“供应商应付款统计”表的 L3 单元格,创建一个空白的数据透视表。然后分别将“供应商名称”“入库金额”字段拖拽到“行”区域和“值”区域中,即可得到当前入库表中所有供货商的名单和入库的金额汇总数据,如图 5.12 所示。

【说明】如果在“入库”表中增加了更多供货商的信息,只需要在当前表中右键单击数据透视表区域,选择“刷新”快捷菜单命令即可自动更新数据。

分别修改“行”字段名称为“供应商名称”和“值”字段名称为“应付款”,然后在数据透视表的右侧添加两列:“已付款”和“未付款”。

在 N4 单元格中构建如下函数公式,计算“已付款”。

= SUMPRODUCT(($D$4:$D$1000 = L4) * $E$4:$E$1000)

按下 Enter 键,得到计算结果,然后将公式向下复制填充。“未付款”统计的是“应付款”和“已付款”的差额。在 O4 单元格中构建如下函数公式:

= M4 - N4

按下 Enter 键,得到计算结果,然后将公式向下复制填充。计算结果如图 5.13 所示。

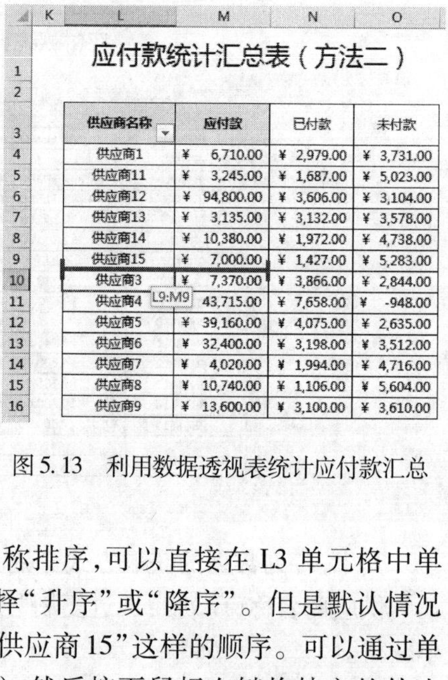
应付款统计汇总表(方法二)

供应商名称	应付款	已付款	未付款
供应商1	¥ 6,710.00	¥ 2,979.00	¥ 3,731.00
供应商11	¥ 3,245.00	¥ 1,687.00	¥ 5,023.00
供应商12	¥ 94,800.00	¥ 3,606.00	¥ 3,104.00
供应商13	¥ 3,135.00	¥ 3,132.00	¥ 3,578.00
供应商14	¥ 10,380.00	¥ 1,972.00	¥ 4,738.00
供应商15	¥ 7,000.00	¥ 1,427.00	¥ 5,283.00
供应商3	¥ 7,370.00	¥ 3,866.00	¥ 2,844.00
供应商4	43,715.00	¥ 7,658.00	¥ -948.00
供应商5	¥ 39,160.00	¥ 4,075.00	¥ 2,635.00
供应商6	¥ 32,400.00	¥ 3,198.00	¥ 3,512.00
供应商7	¥ 4,020.00	¥ 1,994.00	¥ 4,716.00
供应商8	¥ 10,740.00	¥ 1,106.00	¥ 5,604.00
供应商9	¥ 13,600.00	¥ 3,100.00	¥ 3,610.00

图 5.13 利用数据透视表统计应付款汇总

在图 5.13 中,“供应商名称”列的顺序如果想按照名称排序,可以直接在 L3 单元格中单击“供应商名称”右侧的下三角按钮,从弹出的列表中选择“升序”或“降序”。但是默认情况下无法排列成为“供应商 1”“供应商 2”“供应商 3”……“供应商 15”这样的顺序。可以通过单击选择想要排序的单元格(例如,L10 单元格“供应商 3”),然后按下鼠标左键拖拽它的外边框，移至合适的位置后，松开鼠标左键即可将整行数据移动至新位置。如图 5.14 所示为重新调整顺序后的效果。

应付款统计汇总表（方法一）

供应商名称	应付款	已付款	未付款
供应商1	¥ 6,710.00	¥ 2,979.00	¥ 3,731.00
供应商2	¥ -	¥ -	¥ -
供应商3	¥ 7,370.00	¥ 3,866.00	¥ 3,504.00
供应商4	¥ 43,715.00	¥ 7,658.00	¥ 36,057.00
供应商5	¥ 39,160.00	¥ 4,075.00	¥ 35,085.00
供应商6	¥ 32,400.00	¥ 3,198.00	¥ 29,202.00
供应商7	¥ 4,020.00	¥ 1,994.00	¥ 2,026.00
供应商8	¥ 10,740.00	¥ 1,106.00	¥ 9,634.00
供应商9	¥ 13,600.00	¥ 3,100.00	¥ 10,500.00
供应商10	¥ -	¥ -	¥ -
供应商11	¥ 3,245.00	¥ 1,687.00	¥ 1,558.00
供应商12	¥ 94,800.00	¥ 3,606.00	¥ 91,194.00
供应商13	¥ 3,135.00	¥ 3,132.00	¥ 3.00
供应商14	¥ 10,380.00	¥ 1,972.00	¥ 8,408.00
供应商15	¥ 7,000.00	¥ 1,427.00	¥ 5,573.00

应付款统计汇总表（方法二）

供应商名称	应付款	已付款	未付款
供应商1	¥ 6,710.00	¥ 2,979.00	¥ 3,731.00
供应商3	¥ 7,370.00	¥ 3,866.00	¥ 2,844.00
供应商4	¥ 43,715.00	¥ 7,658.00	¥ -948.00
供应商5	¥ 39,160.00	¥ 4,075.00	¥ 2,635.00
供应商6	¥ 32,400.00	¥ 3,198.00	¥ 3,512.00
供应商7	¥ 4,020.00	¥ 1,994.00	¥ 4,716.00
供应商8	¥ 10,740.00	¥ 1,106.00	¥ 5,604.00
供应商9	¥ 13,600.00	¥ 3,100.00	¥ 3,610.00
供应商11	¥ 3,245.00	¥ 1,687.00	¥ 5,023.00
供应商12	¥ 94,800.00	¥ 3,606.00	¥ 3,104.00
供应商13	¥ 3,135.00	¥ 3,132.00	¥ 3,578.00
供应商14	¥ 10,380.00	¥ 1,972.00	¥ 4,738.00
供应商15	¥ 7,000.00	¥ 1,427.00	¥ 5,283.00

图 5.14　手动调整数据透视表中的行顺序

五、编制“施工队应付款统计”表

1. 施工队工程款付款登记表

新建一个工作表，命名为“施工队应付款统计”，分别在其中建立两个表格：“施工队工程款付款登记表”和“项目领用材料及工程款汇总表”，如图 5.15 所示。在左侧的“施工队工程款付款登记表”中，要记录的是给施工队支付的入场费、人工费等明细数据，一般情况下手动输入即可。

施工队工程款付款登记表

序号	日期	施工队名称	金额
1	2020/4/3	施工队1	¥ 1,065.00
2	2020/4/4	施工队7	¥ 2,335.00
3	2020/4/5	施工队2	¥ 1,955.00
14	2020/4/16	施工队7	¥ 1,882.00
15	2020/4/17	施工队10	¥ 1,804.00
16	2020/4/18	施工队11	¥ 2,256.00
17	2020/4/19	施工队13	¥ 1,210.00

项目领用材料及工程款汇总表

施工队名称	领用材料汇总金额	工程款汇总金额	合计金额
施工队1	¥ 600.00	¥ 6,531.00	¥ 7,131.00
施工队2	¥ 6,200.00	¥ 6,572.00	¥ 12,772.00
施工队3	¥ 11,660.00	¥ 5,415.00	¥ 17,075.00
施工队14	¥ 10,200.00	¥ -	¥ 10,200.00
施工队15	¥ 5,225.00	¥ 1,709.00	¥ 6,934.00

图 5.15　施工队应付款统计

2. 项目领用材料及工程款汇总表

右侧的“项目领用材料及工程款汇总表”则需要汇总目前已有承包关系的所有施工队的名单，以及项目方为其领用材料的汇总金额、工程款汇总金额和合计金额的统计情况。

(1)施工队名称。

与上述的供应商名称获取方式相同，施工队名单的获取方式也有两种：如果统计所有施工队的名单，可以从“供应商和施工队”表中复制其名单，粘贴在当前表的 F 列(如图 5.16 左侧汇总表所示);如果统计目前实际存在承包关系的施工队名单,则可以利用对"出库"表进行数据透视来获取(如图 5.16 右侧汇总表所示)。具体操作方法可参照"应付款统计汇总表"进行。

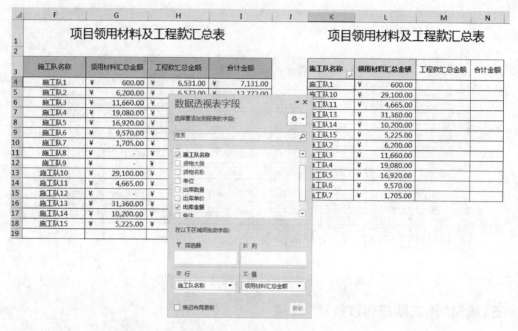

图 5.16　利用数据透视表功能进行施工队工程款汇总

(2)领用材料汇总金额。

在 G 列中,"领用材料汇总金额"统计的是右侧的施工队在"出库"表中的"出库金额"的汇总数据,可以使用 SUMIF 或者 SUMPRODUCT 函数获取。在 G4 单元格中构建如下函数公式:

方法一: = SUMIF(出库!$C$4:$C$1000,F4,出库!$I$4:$I$1000);

方法二: = SUMPRODUCT((出库!$C$4:$C$1000 = F4) * 出库!$I$4:$I$1000)。

按下 Enter 键,得到计算结果,然后将公式向下复制填充。

(3)工程款汇总金额。

在 H 列中,"工程款汇总金额"统计的是右侧的施工队在当前工作表的"施工队工程款付款登记表"D 列中"金额"的汇总数据,可以使用 SUMIF 或者 SUMPRODUCT 函数获取。在 H4 单元格中构建如下函数公式:

方法一: = SUMIF($C$4:$C$1000,F4,$D$4:$D$1000);

方法二: = SUMPRODUCT(($C$4:$C$1000 = F4) * $D$4:$D$1000)。

按下 Enter 键,得到计算结果,然后将公式向下复制填充。

(4)合计金额。

在 I 列中,"合计金额"统计的是"领用材料汇总金额"和"工程款汇总金额"的合计,即该施工队的总开支。在 I4 单元格中构建如下函数公式:

= G4 + H4

按下 Enter 键,得到计算结果,然后将公式向下复制填充。

六、编制"库存数据统计"表

新建一个工作表,命名为"库存数据统计",如图 5.17 所示构建汇总行和标题行。在这个表格中将对入库表、出库表以及付款登记表等信息进行汇总,完成库存数量和库存金额的数据核算。

			入库数量合计	入库金额合计	出库数量合计	出库金额合计	库存数量合计	库存金额合计
			2701	¥ 276,275.00	1039	¥ 114,925.00	1662	¥ 161,350.00
序号	货物大类	货物名称	入库数量	入库金额	出库数量	出库金额	库存数量	库存金额
1	五金类	万能扳手	140	¥ 7,000.00	60	¥ 3,000.00	80	4000
2	五金类	工具包	180	¥ 32,400.00	165	¥ 29,700.00	15	2700
3	五金类	卷尺	376	¥ 7,520.00	30	¥ 600.00	346	6920
4	五金类	皮尺	107	¥ 3,210.00	84	¥ 2,520.00	23	690
5	电料类	插座	363	¥ 19,965.00	165	¥ 9,075.00	198	10890
6	电料类	Φ2电线	316	¥ 94,800.00	97	¥ 29,100.00	219	65700
7	建材类	水泥	356	¥ 39,160.00	193	¥ 21,230.00	163	17930
8	建材类	石子	511	¥ 51,100.00	125	¥ 12,500.00	386	38600
9	建材类	沙子	352	¥ 21,120.00	120	¥ 7,200.00	232	13920

图 5.17　"库存数据统计"表

1. 货物大类和货物名称

在"货物大类"和"货物名称"两列中,应该根据项目的实际情况,罗列出所有工程需要的材料类别和名称。这里仍然需要设置数据验证,方便输入同时防止错误信息的录入。在"货物大类"列中,设置数据验证,在"允许"框内选择"序列",在"来源"框内输入"= 货物大类"。在"货物名称"列中,通过设置数据验证设计二级下拉菜单,在 B 列"货物大类"中输入一种类别(例如,"五金类")时,C 列的下拉列表自动更新为与之相关的货物名称。设置数据验证的方法:选择 C6:C1000 单元格区域,打开"数据验证"对话框,在"允许"框内选择"序列",在"来源"框中输入"= INDIRECT(B6)"。设置完成之后,通过下拉列表选择输入相应的货物大类和货物名称。

2. 入库数量和入库金额

在"入库数量"和"入库金额"两列中,对"入库"表中的"入库数量"和"入库金额"两列分别汇总统计。前提是必须同时满足"货物大类"和"货物名称"两个条件。可以使用 SUM-PRODUCT 函数来实现,具体操作方法如下:

(1)入库数量。

在 D6 单元格中构建如下函数公式:

= IF($C6 <>"",SUMPRODUCT((入库!$D$4:$D$1000 = $B6)*(入库!$E$4:$E$1000 = $C6)*入库!$G$4:$G$1000),"")

复制上述公式向下直至最后一行。

(2)入库金额。

在 E6 单元格中构建如下函数公式:

= IF($C6 <>"",SUMPRODUCT((入库!$D$4:$D$1000 = $B6)*(入库!$E$4:$E$1000 =

$C6)* 入库!$I$4:$I$1000),"")

复制上述公式向下直至最后一行。

3. 出库数量和出库金额

在"出库数量"和"出库金额"两列中,对"出库"表中的"出库数量"和"出库金额"两列分别汇总统计。前提条件是必须同时满足"货物大类"和"货物名称"两个条件。同样可以使用 SUMPRODUCT 函数来实现,具体操作方法如下:

(1)出库数量。

在 F6 单元格中构建如下函数公式:

= IF(C6<>"",SUMPRODUCT((出库!$D$4:$D$1000 = $B6)*(出库!$E$4:$E$1000 = $C6)* 出库!$G$4:$G$1000),"")

复制上述公式向下直至最后一行。

(2)出库金额。

在 G6 单元格中构建如下函数公式:

= IF(D6<>"",SUMPRODUCT((出库!$D$4:$D$1000 = $B6)*(出库!$E$4:$E$1000 = $C6)* 出库!$I$4:$I$1000),"")

复制上述公式向下直至最后一行。

4. 库存数量和库存金额

在"库存数量"和"库存金额"两列中,需要对上面统计的出、入库的数量及金额分别进行核算。为了更为直观地观察哪些材料库存充足,哪些材料库存紧张,以便提醒项目方及时补充、调整,可以对这两列数据设置条件格式,用不同颜色标识相关数据。

(1)计算方法。

在 H6 单元格中输入如下函数公式:= IF(C6<>"",D6 – F6,""),将公式向下复制填充直至最后一行明细,获取"库存数量"。在 I6 单元格中输入如下函数公式:= IF(D6<>"",E6 – G6,""),将公式向下复制填充直至最后一行明细,获取"库存金额"。

(2)设置条件格式规则。

分别选择"库存数量"和"库存金额"两列数据区域,各自设置条件格式规则。依次单击"开始"/"样式"/"条件格式"/"图标集"/"其他规则..."命令(如图 5.18 所示)。

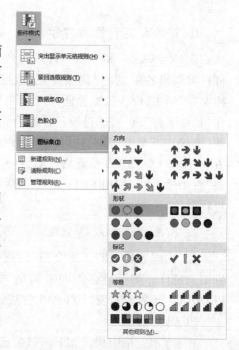

图 5.18 选择条件格式:图标集

在弹出的"新建格式规则"对话框中,选择一种图标样式(例如,三色交通灯),然后分别修改"值"和"类型"。其中,"值"的大小可以根据需要进行设置,"类型"则选择为"数字"。如图 5.19 所示。单击"确定"按钮完成设置,就可以看到"库存数量"和"库存金额"两列单元格中根据数字的大小自动显示的图标颜色,非常直观、醒目。

图 5.19　编辑条件格式规则

5. 汇总行

在表格的上方(例如,D2:I3 单元格区域),可以设计一个汇总行,分别利用 SUM 函数对 "入库数量""入库金额""出库数量""出库金额""库存数量""库存金额"进行汇总统计。如果想要统计、查看其中某一类材料的进销存情况,则可以对表格数据进行筛选或者分类汇总等操作来实现。

一课一练 16　两个常用的时间类函数

练习 1. 利用 EDATE 函数计算合同到期

如图 5.20 所示,在 C4 单元格内构建如下函数公式:

＝EDATE(A4,B4)

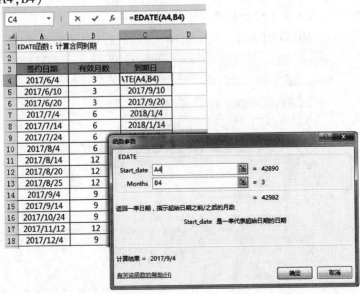

图 5.20　计算合同到期

练习 2. 利用 MONTH 函数计算某个日期是第几季度

在工作中经常遇到需要统计日期所归属的季度的情况,尤其是统计整年的销售情况的时候。如果需要统计的数据很少,那么简单的手工归纳即可,但如果面对成千上万行的日期,那么人工统计显然费时费力了。

方法一:利用 LEN + MONTH 组合函数。

如图 5.21 所示,在 B4 单元格内构建如下函数公式:

= LEN(2^MONTH(A4))&" 季度"

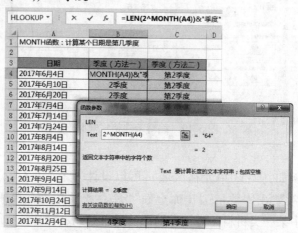

图 5.21 计算某个日期是第几季度(LEN + MONTH 组合)

方法二:利用 MONTH + LOOKUP + TEXT 组合函数。

解决思路:

- 用 MONTH 函数提取日期的月份;
- 用 LOOKUP 函数根据月份确定所属的季度;
- 用 TEXT 函数转换显示形式。

如图 5.22 所示,在 C4 单元格中构建如下函数公式:

= TEXT(LOOKUP(MONTH(A4) ,{1,4,7,10},{1,2,3,4}) ," 第 0 季度")

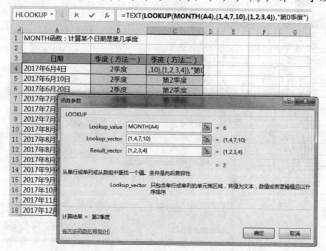

图 5.22 计算某个日期是第几季度(MONTH + LOOKUP + TEXT 组合)

案例 5.2　化妆品超市的日常进销存核算

【情境引入】某化妆品超市计划对日常进货、销售和库存进行电子账务的管理,作为一个小型企业来说,产品的进销存量不太大,没有那么复杂,不值得花钱购买一套专业的软件,况且花钱购买、找人订制甚至从网上下载破解版都不太可靠,万一出现问题,公司将面临信息损坏或丢失的风险。利用 Excel 软件自己动手制作一个既简单,又易维护的进销存管理表格就是一个很好的选择。

【相关知识】
- 了解简单的进销存管理系统的组成结构;
- 学习 Excel 在出入库统计中的应用;
- 掌握 Excel 在结存统计中的应用;
- 掌握高级筛选和数据透视表工具在进销存管理中的应用。

新建一个工作簿,命名为"小超市进销存核算系统",在其中需要分别创建以下几个工作表:"商品信息表""采购信息表""销售信息表""库存信息表"。

一、编制"商品信息表"

将 Sheet1 工作表重命名为"商品信息表",在其中录入化妆品超市日常经营的商品品种的基本信息,设置适当的数据格式,调整行高、列宽,添加边框和底纹等。如图 5.23 所示。

	A	B	C	D	E	F
1	货号	条形码	货品名称	类别	单位	吊牌价
2	XH-1	101	大宝洗面奶	洗漱用品	瓶	50.00
3	XH-2	102	郁美净面霜	洗漱用品	瓶	80.00
4	XH-3	103	丝瓜水	洗漱用品	瓶	20.00
5	XH-4	104	飘柔洗发水	洗漱用品	瓶	30.00
6	XD-1	201	汰渍洗衣粉	洗涤用品	袋	13.80
7	HZ-1	301	美宝莲唇彩	化妆用品	支	49.80
8	HZ-2	302	曼秀雷敦薄荷膏	化妆用品	支	29.00
9	YJ-1	401	白沙	烟酒用品	盒	5.00
10	YJ-2	402	中南海	烟酒用品	盒	4.50
11	YJ-3	403	五粮液	烟酒用品	瓶	580.00
12						
13						

图 5.23　商品信息表

选择 A:F 列,依次单击"公式"/"定义的名称"/"根据所选内容创建"命令,在弹出的"以选定区域创建名称"对话框中勾选"首行"复选框,单击"确定"按钮,完成对所选列的定义名称。打开"名称管理器"可以查看和编辑已经定义的名称,如图 5.24 所示。

二、编制"采购信息表"

新建一个工作表,重命名为"采购信息表",在表格中编辑输入相关的商品采购信息,并进行适当的单元格格式设置。如图 5.25 所示。

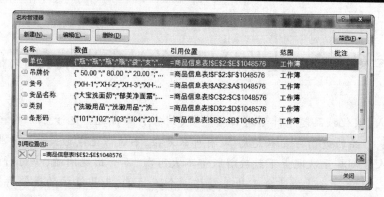

图 5.24　名称管理器

	A	B	C	D	E	F	G	H	I
1	入库日期	单号	货号	货品名称	单位	吊牌价	进货价	采购数量	进货金额
2	2019-04-03	20000001	XH-1	大宝洗面奶	瓶	50.00	30.00	50	1,500.00
3	2019-04-03	20000001	XH-4	飘柔洗发水	瓶	30.00	18.00	50	900.00
4	2019-04-03	20000002	XH-3	丝瓜水	瓶	20.00	15.00	20	300.00
5	2019-04-03	20000003	XD-1	汰渍洗衣粉	袋	13.80	8.00	100	800.00
6	2019-04-03	20000004	YJ-1	白沙	盒	5.00	4.50	20	90.00
7	2019-04-04	20000005	HZ-1	美宝莲唇彩	支	49.80	26.00	30	780.00
8	2019-04-04	20000006	YJ-2	中南海	盒	4.50	3.00	100	300.00
9	2019-04-04	20000006	HZ-2	昙秀霜薄荷膏	支	29.00	25.60	50	1,280.00
10	2019-04-04	20000007	XH-2	郁美净面霜	瓶	80.00	48.00	50	2,400.00
11	2019-04-05	20000008	YJ-3	五粮液	瓶	580.00	450.00	100	45,000.00
12	2019-04-05	20000009	YJ-2	中南海	盒	4.50	3.80	50	190.00
13	2019-04-06	20000010	XH-4	飘柔洗发水	瓶	30.00	18.00	20	360.00
14	2019-04-06	20000011	HZ-1	美宝莲唇彩	支	49.80	26.00	50	1,300.00
15	2019-04-07	20000012	XD-1	汰渍洗衣粉	袋	13.80	10.80	100	1,080.00
16									
17									

图 5.25　采购信息表

1. 自定义格式

分别为"入库日期"和"单号"列设置自定义格式:A 列(入库日期)自定义格式为:yyyy - mm - dd;B 列(单号)自定义格式为:2000000。这样,在 B 列中输入数字 1,则自动显示为"2000001"。

2. 数据验证

利用已经定义的名称,分别为"货号""货品名称""单位""进货价"设置数据验证。以"货号"为例介绍操作方法:选择 C 列,依次单击"数据"/"数据工具"/"数据验证"命令,打开"数据验证"对话框,在"允许"框中选择"序列",在"来源"框中输入"=货号",单击"确定"按钮完成设置。其他列的数据验证设置可以参照"货号"列进行操作。

3. 编辑数据

"入库日期""单号""货品名称""进货价""采购数量"列的数据需要根据实际采购进货的情况据实录入。"货号""单位""吊牌价"列的数据则可以利用 INDEX + MATCH 函数组合,根据录入的"货品名称"自动获取。分别在以下单元格中构建函数公式:

C2(货号):= IF($D2 = "","",INDEX(货号,MATCH($D2,货品名称,0)));

E2(单位):= IF($D2 = "","",INDEX(单位,MATCH($D2,货品名称,0)));

F2(吊牌价):= IF($D2 = "","",INDEX(吊牌价,MATCH($D2,货品名称,0)));

I2(进货金额):= G2 * H2。

将公式向下复制填充直至最后一行数据,得到相应的统计结果。

知识 5 – 2:INDEX + MATCH 函数组合。

INDEX + MATCH 函数组合,是在查询数据信息时经常使用的一种计算方法。以 C2 单元格(货号)中的公式为例,MATCH($D2,货品名称,0)是查询 D2 单元格中的货品名称("大宝洗面奶")在"商品信息表"的"货品名称"列中的行数位置;INDEX(货号,MATCH($D2,货品名称,0))则是根据这个行数位置,在"商品信息表"的"货号"列中查询到"大宝洗面奶"的货号信息。如图 5.26 所示。

图 5.26 INDEX + MATCH 函数组合

三、编制"销售信息表"

新建一个工作表,重命名为"销售信息表",为其进行适当的单元格格式美化,A 列("销售日期")自定义格式为:yyyy – mm – dd;将 B 列("单号")自定义格式为:1000000。然后通过以下方式,分别录入、统计各列数据。

1. 手动输入

根据实际销售情况,录入"销售日期""单号""售价""销售数量"等数据。如图 5.27 所示。

	A	B	C	D	E	F	G	H	I	J
1	销售日期	单号	货号	条形码	货品名称	单位	吊牌价	售价	销售数量	销售金额
2	2019-03-01	1000000	XH-1	101	大宝洗面奶	瓶	50	45.00	8	360.00
3	2019-03-10	1000001	XH-4	104	飘柔洗发水	瓶	30	25.00	10	250.00
4	2019-03-15	1000002	HZ-2	302	曼秀雷敦薄荷膏	支	29	29.00	3	87.00
5	2019-03-20	1000003	YJ-1	401	白沙	盒	5	5.00	2	10.00
6	2019-03-25	1000004	YJ-2	402	中南海	盒	4.5	4.50	8	36.00
7	2019-04-01	1000005	XH-2	102	郁美净面霜	瓶	80	68.00	5	340.00
8	2019-04-02	1000006	XD-1	201	汰渍洗衣粉	袋	13.8	10.80	8	86.40
9										
10										
11										

图 5.27 销售信息表

2. 通过数据验证输入"货品名称"

(1)设置数据验证。

参照"采购信息表"的操作方法,分别为"货号""条形码""货品名称""单位""进货价"设置数据验证。

（2）录入"货品名称"。

利用数据验证提供的下拉列表，就可以逐行录入"货品名称"了。例如，单击 E2 单元格右侧的下三角按钮，从下拉列表中选择输入第一种货品名称"大宝洗面奶"。该列其他的货品名称按照这种方法逐行录入。

3．统计销售

（1）根据"货品名称"获取数据。

"货号""条形码""单位""吊牌价"等列数据的获取，可以通过输入货品名称（例如，"大宝洗面奶"），利用 OFFSET + MATCH 函数组合进行取值（只需要一个公式）。例如，在 C2 单元格中构建如下函数公式：

= IF($E2 = "","",OFFSET(商品信息表!$A$1,MATCH($E2,商品信息表!$C$2:$C$10000,0),MATCH(C$1,商品信息表!$A$1:$F$1,0)-1))

按下 Enter 键，得到"货号"的计算结果。选中 C2 单元格，按下 Ctrl + C 复制，然后通过 Ctrl + V 组合键分别粘贴在 D2、F2、G2 单元格中，从而分别得到"条形码""单位""吊牌价"的计算结果，然后将各列公式向下复制填充至所需要的行。

知识 5－3：公式"MATCH(C$1,商品信息表!$A$1:$F$1,0)－1"为何减 1？

在上述公式中，MATCH 函数功能是获取当前工作表 C1 单元格值（"货号"）在"商品信息表"A1:F1 单元格区域中位置（结果为 A1 单元格，如图 5.28 所示），这与 OFFSET 函数的第一参数（起始位置 A1）恰好重合，因此需要 MATCH 函数结果减 1，使得 OFFSET 函数第三参数获得正确的返回值：向右偏移量为 0，从而最终得到正确的计算结果"XH－1"（否则向右偏移量为 1，OFFSET 函数获取的是 B2 单元格中的"101"）。

	A	B	C	D	E	F
1	货号	条形码	货品名称	类别	单位	吊牌价
2	XH-1	101	大宝洗面奶	洗漱用品	瓶	50.00
3	XH-2	102	郁美净面霜	洗漱用品	瓶	80.00
4	XH-3	103	丝瓜水	洗漱用品	瓶	20.00

图 5.28　Reference 和 Col 参数的关系

（2）销售金额。

按照"销售金额 = 售价 * 销售数量"的核算方式，在 J2 单元格中输入如下公式：

= H2 * I2

将 J2 单元格中的公式向下复制填充若干行。

四、编制"库存信息表"

新建一个工作表，命名为"库存信息表"，如图 5.29 所示录入标题行。为所有的金额数据（如"吊牌价"等）列设置"货币 小数位数 2 无货币符号"数字格式，设置合适的字体、字号，调整行高和列宽，添加边框线和底纹，并取消网格线。

	A	B	C	D	E	F	G	H	I	J	K	L	M	N	O	P	Q
1	货号	货品名称	类别	单位	进货数量	吊牌价	进货价	进货吊牌金额	进货成本金额	销售数量	销售吊牌金额	销售成本金额	销售金额	利润	库存数量	库存吊牌金额	库存成本金额

图 5.29　库存信息表的标题行

1. 利用数组公式自动更新"货号"

在"货号"列中,利用数组公式自动获取"商品信息表"中的已有货号,并且能够根据经营情况同步更新货号。在 A2 单元格中构建如下函数公式:

= INDEX(商品信息表! A:A,SMALL(ROW(商品信息表! A:A),ROW(商品信息表! A2)))

按下 Ctrl + Shift + Enter 组合键,得到计算结果,将公式向下复制填充,获取所有的货号信息。

知识 5 – 4:INDEX、SMALL 和 ROW 函数及数组公式。

在上述数组公式中,SMALL 函数返回数据组中的第 k 小值,其中数据组为 ROW(商品信息表! A:A),即"商品信息表"A 列的所有行号;k 值为 ROW(商品信息表! A2),即该表 A2 单元格的行号(2,可变)。INDEX 函数表示在给定的单元格区域中,返回特定行列交叉处单元格的值,其中单元格区域为"商品信息表"的 A 列,行号为 SMALL 函数的返回值(2,可变),列数缺省,由此获取"商品信息表"A 列中的第一个货号"XH – 1",如图 5.30 所示。将公式向下复制填充,则获取所有的货号。

图 5.30　INDEX 函数

2. 根据"货号"查询相关信息

根据生成的"货号"列数据,可以从"商品信息表"中查询到与之相关的"货品名称""类别""单位""吊牌价"。分别在 B2、C2、D2、F2 单元格中构建如下函数公式:

B2("货品名称"): = IFERROR(VLOOKUP($A2,商品信息表!$A:$F,3,0),"");
C2("类别"): = IFERROR(VLOOKUP($A2,商品信息表!$A:$F,4,0),"");
D2("单位"): = IFERROR(VLOOKUP($A2,商品信息表!$A:$F,5,0),"");
F2("吊牌价"): = IFERROR(VLOOKUP($A2,商品信息表!$A:$F,6,0),"")。
分别将公式向下复制填充若干行。

3. 统计采购信息

分别在 E2、G2、H2、I2 单元格中构建如下函数公式,获取"进货数量""进货价""进货吊牌金额""进货成本金额"等数据。

"进货数量"（E2）：= SUMIF（采购信息表!C:C,A2,采购信息表!H:H）；

"进货价"（G2）：= IFERROR（SUMIF（采购信息表!C:C,A2,采购信息表!I:I）/E2,""）；

"进货吊牌金额"（H2）：= IFERROR（E2 * F2,""）；

"进货成本金额"（I2）：= IFERROR（E2 * G2,""）。

分别将公式向下复制填充若干行。

4. 统计销售信息

分别在 J2、K2、L2、M2、N2 单元格中构建如下函数公式,获取"销售数量""销售吊牌金额""销售成本金额""销售额""利润"等数据。

J2（"销售数量"）：= SUMIF（销售信息表!C:C,A2,销售信息表!I:I）；

K2（"销售吊牌金额"）：= IFERROR（F2 * J2,""）；

L2（"销售成本金额"）：= IFERROR（G2 * J2,""）；

M2（"销售额"）：= SUMIF（销售信息表!C:C,A2,销售信息表!J:J）；

N2（"利润"）：= IFERROR（M2 - L2,""）。

分别将公式向下复制填充若干行。

5. 统计库存信息

分别在 O2、P2、Q2 单元格中构建如下函数公式,获取"库存数量""库存吊牌金额""库存成本金额"等数据。

O2（"库存数量"）：= E2 - J2；

P2（"库存吊牌金额"）：= IFERROR（F2 * O2,""）；

Q2（"库存成本金额"）：= IFERROR（G2 * O2,""）。

分别将公式向下复制填充若干行。最终效果如图 5.31、图 5.32 所示。

	A	B	C	D	进货数量	吊牌价	进货价	进货吊牌金额	进货成本金额
1	货号	货品名称	类别	单位					
2	XH-1	大宝洗面奶	洗漱用品	瓶	50	50	30	2,500	1,500
3	XH-2	郁美净面霜	洗漱用品	瓶	50	80	48	4,000	2,400
4	XH-3	丝瓜水	洗漱用品	瓶	20	20	15	400	300
5	XH-4	飘柔洗发水	洗漱用品	瓶	70	30	18	2,100	1,260
6	XD-1	汰渍洗衣粉	洗涤用品	袋	200	14	9	2,760	1,880
7	HZ-1	美宝莲唇彩	化妆用品	支	80	50	26	3,984	2,080
8	HZ-2	曼秀雷敦薄荷膏	化妆用品	支	50	29	26	1,450	1,280
9	YJ-1	白沙	烟酒用品	盒	20	5	5	100	90
10	YJ-2	中南海	烟酒用品	盒	150	5	3	675	490
11	YJ-3	五粮液	烟酒用品	瓶	100	580	450	58,000	45,000

图 5.31　库存信息表(1)

	销售数量	销售吊牌金额	销售成本金额	销售生意额	利润	库存数量	库存吊牌金额	库存成本金额
1	J	K	L	M	N	O	P	Q
2	8	400	240	360	120	42	2,100	1,260
3	5	400	240	340	100	45	3,600	2,160
4	0	-	-	-		20	400	300
5	10	300	180	250	70	60	1,800	1,080
6	8	110	75	86	11	192	2,650	1,805
7	0	-	-	-		80	3,984	2,080
8	3	87	77	87	10	47	1,363	1,203
9	2	10	9	10	1	18	90	81
10	8	36	26	36	10	142	639	464
11	0					100	58,000	45,000

图 5.32　库存信息表(2)

一课一练 17　利用 COUNTIF 函数进行查重统计

练习 1. 查找是否重名

如图 5.33 所示，在 A 列中检查有无重复的姓名，将检查结果显示在 B 列相应位置（重复的显示“重复”，否则显示为空）。在 B2 单元格内构建如下函数公式，向下复制公式至最后一行。

=IF(COUNTIF(A:A,A2)>1,"重复","")

B2　=IF(COUNTIF(A:A,A2)>1,"重复","")

	A	B	C	D
1	姓名	是否重复		
2	黎凡	重复		
3	柳晓洁			
4	谢文杰			
5	黎凡	重复		
6	卓芮安			
7	胥云伟			
8	邹新叶			
9	章昕睿			
10	章璐			

图 5.33　利用 COUNTIF 函数查找是否重名

练习 2. 查找重复身份证号码

如图 5.34 所示，在 A 列中检查有无重复的身份证号码，将检查结果显示在 B 列相应位置（重复的显示“重复”，否则显示为空）。在 B4 单元格内构建如下函数公式，向下复制至最后一行。

=IF(COUNTIF(A:A,A4&"*")>1,"重复","")

【函数解读】由于 COUNTIF 函数只能识读 15 位数字，因此需要将身份证号码通过“&”连接一个“*”。

	A	B
1	COUNTIF函数：身份证查重	
2		
3	身份证	是否重复
4	339005199002042354	
5	411328198204285092	
6	330481198910160138	重复
7	330523199107184129	
8	330324198706023299	
9	330481198910160138	重复
10	331022198207151861	
11	330124199006151816	
12	341024199011218031	重复
13	310018199004151220	
14	341024199011218031	重复

图 5.34　查找重复身份证号码

案例 5.3　自动盘点库存的进销存管理系统

【情境引入】库存盘点是为了精确地计算当月/年的营运状况，以月/年为周期清点公司内的成品和原材料，以便对仓储货品的收发结存等活动进行有效控制，保证仓储货品完好无损、账物相符,确保生产正常进行,规范公司物料的盘点作业。利用 Excel 制作一个简单的库存管理软件,减轻手工记录库存盘点的负担,提高生产效率,有效简单地管理进销存。

【相关知识】

- 表格之间的超链接;
- COUNT、TEXT、VLOOKUP、OFFSET 和 MATCH 等函数;
- 数据验证;
- 条件格式;
- 插入形状、形状格式设置。

一、建立表格之间的超链接

由于进销存出入库管理系统包含多个表格,为了方便在多个工作表之间快速跳转,可以制作一个目录页,在其中创建与后续表格之间的超链接。

1. 为目录页添加超链接

新建一个工作簿,命名为"进销存出入库管理系统",将 Sheet1 工作表命名为"目录页",利用"插入"/"形状"功能,在其中创建如图 5.35 所示界面,为每一个形状编辑文字(与其他工作表相关),设置形状轮廓、填充以及阴影效果。

图 5.35　目录页

新建 9 个工作表,分别命名为"基础资料""存货信息""往来单位资料""进出货记录表""当前库存统计""存货盘点报表""入库单""出库单""使用说明"。

选择图 5.35 中的第一个形状"基础资料",依次单击"插入"/"超链接"命令,弹出如图 5.36 所示"编辑超链接"对话框,单击左侧的"本文档中的位置"命令,在右侧"或在此文档中选择一个位置"框中单击选择与之存在超链接关系的"基础资料"选项,单击"确定"按钮,完成超链接的创建。此时用鼠标左键单击该形状,即可快速跳转到"基础资料"工作表。参照上述步骤,为另外的 8 个形状分别添加指向相应工作表的超链接。

2. 为其他工作表添加超链接

切换至"基础资料"表格,在其中绘制一个圆角矩形,编辑文字为"返回首页",为其添加指向"目录页"的超链接,如图 5.37 所示。复制上述形状,将其逐一粘贴到"存货信息"等其他工

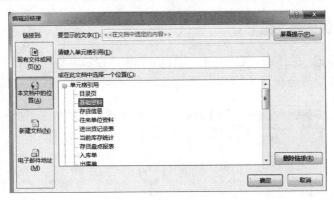

图 5.36　编辑超链接

作表的适当位置。这样,在这些工作表中单击该圆角矩形,即可快速跳转到"目录页",实现目录页与所有表格之间的超链接。

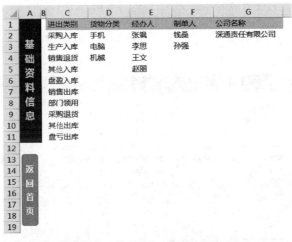

图 5.37　添加"返回首页"超链接

二、创建"基础资料"表

切换至"基础资料"工作表,在其中输入"进出类别""货物分类""经办人""制单人""公司名称"等基础信息,以便于后续表格从中取数,如图 5.37 所示。然后分别为不同的数据列定义名称,如图 5.38 所示。

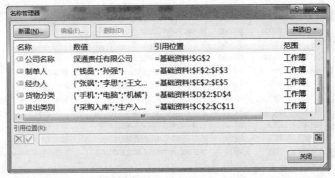

图 5.38　定义名称

三、创建"存货信息"表

切换至"存货信息"工作表,在其中输入"存货编码""存货名称""规格型号""单位""货物分类""期初数量""期初金额""安全库存""备注信息"等期初存货数据,如图 5.39 所示。

	存货编码	存货名称	规格型号	单位	货物分类	期初数量	期初金额	安全库存	备注信息
1									
2	a1001	物料1	XH001	个	手机	312	56,160.00	100	
3	b1002	物料2	XH002	支	电脑	432	23,328.00	100	
4	c1003	物料3	XH003	袋	机械	329	30,926.00	100	
5	a1004	物料4	XH004	个	手机	364	30,576.00	100	
6	b1005	物料5	XH005	支	电脑	339	29,154.00	100	
7	c1006	物料6	XH006	袋	机械	453	49,830.00	100	
8	a1007	物料7	XH007	箱	手机	157	25,120.00	100	
9	b1008	物料8	XH008	桶	电脑	444	23,088.00	100	
10	c1009	物料9	XH009	盒	机械	174	13,746.00	100	
11	a1010	物料10	XH010	卷	手机	402	31,758.00	100	

图 5.39　"存货信息"表

选择 C 至 J 数据列,依次单击"公式"/"定义名称"/"根据所选内容创建"命令,为其定义名称,结果如图 5.40 所示。

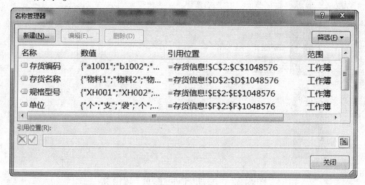

图 5.40　定义名称

四、创建"往来单位资料"表

切换至"往来单位资料"工作表,在其中输入"单位编号""单位分类""单位名称""单位地址""联系电话""备注信息"等供应商、客户或者部门的基础信息,如图 5.41 所示。

	单位编号	单位分类	单位名称	单位地址	联系电话	备注信息
1						
2	GH001	供货商	供货商1	贵州省贵阳市云岩区中山西路51号	13927855632	
3	GH002	供货商	供货商2	广东省深圳市南山区蛇口港湾大道2号	13885563244	
4	GH003	供货商	供货商3	上海市闵行区浦星路699号	13327855632	
5	KH001	客户	客户1	贵州省贵阳市中山西路51号	13156234283	
6	KH002	客户	客户2	海南省海口市琼山区红城湖路22号	15922413578	
7	KH003	客户	客户3	云南省昆明市官渡区拓东路6号	13942685737	
8	BM001	部门	部门1	广东省深圳市龙岗区坂田	13912357684	
9	BM002	部门	部门2	江西省南昌市西湖区洪城路289号	13832465743	
10	BM003	部门	部门3	北京市海淀区东北旺西路8号	13524264748	
11	BM004	部门	部门4	浙江省杭州市西湖区紫金港路21号	13025254783	

图 5.41　"往来单位资料"表

选择 C 至 G 数据列,依次单击"公式"/"定义名称"/"根据所选内容创建"命令,为其定义名称,结果如图 5.42 所示。

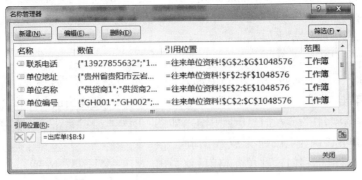

图 5.42　定义名称

五、创建"进出货记录"表

切换至"进出货记录"表,在其中输入"单号""日期""存货编码""存货名称""规格型号""单位""分类""入库数量""入库单价""入库金额""出库数量""出库单价""出库金额""进出类别""制单人""经办人""单位编号""单位名称""单位地址""联系电话""备注"等标题行,如图 5.43、图 5.44 所示。"进出货记录表"是整个进销存管理系统的核心,它记录了包含入库、出库的所有信息,不仅为管理库存提供数据,还可以管理后续相关的业务。

	单号	日期	存货编码	存货名称	规格型号	单位	分类	入库数量	入库单价	入库金额	出库数量	出库单价	出库金额
	RK0001		a1001	物料1	XH001	个	手机	185	180	33,300.00			
	CK0001		c1006	物料6	XH006	袋	机械				91	121	11,011.00
	RK0002		b1008	物料8	XH008	桶	电脑	109	52	5,668.00			
	RK0003	2020/1/4	a1001	物料1	XH001	个	手机	153	180	27,540.00			
	CK0002	2020/1/5	b1002	物料2	XH002	支	电脑				63	59.4	3,742.20
	RK0004	2020/1/6	c1006	物料6	XH006	袋	机械	118	110	12,980.00			
	RK0005	2020/1/7	c1003	物料3	XH003	袋	机械	137	94	12,878.00			
	CK0003	2020/1/8	a1007	物料7	XH007	箱	手机				123	176	21,648.00
	RK0006	2020/1/9	a1010	物料10	XH010	卷	手机	110	79	8,690.00			
	RK0007	2020/1/10	c1009	物料9	XH009	盒	机械	105	79	8,295.00			

图 5.43　"进出货记录"表(1)

	进出类别	制单人	经办人	单位编号	单位名称	单位地址	联系电话	备注
	采购入库	钱磊	张飒	GH001	供货商1	贵州省贵阳市云岩区中山路51号	13927855632	
	销售出库	孙强	李思	GH002	供货商2	广东省深圳市南山区蛇口港湾大道2号	13885563244	
	生产入库	钱磊	王文	KH001	客户1	贵州省贵阳市中山西路51号	13156234283	
	生产入库	孙强	赵丽	KH002	客户2	海南省海口市琼山区红城湖路22号	15922413578	
	部门领用	钱磊	张飒	BM003	部门3	北京市海淀区东北旺西路8号	13524264748	
	其它入库	孙强	李思	BM001	部门1	广东省深圳市龙岗区坂田	13912357684	
	生产入库	钱磊	王文	BM003	部门3	北京市海淀区东北旺西路8号	13524264748	
	其它出库	孙强	赵丽	BM004	部门4	浙江省杭州市西湖区紫金港路21号	13025254783	
	采购入库	钱磊	张飒	GH001	供货商1	贵州省贵阳市云岩区中山西路51号	13927855632	
	生产入库	孙强	李思	GH002	供货商2	广东省深圳市南山区蛇口港湾大道2号	13885563244	

图 5.44　"进出货记录"表(2)

1. 根据出入库自动生成"单号"

"单号"列的数据具有唯一性,是随着出、入库的进行而产生的。本案例中,我们通过跟踪 J 列的"入库数量"和 M 列的"出库数量",在 C 列自动生成含有出、入库类型性质的,能够递增的"单号"序列。具体操作方法如下:

(1)数据验证:提醒输入方法。

为了提醒用户不要手动向"单号"列中输入序号,可以通过"数据验证"功能添加提示框。选择 C 列,依次单击"数据"/"数据工具"/"数据验证"命令,在弹出的"数据验证"对话框中切换至"输入信息"选项,在"输入信息"框中输入如图 5.45 所示信息,单击"确定"按钮完成数据验证设置。这样,当用户将鼠标移向这些单元格时,就会出现提示信息。

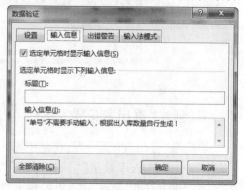

图 5.45　数据验证:提醒输入方法

(2)自动计数:生成"单号"。

在 C2 单元格中构建如下函数公式:

= IF（J2 <>""," RK" &TEXT（COUNT（$J$2: J2）,"0000"）,IF（M2 <>""," CK" &TEXT（COUNT（$M$2:M2）,"0000"）,""））

将公式向下复制填充,得到"单号"列数据。

知识 5 −5:计数函数 COUNT 和转格式函数 TEXT。

COUNT 函数的语法格式为:计算区域中包含数字的单元格的个数,即仅对数字型数据(例如,数字、日期或者代表数字的文本)进行计数,忽略文本、空白单元格、错误值等。

TEXT 函数的表达式为: = TEXT(value,format_text);语法格式为:根据指定的数值格式将数字转换为文本。其中,format_text 参数需要手动添加英文双引号,如图 5.46 所示。

图 5.46　TEXT 函数

本案例中的公式意义:如果 J2 单元格(即"入库数量")不为空,则利用 COUNT 函数以 J2 单元格为起始点向下对含有数字的单元格进行计数至当前行,将计数结果利用 TEXT 函数将其转换为四位数字("0000"格式),并前缀"RK"字母。例如,当在 J4 单元格中输入了第 2 笔入库数量(109),则当前行的 C4 单元格中显示单号"RK0002";

如果 M2 单元格(即"出库数量")不为空,则利用 COUNT 函数以 M2 单元格为起始点向下对含有数字的单元格进行计数至当前行,将计数结果利用 TEXT 函数将其转换为四位数字("0000"格式),并前缀"CK"字母。例如,当在 M6 单元格中输入了第 2 笔入库数量(63),则当前行的 C6 单元格中显示单号"CK0002";

如果 J 列和 M 列均为空白(即没有出入库记录),则单号列显示为空白。

2. 利用数据验证输入存货编码

为了保证"存货编码"输入的准确无误,可以利用定义名称为其设置"数据验证",具体操作如下:

选择 E 列,依次单击"数据"/"数据工具"/"数据验证"命令,弹出"数据验证"对话框,允许值选择"序列",来源框中输入"=存货编码",单击"确定"按钮。

在 D 列中输入出入库时的日期后,在 E 列中单击相应单元格右侧的下三角按钮,从弹出的列表中选择输入需要的存货编码即可。

3. 利用 VLOOKUP 函数自动获取存货信息

在 E 列中输入了存货编码后,"存货名称""规格型号""单位""分类"等存货信息均可利用 VLOOKUP 函数从"存货信息"表中的相应列获取数据。

在 F2 单元格中构建如下函数公式:

=IFERROR(VLOOKUP($E2,存货信息!$C:$G,2,0),"")

按下 Enter 键,得到"存货名称"的计算结果。

将公式向右填充复制直至 I 列,然后分别修改公式如下,分别得到其他存货信息。

"规格型号":=IFERROR(VLOOKUP($E2,存货信息!$C:$G,3,0),"");

"单位":=IFERROR(VLOOKUP($E2,存货信息!$C:$G,4,0),"");

"分类":=IFERROR(VLOOKUP($E2,存货信息!$C:$G,5,0),"")。

4. 出入库记录

(1)入库记录。

分别在 J 列和 K 列记录"入库数量"和"入库单价",然后在 L 列中利用"入库金额=入库数量*入库单价"的方法构建函数公式,如在 L2 单元格中构建公式:

=IFERROR(J2*K2,"")

按下 Enter 键,得到"入库金额"的计算结果,并将该公式向下复制填充。

(2)出库记录。

分别在 M 列和 N 列记录"出库数量"和"出库单价",然后在 O 列中利用"出库金额=出库数量*出库单价"的方法构建函数公式,如在 O2 单元格中构建公式:

=IFERROR(M2*N2,"")

按下 Enter 键,得到"出库金额"的计算结果,并将该公式向下复制填充。

5. 利用数据验证输入进出类别

分别为 P 列("进出类别")、Q 列("制单人")、R 列("经办人")和 S 列("单位编号")设置数据验证,以便于通过下拉列表按钮选择输入相应信息。以 P 列为例操作如下:选择 P 列,依次单击"数据"/"数据工具"/"数据验证"命令,弹出"数据验证"对话框,允许值选择"序列",来源框中输入"=进出类别",单击"确定"按钮。需要输入数据时,只需要单击 P 列相应单元格右侧的下三角按钮,从弹出的列表中选择输入需要的进出类别即可。参照上述步骤,分别为其他数据列设置数据验证,在来源框中输入相应的定义名称:

"制单人": =制单人

"经办人": =经办人

"单位编号": =单位编号

设置完成后,根据需要在不同的列中选择输入信息即可。

6. 利用 VLOOKUP 函数自动获取客户信息

在 S 列中输入了单位编号后,"单位名称""单位地址""联系电话"等存货信息均可利用 VLOOKUP 函数从"往来单位资料"表中的相应列获取数据。在 T2 单元格中构建如下函数公式:

= IFERROR(VLOOKUP($S2,往来单位资料!$C:$G,3,0),"")

按下 Enter 键,得到"单位名称"的计算结果。

将公式向右填充复制直至 V 列,然后分别修改公式如下,分别得到其他存货信息。

"单位地址": = IFERROR(VLOOKUP($S2,往来单位资料!$C:$G,4,0),"");

"联系电话": = IFERROR(VLOOKUP($S2,往来单位资料!$C:$G,5,0),"")。

六、创建"当前库存统计"表

切换至"当前库存统计"工作表,在其中输入"存货编码""存货名称""规格型号""单位""分类""期初数量""期初金额""入库数量""入库金额""出库数量""出库金额""当前库存""库存金额""安全库存""库存警报""备注信息"等标题行。如图 5.47 所示。本表格需要汇总"进出货记录表"中的出入库数据,根据"安全库存"的限制,建立"库存警报"。当"当前库存"低于"安全库存"时,显示"报警"提示,并且通过设置字体格式和填充色突出显示该单元格。

	C	D	E	F	G	H	I	J	K	L	M	N	O	P	Q	R
1	存货编码	存货名称	规格型号	单位	分类	期初数量	期初金额	入库数量	入库金额	出库数量	出库金额	当前库存	库存金额	安全库存	库存警报	备注信息

图 5.47　"当前库存统计"表标题行

1. 获取期初数据

自 C 列("存货编码")至 I 列("期初金额")为期初数据,可以通过输入所有"存货编码"之后,利用 VLOOKUP 函数从"存货信息"表中获取。

(1)通过设置"数据验证"选择输入"存货编码"。

参照"进出货记录"表,为 C 列设置允许值为"序列",来源为"=存货编码"的数据验证,然后通过下拉列表选择输入所有的存货编码。

(2)利用 VLOOKUP 函数获取期初数据。

在 B2 单元格中构建如下函数公式,得到"存货名称"的计算结果。

= IFERROR(VLOOKUP($C2,存货信息!$C:$J,COLUMN(B:B),0),"")

将公式向右填充复制,得到其他期初数据。如图 5.48 所示。

“存货名称”：=IFERROR(VLOOKUP($C2,存货信息!$C:$J,COLUMN(B:B),0),"")；

“规格型号”：=IFERROR(VLOOKUP($C2,存货信息!$C:$J,COLUMN(C:C),0),"")；

“单位”：=IFERROR(VLOOKUP($C2,存货信息!$C:$J,COLUMN(D:D),0),"")；

“分类”：=IFERROR(VLOOKUP($C2,存货信息!$C:$J,COLUMN(E:E),0),"")；

“期初数量”：=IFERROR(VLOOKUP($C2,存货信息!$C:$J,COLUMN(F:F),0),"")；

“期初金额”：=IFERROR(VLOOKUP($C2,存货信息!$C:$J,COLUMN(G:G),0),"")。

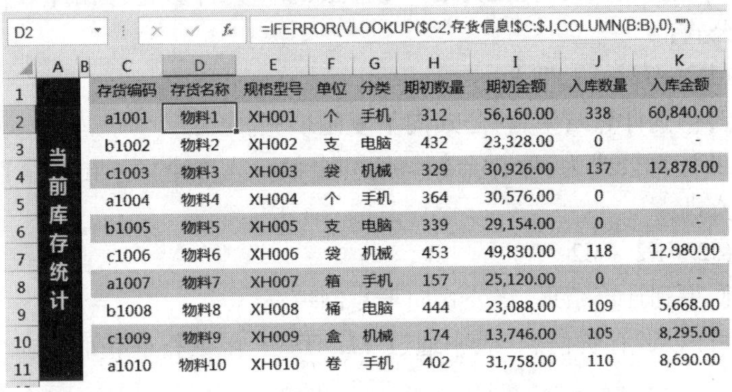

D2　=IFERROR(VLOOKUP($C2,存货信息!$C:$J,COLUMN(B:B),0),"")

	A B	C	D	E	F	G	H	I	J	K
1	当前库存统计	存货编码	存货名称	规格型号	单位	分类	期初数量	期初金额	入库数量	入库金额
2		a1001	物料1	XH001	个	手机	312	56,160.00	338	60,840.00
3		b1002	物料2	XH002	支	电脑	432	23,328.00	0	-
4		c1003	物料3	XH003	袋	机械	329	30,926.00	137	12,878.00
5		a1004	物料4	XH004	个	手机	364	30,576.00	0	-
6		b1005	物料5	XH005	支	电脑	339	29,154.00	0	-
7		c1006	物料6	XH006	袋	机械	453	49,830.00	118	12,980.00
8		a1007	物料7	XH007	箱	手机	157	25,120.00	0	-
9		b1008	物料8	XH008	桶	电脑	444	23,088.00	109	5,668.00
10		c1009	物料9	XH009	盒	机械	174	13,746.00	105	8,295.00
11		a1010	物料10	XH010	卷	手机	402	31,758.00	110	8,690.00

图 5.48　“当前库存统计”(期初数据)

2. 汇总出入库

自 J 列(“入库数量”)至 M 列(“出库金额”)为出入库数据，可以根据“存货编码”，利用 SUMIF 函数从“进出货记录表”中获取。

J2(“入库数量”)：=SUMIF(进出货记录表!$E:$E,$C2,进出货记录表!J:J)；

K2(“入库金额”)：=SUMIF(进出货记录表!$E:$E,$C2,进出货记录表!L:L)；

L2(“出库数量”)：=SUMIF(进出货记录表!$E:$E,$C2,进出货记录表!M:M)；

M2(“出库金额”)：=SUMIF(进出货记录表!$E:$E,$C2,进出货记录表!O:O)。

结果如图 5.49 所示。

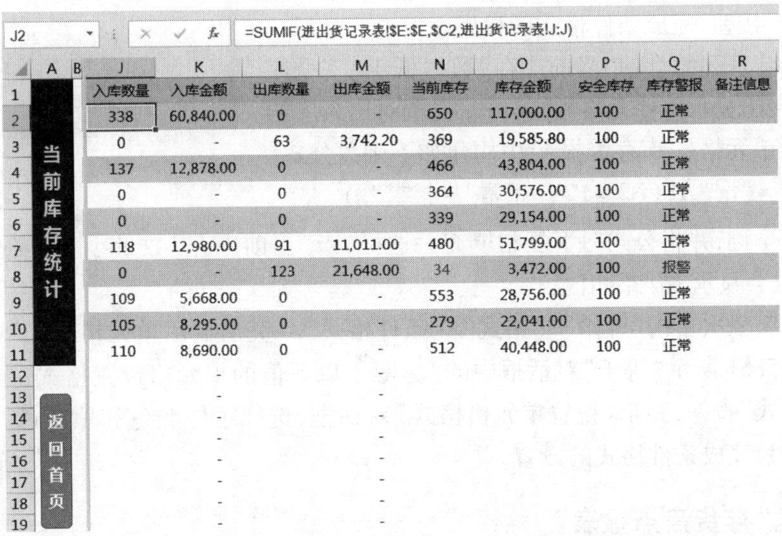

J2　=SUMIF(进出货记录表!$E:$E,$C2,进出货记录表!J:J)

	A B	J	K	L	M	N	O	P	Q	R
1	当前库存统计	入库数量	入库金额	出库数量	出库金额	当前库存	库存金额	安全库存	库存警报	备注信息
2		338	60,840.00	0	-	650	117,000.00	100	正常	
3		0	-	63	3,742.20	369	19,585.80	100	正常	
4		137	12,878.00	0	-	466	43,804.00	100	正常	
5		0	-	0	-	364	30,576.00	100	正常	
6		0	-	0	-	339	29,154.00	100	正常	
7		118	12,980.00	91	11,011.00	480	51,799.00	100	正常	
8		0	-	123	21,648.00	34	3,472.00	100	报警	
9		109	5,668.00	0	-	553	28,756.00	100	正常	
10		105	8,295.00	0	-	279	22,041.00	100	正常	
11		110	8,690.00	0	-	512	40,448.00	100	正常	
12			-		-					
13			-		-					
14	返回首页		-		-					
15			-		-					
16			-		-					
17			-		-					
18			-		-					
19			-		-					

图 5.49　“当前库存统计”(出入库统计)

3. 统计库存

自 N 列("当前库存")至 Q 列("库存警报")为库存数据,可以根据出入库数量和出入库金额进行获取。同时,根据"安全库存",对"当前库存"数量设置"正常"或"报警"的提示信息,并且通过设置条件格式,突出显示低于"安全库存"的单元格内容。

(1)库存统计。

"当前库存"的计算公式为:当前库存 = 期初数量 + 入库数量 − 出库数量。在 N2 单元格中构建如下函数公式:

　　= IFERROR(H2 + J2 − L2,"")

按下 Enter 键,得到计算结果,将公式向下复制填充。

"库存金额"的计算公式为:库存金额 = 期初金额 + 入库金额 − 出库金额。在 O2 单元格中构建如下函数公式:

　　= IFERROR(I2 + K2 − M2,"")

按下 Enter 键,得到计算结果,将公式向下复制填充。

"安全库存"可以从"存货信息"表中通过 VLOOKUP 函数查询获取。在 P2 单元格中构建如下函数公式:

　　= IFERROR(VLOOKUP(C2,存货信息!$C:$K,8,0) ,"") ,

按下 Enter 键,得到计算结果,将公式向下复制填充。

(2)设置库存警报。

选择 N2:N1000 单元格区域,依次单击"开始"/"格式"/"条件格式"/"新建规则…"命令,弹出如图 5.50 所示"新建格式规则"对话框,选择规则类型为"使用公式确定要设置格式的单元格",在"为符合此公式的值设置格式"框内输入公式: = $N2 < $P2,单击"格式"按钮,弹出"设置单元格格式"对话框,选择字体颜色和填充色。最后连续单击"确定"按钮,完成条件格式的设置。

这样,如果 N 列统计的"当前库存"数量低于"安全库存"时,就会突出显示该单元格规则样式,提醒对出入库的管理。在 Q2 单元格("库存警报")中构建如下函数公式:

　　= IF(C2 = "","",IF(N2 > P2 ,"正常","报警"))

图 5.50　为"当前库存"设置条件格式

按下 Enter 键,并将公式向下复制填充。这样,当"当前库存"数量小于"安全库存"时,Q 列单元格内就会显示"报警"信息。

选择 Q 列,依次单击"开始"/"格式"/"条件格式"/"突出显示单元格规则"/"等于…"命令,弹出如图 5.51 所示"等于"对话框中的"为等于以下值的单元格设置格式:"框内输入"报警",单击"格式"按钮,弹出"设置单元格格式"对话框,选择字体颜色和填充色。最后连续单击"确定"按钮,完成条件格式的设置。

七、创建"存货盘点报表"

切换至"存货盘点报表"工作表,在其中输入"存货编码""存货名称""规格型号""单位"

图 5.51　为"库存警报"设置条件格式

"分类""存货备注""库存数量""库存金额""实盘数量""实盘金额""盈亏数量""盈亏金额"
"盘点人""盘点备注"等标题行。本表格通过对库存的实际盘点,对"当前库存统计"表中的
库存数据进行核对,统计"盈亏数量"和"盈亏金额",并设置条件格式。当"盈亏数量"和"盈
亏金额"低于 0 值时,突出显示为"红色粗体"的字体格式,以提醒管理者注意。如图 5.52 所
示为"存货盘点报表"工作表的效果。

存货编码	存货名称	规格型号	单位	分类	存货备注	库存数量	库存金额	实盘数量	实盘金额	盈亏数量	盈亏金额	盘点人	盘点备注
a1001	物料1	XH001	个	手机		650	117,000.00	650	117,000.00	0	-		
b1002	物料2	XH002	支	电脑		369	19,585.80	251	13,322.59	-118	-6,263.21		
c1003	物料3	XH003	袋	机械		466	43,804.00	466	43,804.00	0	-		
a1004	物料4	XH004	个	手机		364	30,576.00	364	30,576.00	0	-		
b1005	物料5	XH005	支	电脑		339	29,154.00	345	29,670.00	6	516.00		
c1006	物料6	XH006	袋	机械		480	51,799.00	480	51,799.00	0	-		
a1007	物料7	XH007	箱	手机		34	3,472.00	34	3,472.00	0	-		
b1008	物料8	XH008	桶	电脑		553	28,756.00	600	31,200.00	47	2,444.00		
c1009	物料9	XH009	盒	机械		279	22,041.00	300	23,700.00	21	1,659.00		
a1010	物料10	XH010	卷	手机		512	40,448.00	512	40,448.00	0	-		

图 5.52　"存货盘点报表"

1. 库存统计与盘点核实

由于该表格中的大部分数据均来自之前表格,因此不再赘述具体的操作过程,仅将最终的
获取方法归纳如下:

"存货编码":复制"存货信息"中的所有"存货编码"。提示:可以设置数据验证,方便输
入且防止录入错误信息。

"存货名称":= IFERROR(VLOOKUP($C2,存货信息!$C:$J,COLUMN(B:B),0),"")。

"规格型号":= IFERROR(VLOOKUP($C2,存货信息!$C:$J,COLUMN(C:C),0),"")。

"单　　位":= IFERROR(VLOOKUP($C2,存货信息!$C:$J,COLUMN(D:D),0),"")。

"分　　类":= IFERROR(VLOOKUP($C2,存货信息!$C:$J,COLUMN(E:E),0),"")。

"库存数量":= IFERROR(VLOOKUP($C2,当前库存统计!$C:$O,12,0),"")。

"库存金额":= IFERROR(VLOOKUP($C2,当前库存统计!$C:$O,13,0),"")。

"实盘数量":根据实际盘点记录数据。

"实盘金额":= K2 * (J2/I2)。

"盈亏数量":= IFERROR(K2 - I2,"")。

"盈亏金额":= IFERROR(L2 - J2,"")。

2. 突出显示亏损信息

选择 M 列("盈亏数量")和 N 列("盈亏金额"),为其设置条件格式规则——"条件格
式"/"突出显示单元格规则"/"小于…"/"0",如图 5.53 所示。这样,当出现实际盘点低于库

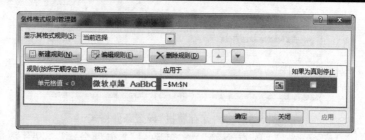

图 5.53　突出显示亏损信息

存统计数据时,就会以醒目的"红色粗体"字体格式加以警示。

八、创建"入库单"

入库单是对采购实物入库数量的确认,也是对采购人员和供应商的一种监控,如果缺乏实物入库的控制,不能防止采购人员与供应商串通舞弊、虚报采购量、实物短少的风险。它是企业内部管理和控制的重要凭证。入库单一般为一式三联,第一联为仓库记账联,第二联交采购员办理付款并作为财务记账联。切换至"入库单"工作表,如图 5.54 所示构建表格结构。表格中的数据录入采用自动化生成的方式,即输入一个"入库单号"之后,其他信息根据设计的函数公式自动从"进出货记录表"中查询获取。

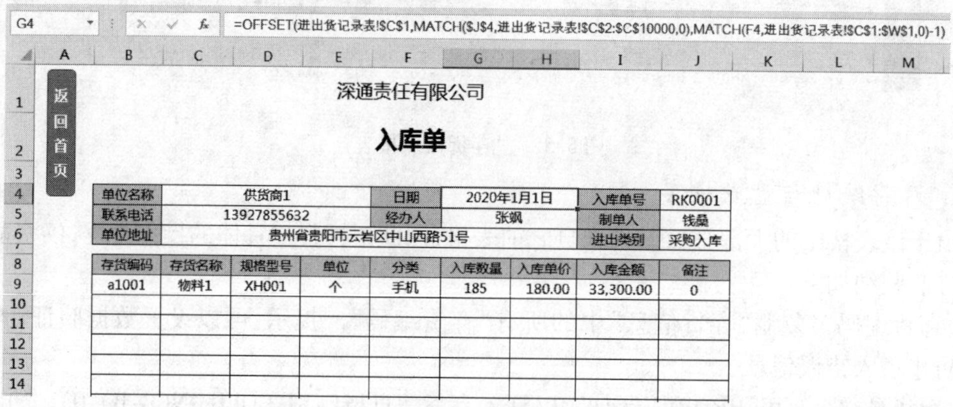

G4　　fx　=OFFSET(进出货记录表!$C$1,MATCH($J$4,进出货记录表!$C$2:$C$10000,0),MATCH(F4,进出货记录表!$C$1:$W$1,0)-1)

深通责任有限公司

入库单

单位名称		供货商1		日期	2020年1月1日		入库单号	RK0001
联系电话		13927855632		经办人	张飒		制单人	钱燊
单位地址		贵州省贵阳市云岩区中山西路51号					进出类别	采购入库
存货编码	存货名称	规格型号	单位	分类	入库数量	入库单价	入库金额	备注
a1001	物料1	XH001	个	手机	185	180.00	33,300.00	0

图 5.54　入库单

1. 表头信息

"入库单"的第 4～6 行为表头信息,填写"单位名称""日期""进出类别"等数据。

(1)利用数据验证选择输入入库单号。

为了便于输入,防止录入错误信息,可以为"入库单号"设置数据验证。选择 J4 单元格,打开"数据验证"对话框,允许值选择"序列",来源框中输入"= 单号"。

(2)利用 OFFSET + MATCH 函数组合获取表头信息。

在填写了"入库单号"之后,可以通过一个函数公式,然后复制到所有需要的单元格中即可得到各自相应的信息。在 C4 单元格中构建如下函数公式:

= OFFSET(进出货记录表! $C$1,MATCH($J$4,进出货记录表! $C$2:$C$10000,0),MATCH(B4,进出货记录表! $D$1:$W$1,0))

按下 Enter 键,得到"单位名称"的计算结果。复制该单元格内容,然后分别复制粘贴到

C5、C6 等单元格中,得到其他相应的表头信息:

C5("联系电话"):= OFFSET(进出货记录表!$C$1,MATCH($J$4,进出货记录表!$C$2: $C$10000,0),MATCH(B5,进出货记录表!$D$1:$W$1,0));

C6("单位地址"):= OFFSET(进出货记录表!$C$1,MATCH($J$4,进出货记录表!$C$2: $C$10000,0),MATCH(B6,进出货记录表!$D$1:$W$1,0));

G4("日期"):= OFFSET(进出货记录表!$C$1,MATCH($J$4,进出货记录表!$C$2:$C $10000,0),MATCH(F4,进出货记录表!$D$1:$W$1,0));

G5("经办人"):= OFFSET(进出货记录表!$C$1,MATCH($J$4,进出货记录表!$C$2: $C$10000,0),MATCH(F5,进出货记录表!$D$1:$W$1,0));

J5("制单人"):= OFFSET(进出货记录表!$C$1,MATCH($J$4,进出货记录表!$C$2:$C $10000,0),MATCH(I5,进出货记录表!$D$1:$W$1,0));

J6("采购入库"):= OFFSET(进出货记录表!$C$1,MATCH($J$4,进出货记录表!$C$2: $C$10000,0),MATCH(I6,进出货记录表!$D$1:$W$1,0))。

2. 入库信息

同理,第 9 行的入库信息,也可以通过一个函数公式通过复制到相应单元格中,获取到所有的数据信息。

B9("存货编码"):= OFFSET(进出货记录表!$C$1,MATCH($J$4,进出货记录表!$C$2: $C$10000,0),MATCH(B$8,进出货记录表!$D1:$W1,0));

C9("存货名称"):= OFFSET(进出货记录表!$C$1,MATCH($J$4,进出货记录表!$C$2: $C$10000,0),MATCH(C$8,进出货记录表!$D1:$W1,0));

D9("规格型号"):= OFFSET(进出货记录表!$C$1,MATCH($J$4,进出货记录表!$C$2: $C$10000,0),MATCH(D$8,进出货记录表!$D1:$W1,0));

E9("单位"):= OFFSET(进出货记录表!$C$1,MATCH($J$4,进出货记录表!$C$2:$C $10000,0),MATCH(E$8,进出货记录表!$D1:$W1,0));

F9("分类"):= OFFSET(进出货记录表!$C$1,MATCH($J$4,进出货记录表!$C$2:$C $10000,0),MATCH(F$8,进出货记录表!$D1:$W1,0));

G9("入库数量"):= OFFSET(进出货记录表!$C$1,MATCH($J$4,进出货记录表!$C$2: $C$10000,0),MATCH(G$8,进出货记录表!$D1:$W1,0));

H9("入库单价"):= OFFSET(进出货记录表!$C$1,MATCH($J$4,进出货记录表!$C$2: $C$10000,0),MATCH(H$8,进出货记录表!$D1:$W1,0));

I9("入库金额"):= OFFSET(进出货记录表!$C$1,MATCH($J$4,进出货记录表!$C$2: $C$10000,0),MATCH(I$8,进出货记录表!$D1:$W1,0));

J9("备注"):= OFFSET(进出货记录表!$C$1,MATCH($J$4,进出货记录表!$C$2:$C $10000,0),MATCH(J$8,进出货记录表!$D1:$W1,0))。

3. 打印设置

一般情况下,"入库单"在填写之后需要打印为纸质版,并且加盖公章保存。因此需要设置打印效果。这里可以按照如下步骤进行简单处理:

第一步,设置字体格式。根据公司的要求自行设置相关字体、字形、字号等参数。

第二步,调整行高和列宽。可以考虑美观效果的要求,同时根据实际打印预览效果进行调整。

第三步,设置打印区域。选择 B:J 列,然后依次单击"页面设置"/"设置打印区域"命令。

第四步,调整页边距。按下 Ctrl + P 组合键,进入"打印预览"模式,根据预览效果,适当调整上下左右页边距的大小和居中对齐方式,使表格宽限于纵向 A4 纸的一页宽度上。如图 5.55 所示。

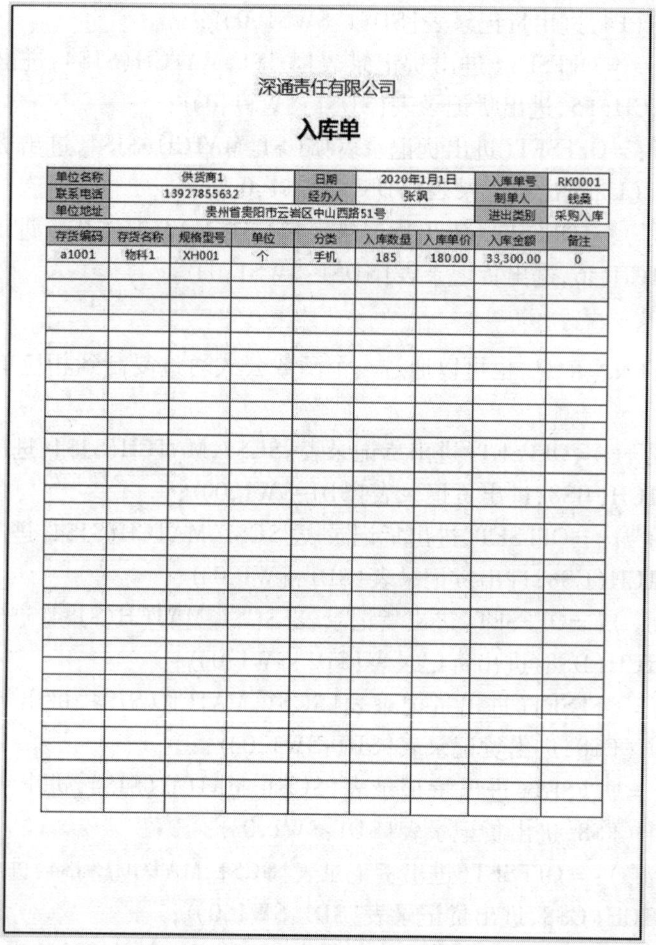

图 5.55 "入库单"的打印预览效果

九、创建"出库单"

出库单是商家之间互相调货的凭证,是为了方便对账和结算,减少现金支付的一种手段。出库单和入库单是配套的,这样便于以后的对账和收款。一般情况下,出库单为一式多份,一般为买家、卖家、存根、交易支付,用不同颜色区分。上面填有货品名、数量、单价、交易额以及买卖方、经手人、日期等。商家提货时,提供入库单,填写出库单加盖印章或签名,被提货方可以凭借出库单找提货方收款。出库单也应用到了一些公司和单位的部门间物品出库,设存根、财务、回联三栏,提货由处室部门的负责人或领导签字同意,减少了现金的支付,让账务更明细。

切换至“出库单”工作表，如图 5.56 所示构建表格结构。表格中的数据录入采用自动化生成的方式，即输入一个“出库单号”之后，其他信息根据设计的函数公式自动从“进出货记录表”中查询获取。本案例中设计的“出库单”与“入库单”结构相似，第 4 ~6 行为表头信息，填写“单位名称”“日期”“进出类别”等数据。

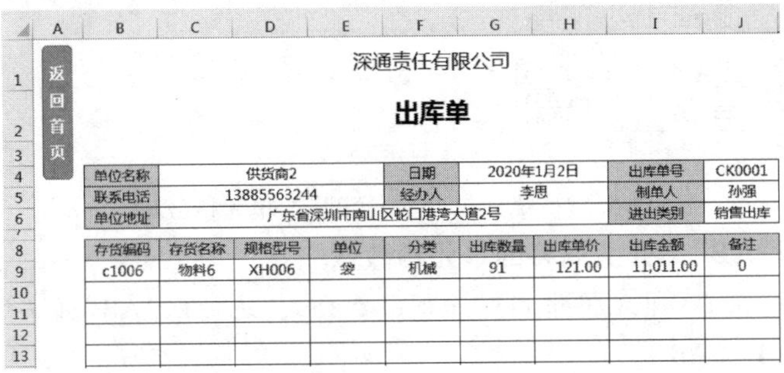

单位名称	供货商2	日期	2020年1月2日	出库单号	CK0001
联系电话	13885563244	经办人	李思	制单人	孙强
单位地址	广东省深圳市南山区蛇口港湾大道2号			进出类别	销售出库

存货编码	存货名称	规格型号	单位	分类	出库数量	出库单价	出库金额	备注
c1006	物料6	XH006	袋	机械	91	121.00	11,011.00	0

图 5.56　出库单

1. 利用数据验证选择输入“出库单号”

为了便于输入，防止录入错误信息，可以为“入库单号”设置数据验证。选择 J4 单元格，打开“数据验证”对话框，允许值选择“序列”，来源框中输入“= 单号”。

2. 利用 OFFSET + MATCH 函数组合获取信息

在填写了“出库单号”之后，可以通过一个函数公式，然后复制到所有需要的单元格中即可得到各自相应的信息。提示：函数公式与“入库单”完全相同。

（1）获取表头信息。在 C4 单元格中构建如下函数公式：

= OFFSET(进出货记录表! $C$1, MATCH($J$4, 进出货记录表! $C$2: $C$10000, 0), MATCH(B4, 进出货记录表! $D$1: $W$1, 0))

按下 Enter 键，得到“单位名称”的计算结果。复制该单元格内容，然后分别复制粘贴到 C5、C6 等单元格中，得到其他相应的表头信息。

（2）获取出库信息。在 B9 单元格中构建如下函数公式：

= OFFSET(进出货记录表! $C$1, MATCH($J$4, 进出货记录表! $C$2: $C$10000, 0), MATCH(B$8, 进出货记录表! $D1: $W1, 0))

按下 Enter 键，得到“存货编码”的计算结果。复制该单元格内容，然后分别复制粘贴到 C9、D9 等单元格中，得到其他相应的出库信息。

3. 打印设置

“出库单”的打印设置要求与“入库单”相同，可以参考其制作方法加以实现。

一课一练 18　COUNTIF 模糊计数——通配符的使用

练习 1. 统计包含“销售部”的单元格数量

如图 5.57 所示，在 D3 单元格中构建如下函数公式，统计所有分公司中“销售部”人数（例如，“A 公司销售部”）。

= COUNTIF(B:B, " * 销售部 * ")

D3　=COUNTIF(B:B,"*销售部*")

	A	B	C	D	E
1					
2	姓名	部门		统计所有分公司中“销售部”人数	
3	张晓雪	A公司法务部		2	
4	李晓娜	B公司财务部			
5	刘秋生	A公司安监部			
6	李丽萍	B公司质检部		D3单元格公式：=COUNTIF(B:B,"*销售部*")	
7	张伟贤	B公司生产部			
8	王洪强	A公司仓储部			
9	吕建斌	C公司销售部			
10	凡尘	C公司采购部			
11	白顺利	A公司销售部			
12					

图 5.57　统计包含“销售部”的单元格数量

练习 2. 统计以“AB”为开头内容的单元格数量

如图 5.58 所示，在 D3 单元格中构建如下函数公式，统计以“AB”开头的单元格数量。

=COUNTIF(B:B,"AB*")

D3　=COUNTIF(B:B,"AB*")

	A	B	C	D
1				
2	姓名	代码		统计开头为“AB”的单元格数量
3	张晓雪	ABSD		2
4	李晓娜	ERDD		
5	刘秋生	ABCC		D3单元格公式：=COUNTIF(B:B,"AB*")
6	李丽萍	ASDH		
7	张伟贤	CFRG		
8	王洪强	BEWR		统计结尾为“AB”的单元格数量
9	吕建斌	ANGY		1
10	凡尘	MAAB		
11	白顺利	MKEN		D9单元格公式：=COUNTIF(B:B,"*AB")
12				

图 5.58　统计以“AB”为开头内容的单元格数量

其中：通配符“*”表示任意多个字符，放在字符“AB”之后表示该字符后可以有任意多个字符(不分大小写)。

练习 3. 统计以“AB”为结尾内容的单元格数量

如图 5.58 所示，在 D9 单元格中构建如下函数公式，统计以“AB”结尾的单元格数量(不分大小写)。

=COUNTIF(B:B,"*AB")

练习 4. 统计姓名长度两位数的员工人数

如图 5.59 所示，在 D3 单元格中构建如下函数公式，统计姓名长度两位数的员工人数。

=COUNTIF(A3:A11,"??")

	A	B	C
1			
2	姓名		统计姓名长度两位数的员工人数
3	张晓雪		2
4	李晓娜		
5	刘秋生		D3单元格公式：=COUNTIF(A3:A11,"??")
6	李丽萍		
7	张伟贤		
8	张蔷		
9	吕建斌		
10	凡尘		
11	白顺利		
12			

图 5.59　统计姓名长度两位数的员工人数

其中：通配符“?”表示占用一个字符位置，“??”表示 2 位字符长度。

练习 5. 统计包含文本内容的单元格数量

如图 5.60 所示，在 D3 单元格中构建如下函数公式，统计缺考人次。

= COUNTIF(B3 : D11 ,"*")

F3　　=COUNTIF(B3:D11,"*")

	A	B	C	D	E	F
1						
2	姓名	语文	数学	英语		统计缺考人次
3	张晓雪	64	0	99		3
4	李晓娜	84	97	53		
5	刘秋生	缺考	86	0		
6	李丽萍	76	0	63		F3单元格公式：=COUNTIF(B3:D11,"*")
7	张伟贤	94	81	90		
8	王洪强	72	86	缺考		
9	吕建斌	0	缺考	79		
10	凡尘	81	78	80		
11	白顺利	51	58	0		
12						

图 5.60　统计缺考人次

案例 5.4　食品批发入库信息的动态统计

【情境引入】如图 5.61 所示为某食品批发企业在 2020 年初的"期初库存表"，该企业在采购和销售业务发生的同时，需要对商品的入库情况进行实时的动态统计分析。

	A	B	C
1	商品名称	单位	库存数量
2	三合一麦片	瓶	100
3	干贝	公斤	25
4	大众奶酪	公斤	138.8
5	小米	公斤	86.8
6	山楂片	包	216.6
7	牛奶	箱	211.4
8	牛肉干	包	73
9	玉米片	包	27.6
75	糖果	公斤	138.6
76	蟹	公斤	148.4
77	糯米	公斤	69.6
78			
79			

图 5.61　期初库存表

【相关知识】

- SUMIF、SUMIFS 和 SUMPRODUCT 函数；
- 数组函数 LOOKUP 的应用；
- 数据验证；
- 数据透视表。

企业中的入库业务主要包括采购原材料，物料入库和经销商退货入库。出库业务主要包括销售产品出库和物料消耗出库。结合企业管理的实际需求。会计人员需要根据不同的入库表结构，在多种条件下进行入库数据的统计。

一、统计累计入库

1. 创建入库信息表

首先，我们为该企业建立一个食品批发的企业在 2020 年上半年的入库信息表，然后针对企业需要，对其进行相关统计计算。在上述"期初库存表"所在工作簿中新建一个工作表 Sheet1，将其重命名为"入库信息表"，按照时间顺序，逐笔记录 2020 年上半年多种商品的入库明细数据，如图 5.62 所示。

	A	B	C	D	E
1	入库日期	产品名称	单位	数量	累计入库
2	2020/1/1	桂花糕	公斤	12	12
3	2020/1/1	山楂片	包	3	3
4	2020/1/1	海哲皮	公斤	24	24
5	2020/1/1	棉花糖	包	15	15
6	2020/1/1	蚝油	公斤	15	15
7	2020/1/1	花奶酪	公斤	2	2
2137	2020/6/30	温馨奶酪	公斤	70	1427
2138	2020/6/30	黄豆	公斤	3	712
2139	2020/6/30	苹果汁	桶	15	820
2140	2020/6/30	蕃茄酱	瓶	49	328
2141	2020/6/30	意大利奶酪	公斤	15	1057
2142					

E2　　=SUMIF(B$2:B2,B2,D$2:D2

图 5.62　入库信息表

2. 定义名称

选择 A 列的所有日期信息，为其定义名称为"入库日期"。

3. 统计累计入库

如果想随时获取某商品的累计入库信息，可以在 E2 单元格中构建如下函数公式：

=SUMIF(B$2:B2,B2,D$2:D2)

按下 Enter 键，将公式向下复制填充直至最后一行明细，即可得到某商品在某时间的累计入库信息。

知识 5-6：数据区域动态扩展中的绝对引用和相对引用。

SUMIF 函数的第一参数条件区域和第三参数求和区域，都使用了数据区域动态扩展的技巧。例如，B$2 使用了绝对引用行，也就是条件区域的起始位置始终是 B2 单元格，而 B2 则使用了相对引用。当公式向下复制时，会依次变成 B$2:B3，B$2:B4，B$2:B5……，可以统计自 B2 到公式所在行这个动态扩展范围内的符合指定商品名称的商品入库累计数量。

二、统计商品种类

1. 创建商品信息表

根据随时更新的入库信息表，我们可以动态获取新添商品的种类或名称，生成一个能够自动更新的"商品信息表"。

（1）创建数据透视表并构建字段列表。

定位在"入库信息表"的数据区域中，依次单击"插入"/"数据透视表"命令，在新工作表中创建一个空白的数据透视表，将新工作表命名为"商品信息表"。在"数据透视表字段"窗格中将"商品名称"和"单位"均拖拽到"行"字段，将"数量"拖拽到"值"字段中，如图 5.63 所示。

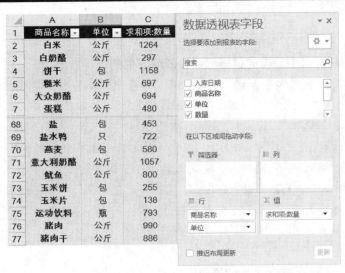

图 5.63　创建数据透视表

（2）修改字段名称。

选择 C1 单元格，然后在编辑栏中将默认的"求和项:数量"字段名称修改为"入库数量"。

2. 动态统计商品种类:自动刷新数据透视表

默认情况下，数据透视表是不会自动更新数据的，需要右单击数据透视表区域，选择"刷新"命令，方可得到最新的商品信息表。为了使数据透视表中的数据能够随着源数据的变化而实时更新，可以设置自动刷新数据透视表。具体操作如下:

右单击数据透视表区域中的任意单元格，选择快捷菜单命令中的"数据透视表选项"命令，打开如图 5.64 所示"数据透视表选项"对话框，切换至"数据"选项卡中，勾选"打开文件时刷新数据"复选框，单击"确定"按钮，完成设置。这样，数据透视表中的数据就与源数据中的数据保持实时更新了。选择 A 列的所有商品名称，为其定义名称为"商品名称"。

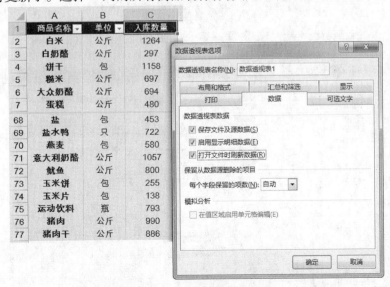

图 5.64　自动刷新数据透视表

知识 5-7:从含有重复项的数据列中提取唯一值的五种方法。

在本案例中,如果想从包含重复项的入库信息表中获取其中产品名称的唯一值,有以下五种方法。

方法一:删除重复项。

如图 5.65 所示,将左侧源数据中的 B:C 两列复制一份置于 F:G 列,然后定位在副本所在数据区域中,依次单击"数据"/"数据工具"/"删除重复项…"命令,在弹出的"删除重复项"对话框中勾选"产品名称"复选框。单击"确定"按钮,即可得到不重复的唯一值,如图 5.66 所示。缺点是:当源数据发生变化时,该方法得到的结果不能更新。

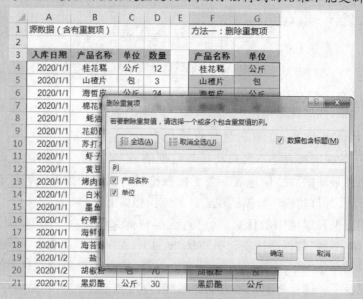

图 5.65　删除重复项

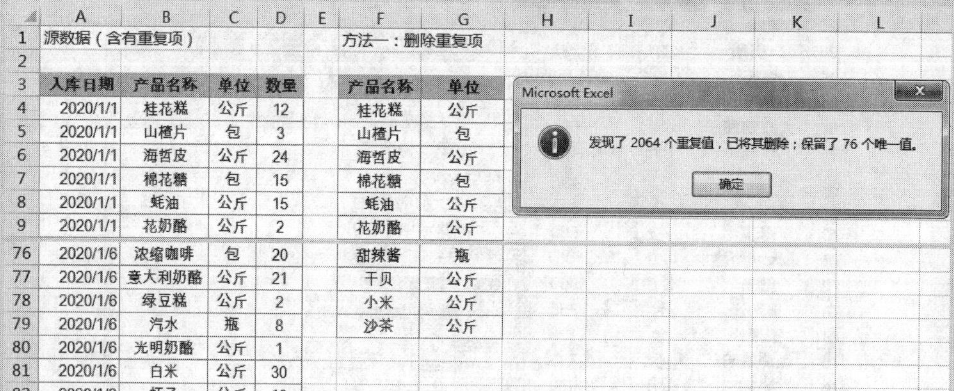

	A	B	C	D	E	F	G
1	源数据(含有重复项)					方法一:删除重复项	
2							
3	入库日期	产品名称	单位	数量		产品名称	单位
4	2020/1/1	桂花糕	公斤	12		桂花糕	公斤
5	2020/1/1	山楂片	包	3		山楂片	包
6	2020/1/1	海哲皮	公斤	24		海哲皮	公斤
7	2020/1/1	棉花糖	公斤	15		棉花糖	包
8	2020/1/1	蚝油	公斤	15		蚝油	公斤
9	2020/1/1	花奶酪	公斤	2		花奶酪	公斤
76	2020/1/6	浓缩咖啡	包	20		甜辣酱	瓶
77	2020/1/6	意大利奶酪	公斤	21		干贝	公斤
78	2020/1/6	绿豆糕	公斤	2		小米	公斤
79	2020/1/6	汽水	瓶	8		沙茶	公斤
80	2020/1/6	光明奶酪	公斤	1			
81	2020/1/6	白米	公斤	30			
82	2020/1/6	虾子	公斤	10			

Microsoft Excel

发现了 2064 个重复值,已将其删除;保留了 76 个唯一值。

确定

图 5.66　保留唯一值

方法二:高级筛选。

如图 5.67 所示,依次单击"数据"/"排序和筛选"/"高级"命令,在弹出的"高级筛选"

对话框中选择"将筛选结果复制到其他位置"方式,在"列表区域"框中选择包含重复项的数据区域,在"复制到"框中单击将要放置唯一值的单元格,然后勾选"选择不重复的记录"复选框,单击"确定"按钮,得到唯一值。缺点是:当源数据发生变化时,该方法得到的结果不能更新。

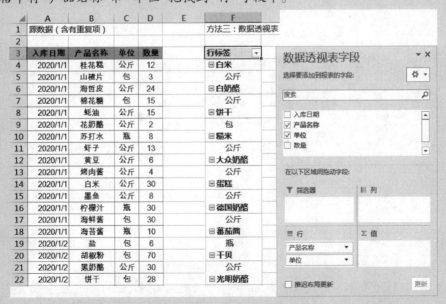

图 5.67　高级筛选

方法三:数据透视表。

如图 5.68 所示,依次单击"插入"/"数据透视表"命令,在弹出的"创建数据透视表"对话框中选择放置数据透视表的位置为当前工作表 F3 单元格,然后在"数据透视表字段"窗格中将"产品名称"和"单位"拖拽到"行"字段中。

图 5.68　创建数据透视表

依次单击"数据透视表工具"/"设计"/"报表布局"/"以表格形式显示"命令,将数据透视表转换为如图 5.69 所示形式。

依次单击"数据透视表工具"/"设计"/"分类汇总"/"不显示分类汇总"命令,将数据透视表转换为如图 5.70 所示形式。

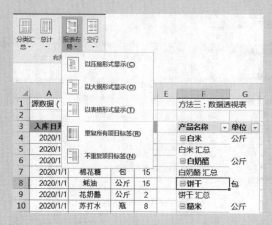
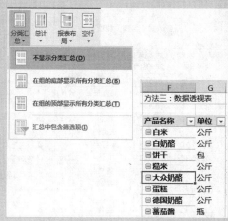

图 5.69　以表格形式显示　　　　　　　　　图 5.70　不显示分类汇总

依次单击"数据透视表工具"/"分析"/"显示"/" + / − 按钮"命令,将数据透视表中的折叠按钮隐藏,得到如图 5.71 所示效果。如果不显示数据透视表下方的"总计"行,可以在如图 5.71 所示的"总计"命令中单击"对行和列禁用"即可。

	A		C	D	E		F	G
1	源						方法三:数据透视表	
2								
3			单位	数量			产品名称	单位
4			公斤	12			白米	公斤
5	2020/1/1	山楂片	包	3			白奶酪	公斤
6	2020/1/1	海哲皮	公斤	24			饼干	包
7	2020/1/1	棉花糖	包	15			糙米	公斤
8	2020/1/1	蚝油	公斤	15			大众奶酪	公斤
75	2020/1/6	辣椒粉	包	25			玉米饼	包
76	2020/1/6	浓缩咖啡	包	20			玉米片	
77	2020/1/6	意大利奶酪	公斤	21			运动饮料	瓶
78	2020/1/6	绿豆糕	公斤	2			猪肉	公斤
79	2020/1/6	汽水	瓶	8			猪肉干	公斤
80	2020/1/6	光明奶酪	公斤	1			总计	
81	2020/1/6	白米	公斤	30				
82	2020/1/6	虾子	公斤	10				
83	2020/1/7	大众奶酪	公斤	3				
84	2020/1/7	虾子	公斤	10				

图 5.71　隐藏折叠按钮

【说明】数据透视表与源数据之间存在数据的链接关系,既可以设置自动更新,也可以手动"刷新"得到最新的数据信息。

方法四：函数＋排序。

如图 5.72 所示，将源数据的副本置于 F:G 列，然后在 H 列建立一个辅助列，在 H4 单元格中构建如下函数公式：

$$= IF(COUNTIF(\$F\$4:F4,F4) = 1, ROW(), ROW() * 10^4)$$

按下 Enter 键，得到一个数字序列。凡是"产品名称"列中不重复的数据，在"辅助列"中对应的数字均为较小的数值；重复的数据则对应数字均为较大的数值。

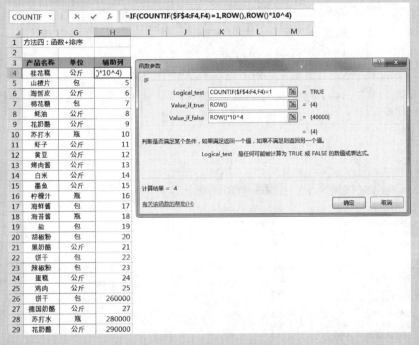

图 5.72　建立辅助列

定位在"辅助列"中，进行"升序"排序，辅助列中数值较小的相对应的"产品名称"和"单位"即为唯一值，删除下方的其他数据行即可。如图 5.73 所示。缺点是：不能自动更新数据，每次源数据有变化，均需要再次上述重复操作。

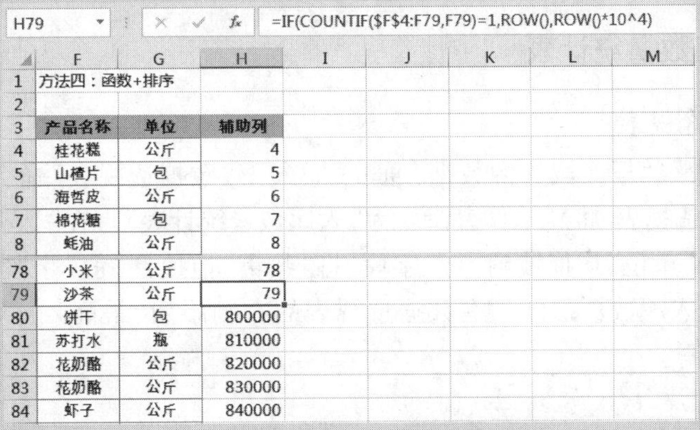

图 5.73　"升序"排序得到唯一值

方法五：数组函数。

如图 5.74 所示，在源数据右侧 D3：E3 区域输入标题行，然后在 D4 单元格中构建如下函数公式：

=IFERROR(LOOKUP(1,0/(COUNTIF($D$3:D3,$A$4:$A$2143)=0),$A$4:$A$2143),"")

按下 Enter 键，得到计算结果“意大利奶酪”，将公式向下复制填充若干行，直至出现空白值为止，可以获取源数据中“产品名称”的唯一值。

在 E4 单元格中构建如下函数公式：

=IFERROR(VLOOKUP(D4,A:B,2,0),"")

按下 Enter 键，得到计算结果“公斤”，将公式向下复制填充若干行，直至出现空白值为止，获取与 D 列“产品名称”唯一值相对应的“单位”数据。缺点是：能够自动更新数据，但是仅限于源数据数量较小的运算，上述数组公式中的上千(万)行的运算，系统会非常卡顿。

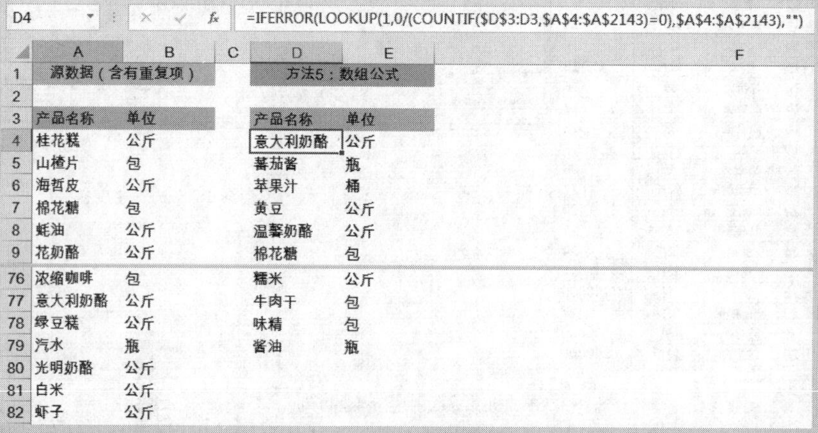

D4 =IFERROR(LOOKUP(1,0/(COUNTIF($D$3:D3,$A$4:$A$2143)=0),$A$4:$A$2143),"")

	A	B	C	D	E	F
1	源数据（含有重复项）			方法5：数组公式		
2						
3	产品名称	单位		产品名称	单位	
4	桂花糕	公斤		意大利奶酪	公斤	
5	山楂片	包		蕃茄酱	瓶	
6	海哲皮	公斤		苹果汁	桶	
7	棉花糖	包		黄豆	公斤	
8	蚝油	公斤		温馨奶酪	公斤	
9	花奶酪	公斤		棉花糖	包	
76	浓缩咖啡	包		糯米	公斤	
77	意大利奶酪	公斤		牛肉干	包	
78	绿豆糕	公斤		味精	包	
79	汽水	瓶		酱油	瓶	
80	光明奶酪	公斤				
81	白米	公斤				
82	虾子	公斤				

图 5.74　数组函数

三、创建入库数量统计表

1. 创建数据透视表

以“入库信息表”数据区域为源数据，通过“插入”/“数据透视表”命令，在新工作表中创建一个空白的数据透视表，将新工作表命名为“入库数量统计表”。在“数据透视表字段”窗格中将“商品名称”和“单位”均拖拽到“行”字段，将“数量”拖拽到“值”字段中。将“求和项：数量”字段名修改为“入库数量总计”，在数据透视表的右侧添加“最高入库数量”和“最低入库数量”两个新列。

2. 统计最高和最低入库数量

在 D2 和 E2 单元格中分别构建如下数组函数公式：

=MAX(IF(入库信息表!B:B=A2,入库信息表!D:D))

= MIN(IF(入库信息表! B:B = A2,入库信息表! D:D))

按下 Ctrl + Shift + Enter 组合键,得到计算结果,分别将公式向下复制填充直至最后一行明细。结果如图 5.75 所示。

	A	B	C	D	E
1	产品名称	单位	入库数量总计	最高入库数量	最低入库数量
2	白米	公斤	1264	70	1
3	白奶酪	公斤	297	50	1
4	饼干	包	1158	65	2
5	糙米	公斤	697	100	2
6	大众奶酪	公斤	694	50	2
7	蛋糕	公斤	480	55	1
8	德国奶酪	公斤	344	100	2
74	玉米片	包	138	70	6
75	运动饮料	瓶	793	130	2
76	猪肉	公斤	990	100	2
77	猪肉干	公斤	886	120	2
78					

数据透视表字段

选择要添加到报表的字段:

搜索

☑ 产品名称
☑ 单位
☑ 数量

在以下区域间拖动字段:

▽ 筛选器　　　　　‖ 列

≡ 行　　　　　　Σ 值
产品名称　　　　入库数量总计
单位

□ 推迟布局更新　　　　　更新

图 5.75　统计最高和最低入库数量

知识 5 – 8:利用嵌套函数 IF 和 MAX 统计最高入库数量。

在上述统计"最高入库数量"的公式中,首先使用 IF 函数,判断"入库信息表!B:B"列内容是否等于 A2 单元格指定的商品名称(IF 函数第三参数省略),如果相等则返回"入库信息表! D:D"列内容,否则返回逻辑值"FALSE"。再使用 MAX 函数对"入库信息表! D:D"列求最大值(MAX 函数可忽略逻辑值 FALSE),返回值就是与商品名称相应的"最高入库数量"。

四、统计最近一次入库日期

根据"入库信息表"中的数据,统计各种商品的最近一次入库日期,可以利用数据透视功能来实现。具体操作方法为:以"入库信息表"的数据区域为数据源,在一个新工作表中创建一个数据透视表,将该工作表命名为"最近一次入库日期",将"商品名称"拖至"行"字段中,将"入库日期"拖至"值"字段中,将"计数项:入库日期"的"值字段设置"修改为"最大值"。如图 5.76 所示。

单击"确定"按钮,修改 A3 单元格的字段名为"商品名称",B3 单元格的字段名为"最近入库信息",修改 B 列数字格式为"短日期"类型。依次单击"数据透视表工具"/"设计"/"布局"/"总计"/"对行和列禁用"命令,删除数据透视表下方的"总计"行,得到如图 5.77 所示效果。

五、按时间区段统计入库数量

在"入库信息表"的数据区域右侧建立一个查询区域,如图 5.78 所示。

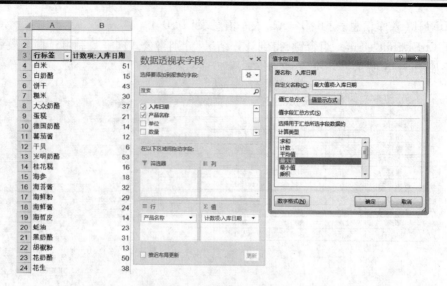

行标签 ▾	计数项:入库日期
白米	51
白奶酪	15
饼干	43
糙米	30
大众奶酪	37
蛋糕	21
德国奶酪	14
蕃茄酱	14
干贝	6
光明奶酪	53
桂花糕	16
海参	18
海苔酱	32
海鲜粉	29
海鲜酱	24
海哲皮	14
蚝油	23
黑奶酪	31
胡椒粉	13
花奶酪	50
花生	38

图 5.76　值字段设置：最大值

商品名称 ▾	最近的入库日期
白米	2020/6/12
白奶酪	2020/6/2
饼干	2020/6/16
糙米	2020/6/29
虾子	2020/6/28
小米	2020/6/27
蟹	2020/6/28
雪鱼	2020/6/27
鸭肉	2020/6/28
盐	2020/6/29
盐水鸭	2020/6/24
燕麦	2020/6/19
意大利奶酪	2020/6/30
鱿鱼	2020/6/27
玉米饼	2020/6/10
玉米片	2020/6/2
运动饮料	2020/6/24
猪肉	2020/6/28
猪肉干	2020/6/28

图 5.77　统计最近一次入库日期

入库日期	商品名称	单位	数量	累计入库		按时间区段统计入库数量	
2020/1/1	桂花糕	公斤	12	12			
2020/1/1	山楂片	包	3	3		商品名称	白米 ▾
2020/1/1	海哲皮	公斤	24	24		起始日 白米	
2020/1/1	棉花糖	包	15	15		终止日 白奶酪 饼干	
2020/1/1	蚝油	公斤	15	15		入库数 糙米	
2020/1/1	花奶酪	公斤	2	2		大众奶酪	
2020/1/1	苏打水	瓶	8	8		蛋糕	
2020/1/1	虾子	公斤	13	13		德国奶酪	
2020/1/1	黄豆	公斤	6	6		蕃茄酱	
2020/1/1	烤肉酱	公斤	4	4			
2020/1/1	白米	公斤	30	30			

图 5.78　建立查询区域

1. 数据验证

在查询区域中,分别为"商品名称""起始日期""终止日期"的输入设置数据验证。

(1)商品名称。

在前面创建的"商品信息表"中,我们将统计得到的所有商品种类定义名称为"商品名称",当前工作表中就可以利用它对 H3 单元格进行数据验证。选中 H3 单元格,依次单击"数据"/"数据工具"/"数据验证"命令,弹出"数据验证"对话框,设置允许值为"序列",来源为"=商品名称",单击"确定"按钮完成设置。然后在其中输入要查询的商品名称(例如"白米")。

(2)起始日期。

查询的起始日期应该介于当前工作表 A 列中的日期最小值和最大值之间,可以利用公式为 H4 单元格设置数据验证。选中 H4 单元格,打开"数据验证"对话框,设置允许值为"日期",然后在"数据"框内选择"大于或等于",在"开始日期"框内选择"$A$2",单击"确定"按钮完成设置(如图 5.79 所示),然后在其中输入需要查询的起始日期(例如,2020/1/1)。

(3)终止日期。

选中 H5 单元格,打开"数据验证"对话框,设置允许值为"日期",然后在"数据"框内选择"小于或等于",在"开始日期"框内选择"$A$2141",单击"确定"按钮完成设置(如图 5.80 所示),然后在其中输入需要查询的起始日期(例如,2020/1/5)。

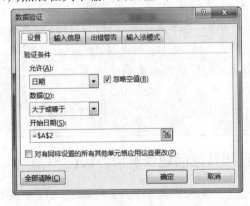

图 5.79　限制输入起始日期

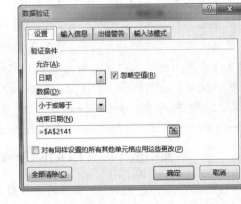

图 5.80　限制输入终止日期

2. 按时间区段统计入库数量

分别在 H1、H2 和 H3 单元格中输入要查询的信息——商品名称(例如,白米)、起始日期(例如,2020/1/1)和终止日期(例如,2020/1/5)后,通过以下方法就可以按照时间区段快速统计出相应商品的入库数量。统计的方法有两种:利用 SUMIFS 函数或者 SUMPRODUCT 函数。在 H6 单元格中可以通过构建如下两种函数公式获得相同的计算结果。

= SUMIFS(D:D,B:B,H3,A:A,">="&H4,A:A,"<="&H5)

= SUMPRODUCT((B2:B9000 = H3) * (A2:A9000 >= H4) * (A2:A9000 <= H5) * D2:D9000)

如图 5.81 所示。

▲	A	B	C	D	E	F	G	H
1	入库日期	商品名称	单位	数量	累计入库		按时间区段统计入库数量	
2	2020/1/1	桂花糕	公斤	12	12			
3	2020/1/1	山楂片	包	3	3		商品名称	白米
4	2020/1/1	海蜇皮	公斤	24	24		起始日期	2020/1/1
5	2020/1/1	棉花糖	包	15	15		终止日期	2020/1/5
6	2020/1/1	蚝油	公斤	15	15		入库数量	44
7	2020/1/1	花奶酪	公斤	2	2			
8	2020/1/1	苏打水	瓶	8	8			
2137	2020/6/30	温馨奶酪	公斤	70	1427			
2138	2020/6/30	黄豆	公斤	3	712			
2139	2020/6/30	苹果汁	桶	15	820			
2140	2020/6/30	蕃茄酱	瓶	49	328			
2141	2020/6/30	意大利奶酪	公斤	15	1057			
2142								

图 5.81　按时间区段统计入库数量

知识 5－9：SUMIFS 函数中的比较运算符。

在 SUMIFS 公式中使用比较运算符(如 >= 或者 <=)，以单元格中的内容作为比较大小的参照时，则需要在运算符的外侧添加一对半角双引号，并且用文本连接符"&"将其与单元格地址相连接。

上述公式：= SUMIFS(D:D,B:B,H3,A:A,">= "&H4,A:A,"<= "&H5) 中，">= "&H4 表示条件"大于等于起始日期"，此处的"起始日期"为单元格地址引用(H4)，因此运算符要使用英文双引号括起来，而且还要使用连字符"&"与 H4 相连接才组成一个有效的查询条件。如果直接手动输入起始日期和终止日期，则公式表述为：

= SUMIFS(D:D,B:B,H3,A:A,">=2020/1/1",A:A,"<=2020/1/5")

但是这就失去了根据 H4(起始日期)和 H5(终止日期)自动查询的数据链接关系。

一课一练 19　VLOOKUP 函数使用常见问题及解决方法(一)

VLOOKUP 函数是 Excel 中常用的查找引用函数，很多人正式学习 Excel 都是从这个函数开始的，但有的时候 VLOOKUP 却不太听话，公式返回错误结果，让人苦不堪言。有时明明数据在表里，用 VLOOKUP 却无法返回结果；有时 VLOOKUP 函数可以返回结果，但却是错误的；有时更奇怪，返回的结果有的是正确的，有的是错误的……本案例整理了 VLOOKUP 函数使用时的常见问题，并给出相应的解决方法。

练习 1. Table_Array 区域设置错误——未将查询数据作为最左列(首列)

如图 5.82 所示，要根据姓名查找金额，所以 VLOOKUP 要求第二参数的区域中最左列(首列)需包含要查找的数据，也就是查找区域要以 B 列的姓名作为最左列。图中公式的错误在于：第二参数的区域最左列是 A 列的员工编号，不包含姓名，所以返回错误结果。将公式作如下修正，即可正常查找到结果。

= VLOOKUP(E2,B2:C5,2,0)

F2				f_x	=VLOOKUP(E2,A2:C5,3,0)	

	A	B	C	D	E	F
1	员工编号	姓名	金额		姓名	金额
2	1	张三	7000		王五	#N/A
3	2	李四	6000			
4	3	王五	5000			
5	4	赵六	4000			

图 5.82　第 2 参数区域的最左列需包含要查找的数据

练习 2. Table_Array 区域设置错误——未包含待查找的数据

如图 5.83 所示,根据姓名查找职务时产生查找错误。

H5					f_x	=VLOOKUP(G5,B4:D9,4,0)	

	A	B	C	D	E	F	G	H
1	常见错误：未包含待查找的数据							
2								
3								
4	工号	姓名	性别	年龄	职务		输入姓名	查询职务
5	D001	贾梦珠	女	23	总经理		金传旭	#REF!
6	D002	金传旭	男	24	秘书			
7	D003	柳晶晶	女	37	前台			
8	D004	宁嘉仪	女	21	客服			
9	D005	邹禹荣	男	31	客服			

图 5.83　未包含待查找的数据

错误原因是:本例是根据姓名(G5)查找职务(E 列),可是第 2 个参数 B4:D9 根本就没有包括 E 列的职务,所以公式应改为:

= VLOOKUP(G5 , B4:E9 , 4 , 0)

练习 3. Table_Array 区域设置错误——没有绝对引用

如图 5.84 所示,公式的结果有的正确,有的错误。随着公式的向下填充,VLOOKUP 的查找区域在不停地变化,开始是 B2:C9,最后变成了 B5:C12……解决方案并不复杂,只要将查找区域绝对引用即可:

= VLOOKUP(E2 , $B$2:$C$9 , 2 , 0)

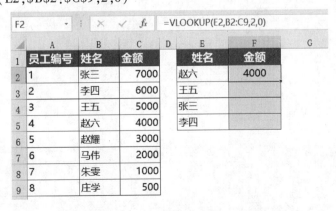

F2				f_x	=VLOOKUP(E2,B2:C9,2,0)		

	A	B	C	D	E	F	G
1	员工编号	姓名	金额		姓名	金额	
2	1	张三	7000		赵六	4000	
3	2	李四	6000		王五		
4	3	王五	5000		张三		
5	4	赵六	4000		李四		
6	5	赵耀	3000				
7	6	马伟	2000				
8	7	朱雯	1000				
9	8	庄学	500				

图 5.84　查找区域没有绝对引用

练习 4. Range_Lookup 缺少或设置错误

如图 5.85 所示,根据姓名(G5)查找职务(H5)。错误原因是:VLOOKUP 第 4 个参数为 0 (或者 FALSE)时表示精确查找,为 1 或省略时表示模糊查找。如果区域也不符合模糊查找规则时,公式就会返回错误值。重新修改公式为:

方法一: = VLOOKUP(G5,B4:E9,4,0);

方法二: = VLOOKUP(G5,B4:E9,4,)。

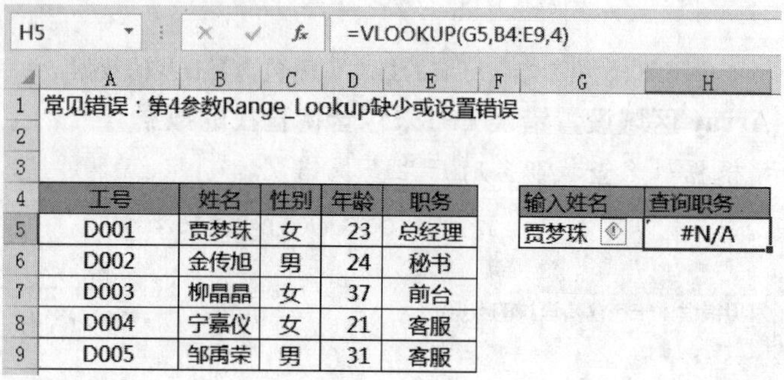 H5	▼	:	× ✓ fx	=VLOOKUP(G5,B4:E9,4)				
▲	A	B	C	D	E	F	G	H
1	常见错误：第4参数Range_Lookup缺少或设置错误							
2								
3								
4	工号	姓名	性别	年龄	职务		输入姓名	查询职务
5	D001	贾梦珠	女	23	总经理		贾梦珠	#N/A
6	D002	金传旭	男	24	秘书			
7	D003	柳晶晶	女	37	前台			
8	D004	宁嘉仪	女	21	客服			
9	D005	邹禹荣	男	31	客服			

图 5.85　第 4 参数 Range_Lookup 缺少或设置错误

【说明】当参数为 0 时可以省略,但必须保留逗号(,)。

第 6 部分 Excel 在应收账款中的应用

【情境引入】应收账款是企业流动资产的一个重要项目，积极而有效的应收账款管理，有利于加快企业资金周转，提高资金使用效率，也有利于防范经营风险，维护投资者利益。应付账款是企业应支付，但尚未支付的手续费和佣金，是会计科目的一种，用以核算企业因购买材料商品和接受劳务供应等经营活动而应支付的款项。本案例主要介绍 Excel 在企业往来账款管理中的应用方法，通过学习掌握更多的 Excel 知识。

【相关知识】

- 自动为表格添加边框线和底纹填充色；
- 减负运算；
- 打印时不显示条件格式；
- 利用 COUNTIF 函数限制输入；
- 条件格式；
- 图表的制作与编辑。

一、创建"应收账款明细"表

首先，在 Excel 中创建"应收账款明细账"，即根据实际发生的业务，将企业的应收账款信息登记到 Excel 表格中，具体操作步骤如下。

1. 输入账款明细

创建一个新工作簿，保存为"应收账款明细账"。将 Sheet1 工作表重命名为"应收账款明细"。根据企业实际需要，将应收账款管理需要的字段信息"序号""公司名称""开票日期""应收金额""已收金额""未收金额""付款期限""是否到期"等输入到表格中，然后在工作表中依次输入企业应收账款明细记录，如图 6.1 所示。

序号	公司名称	开票日期	应收金额	已收金额	未收金额	付款期限	是否到期
001	新大高空维修防腐有限公司	2019/1/13	66,884.00	-		45	
002	世易进出口贸易公司	2019/2/15	50,921.00	4,500.00		27	
003	新大高空维修防腐有限公司	2019/2/22	61,177.00	12,000.00		50	
004	安平铜灵金属丝网厂	2019/2/23	24,209.00	10,000.00		48	
005	华昌医疗器械有限公司	2019/2/24	44,108.00	35,000.00		36	
006	新大高空维修防腐有限公司	2019/1/25	36,424.00	-		23	
007	九鼎新材料股份有限公司	2019/1/25	65,318.00	-		23	
008	新大高空维修防腐有限公司	2019/2/26	41,436.00	8,191.00		51	
009	世易进出口贸易公司	2019/2/27	27,163.00	21,000.00		40	
010	永信塑料制品有限公司	2019/2/28	25,055.00	20,000.00		29	
011	新大高空维修防腐有限公司	2019/3/1	22,683.00	-		36	
012	安平铜灵金属丝网厂	2019/1/21	54,914.00	-		24	
013	金利源钢贸有限公司	2019/3/3	53,464.00	20,000.00		48	
014	世易进出口贸易公司	2019/3/3	46,989.00	25,000.00		26	
015	洋龙洁具有限公司	2019/3/4	19,803.00	15,000.00		31	
016	永信塑料制品有限公司	2019/3/17	50,856.00	50,000.00		22	
017	洋龙洁具有限公司	2019/3/28	50,887.00	12,000.00		21	
018	安平铜灵金属丝网厂	2019/4/3	63,126.00	50,000.00		52	
019	世易进出口贸易公司	2019/1/17	25,396.00	-		52	
020	佳博智能电子有限公司	2019/6/1	40,474.00	35,000.00		20	

图 6.1 "应收账款明细"工作表

2. 格式化表格

（1）设置单元格格式。

为数据区域设置适当的字体格式、调整行高和列宽、添加边框线和底纹填充色，使其更为美观。

知识 6-1：设置条件格式，自动添加边框线和填充色。

在本案例中，可以通过设置条件格式，使得表格具有自动添加边框线和底纹填充色的功能，例如：当 A 列单元格不空且为奇数行时，该行自动添加边框线和浅色填充。具体操作方法为：选择 A：H 列，依次单击"开始"/"样式"/"条件格式"/"新建规则…"命令，弹出"新建格式规则"对话框（如图 6.2 所示），选择规则类型为"选择使用公式确定要设置格式的单元格"，在"为符合此公式的值设置格式"框内输入如下公式：

$$= AND(\$A1 <>"",MOD(ROW(\$A1),2)=1)，$$

单击"格式"按钮，在弹出的"设置单元格格式"对话框内选择适当的边框线和底纹颜色。

最后单击"确定"按钮，得到如图 6.3 所示效果。当在 A 列中继续添加序号时，如果该行是奇数行，则会自动添加边框线和底纹填充色。

图 6.2　新建格式规则

	A	B	C	D	E	F	G	H
1	序号	公司名称	开票日期	应收金额	已收金额	未收金额	付款期限	是否到期
2	001	新大高空维修防腐有限公司	2019/1/13	66,884.00	-		45	
3	002	世易进出口贸易公司	2019/2/15	50,921.00	4,500.00		27	
4	003	新大高空维修防腐有限公司	2019/2/22	61,177.00	12,000.00		50	
5	004	安平铜灵金属丝网厂	2019/2/23	24,209.00	10,000.00		48	
6	005	华昌医疗器械有限公司	2019/2/24	44,108.00	35,000.00		36	
7	006	新大高空维修防腐有限公司	2019/1/25	36,424.00			23	
8	007	九鼎新材料股份有限公司	2019/2/25	65,318.00			23	
9	008	新大高空维修防腐有限公司	2019/2/26	41,436.00	8,191.00		51	

图 6.3　自动添加边框线和底纹填充色

（2）设置数字格式类型。

第一，将"序号"列设置自定义格式："001、002、003……"。

第二，将"开票日期"列设置为"短日期"数字格式。

第三，将"应收金额""已收金额""未收金额"列设置为"会计专用 无货币符号"。

3. 数据核算

（1）未收金额。

根据"未收金额 = 应收金额 - 已收金额"的核算方法，在 F2 单元格中构建公式：= D2 - E2。

（2）是否到期。

此处，以 2019 年 6 月 15 日为统计日，计算思路方法为：如果"开票日期 + 付款日期 >= 统计日期"，则返回值为"是"，否则返回值为"否"。在 H2 单元格中构建如下函数公式：

方法一：= IF(C2 + G2 >= – – "2019/6/15","是","否") ；

方法二：= IF(C2 + G2 >= DATE(2019,6,15),"是","否") 。

知识 6 – 2：减负运算。

在计算"是否到期"时，"开票日期 + 付款日期"的结果是表示日期时间的序列值(即 1900 年 1 月 1 日为第 1 天，距离这一天的某一日期均可以表示为一个序列值。例如，2020 年 5 月 14 日的序列值为 47969) 。上述结果与统计日(例如，2019 年 6 月 15 日) 比较大小时，后者直接输入得到日期型数据，必须在外侧加上一对英文半角双引号变为文本型数字，Excel 才能够正确识别，参与四则运算。

文本型数字可以直接进行四则运算。如果在公式中要对文本型的日期时间内容比较大小，还需要将文本型数字转换为日期时间的序列值。假如 A2 单元格中为文本型数字，以下几种方法均可以将其转换为数值型数字：

a. 乘法：= A2 * 1；

b. 除法：= A2/1；

c. 加法：= A2 + 0；

d. 减法：= A2 – 0；

e. 减负运算：= – – A2；

f. 函数转换：= VALUE(A2) 。

其中，减负运算实质是以下公式的简化：

= 0 – (– A2)

即 0 减去负的 A2 单元格的值，因为它输入方便而被广泛运用。

4. 根据欠款金额和是否过期突出相关记录

可以通过设置条件格式的方法实现以下效果。第一，应收账款到期且未收金额超过 30000 元时，该行所有记录用浅橙色突出显示；第二，应收账款到期且未收金额超过 40000 元时，该行所有记录用深橙色突出显示。具体操作方法为：选择 A2:H1000 单元格区域，依次单击"开始"/"样式"/"条件格式"/"新建规则 ..."命令，弹出"新建格式规则"对话框，选择规则类型为"选择使用公式确定要设置格式的单元格"，在"为符合此公式的值设置格式"框内输入如下公式：

= AND($H2 = "是",$F2 > 30000)

单击"格式"按钮，在弹出的"设置单元格格式"对话框内选择浅橙色底纹。最后单击"确定"按钮。

重复上述操作，在"为符合此公式的值设置格式"框内输入如下公式：

= AND($H2 = "是",$F2 > 40000)

单击"格式"按钮，在弹出的"设置单元格格式"对话框内选择深橙色底纹。最后单击"确定"按钮。最终效果如图 6.4 所示。

	A	B	C	D	E	F	G	H
1	序号	公司名称	开票日期	应收金额	已收金额	未收金额	付款期限	是否到期
2	001	新大高空维修防腐有限公司	2019/1/13	66884	0	66884	45	否
3	002	世易进出口贸易公司	2019/2/15	50921	4500	46421	27	是
4	003	新大高空维修防腐有限公司	2019/2/22	61177	12000	49177	50	是
5	004	安平铜灵金属丝网厂	2019/2/23	24209	10000	14209	48	是
6	005	华昌医疗器械有限公司	2019/2/24	44108	35000	9108	36	是
7	006	新大高空维修防腐有限公司	2019/1/25	36424	0	36424	23	是
8	007	九鼎新材料股份有限公司	2019/1/25	65318	0	65318	23	是
9	008	新大高空维修防腐有限公司	2019/2/26	41436	8191	33245	51	是
10	009	世易进出口贸易公司	2019/2/27	27163	21000	6163	40	是
11	010	永信塑料制品有限公司	2019/2/28	25055	20000	5055	29	是
12	011	新大高空维修防腐有限公司	2019/3/1	22683	0	22683	36	是
13	012	安平铜灵金属丝网厂	2019/1/21	54914	0	54914	24	是
14	013	金利源经贸有限公司	2019/3/3	53464	20000	33464	48	是
15	014	世易进出口贸易公司	2019/3/3	46989	25000	21989	26	是
16	015	洋龙洁具有限公司	2019/3/4	19803	15000	4803	31	是
17	016	永信塑料制品有限公司	2019/3/17	50856	50000	856	22	是
18	017	洋龙洁具有限公司	2019/3/28	50887	12000	38887	21	是
19	018	安平铜灵金属丝网厂	2019/4/3	63126	50000	13126	52	是
20	019	世易进出口贸易公司	2019/1/17	25396	0	25396	52	是
21	020	佳博智能电子有限公司	2019/6/1	40474	35000	5474	20	否

图 6.4　根据欠款金额和是否过期突出相关记录

知识 6-3：不打印条件格式的颜色显示效果。

在设置了条件格式的工作表中，往往会存在多种填充颜色。过多的填充颜色会影响最终的打印效果，使打印出来的文件看起来比较凌乱。通过设置，可以在打印时不显示条件格式的填充颜色。依次单击"页面布局"/"页面设置"对话框启动器按钮，弹出"页面设置"对话框，切换至"工作表"选项卡，单击选中"单色打印"复选框，最后单击"确定"按钮即可。如图 6.5 所示。

图 6.5　单色打印

二、统计各客户应收账款

企业在经营过程中,产生的应收账款数额越多,财务风险越高。这里,我们通过创建一个"应收账款汇总"工作表,对应收账款现状进行统计分析,为企业的财务决策提供参考和依据。

1. 提取不重复客户名单

新建一个工作表,重命名为"应收账款汇总"。然后输入"公司名称""未收金额""业务笔数"等列标签。如图6.6所示。"公司名称"列的输入方法有多种方式:直接输入、删除重复项和数据透视表。在此介绍通过"删除重复项"功能,提取不重复公司名称的方法。将"应收账款明细账"B列数据复制,粘贴到当前工作表的A列。然后依次单击"数据"/"数据工具"/"删除重复项"命令,弹出如图6.7所示"删除重复项"对话框,勾选"公司名称"复选框,单击"确定"按钮即可得到不重复的公司名称。

图6.6　统计各客户应收账款　　　　　图6.7　删除重复项

知识6-4:利用COUNTIF函数限制输入重复的数据。

在很多情况下,数据列中不允许输入重复数据,例如,员工编号、身份证号码等,此时就需要在录入数据时保证数据的唯一性,以免以后出现麻烦。利用数据验证可以限制输入重复的数据。例如,在A列不允许输入重复数据,那么先选择要录入数据的A列,依次单击"数据"/"数据工具"/"数据验证"命令,打开如图6.8所示"数据验证"对话框,在"允许"下拉列表框中选择"自定义"选项,在"公式"文本框中输入公式:=COUNTIF(A:A,A1)=1。

公式含义为:从选定的录入数据区域的第一个单元格开始,利用COUNTIF函数计算每个单元格的数据在整列中出现的次数,如果出现的次数等于1,那么该公式的返回值为TRUE,输入的数据就是有效的。若出现的次数不等于1,这就意

图6.8　利用COUNTIF函数限制输入

味着输入了重复的数据,那么该公式的返回值为FALSE,输入的数据就是无效的。单击"确定"按钮,完成数据验证设置。这样,手工依次输入公司名称的时候,如果输入重复的内容时,会弹出出错警告,提醒用户及时纠正。

2. 计算未收账款总额和业务笔数

（1）未收金额。

在 B2 单元格中构建如下函数公式：

＝SUMIF（应收账款明细！B：B，A2，应收账款明细！F：F）

按下 Enter 键，得到计算结果，将公式向下复制填充，得到所有的"未收金额"。

知识 6 - 5：单条件求和函数 SUMIF。

SUMIF 函数的意义：用于对范围中符合指定条件的值求和。

语法格式为：＝SUMIF（range，criteria，[sum_range]）。

参数包括：range——用于判断条件的单元格区域；

criteria——用于确定求和的条件；

[sum_range]——要求和的实际单元格区域。

该函数语法可以理解为：＝SUMIF（条件判断区域，求和条件，求和区域）。

本案例中使用以下公式计算各客户未收账款总额。

＝SUMIF（应收账款明细！B：B，A2，应收账款明细！F：F）

其中的"应收账款明细！B：B"部分是指定的条件区域，A2 是用于确定求和的条件，"应收账款明细！F：F"部分是用于求和的实际单元格区域。如果"应收账款明细"工作表 B 列中的公司名称等于 A2 单元格指定的名称，就对"应收账款明细"工作表 F 列中对应位置的未收金额求和汇总。

（2）业务笔数。

在 C2 单元格中构建如下函数公式：

＝COUNTIF（应收账款明细！B：B，A2）

按下 Enter 键，得到计算结果，将公式向下复制填充，得到所有的"业务笔数"。

知识 6 - 6：单条件计数函数 COUNTIF。

在统计"业务笔数"的公式：＝COUNTIF（应收账款明细！B：B，A2）中，"应收账款明细！B：B"部分是要统计数量的单元格范围，A2 是指定要统计的条件。公式意义为：在"应收账款明细"工作表 B 列单元格区域中，统计与"应收账款汇总"工作表 A2 单元格内容相同的单元格个数。

最终效果如图 6.6 所示。

三、制作应收账款催款函

催款函是一种催缴款项的文书，是交款单位或个人在超过规定期限仍未按时交付款项时使用的通知书。

1. 设置催款函格式

新建一个工作表,命名为"应收账款催款函",如图 6.9 所示输入催款函的基本数据,然后对单元格进行适当地格式设置。

	A	B	C	D	E	F	G	H	I
1									
2									
3					**应收账款催款函**				
4							日期:		
5			客户名称:						
6								元人民币,	
7			按照有关合同协议的约定,贵公司应当在					之前付讫,	
8			特请贵公司能够在近期内及时向我公司支付上述款项。						
9			感谢贵方长期以来对我方的支持!						
10							新希望有限公司		
11									
12									

图 6.9　应收账款催款函

选择 C3:H3 单元格区域,设置"合并后居中",添加"粗下框线"。选择 H4 单元格,设置"短日期"数字格式类型,选择 F7 单元格,设置"长日期"数字格式类型。选择 G6 单元格,设置"会计专用 0 位小数 无货币符号"数字格式类型。分别选择 D5、G6、F7 单元格,设置字体颜色为"红色"。切换至"视图"选项卡,取消"网格线"复选框,使得表格更为醒目美观。

2. 输入各项数据

(1)日期。

在 H4 单元格中输入催款日期(例如:2019/7/31),或者通过公式: = TODAY()输入当前日期。

(2)客户名称。

为 D5 单元格设置数据验证,允许值为"序列",来源为"应收账款明细"工作表中的 A 列客户名称,如图 6.10 所示。完成数据验证的设置以后,通过下拉列表就可以在 D5 单元格中选择输入不同的客户名称(例如,新大高空维修防腐有限公司)。

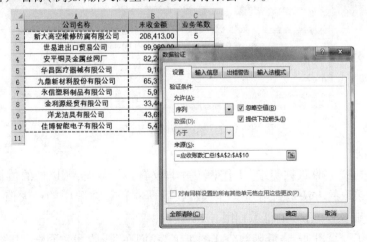

图 6.10　为"客户名称"设置数据验证

（3）欠款信息。

在 C6 单元格中构建如下函数公式：

= CONCATENATE（"截止",YEAR（H4）,"年",MONTH（H4）,"月",DAY（H4）,"日",",",我公司账面尚有贵公司欠款"）

这样，就可以根据 H4 单元格中的催款日期，自动生成"截至 2019 年 7 月 31 日，我公司账面尚有贵公司欠款"的欠款信息。如图 6.11 所示。

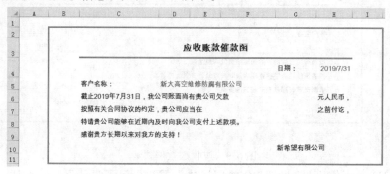

图 6.11　使用 CONCATENATE 函数生成欠款信息

（4）欠款金额。

欠款金额是根据 D5 单元格中的客户名称（例如：新大高空维修防腐有限公司），在"应收账款明细"工作表中对"未收金额"列数据使用 SUMIF 函数进行求和。在 G6 单元格中构建如下函数公式：

= SUMIF（应收账款明细! B:B,D5,应收账款明细! F:F）

按下 Enter 键，得到该客户的应收账款的汇总。如图 6.12 所示。

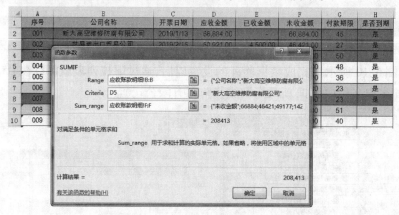

图 6.12　客户应收账款汇总

（5）催款期限。

因为某客户在"应收账款明细"工作表中并非仅有一行数据，所以他的付款期限也不是一个。这里，我们采取的方法是利用 MAX 函数，找到所有付款期限中的最大值（即最后一个日期），作为"应收账款催款函"的催款期限。

第一步，为了计算方便，降低函数公式的难度，我们在"应收账款明细"工作表的 I 列，根据"开票日期"和"付款期限"两组数据，添加一个"付款期限"的"辅助列"。在"应收账款明细"

工作表的 I1 单元格中输入列标题"辅助列",然后在 I2 单元格中构建如下函数公式:

　= C2 + G2

将公式向下复制填充,得到"付款期限"的辅助列,如图 6.13 所示。

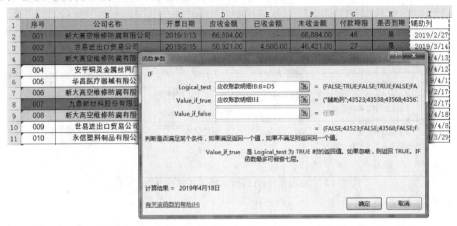

图 6.13　利用 MAX 函数获取付款期限的最后一天

第二步,在"应收账款催款函"工作表"之前付讫"左侧的 G7 单元格中构建如下数组公式:

　= MAX(IF(应收账款明细! B: B = D5,应收账款明细! I: I))

按下 Ctrl + Shift + Enter 组合键,完成数组公式的计算,得到当前客户名称("新大高空维修防腐有限公司")在"应收账款明细"工作表 I 列中的最后一个付款期限。"应收账款催款函"的最终效果如图 6.14 所示。

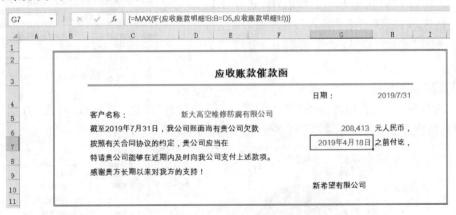

图 6.14　"应收账款催款函"的最终效果

四、应收账款对比分析

1. 使用条件格式展示客户的应收账款情况

使用条件格式功能,能够使数据显示更加直观。新建一个工作表,命名为"应收账款对比分析",将"应收账款汇总"工作表中的数据复制到"应收账款对比分析"工作表中。选择 B2:B10 单元格区域,依次单击"开始"/"样式"/"条件格式"/"数据条"/"浅蓝色数据条"命令,得到如图 6.15 所示的效果。数据条可以直观地显示各位客户未收金额对比情况。

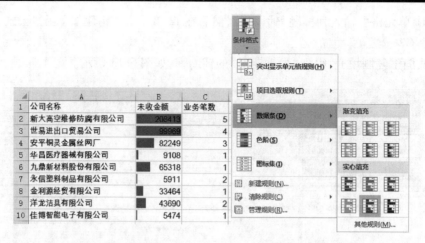

图 6.15　使用条件格式展示各客户的应收账款情况

2. 用图表展示各客户未收金额占比

图表是图形化的数据,由点、线、面与数据组合而成,具有直观形象、种类丰富、实时更新等特点。使用图表能使数据的大小、差异及变化趋势等更加直观形象,展示出数据所包含的更有价值的信息。下面介绍使用 Excel 饼图直观展示各位客户未收账款占比的技能方法。

(1)创建图表。

在"应收账款对比分析"工作表中,选中 A1:B10 单元格区域,依次单击"插入"/"饼图"/"二维饼图"/"饼图"命名,插入一个如图 6.16 所示的饼图。

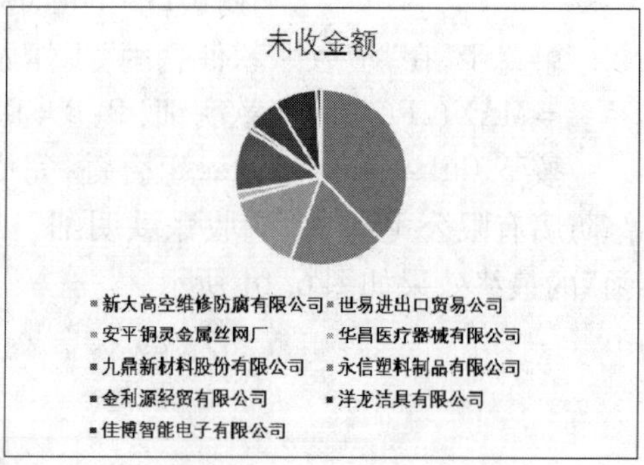

图 6.16　默认的饼图

(2)添加数据标签。

单击选择饼图,在右侧弹出的"图表元素"选项中取消"图例"复选框,勾选"数据标签"复选框,然后依次单击"数据标签"/"更多选项…"命令,如图 6.17 所示。

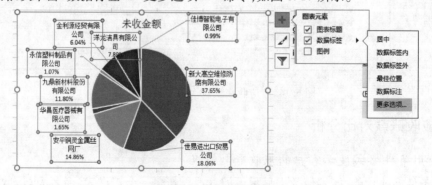

图 6.17　添加数据标签

弹出如图 6.18 所示"设置数据标签格式"窗格,勾选"类别名称""百分比""显示引导线"等复选框按钮,标签位置选择"数据标签外";在"数字"选项组中选择"类别"为"百分比",小数位数为"2"。

（3）移动图表。

选择饼图,依次单击"图表工具"/"设计"/"移动图表"命令,弹出如图 6.19 所示对话框,选择"新工作表 Chart1",单击"确定"按钮。

图 6.18　设置数据标签格式

图 6.19　移动图表

生成一个新工作表（默认名称为 Chart1）,重命名为"饼图"。在"图表工具"/"设计"/"图表样式"列表中选择一种图表样式,例如,样式 5。效果如图 6.20 所示。

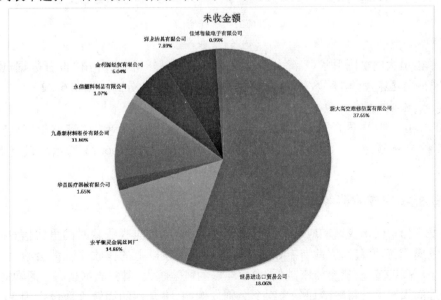

图 6.20　更改图表样式

（4）编辑图表标题。

图表标题用于说明图表要表达的主题或需要重点关注的数据。本案例中，"新大高空维修防腐有限公司"的占比最高，但是公司名称较长，也可以在图表标题中将其修改为公司简称——例如"新大公司未收账款占比最高"。选择图表标题后用鼠标左键向左侧拖拽，移动至适当位置。右键单击标题，在快捷菜单中选择"字体"命令按钮，弹出"字体"对话框，修改设置中文字体类型、字号大小和字体颜色。

（5）旋转图表。

右单击饼图，弹出"设置数据系列格式"窗格，将"第一扇区起始角度"修改为"218°"，可以使饼图旋转到如图 6.21 所示角度。

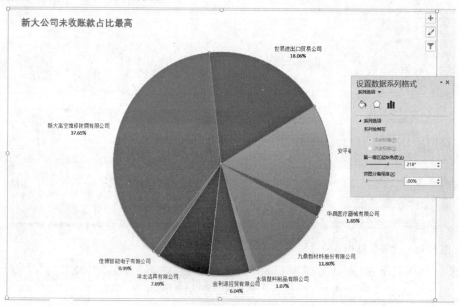

图 6.21　旋转饼图

（6）饼图分离。

继续单击最大的饼图形状（"新大高空维修防腐有限公司"），弹出"设置数据点格式"窗格，调整"第一扇区起始角度"数值，可以将它与其他饼图形状分离。如图 6.22 所示。

（7）设置图表区填充颜色。

选择图表区，弹出"设置图表区格式"窗格，依次单击"图表选项"/"填充"/"纯色填充"命令，选择一种填充颜色——"橄榄色 个性色 3 淡色 80%"，如图 6.23 所示。最终效果如图 6.24 所示。

五、分析客户应收账款

账龄是指公司尚未收回的应收账款的时间长度，是分析应收账款时的重要信息之一。由于应收账款属于流动资产，因此所有账龄在合理周转天数以上的应收账款都会给公司运营造成负面影响。账龄越高，资金效率越低，发生坏账的风险越大，财务成本越高。通常情况下，按照企业合理的周转天数将账龄划分为四个级别。例如，将合理的周转天数设定为 30 天，则账龄可以分为 30 天以内、60 天以内、60 ~ 120 天、120 天以上四个级别。

图 6.22　设置数据点格式

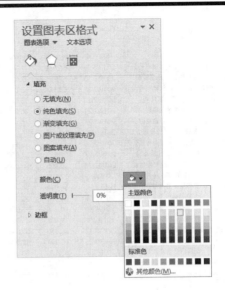

图 6.23　设置图表区格式

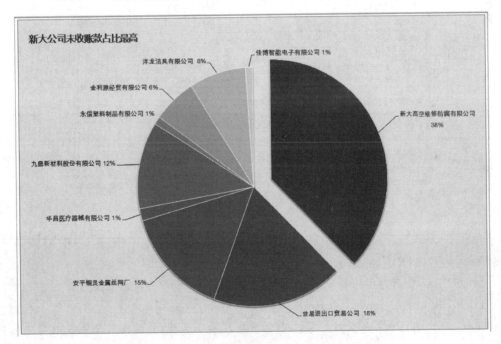

图 6.24　用图表展示各客户未收金额占比

1. 计算"账龄"

新建一个工作表,命名为"分析客户应收账款",将"应收账款明细账"复制一份放在当前工作表中,在最右侧添加两个新列——"账龄"和"到期日",如图 6.25 所示。

假设账龄统计日期为"2019/3/15",在 I2 单元格中构建如下函数公式:

= LOOKUP("2019/3/15" - (C2 + G2),{ - 999,0,30,60,120},{ "未到期","30 天以内","60 天以内","60 ~ 120 天","120 天以上"})

如图 6.26 所示。将公式向下复制至最后一行数据,得到"账龄"列计算结果。

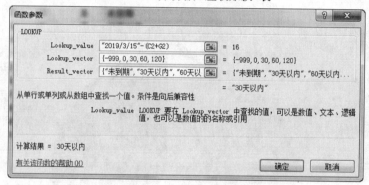

图 6.25 "分析客户应收账款"表

图 6.26 使用公式计算"账龄"

知识 6 – 7：LOOKUP 函数。

LOOKUP 函数是常用的查询函数,有两种语法格式,常用的基本语法形式如下:

LOOKUP(lookup_value, lookup_vector, ［result_vector］)

意义:在由单行或单列构成的第二参数中查找第一参数,并返回第三参数中对应位置的值。

第一参数(lookup_value):查找值;

第二参数(lookup_vector):查找范围;

第三参数(［result_vector］):结果范围(其范围必须与第二参数指示的范围相同)。

如果需要在查找范围内查找一个明确的值,则查找范围必须升序排列;如果 LOOKUP 函数找不到查询值,则会与查询区域中小于查询值的最大值进行匹配。

在本案例的公式中,"2019/6/15 – (C2 – G2)"部分表示用统计日期减去开票日期和付款期限之和,计算出账龄天数(例如,16);然后利用 LOOKUP 函数在第二参数"{ –999, 0,

30,60,120}”中查找账龄天数,因为“{-999,0,30,60,120}”中没有 16,所以会以小于 16 的最大值 0 进行匹配,0 在“{-999,0,30,60,120}”中的位置是 2,LOOKUP 函数最终返回第三参数“{"未到期","30 天以内","60 天以内","60～120 天","120 天以上"}”中相同位置的值,计算结果为“30 天以内”。公式中的“-999”,也可以写成一个比较小的数值。如果“统计日期-(开票日期+付款日期)”的计算结果小于 0(负数),说明尚未到约定的付款期限。

2. 计算坏账准备金额

我国现行会计制度要求,企业应当于每年年末时定期对应收账款进行全面检查,预计各项应收账款可能发生的坏账准备。对于预计不能收回的应收账款,应该计提坏账准备。企业计提坏账准备的方法由企业自行确定。采用账龄分析法计提坏账准备时,将不同账龄的应收账款进行分组,将应收账款的预期时间按时间长度,分为若干个区间,计算各个区间的应收账款金额,并为每个区间估算一个坏账损失百分比。然后用各个区间应收账款的金额乘以对应的该区间的坏账损失百分比,得出各个区间可能造成的坏账损失。最后,将各个区间的坏账损失估算数求和汇总,即可得到坏账损失的估算总额。

(1)估算坏账准备比例。

估算坏账率是指估算坏账金额在应收账款总额的比例,坏账率的计算公式为:坏账率=年坏账额/年应收账款总额。现有的企业会计制度在坏账准备计提比例方面给予了企业较大的自主权:一是计提比例不限;二是对不能够收回或收回可能性不大的应收账款可以全额计提坏账准备。通常账龄越长,发生坏账的可能性越大,估算的坏账准备比例就越高。假如根据企业的历史经验估算,应收账款的账龄与坏账发生可能性的关系有:未到期的应收账款发生坏账的可能性为 0;逾期 30 天以内的应收账款发生坏账的可能性为 1%;逾期 60 天以内的应收账款发生坏账的可能性为 3%;逾期 60 到 120 天的应收账款发生坏账的可能性为 6%;逾期 120 天以上的应收账款发生坏账的可能性为 10%。那么,在实际工作中就可以根据企业这些历史经验对坏账准备比例进行估算。

(2)统计坏账准备金额。

新建一个工作表,命名为“计算坏账准备金额”,输入标题行——“账龄”“未收金额”“坏账准备比例”“坏账准备金额”,在 A 列和 C 列分别输入“账龄”和“坏账准备比例”的基础数据,并设置单元格格式,如图 6.27 所示。

B2　=SUMIF(分析客户应收账款!I:I,A2,分析客户应收账款!F:F)

	A	B	C	D	E
1	账龄	未收金额	坏账准备比例	坏账准备金额	
2	30天以内	13126	1%	131.26	
3	60天以内	105596	3%	3167.88	
4	60~120天	374486	6%	22469.16	
5	120天以上	54914	10%	5491.4	
6					

图 6.27　“计算坏账准备金额”表

在 B2 单元格中构建如下函数公式:

=SUMIF(分析客户应收账款!I:I,A2,分析客户应收账款!F:F)

将公式向下复制到 B5 单元格,得到各账龄区间的“未收金额”。

在 D2 单元格中输入以下公式：

＝ B2 * C2

将公式向下复制到 D5 单元格，得到各账龄区间的"坏账准备金额"。

（3）按应收账款到期日自动提醒。

切换至"分析客户应收账款"工作表，在 J 列（"到期日"）设置公式，能够对应收账款的到期和过期天数进行提醒。在 J2 单元格中构建如下函数公式：

＝ TEXT(C2 ＋ G2 － "2019/6/15"，"0 天后到期;已过期 0 天;今日到期")

将公式向下复制直至最后一行数据，得到所有客户的应收账款的"到期日"提醒信息，如图 6.28 所示。

▲	A	B	C	D	E	F	G	H	I	J
1	序号	公司名称	开票日期	应收金额	已收金额	未收金额	付款期限	是否到期	账龄	到期日
2	001	新大高空维修防腐有限公司	2019/1/13	66,884	-	66,884	45	是	60~120天	已过期108天
3	002	世易进出口贸易公司	2019/2/15	50,921	4,500	46,421	27	是	60~120天	已过期93天
4	003	新大高空维修防腐有限公司	2019/2/22	61,177	12,000	49,177	50	是	60~120天	已过期63天
5	004	安平铜灵金属丝网厂	2019/2/23	24,209	10,000	14,209	48	是	60~120天	已过期64天
6	005	华昌医疗器械有限公司	2019/2/24	44,108	35,000	9,108	36	是	60~120天	已过期75天
7	006	新大高空维修防腐有限公司	2019/1/25	36,424	-	36,424	23	是	60~120天	已过期118天
8	007	九鼎新材料股份有限公司	2019/1/25	65,318	-	65,318	23	是	60~120天	已过期118天
9	008	新大高空维修防腐有限公司	2019/2/26	41,436	8,191	33,245	51	是	60天以内	已过期58天
10	009	世易进出口贸易公司	2019/2/27	27,163	21,000	6,163	40	是	60~120天	已过期68天
11	010	永信塑料制品有限公司	2019/2/28	25,055	20,000	5,055	29	是	60~120天	已过期78天
12	011	新大高空维修防腐有限公司	2019/3/1	22,683	-	22,683	36	是	60~120天	已过期70天
13	012	安平铜灵金属丝网厂	2019/1/21	54,914	-	54,914	24	是	120天以上	已过期121天
14	013	金利源经贸有限公司	2019/3/3	53,464	20,000	33,464	48	是	60天以内	已过期56天
15	014	世易进出口贸易公司	2019/3/3	46,989	25,000	21,989	26	是	60~120天	已过期78天
16	015	洋龙洁具有限公司	2019/3/4	19,803	15,000	4,803	31	是	60~120天	已过期72天
17	016	永信塑料制品有限公司	2019/3/26	50,856	50,000	856	22	是	60~120天	已过期68天
18	017	洋龙洁具有限公司	2019/3/28	50,887	12,000	38,887	21	是	60天以内	已过期58天
19	018	安平铜灵金属丝网厂	2019/4/3	63,126	50,000	13,126	52	是	30天以内	已过期21天
20	019	世易进出口贸易公司	2019/1/17	25,396	-	25,396	52	是	60~120天	已过期97天
21	020	佳博智能电子有限公司	2019/6/1	40,474	35,000	5,474	20	否	未到期	6天后到期

图 6.28　"到期日"提醒信息

【函数解读】公式中以 2019 年 6 月 15 日作为统计日，先使用 C2 ＋ G2（即开票日期 ＋ 付款期限）计算出实际到期日，然后减去统计日"2019 － 6 － 15"。如果实际到期日减去统计日之后的结果大于 0，说明尚未到期;如果等于 0，说明当前统计日即为实际到期日;如果小于 0，则说明已经过期。TEXT 函数第二参数 format_text 以分号间隔的三段格式代码："0 天后到期;已过期 0 天;今日到期"，分别对应大于 0、小于 0 和等于 0，最终将计算结果转换为"文字 ＋ 数字"形式的提醒说明。

3. 按客户进行账龄分析

为了便于管理者对应收账款做进一步分析，以图表的形式展示各客户账龄的分布情况。

（1）创建数据透视图和数据透视表。

切换至"应收账款对比分析"工作表，定位在数据区域中，依次单击"插入"/"图表"/"数据透视图"/"数据透视图和数据透视表"命令（如图 6.29 所示），弹出"创建数据透视表"对话框，选择放置数据透视表的位置为"新工作表"，单击"确定"按钮，创建一个新工作表，将其命名为"按客户进行账龄分析"。

通过"数据透视表字段"窗格，分别将"公司名称"和"未收金额"字段名拖拽到"轴（类别）"和"值"字段中，如图 6.30 所示。

（2）更改图表类型。

选择数据透视图，依次单击"数据透视图工具"/"设计"/"更改图表类型"命令，弹出如图

图 6.29　"数据透视图和数据透视表"命令

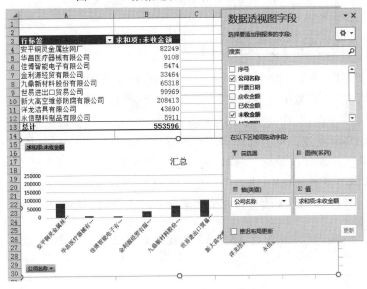

图 6.30　数据透视图和数据透视表

6.31 所示"更改图表类型"对话框,选择其中的"饼图"类型中的第一种,单击"确定"按钮。参照"应收账款对比分析"小节中设置饼图的步骤和方法,设置数据透视图的格式。

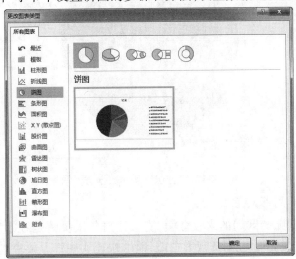

图 6.31　更改图表类型

(3)插入切片器。

选择数据透视表,依次单击"数据透视表工具"/"分析"/"插入切片器"命令,在弹出的"插入切片器"对话框中勾选"账龄"复选框(如图 6.32 所示),单击"确定"按钮,得到如图 6.33 所示"账龄"切片器。

图 6.32 "插入切片器"对话框   图 6.33 "账龄"切片器

　　选择切片器,在"切片器工具"/"选项"/"列"选项组中,设置为"5"列;在"切片器样式"命令组中选择一种样式(例如,切片器样式深色 5)。将切片器拖动至数据透视图上方,然后通过拖动切片器边框,将其宽度调整为和数据透视图宽度一致。按住 Ctrl 键,依次单击并选择切片器和数据透视图,然后右单击鼠标,在弹出的快捷菜单中依次选择"组合"/"组合"命令,将两者组合为一个整体。设置完成后,可以再根据需要适当调整组合图形的大小。单击切片器中的不同账龄,即可查看各公司未收金额在该账龄区间所占比例。如图 6.34 所示。

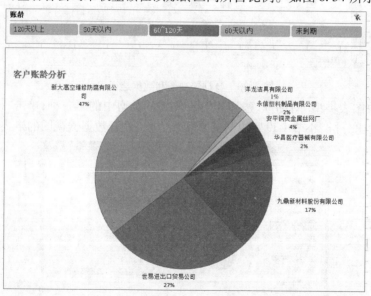

图 6.34 组合切片器和数据透视图

4. 汇总各客户不同账龄金额

　　统计各个客户不同账龄区间的未收金额,能够让财务人员清楚地了解哪些客户是企业的重点债务对象。使用 Excel 的数据透视表功能,能够快速实现汇总要求。

　　(1)创建数据透视表。

　　以"分析客户应收账款"工作表的数据区域为源数据,在一个新工作表的 A3 单元格中插入数据透视表,将该工作表命名为"汇总各客户不同账龄金额"。在"数据透视表字段"窗格中构建字段列表,将"公司名称"拖拽到行字段,将"账龄"拖拽到列字段,将"未收金额"拖拽到值字段。如图 6.35 所示。

	A	B	C	D	E	F	G
1							
2							
3	求和项:未收金额	列标签 ▼					
4	行标签 ▼	120天以上	30天以内	60~120天	60天以内	未到期	总计
5	安平铜灵金属丝网厂	54914	13126	14209			82249
6	华昌医疗器械有限公司			9108			9108
7	佳博智能电子有限公司					5474	5474
8	金利源经贸有限公司				33464		33464
9	九鼎新材料股份有限公司			65318			65318
10	世易进出口贸易公司			99969			99969
11	新大高空维修防腐有限公司			175168	33245		208413
12	洋龙洁具有限公司			4803	38887		43690
13	永信塑料制品有限公司			5911			5911
14	总计	54914	13126	374486	105596	5474	553596

图 6.35　创建数据透视表

（2）排序。

默认的数据透视表的列标签项目是按照文本进行排序的,即先比较首字符,如果首字符相同再比较第二个字符。因此,"120 天以上"的项目排在最左侧,需要手动调整项目顺序。单击"120 天以上"项目所在单元格,将鼠标指针移到单元格的边框处,变成黑色十字针形时,用鼠标左键向右拖动到合适的位置。采用相同的方法,将"账龄"各项目的位置调整为如图 6.36所示效果。

	A	B	C	D	E	F	G
1							
2							
3	求和项:未收金额	列标签 ▼					
4	行标签 ▼	30天以内	60天以内	60~120天	120天以上	未到期	总计
5	安平铜灵金属丝网厂	13126		14209	54914		82249
6	华昌医疗器械有限公司			9108			9108
7	佳博智能电子有限公司					5474	5474
8	金利源经贸有限公司		33464				33464
9	九鼎新材料股份有限公司			65318			65318
10	世易进出口贸易公司			99969			99969
11	新大高空维修防腐有限公司		33245	175168			208413
12	洋龙洁具有限公司		38887	4803			43690
13	永信塑料制品有限公司			5911			5911
14	总计	13126	105596	374486	54914	5474	553596

图 6.36　调整列标签位置

（3）更改报表布局。

选择数据透视表,依次单击"数据透视表工具"/"设计"/"报表布局"/"以表格形式显示"命令,设置完成后,"行标签"和"列标签"即可自动显示为"公司名称"和"账龄"。最后,为数据透视表选择一种数据透视表样式(如"透视表样式中等深浅 9"),设置字体格式(如"Arial Unicode MS"),在"视图"选项卡中取消"网格线"复选框。最终效果如图 6.37 所示。

	A	B	C	D	E	F	G
3	求和项:未收金额	账龄 ▼					
4	公司名称 ▼	30天以内	60天以内	60~120天	120天以上	未到期	总计
5	安平铜灵金属丝网厂	13126		14209	54914		82249
6	华昌医疗器械有限公司			9108			9108
7	佳博智能电子有限公司					5474	5474
8	金利源经贸有限公司		33464				33464
9	九鼎新材料股份有限公司			65318			65318
10	世易进出口贸易公司			99969			99969
11	新大高空维修防腐有限公司		33245	175168			208413
12	洋龙洁具有限公司		38887	4803			43690
13	永信塑料制品有限公司			5911			5911
14	总计	13126	105596	374486	54914	5474	553596

图 6.37　以表格形式显示

一课一练 20　VLOOKUP 函数使用常见问题及解决方法(二)

本案例整理了 VLOOKUP 函数使用时的常见问题,并给出相应解决方法。

练习 1. 未统一数据格式——查找格式为数值型数字,被查找区域为文本型数字

如图 6.38 所示,左侧数据源中的员工编号(A 列)是文本型数值,右侧员工编号(E 列)是数值型数值,两种数据的格式不一致,导致 VLOOKUP 无法识别。当格式调整完毕后,公式结果就自动显示出来了。

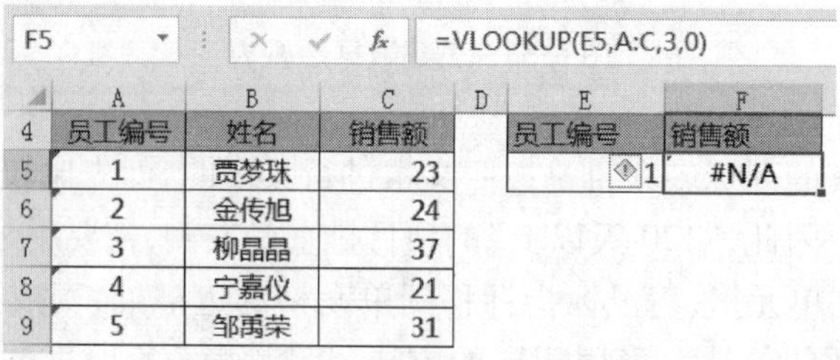

图 6.38　查找格式为数值型数字,被查找区域为文本型数字

错误原因为:在 VLOOKUP 函数查找过程中,文本型数字和数值型数字会被认为是不同的字符。VLOOKUP 函数公式中的第一参数要和数据源区域中的格式保持一致,否则就无法得到查找结果了。

解决方案:把查找的数字(E5 单元格)在公式中转换成文本型,然后再查找。在 F5 单元格中构建函数公式: = VLOOKUP(E5&"" ,A:C,3,0)。

练习 2. 未统一数据格式——查找格式为文本型数字,被查找区域为数值型数字

当如图 6.38 所示的 A 列数据格式为数值型,E5 单元格数据格式为文本型时,根据"员工编号"查询"销售额",同样会因为格式不统一而出现查找错误。

解决方案:把文本型数字转换成数值型。在 F5 单元格中构建函数公式: = VLOOKUP(E5 * 1,A:C,3,0)。

练习 3. 数据源含有空格

如图 6.39 所示,在 G5 单元格中输入姓名,在 H5 单元格中查找职务。其他人的"职务"数据都没问题,可就是找不到"金传旭"的职务信息,原因在哪里呢?

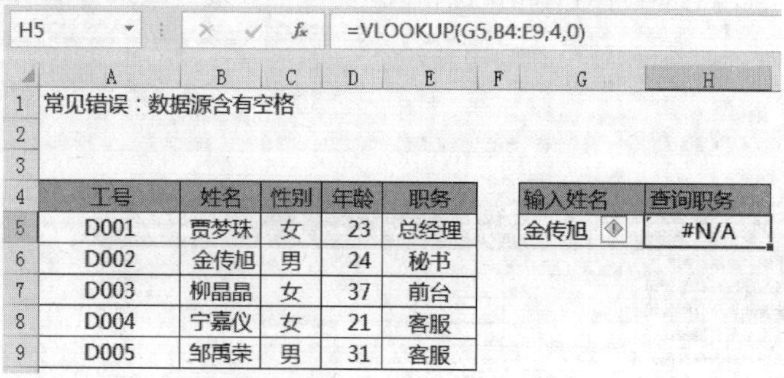

图 6.39　数据源含有空格,用 VLOOKUP 找不到数据

原因:数据源 B6 单元格中"金传旭"前面有个空格,不易察觉,但在编辑栏里可以看到这个空格。把空格删除以后,就可以正常返回结果了。

解决方案:手工替换掉空格,简单易行,建议用此方法;在 VLOOKUP 函数公式中嵌套
TRIM 函数替换空格,必须要用数组公式形式输入:

$$= VLOOKUP(G5,TRIM(B4:E9),4,0)$$

按 Ctrl + Shift + Enter 组合键,将常量公式转换为数组公式。形式为:

$$\{= VLOOKUP(G5,TRIM(B4:E9),4,0)\}$$

练习 4. 数据源含有不可见字符(类空格但非空格字符)

有些表格是从网页或数据库中导入的数据,带来了不可见字符,造成了查找的错误。当发现表格中好像存在大量的"空格",但又无法用 TRIM 函数替换掉时,这些就是类空格的不可见字符。有以下几种解决方法。

查找和替换:选择数据源区域,直接在单元格中复制不可见字符,利用"查找和替换"功能,全部替换即可。如图 6.40 所示。

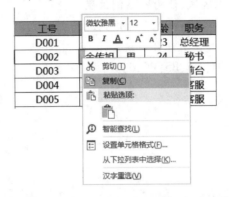

图 6.40　利用"查找和替换"删除不可见字符

分列:在 B 列后插入空列,然后对 B 列进行分列操作,即可把不可见字符分离出去。如图 6.41 所示。

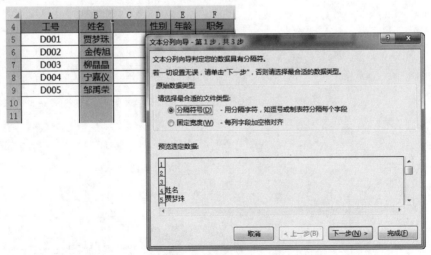

图 6.41　利用"分列"删除不可见字符

练习 5. 反向查找:VLOOKUP 不支持产生的错误

如图 6.42 所示,在 E8 单元格中根据"姓名"查找"工号",结果返回了错误。

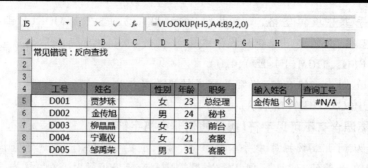

图 6.42　VLOOKUP 不支持反向查找

错误原因：VLOOKUP 不支持反向查找。

解决方案：

方法一，利用 IF 函数重组区域，让两列颠倒位置。

= VLOOKUP(H5, IF({1,0}, B4 : B9, A4 : A9) , 2 , 0)

方法二，利用 Index + Match 函数组合实现。

= INDEX(A5 : A9 , MATCH(H5 , B5 : B9 , 0))

第 7 部分　Excel 在销售数据统计中的应用

企业发展离不开各类数据,数据统计在企业中是非常重要的。Excel 在数据统计中的应用包含很多方面,例如产品销售数据、资金损耗数据等。利用 Excel 强大的统计分析能力,可以根据需求快速地给出科学、准确的数据,并生成直观、形象的图表,满足企业实际的需要。

案例7.1　循序渐进的业绩提成核算方案

【情境引入】绩效考核的方案种类很多,本案例提供了一组循序渐进的考核方案设计,由简单到复杂,由单项条件到多项选择,逐渐增加考核的复杂程度。适合于企业的财务人员、统计人员、工资员、人力资源人员的日常统计工作使用。

【相关知识】
- VLOOKUP 函数的使用技巧;
- IF、MATCH 函数与 VLOOKUP 函数的嵌套使用。

一、绩效提成方案 1

新建一个工作簿,命名为"业绩提成核算方案"。将 Sheet1 工作表命名为"绩效提成方案1",其中左侧表格记录公司业绩提成考核方案的核算方法,共计四个档次,每一档次给出了与营业额的最小值与最大值相对应的"提成比例"。其中最后一个档次的最大值设置为超过公司员工营业额的最大值即可。右侧表格记录的是每一位员工的营业额,需要根据提成方案,核算"提成比例"和"提成金额",如图 7.1 所示。

	A	B	C	D	E	F	G	H
1	最小值	最大值	提成比例		员工姓名	营业额	提成比例	提成金额
2	0	1,000	1.0%		杨梦雄	9,227		
3	1,000	5,000	2.0%		李星宇	9,119		
4	5,000	20,000	3.0%		程子涵	8,868		
5	20,000	1,000,000,000	4.0%		崔玉洁	18,741		
6					李淑倩	13,097		
7					汪梦琬	12,518		
8					黎凡	19,171		
9					柳晓洁	15,093		
10					谢文杰	13,216		
11					辜瑞	18,961		
12					卓芮安	18,067		
13					晋云伟	3,514		
14					邹新叶	18,431		
15					章昕睿	5,679		
16					辜曦	4,164		
17					汪颖君	12,857		
18					宋佳佳	20,909		
19					柳秋玲	12,247		
20					宁晓彤	8,036		
21					蒋腾巽	10,585		

图 7.1　绩效提成方案 1

在 G2 单元格中构建如下函数公式：

= VLOOKUP(F2,A:C,3)

按下 Enter 键,并且将公式向下复制填充至最后一行数据,得到所有业务员的"提成比例"。

上述公式中,利用了 VLOOKUP 函数的"模糊查询"功能,在 A:C 列的 A 列中查询 F 列中的"营业额",返回 C 列所对应的"提成比例"。如果查询不到精确数值,则按照 F 列中的营业额(例如,F2 单元格中的 9,227)在 A 列中查找到低于该营业额的所有值中最接近的值(例如,A4 单元格中的 5,000),返回 C 列中的对应的"提成比例"(例如,C4 单元格中的 3.0%)。如图 7.2 所示。

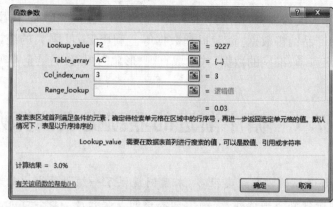

图 7.2　VLOOKUP 函数"模糊查询"

在 H2 单元格中构建函数公式：= F2 * G2,按下 Enter 键,并且将公式向下复制填充至最后一行数据,得到所有业务员的"提成金额"。如图 7.3 所示。

	A	B	C	D	E	F	G	H
1	最小值	最大值	提成比例		员工姓名	营业额	提成比例	提成金额
2	-	1,000	1.0%		杨梦璇	9,227	3.0%	276.81
3	1,000	5,000	2.0%		黎星宇	9,119	3.0%	273.57
4	5,000	20,000	3.0%		程子涵	8,868	3.0%	266.04
5	20,000	1,000,000,000	4.0%		崔玉洁	18,741	3.0%	562.23
6					黎淑情	13,097	3.0%	392.91
7					汪梦瑶	12,518	3.0%	375.54
8					黎凡	19,171	3.0%	575.13
9					柳晓洁	15,093	3.0%	452.79

图 7.3　计算结果 1

二、绩效提成方案 2

新建一个表,命名为"绩效提成方案 2",其中左侧表格记录公司业绩提成考核方案的核算方法,共计四个档次,每一档次给出了与营业额的最小值与最大值相对应"A 类提成比例"和"B 类提成比例"。右侧表格记录的是每一位员工的类别和营业额,需要根据提成方案,核算"提成比例"和"提成金额",如图 7.4 所示。

	A	B	C	D	E	F	G	H	I	J
1	最小值	最大值	A类提成比例	B类提成比例		员工姓名	类别	营业额	提成比例	提成金额
2	-	1,000	1.0%	0.5%		杨梦璇	B	3,851		
3	1,000	5,000	2.0%	0.8%		黎星宇	A	12,862		
4	5,000	20,000	3.0%	1.0%		程子涵	A	1,457		
5	20,000	1,000,000,000	4.0%	2.0%		崔玉洁	B	17,506		
6						黎淑情	A	3,432		
7						汪梦瑶	A	11,956		
8						黎凡	B	7,433		
9						柳晓洁	A	10,959		
10						谢文杰	A	7,865		

图 7.4　绩效提成方案 2

在 I2 单元格中构建如下函数公式：

= VLOOKUP(H2,A:D,IF(G2 = "A",3,4))

按下 Enter 键,并且将公式向下复制填充至最后一行数据,得到所有业务员的"提成比例"。

上述公式中,利用了 VLOOKUP 函数的"模糊查询"功能,在 A:D 列的 A 列中查询 H 列中的"营业额",返回 C 列或者 D 列中所对应的"提成比例"。如果查询不到精确数值,则按照 H 列中的营业额(例如,H2 单元格中的 3,851)在 A 列中查找到低于该营业额的所有值中最接近的值(例如,A3 单元格中的 1,000),返回 C 列或者 D 列中所对应的"提成比例"(例如,D3 单元格中的 0.8%)。如图 7.5 所示。

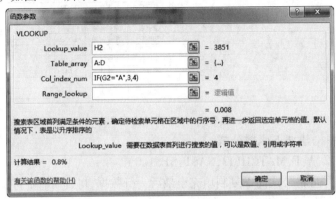

图 7.5　VLOOKUP 与 IF 函数嵌套

其中,公式:IF(G2 = "A",3,4),在此为 VLOOKUP 函数提供第三参数(即列序号)。如果员工的"类别"(G 列)为"A",则返回 C 列(第 3 列)的"A 类提成比例",否则返回 D 列(第 4 列)的"B 类提成比例"。

在 J2 单元格中构建函数公式：

= H2 * I2

按下 Enter 键,并且将公式向下复制填充至最后一行数据,得到所有业务员的"提成金额"。如图 7.6 所示。

I2		✕ ✓ f_x	=VLOOKUP(H2,A:D,IF(G2="A",3,4))							
▲	A	B	C	D	E	F	G	H	I	J
1	最小值	最大值	A类提成比例	B类提成比例		员工姓名	类别	营业额	提成比例	提成金额
2	-	1,000	1.0%	0.5%		杨梦瑶	B	3,851	0.8%	30.81
3	1,000	5,000	2.0%	0.8%		黎星宇	A	12,862	3.0%	385.86
4	5,000	20,000	3.0%	1.0%		程子涵	A	1,457	2.0%	29.14
5	20,000	1,000,000,000	4.0%	2.0%		崔玉洁	B	17,506	1.0%	175.06
6						黎湘情	A	3,432	2.0%	68.64
7						汪梦瑶	A	11,956	3.0%	358.68
8						黎凡	B	7,433	1.0%	74.33

图 7.6　计算结果 2

三、绩效提成方案 3

新建一个工作表,命名为"绩效提成方案 3",其中左侧表格记录公司业绩提成考核方案的核算方法,共计四个档次,每一档次给出了与不同"岗位"的营业额最小值与最大值相对应的提成比例。右侧表格记录的是每一位员工的岗位和营业额,需要根据提成方案,核算"提成比例"和"提成金额",如图 7.7 所示。

	A	B	C	D	E	F	G	H	I	J	K	L
1	最小值	最大值	客服	主案策划	策划经理	设计		员工姓名	岗位	营业额	提成比例	提成金额
2	-	1,000	1.0%	0.5%	0.6%	0.2%		杨梦瑾	主案策划	6,746		
3	1,000	5,000	2.0%	0.8%	1.2%	0.5%		黎星宇	客服	9,158		
4	5,000	20,000	3.0%	1.0%	1.5%	0.8%		程子涵	主案策划	19,189		
5	20,000	1,000,000,000	4.0%	2.0%	2.1%	1.2%		崔玉洁	设计	7,095		
6								黎淑情	客服	3,460		
7								汪梦瑶	客服	4,144		
8								黎凡	策划经理	5,390		
9								柳晓洁	主案策划	13,312		
10								谢文杰	客服	6,522		
11								章瑞	主案策划	5,867		
12								卓芮安	设计	5,792		
13								肖云伟	客服	12,008		
14								邹新叶	客服	1,578		
15								章昕睿	策划经理	3,381		
16								章璐	主案策划	12,635		
17								汪颜君	客服	9,013		
18								宋佳佳	主案策划	20,383		
19								柳秋玲	设计	10,449		
20								宁晓彤	客服	15,129		
21								汲腾腾	客服	20,202		

图 7.7 绩效提成方案 3

在 K2 单元格中构建如下函数公式:

= VLOOKUP(J2,A∶F,MATCH(I2,$A$1∶$F$1,0))

按下 Enter 键,并且将公式向下复制填充至最后一行数据,得到所有业务员的"提成比例"。

上述公式中,利用了 VLOOKUP 函数的"模糊查询"功能,在 A∶F 列的 A 列中查询 J 列中的"营业额",返回 C ~ F 列中所对应的"提成比例"。如果查询不到精确数值,则按照 J 列中的营业额(例如,J2 单元格中的 6,746)在 A 列中查找到低于该营业额的所有值中最接近的值(例如,A4 单元格中的 5,000),返回 C ~ F 列中所对应的"提成比例"(例如,D4 单元格中的1.0%)。在 L2 单元格中构建函数公式:= J2 * K2,按下 Enter 键,并且将公式向下复制填充至最后一行数据,得到所有业务员的"提成金额"。如图 7.8 所示。

K2		×	✓	f_x	=VLOOKUP(J2,A:F,MATCH(I2,$A$1:$F$1,0))						
	A	B	C	D	E	F	G	H	I	J	K	L
1	最小值	最大值	客服	主案策划	策划经理	设计		员工姓名	岗位	营业额	提成比例	提成金额
2	-	1,000	1.0%	0.5%	0.6%	0.2%		杨梦瑾	主案策划	6,746	1.0%	67.46
3	1,000	5,000	2.0%	0.8%	1.2%	0.5%		黎星宇	客服	9,158	3.0%	274.74
4	5,000	20,000	3.0%	1.0%	1.5%	0.8%		程子涵	主案策划	19,189	1.0%	191.89
5	20,000	1,000,000,000	4.0%	2.0%	2.1%	1.2%		崔玉洁	设计	7,095	0.8%	56.76
6								黎淑情	客服	3,460	2.0%	69.20
7								汪梦瑶	客服	4,144	2.0%	82.88
8								黎凡	策划经理	5,390	1.5%	80.85
9								柳晓洁	主案策划	13,312	1.0%	133.12

图 7.8 计算结果 3

知识 7 –1∶MATCH + VLOOKUP 函数组合。

本案例中,利用 MATCH 函数构建公式:MATCH(I2,$A$1∶$F$1,0),在此为 VLOOK-UP 函数提供第三参数(即列序号)——在 A1∶F1 单元格区域中查询员工的"岗位"(例如,I2 单元格中的"主案策划"),返回其所在列序号(即4)。如图 7.9 所示。

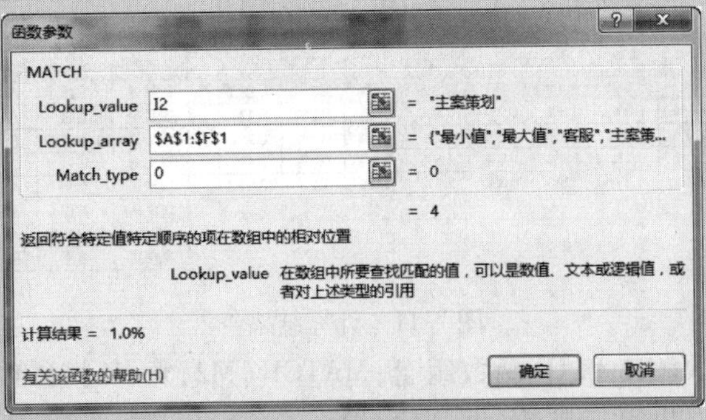

图 7.9　MATCH 函数提供列序号

四、绩效提成方案 4

新建一个工作表,命名为"绩效提成方案 4",其中左侧表格记录公司业绩提成考核方案的核算方法,共计四个档次,每一档次给出不同"岗位"、不同"类别"的提成比例的最小值与最大值。右侧表格记录的是每一位员工的岗位、类别和营业额,需要根据提成方案,核算"提成比例"和"提成金额",如图 7.10 所示。

	A	B	C	D	E	F	G	H	I	J	K	L	M	N	O	P	Q
1	最小值	最大值	客服		主案策划		策划经理		设计			员工姓名	岗位	类别	营业额	提成比例	提成金额
2			A	B	A	B	A	B	A	B		杨梦瑾	客服	A	14,172		
3	-	1,000	1.0%	0.3%	0.5%	0.2%	0.6%	0.3%	0.2%	0.1%		黎星宇	客服	A	1,872		
4	1,000	5,000	2.0%	0.5%	0.8%	0.3%	1.2%	0.4%	0.5%	0.2%		程子涵	主案策划	B	7,754		
5	5,000	20,000	3.0%	1.1%	1.0%	0.5%	1.5%	0.7%	0.8%	0.4%		崔玉洁	设计	A	17,363		
6	20,000	1,000,000,000	4.0%	1.3%	2.0%	0.8%	2.1%	1.0%	1.2%	0.5%		黎淑情	客服	A	842		
7												汪梦瑶	客服	B	13,962		
8												黎凡	策划经理	A	5,441		
9												柳晓洁	客服	B	8,400		
10												谢文杰	客服	B	2,557		
11												韦瑞	主案策划	A	17,555		
12												卓芮安	设计	B	14,587		
13												背云伟	客服	A	3,345		
14												邹新叶	客服	B	4,057		
15												韦昕睿	策划经理	B	13,100		
16												韦璐	客服	A	15,828		
17												汪颜君	客服	B	3,721		
18												宋佳佳	主案策划	A	16,430		
19												柳秋玲	设计	B	11,192		
20												宁晓彤	客服	B	13,999		
21												汲腾腾	客服	A	20,725		

图 7.10　绩效提成方案 4

在 P2 单元格中构建如下函数公式:

= VLOOKUP(O2,A:J,MATCH(M2,$A$1:$I$1,0) + IF(N2 = "A",0,1))

按下 Enter 键,并且将公式向下复制填充至最后一行数据,得到所有业务员的"提成比例"。

上述公式中,利用了 VLOOKUP 函数的"模糊查询"功能,在 A:J 列的 A 列中查询 O 列中的"营业额",返回 C~J 列中所对应的"提成比例"。如果查询不到精确数值,则按照 O 列中的营业额(例如,O2 单元格中的 14,172)在 A 列中查找到低于该营业额的所有值中最接近的值(例如,A5 单元格中的 5,000),返回 C~J 列中所对应的"提成比例"(例如,C5 单元格中的3.0%)。在 Q2 单元格中构建函数公式:= O2 * P2,按下 Enter 键,并且将公式向下复制填充至最后一行数据,得到所有业务员的"提成金额"。如图 7.11 所示。

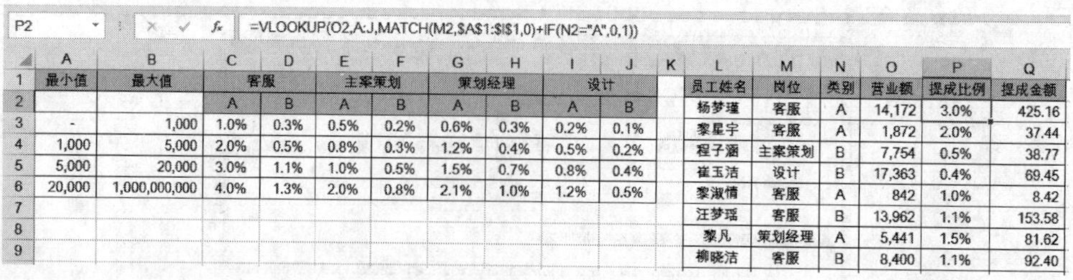

P2　=VLOOKUP(O2,A:J,MATCH(M2,$A$1:$I$1,0)+IF(N2="A",0,1))

	A	B	C	D	E	F	G	H	I	J	K	L	M	N	O	P	Q
1	最小值	最大值	客服		主案策划		策划经理		设计			员工姓名	岗位	类别	营业额	提成比例	提成金额
2			A	B	A	B	A	B	A	B		杨梦瑾	客服	A	14,172	3.0%	425.16
3	-	1,000	1.0%	0.3%	0.5%	0.2%	0.6%	0.3%	0.2%	0.1%		黎星宇	客服	A	1,872	2.0%	37.44
4	1,000	5,000	2.0%	0.5%	0.8%	0.3%	1.2%	0.4%	0.5%	0.2%		程子涵	主案策划	B	7,754	0.5%	38.77
5	5,000	20,000	3.0%	1.1%	1.0%	0.5%	1.5%	0.7%	0.8%	0.4%		崔玉洁	设计	B	17,363	0.4%	69.45
6	20,000	1,000,000,000	4.0%	1.3%	2.0%	0.8%	2.1%	1.0%	1.2%	0.5%		黎淑倩	客服	A	842	1.0%	8.42
7												汪梦瑶	客服	B	13,962	1.1%	153.58
8												黎凡	策划经理	A	5,441	1.5%	81.62
9												柳晓洁	客服	B	8,400	1.1%	92.40

图 7.11　计算结果 4

本案例中，利用 MATCH 和 IF 函数组合：MATCH(M2,$A$1:$I$1,0) + IF(N2 = "A",0,1)，为 VLOOKUP 函数提供第三参数(即列序号)。

首先，利用公式：MATCH(M2,$A$1:$I$1,0)，在 A1:I1 单元格区域中查询员工的“岗位”(例如，C1 单元格中的“客服”)，返回其所在列序号(结果为 3)。如图 7.12 所示。

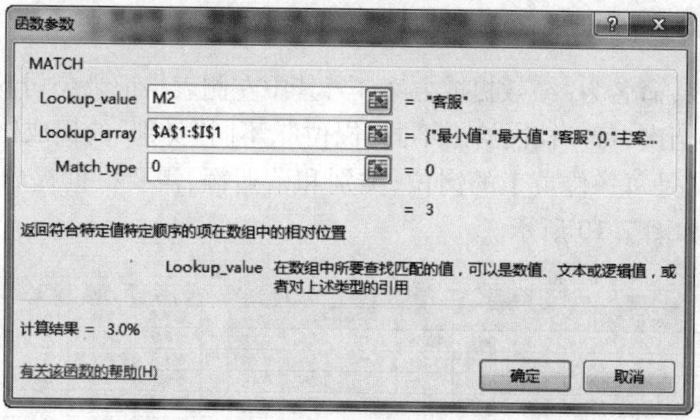

图 7.12　MATCH 函数查询“岗位”

然后，利用公式：IF(N2 = "A",0,1)，确定某“岗位”下的“A”或“B”类别。如果 N 列的“类别”为 A，则返回某“岗位”的第 1 列(即“0”)，否则返回第 2 列(即“1”)。将 MATCH 和 IF 函数的计算结果汇总，即可得到 VLOOKUP 的第三参数。如果员工的岗位为“客服”、类别为“A”，则提成比例的列序号为：3 + 0 = 3；如果类别为“B”，则提成比例的列序号为：3 + 1 = 4。如图 7.13 所示。

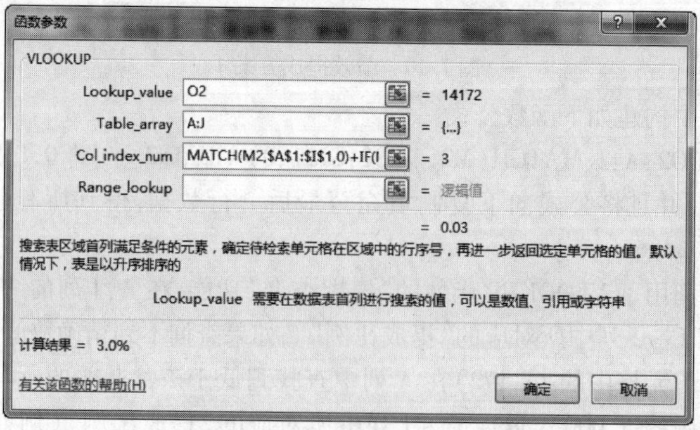

图 7.13　VLOOKUP 与 IF 和 MATCH 函数嵌套

一课一练 21　HLOOKUP 函数和 VLOOKUP 函数

VLOOKUP 和 HLOOKUP 函数的区别就在于它们的第一个字母。V 是 Vertical 的第一个字母，垂直方向，VLOOKUP 表示垂直方向查找；H 是 Horizontal 的第一个字母，水平方向，HLOOKUP 表示水平方向查找。二者的语法除了查找方向外，其他完全相同。如图 7.14 所示为各位员工上半年的销售数量。

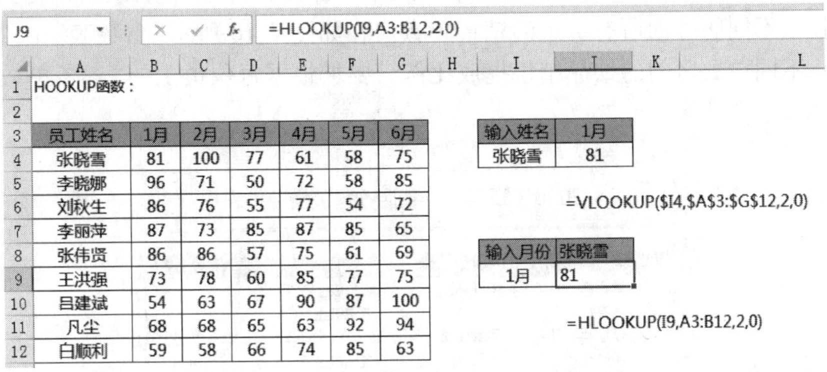

J9　=HLOOKUP(I9,A3:B12,2,0)

HOOKUP函数：

员工姓名	1月	2月	3月	4月	5月	6月
张晓雪	81	100	77	61	58	75
李晓娜	96	71	50	72	58	85
刘秋生	86	76	55	77	54	72
李丽萍	87	73	85	87	85	65
张伟贤	86	86	57	75	61	69
王洪强	73	78	60	85	77	75
吕建斌	54	63	67	90	87	100
凡尘	68	68	65	63	92	94
白顺利	59	58	66	74	85	63

输入姓名	1月
张晓雪	81

=VLOOKUP($I4,$A$3:$G$12,2,0)

输入月份	张晓雪
1月	81

=HLOOKUP(I9,A3:B12,2,0)

图 7.14　HLOOKUP 和 VLOOKUP 函数对比

要求 1：按照员工姓名查询“1 月”的销售业绩。

方法：使用 VLOOKUP 函数查询。在 J4 单元格中构建如下函数公式：

= VLOOKUP(I4, A3 : G12, 2, 0)

【说明】在 A3 : G12 区域的 A 列(垂直方向)查找“张晓雪”所在行数，查找到后返回该区域第 2 列(1 月所在列)的值。

要求 2：按照月份查询“张晓雪”的销售业绩。在 J9 单元格中构建如下函数公式：

= HLOOKUP(I9, A3 : B12, 2, 0)

【说明】在 A3 : B12 区域的第 3 行(水平方向)查找“1 月”所在列数，查找到后返回该列第 4 行的值。

从上面的示例中可以看出，HLOOKUP 函数是用第一个参数在一行中查找，而 VLOOKUP 函数则是用第一个参数在一列中查找。在实际工作中使用哪个函数主要是看表格的结构和查找方式而决定。

案例 7.2　饮料连锁行业绩效考核

【情境引入】当下，全国各地的 Shopping Mail 经营火爆、风起云涌，其中售卖各种冷热饮品的店面非常多，而且大多数经营方式为直营或连锁经营。对这类行业的考核比较有特点：单笔交易额很低，每日的成交笔数却很大。某饮品连锁公司需要根据以上特点对旗下各家店铺的每日交易笔数进行考核，并指定多档考核指标，具体考核方案见下面的内容。

【相关知识】

- 学会 VLOOKUP 函数和 HLOOKUP 函数的应用；

● 学会使用 Excel 设计两种绩效考核核算系统。

【适用人群】

财务人员、统计人员、工资员、人力资源人员等。

一、非阶梯式提成绩效考核

如图 7.15 所示,为某饮品连锁公司 2020 年 12 月份,旗下各连锁店饮品销售业绩表,它记录了各个门店、不同职务的所有员工的销售单数。在如图 7.16 所示"参数表"中,提供了不同职务级别的、不同单数区间的饮品销售提成比例。要求根据每位员工的"考核单数"对其作出月度销售奖励。

员工姓名	连锁店名称	职务	考核单数
		2020年12月各连锁店饮料销售业绩表	
员工姓名	连锁店名称	职务	考核单数
麻俊霞	鑫源商厦	店总级主管	487
吕雪婷	中友	店总级主管	931
章东旭	星城商厦	店总级主管	1102
邹玲玲	新世纪	店总级主管	1273
贾梦珠	复兴百盛	店总级主管	988
金传旭	鑫源商厦	主管	862
柳晶晶	鑫源商厦	主管	1277
苏雨	复兴百盛	普通	878
杨倩媛	复兴百盛	普通	210
孙天昊	鑫源商厦	试用期	1128
于娜娜	鑫源商厦	试用期	732
汪彩月	中友	试用期	402
郭玲	中友	试用期	1080
陆雪	中友	试用期	348
麻俊霞	星城商厦	试用期	655
吕雪婷	星城商厦	试用期	1445
章东旭	星城商厦	试用期	862
邹玲玲	新世纪	试用期	1462
贾梦珠	新世纪	试用期	795
金传旭	复兴百盛	试用期	882
柳晶晶	复兴百盛	试用期	957

图 7.15　销售业绩表

首先,我们先来设计制作一种简单的提成绩效考核表,即不按照阶梯式提成,每日单数介于哪个区间,绩效奖励就全额按照所对应行的提成比例进行计算。新建一个工作簿,命名为"饮料连锁行业绩效考核.xslx",将 Sheet1 工作表重命名为"销售业绩表",按照图 7.15 所示,录入和编辑 2020 年 12 月份销售业绩数据。在 Sheet2 工作表中如图 7.16 所示录入、编辑每单提成比例和金额,将该工作表命名为"参数表"。

单日提成阶梯		每单提成金额(元)			
		店总级主管	主管	普通	试用期
0单	300单	0.14	0.1	0.06	0.04
300单	600单	0.17	0.12	0.07	0.05
600单	800单	0.2	0.14	0.09	0.06
800单	1000单	0.23	0.16	0.1	0.07
1000单	1100单	0.28	0.2	0.12	0.08
1100单	1200单	0.32	0.25	0.15	0.09
1200单	10000单	0.4	0.3	0.18	0.1

图 7.16　参数表

【说明】"参数表"中的"单日提成阶梯"数据(A3:B9单元格区域)设置了自定义格式:0单。因此在其中输入300,显示为"300单",实际数据仍为一般的数字。

1. 提取"绩效考核系数"

将"销售业绩表"复制一份,置于其右侧,重命名为"非阶梯式提成绩效考核表",如图7.17所示,添加"绩效考核系数"和"绩效奖励"列标签,修改表头内容。

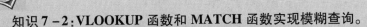

图7.17　非阶梯式提成绩效考核表

在E4单元格中构建如下函数公式:

=VLOOKUP([@考核单数],参数表! A:F,MATCH([@职务],参数表!$A$2:$F$2,0))

按下Enter键,得到第一位员工的"绩效考核系数",将该公式向下复制填充至最后一位员工。

知识7-2:VLOOKUP函数和MATCH函数实现模糊查询。

VLOOKUP函数的语法格式可以简单地表示为:

=VLOOKUP(查找谁、到哪查、第几列、精确/近似查)

其中,第4个参数range_lookup栏中输入0(或FALSE)表示"精确匹配";缺省或者输入1(或者TRUE)表示"模糊匹配"。如图7.18所示。

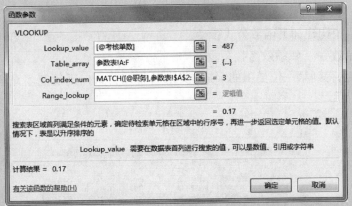

图7.18　VLOOKUP函数模糊查询

由于VLOOKUP函数的第三参数需要根据不同"职务"类别在"参数表"中获取其返回

值的列序号,因此需要借助另一种查询函数 MATCH 来完成。MATCH 函数的语法格式如下:

MATCH(lookup_value,lookup_array,[match_type])

它的作用是根据要查询的值(lookup_value),在查询范围(lookup_array)内,通过不同的匹配方式([match_type]),确定该值所在位置。例如,上述函数公式中,利用 MATCH 在"参数表!\$A\$2:\$F\$2"范围内,查询不同"[@职务]"(如"店总级主管")的位置,结果为 3,正好是 VLOOKUP 函数第三参数所需的列序号。如图 7.19 所示。

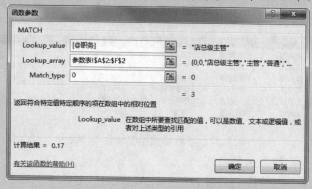

图 7.19　利用 MATCH 函数获取列序号

MATCH 函数在使用过程中,第三参数可以使用的匹配方式有三种:

1 或省略:MATCH 查找小于或等于 lookup_value 的最大值。lookup_array 参数中的值必须以升序排序,例如,……-2,-1,0,1,2,……A-Z,FALSE,TRUE。

0:MATCH 查找完全等于 lookup_value 的第一个值。lookup_array 参数中的值可按任何顺序排列。

-1:MATCH 查找大于或等于 lookup_value 的最小值。lookup_array 参数中的值必须按降序排列,例如,TRUE,FALSE,Z-A,……2,1,0,-1,-2,……

2. 计算"绩效奖励"

在 F4 单元格中构建如下函数公式:

=[@考核单数]*[@绩效考核系数]

按下 Enter 键,得到第一位员工的"绩效奖励",将该公式向下复制填充至最后一位员工。效果如图 7.20 所示。

	A	B	C	D	E	F
1	非阶梯式提成绩效考核表					
2						
3	员工姓名	连锁店名称	职务	考核单数	绩效考核系数	绩效奖励
4	麻俊霞	鑫源商厦	店总级主管	487	0.17	82.79
5	吕雪婷	中友	店总级主管	931	0.23	214.13
6	章东旭	星城商厦	店总级主管	1102	0.32	352.64
7	邹玲玲	新世纪	店总级主管	1273	0.4	509.2
8	贾梦珠	复兴百盛	店总级主管	988	0.23	227.24
9	仝传旭	鑫源商厦	主管	862	0.16	137.92
10	柳晶晶	鑫源商厦	主管	1277	0.3	383.1
44	苏雨	复兴百盛	普通	878	0.1	87.8
45	杨倩媛	复兴百盛	普通	210	0.06	12.6
46	孙天昊	鑫源商厦	试用期	1128	0.09	101.52
47	于娜娜	鑫源商厦	试用期	732	0.06	43.92

图 7.20　非阶梯式提成绩效考核

二、阶梯式提成绩效考核表

很多连锁店在经营管理中,采用更多的是另一种绩效考核方法——阶梯式提成绩效考核。如图 7.16 所示,以"店总级主管"每日单数为 1500 单为例:

    <=300 单的按照第 1 层级提成比例计算(第 3 行):300 * 0.14;

    <=600 单的按照第 2 层级提成比例计算(第 4 行):300 * 0.17;

    <=800 单的按照第 3 层级提成比例计算(第 5 行):200 * 0.2;

    <=1000 单的按照第 4 层级提成比例计算(第 6 行):200 * 0.23;

    <=1100 单的按照第 5 层级提成比例计算(第 7 行):100 * 0.28;

    <=1200 单的按照第 6 层级提成比例计算(第 8 行):100 * 0.32;

    <=10000 单的按照第 7 层级提成比例计算(第 9 行):300 * 0.4。

1. 划分"分档业绩量"

将"销售业绩表"复制一份,置于其右侧,重命名为"阶梯式提成绩效考核表"。如图 7.21 所示,编辑、输入相应内容。

图 7.21 阶梯式提成绩效考核表

(1)第一档业绩量。

单日提成单数的第一档为 0~300 单,如果"考核单数"等于或超过其"差额"300 单(即 D5 单元格),则其第一档业绩量为"300"(即 D5 单元格),否则为"考核单数"(即 D8 单元格)。在 E8 单元格中构建如下函数公式:

    = MIN(D$5,D8)

按下 Enter 键,得到第一位员工的第一档业绩量,将该公式向下复制填充至最后一位员工。

(2)其他档业绩量。

单日提成单数的第二档为 300~600 单,在计算第二档业绩量的时候,应该用"考核单数"(即 D8 单元格)减去第一档业绩量,如果剩余单数超过或等于其"差额"300 单(即 E5 单元格),则其第二档业绩量为"300"(即 E5 单元格),否则为剩余单数(即考核单数 - 第一档业绩量)。

在 F8 单元格中构建如下函数公式：

= MIN($D8 − SUM($E8:E8),E$5)

按下 Enter 键,得到第一位员工的第二档业绩量,将该公式向下复制填充至最后一位员工,得到所有员工的第二档业绩量。

以此类推,将该公式向右复制填充至 K 列,得到第一位员工的第三～七档业绩量。所有档次业绩量的计算公式列举如下：

第一档(E8 单元格)：= MIN(D$5,D8)；

第二档(F8 单元格)：= MIN($D8 − SUM($E8:E8),E$5)；

第三档(G8 单元格)：= MIN($D8 − SUM($E8:F8),F$5)；

第四档(H8 单元格)：= MIN($D8 − SUM($E8:G8),G$5)；

第五档(I8 单元格)：= MIN($D8 − SUM($E8:H8),H$5)；

第六档(J8 单元格)：= MIN($D8 − SUM($E8:I8),I$5)；

第七档(K8 单元格)：= MIN($D8 − SUM($E8:J8),J$5)。

效果如图 7.22 所示。

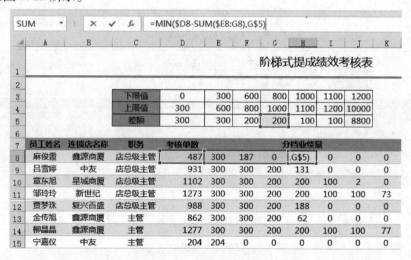

图 7.22　分档业绩量

2. 获取"分档考核参数"

根据"职务"类别,同一种职务的分档考核参数在"参数表"(如图 7.23 所示)中划分为七档。利用 HLOOKUP 函数可以从不同行次中查询到相应的分档考核参数。在"阶梯式提成绩效考核表"的 L8 单元格中构建如下函数公式：

= HLOOKUP($C8,参数表!$C$2:$F$9,COLUMN(B:B),0)

按下 Enter 键,得到第一位员工(职务为"店总级主管")的第一档业绩量,将该公式向下复制填充至最后一位员工。如图 7.23 所示。

将该公式向右复制填充至 R 列,得到所有档次的考核参数,计算公式列举如下：

第一档(L8 单元格)：= HLOOKUP($C8,参数表!$C$2:$F$9,COLUMN(B:B),0)；

第二档(M8 单元格)：= HLOOKUP($C8,参数表!$C$2:$F$9,COLUMN(C:C),0)；

第三档(N8 单元格)：= HLOOKUP($C8,参数表!$C$2:$F$9,COLUMN(D:D),0)；

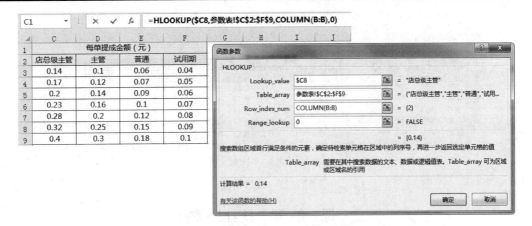

图 7.23　利用 HLOOKUP 和 COLUMN 函数自动查询"分档考核参数"

第四档（O8 单元格）：= HLOOKUP($C8,参数表!$C$2:$F$9,COLUMN(E:E),0);

第五档（P8 单元格）：= HLOOKUP($C8,参数表!$C$2:$F$9,COLUMN(F:F),0);

第六档（Q8 单元格）：= HLOOKUP($C8,参数表!$C$2:$F$9,COLUMN(G:G),0);

第七档（R8 单元格）：= HLOOKUP($C8,参数表!$C$2:$F$9,COLUMN(H:H),0)。

效果如图 7.24 所示。

		fx	=HLOOKUP($C8,参数表!$C$2:$F$9,COLUMN(D:D),0)								
A	B	C	D	L	M	N	O	P	Q	R	S
员工姓名	连锁店名称	职务	考核单数			分档考核参数					绩效奖励
麻俊霞	鑫源商厦	店总级主管	487	0.14	0.17	:D),0)	0.23	0.28	0.32	0.4	
吕雪婷	中友	店总级主管	931	0.14	0.17	0.2	0.23	0.28	0.32	0.4	
章东旭	星城商厦	店总级主管	1102	0.14	0.17	0.2	0.23	0.28	0.32	0.4	
邹玲玲	新世纪	店总级主管	1273	0.14	0.17	0.2	0.23	0.28	0.32	0.4	
贾梦珠	复兴百盛	店总级主管	988	0.14	0.17	0.2	0.23	0.28	0.32	0.4	
金传旭	鑫源商厦	主管	862	0.1	0.12	0.14	0.16	0.2	0.25	0.3	
柳晶晶	鑫源商厦	主管	1277	0.1	0.12	0.14	0.16	0.2	0.25	0.3	
宁嘉仪	中友	主管	204	0.1	0.12	0.14	0.16	0.2	0.25	0.3	

图 7.24　分档考核参数

3. 计算"绩效奖励"

根据七个档次的"分档业绩量"和"分档考核参数",可以计算出每位员工的"绩效奖励",计算公式为:第一档业绩量×第一档考核参数 + 第二档业绩量×第二档考核参数 +……第七档业绩量×第七档考核参数。在 S8 单元格中可以采取三种方法计算第一位员工的"绩效奖励":

方法一：= $D8 * $K8 + $E8 * $L8 + $F8 * $M8 + $G8 * $N8 + $H8 * $O8 + $I8 * $P8 + $J8 * $Q8;

方法二：= SUMPRODUCT(E8:K8 * L8:R8);

方法三：{= SUM(E8:K8 * L8:R8)}。

【说明】第二种方法中的 SUMPRODUCT 函数是在给定的几组数组中,将数组间对应的元素相乘,并返回乘积之和。第三种方法中采用了数组公式计算,需要在编辑栏中同时按下 Ctrl + Shift + Enter 组合键才能得到正确结果（否则得到错误值）。效果如图 7.25 所示。

图 7.25 中的公式栏显示 `=SUM(E8:K8*L8:R8)`

E	F	G	H	I	J	K	L	M	N	O	P	Q	R	S
		分档业绩量							分档考核参数					绩效奖励
300	187	0	0	0	0	0	0.14	0.17	0.2	0.23	0.28	0.32	0.4	:*L8:R8)
300	300	200	131	0	0	0	0.14	0.17	0.2	0.23	0.28	0.32	0.4	163.13
300	300	200	200	100	2	0	0.14	0.17	0.2	0.23	0.28	0.32	0.4	207.64
300	300	200	200	100	100	73	0.14	0.17	0.2	0.23	0.28	0.32	0.4	268.2
300	300	200	188	0	0	0	0.14	0.17	0.2	0.23	0.28	0.32	0.4	176.24
300	300	200	62	0	0	0	0.1	0.12	0.14	0.16	0.2	0.25	0.3	103.92
300	300	200	200	100	100	77	0.1	0.12	0.14	0.16	0.2	0.25	0.3	194.1
204	0	0	0	0	0	0	0.1	0.12	0.14	0.16	0.2	0.25	0.3	20.4

图 7.25 绩效奖励

一课一练22 统计评委打分

在很多裁判打分的比赛中，需要将所有评委的分数去掉最高分和最低分之后，统计其平均分，作为参赛选手最后得分成绩。如图 7.26 所示。

公式栏：`=TRIMMEAN(C2:H2,2/COUNT(C2:H2))`

参赛选手	班级	评委1	评委2	评委3	评委4	评委5	评委6	最后得分
金传旭	九-1班	9.9	9.6	9.2	9.2	9.6	9.7	9.525
柳晶晶	九-2班	9.3	9.7	9.6	9.3	9.5	9.6	9.5
宁嘉仪	九-3班	9.3	9.6	9.3	9.7	9.7	9.8	9.575
邹禹荣	九-4班	9.2	9.2	9.2	9.5	9.4	9.7	9.325
贺龙	九-5班	9.9	9.8	9.5	9.6	9.4	9.7	9.65
炊龙源	九-6班	9.1	9.7	9.9	9.7	9.9	9.6	9.725

图 7.26 利用 TRIMMEAN + COUNT 函数统计去掉最高分和最低分之后的平均分

在 I2 单元格中构建如下函数公式：

= TRIMMEAN(C2 : H2 ,2/COUNT(C2 : H2))

按下 Enter 键得到第一位参赛选手的最后得分，将公式向下复制填充，得到所有参赛选手的去掉最高分和最低分后的平均值。

【函数解读】TRIMMEAN(array ,percent) 函数用于返回数据集的内部平均值。其中，参数 array 用于指定需要进行整理并求平均值的数组或数据区域；参数 percent 指定计算时需要除去的数据点的比例。例如，当 percent 值设置为 0.2 时，如果数据集有 10 个数据，则将去除 $10 \times 0.2 = 2$ 个数据，此时函数将去除头尾各一个数据。TRIMMEAN() 函数在除去数据数目时，将向下含入最接近 2 的倍数的值。本案例的公式中，使用 2/COUNT(C2 : H2)计算 C2 : H2 单元格区域中的最大值和最小值在整个数据集中所占的百分比，再使用 TRIMMEAN() 函数求出平均值。

案例7.3 自动生成销售记录对账单

【情境引入】某陶瓷有限公司的装修产品一直以来深受欢迎、畅销不衰。公司准备召开一次月度例会，在会议上对 2020 年 2 月份业务员销售情况进行汇报展示，要求利用 Excel 的控件功能，实现在切换、选择不同业务员姓名时，自动调取该业务人员的销售明细记录，并计算其销售总量和销售总金额。

【相关知识】

* 学会 VLOOKUP、IFERROR 和 COLUMN 函数的应用;
* 学会利用控件自动调取数据信息的操作技巧。

【适用人群】

财务人员、统计人员、工资员、人力资源人员等。

一、制作"基础信息"表

为了后续表格取数方便,我们首先制作一个"基础信息"工作表,在其中放置一些基础数据以备使用。如图 7.27 所示。

	A	B	C	D	E	F
1	购货单位		产品名称	单位	单价	
2	艾德高科技		抛光砖800781	箱	132.00	
3	仪和贸易		腰线LM658732Z01	箱	21.30	
4	远东开发		地砖LP630631	箱	6.95	
5	东南实业		地砖GFE630202	箱	7.04	
6	通恒机械		地砖GFE30189	箱	7.04	
7	正太实业		面砖GNE630001	箱	7.04	
8	升格企业		腰线LND81006Z41	箱	40.75	
9	富泰人寿		花砖LMB58029H01	箱	16.46	
10	永大企业		地砖LNA36684	箱	13.20	
11	富同企业		抛光砖603117	箱	64.80	
12	汉光企管					
13	幸义房屋					
14	大钰贸易					
15	福星制衣厂					
16	就业广兑					
17	光远商贸					
18	国银贸易					
19	山泰企业					
20	迈多贸易					
21	三捷实业					
22						

图 7.27　基础信息

使用不同的方法,分别为下面的数据区域定义名称。一是选择 A1:A21 单元格区域,依次单击"公式"/"定义的名称"/"根据所选内容创建"命令,打开相应对话框,勾选"首行"复选框,将该区域定义为"购货单位";二是选择 C1:E11 单元格区域,在名称框中输入"产品信息",将该区域定义为"产品信息";三是选择 C 列,依次单击"公式"/"定义的名称"/"定义名称"命令,打开相应的对话框,在"引用位置"栏中输入公式: = OFFSET(基础信息!$C$2,,,COUNTA(基础信息!$C:$C)−1)。如图 7.28 所示。

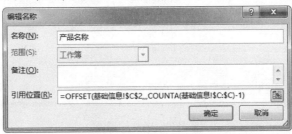

图 7.28　定义动态名称

知识 7 - 3:利用 OFFSET 函数和 COUNTIF 函数定义动态名称。

在如图 7.28 所示的对话框中,= OFFSET(基础信息!$C$2,,,COUNTA(基础信息!$C:$C)-1)表示以 C2 单元格为起始位置,向下延伸至 C 列当前最下方的单元格为止,该区域将成为一个可以动态扩展的区域:通过后期编辑自动增添新的内容。

OFFSET 函数的语法格式为从指定的起始位置(第一参数 reference)开始,向下(第二参数 rows 偏移行数)和向右(第三参数 cols)偏移至某单元格位置,OFFSET 获取该单元格中的内容。此处 rows 和 cols 参数均为空白,则表示从起始位置开始,获取行数为 height 的单元格区域中的所有内容。OFFSET 函数的参数设置如图 7.29 所示。

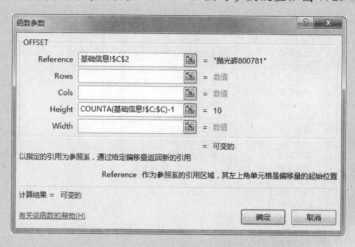

图 7.29　OFFSET 函数

COUNTA 函数的语法格式为计算指定区域中非空单元格的个数。本案例中指定区域为 C 列(包含 C1 单元格),在此基础上减 1 表示列标题(C1 单元格:"产品名称")不计入最终结果。这样,当 C 列添加内容时,所有非空单元格(C1 单元格除外)就被 OFFSET 取值为新引用区域,从而实现了定义动态名称。

已经定义的名称可以在"名称管理器"对话框中进行编辑和查看,如图 7.30 所示。

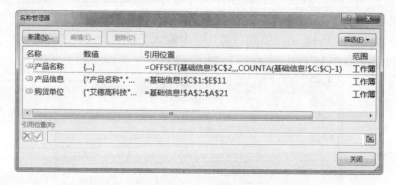

图 7.30　名称管理器

二、制作"销售业绩明细记录表"

将本案例提供的素材文档"销售业绩明细记录表 . xslx"复制到"基础信息"工作表的右侧,如图 7.31 所示。

	A	B	C	D	E	F	G	H	I
1		2020年2月销售业绩明细记录表							
2									
3		日期	单据编号	产品名称	购货单位	单位	销售数量	单价	销售金额
4		2020/2/8	CKDH002130	抛光砖800781	艾德高科技	箱	1763		
5		2020/2/8	CKDH002130	抛光砖800781	艾德高科技	箱	1254		
6		2020/2/8	CKDH002130	抛光砖800781	艾德高科技	箱	1981		
7		2020/2/8	CKDH002130	抛光砖800781	艾德高科技	箱	1481		
8		2020/2/8	CKDH002131	腰线LM658732Z01	仪和贸易	箱	1876		
9		2020/2/8	CKDH002131	腰线LM658732Z01	仪和贸易	箱	944		
10		2020/2/8	CKDH002131	腰线LM658732Z01	仪和贸易	箱	1067		
11		2020/2/8	CKDH002131	腰线LM658732Z01	仪和贸易	箱	1031		
12		2020/2/8	CKDH002132	地砖LP630631	艾德高科技	箱	1378		
13		2020/2/8	CKDH002132	地砖LP630631	远东开发	箱	1678		
85		2020/2/23	CKDH002149	面砖GNE630001	三捷实业	箱	1672		
86		2020/2/23	CKDH002149	面砖GNE630001	三捷实业	箱	813		
87		2020/2/23	CKDH002149	面砖GNE630001	三捷实业	箱	1747		

图 7.31　销售业绩明细记录表

1. 数据验证

首先,为表格中的部分数据列作"数据验证",以便在编辑时防止错误输入。选中 D 列的"产品名称"数据区域,依次单击"数据"/"数据工具"/"数据验证…"命令,打开"数据验证"对话框,在"允许"框中选择"序列",在"来源"框中输入"= 产品名称",单击"确定"按钮,完成数据验证,单击该列的某个单元格右侧出现的下三角按钮,即可弹出包含"基础信息"表中所有"产品名称"信息的下拉列表,从中选择一种输入即可。同样,继续为"购货单位"数据区域设置数据验证,在"允许"框中选择"序列",在"来源"框中输入"= 购货单位"。

2. 计算"单价"和"销售金额"

在"基础信息"表中包含有"单价"信息,使用 VLOOKUP 函数可以进行查询取值,完成"单价"和"销售金额"两列的计算。分别在 H4、I4 单元格中构建如下函数公式:

= VLOOKUP(D4,基础信息!$C:$E,3,0)

= H4 * G4

将上述公式向下复制填充直至最后一行明细数据,完成销售业绩表的计算。

【**说明**】当前表格的 A 列预留了空白,需要在接下来的"自动对账单"工作表部分操作步骤完成之后才能编辑。

三、制作"自动对账单"

在当前工作簿的最右端新建一个工作表,命名为"自动对账单",其最终完成效果如图 7.32 所示。在"自动对账单"工作表中,我们将通过一个"数值调节钮"窗体控件,在其中切换不同"购货单位"时,实现动态展示不同购货单位的自动对账功能:自动生成显示不同购货单位的表头标题(A1 单元格);自动生成购货单位(B3 单元格);自动生成不同购货单位的销售数量(F3 单元格);自动生成不同购货单位的销售金额(H3 单元格);自动生成不同购货单位当前月份中的所有销售记录明细(第 6 行开始以下)。

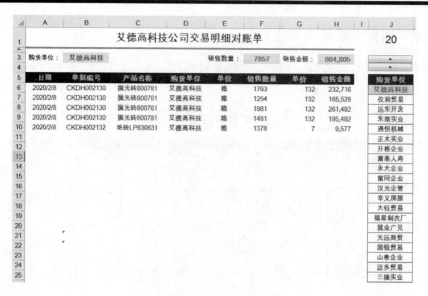

图 7.32　自动对账单

1. 启用"开发工具"选项卡

Microsoft Excel 为工作表提供了多个控件,这些控件可用于从列表中选择项目。常用的控件包括列表框、组合框、旋转按钮和滚动条等。若要在 Excel 2010 和更高版本中使用表单控件,必须启用"开发工具"选项卡。具体操作如下:

依次单击"文件"/"选项"命令,打开"Excel 选项"窗格,在左侧面板中单击选择"自定义功能区",在右侧面板的"主选项卡"框中勾选"开发工具"复选框,单击"确定"退出"Excel 选项"窗格。如图 7.33 所示。

图 7.33　添加"开发工具"选项卡

2. 添加窗体控件

依次单击"开发工具"/"控件"/"插入"/"数值调节钮（窗体控件）"命令，然后用鼠标左键在适当位置绘制出一个大小合适的控件。如图 7.34 所示。

右单击该控件，选择"设置控件格式"命令，弹出如图7.35 所示"设置控件格式"对话框，最小值设置为"1"、最大值设置为"20"（这是针对本案例中"购货单位"的个数为20)，步长值保持为"1"（表示每次切换数值调节钮时，变化值为 1），在"单元格链接"框中输入"$J$1"（在 J1 单元格中将会产生一个从 1 到 20 之间变化的数字），单击"确定"按钮完成设置。

图 7.34　数值调节钮（窗体控件）

图 7.35　设置控件格式

3. 添加"购货单位"名单

在 J5 单元格中输入列标签"购货单位"，然后选择 J6：J25 单元格区域，设置数据验证：允许值为"序列"、来源为"=购货单位"。然后从 J6 单元格开始向下直至 J25 单元格，依次输入"艾德高科技"等 20 个购货单位名称。

4. 关联控件和"购货单位"

完成上述操作之后，接下来要解决的是如何实现单击"数值调节钮"的按钮时，B3 单元格中的购货单位名称与 J 列购货单位名单相关联的问题。

（1）关联控件和"购货单位"。

在 B3 单元格中构建函数公式：= OFFSET(J5,21 – J1,)。

按下 Enter 键确定之后，此时单击"数值调节钮"的按钮，可以观察到 B3 单元格中的购货单位名称在随之切换。单击上箭头按钮"△"时，J1 单元格中的数字依次由"1"变化至"20"，

B3 单元格中的购货单位名称则依次由"三捷实业"变化至"艾德高科技";单击下箭头按钮"▽"时,则变化方向正好相反。

(2)突出显示相关联的单元格,设置"条件格式"。

为了能够更为直观地突出显示 B3 单元格与窗体控件切换时的关联性操作,可以通过设置条件格式显示它们之间的"互动"。

第一步,选择 B3 单元格(同时选择 F3 和 H3 单元格),设置"红色 加粗"字体格式和"金色个性色 4 淡色 60%"填充底纹;

第二步,选择 J6:J25 单元格区域,依次单击"开始"/"样式"/"条件格式"/"突出显示单元格规则…"/"等于…"命令,打开"等于"对话框(如图 7.36 所示),在"为等于以下值的单元格设置格式:"框内单击 B3 单元格,在"设置为"框内设置与 B3 单元格相同的自定义格式。单击"确定"按钮,完成条件格式设置之后,再次单击切换"数值调节钮"时,就可以看到与 B3 单元格相同的购货单位名称,在 J6:J25 区域内突出显示出来。

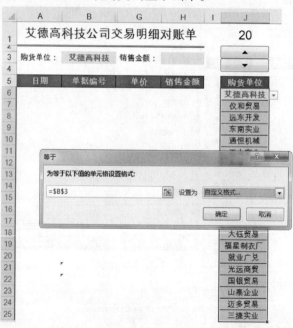

图 7.36　利用"条件格式"突出显示相关联的单元格

知识 7 - 4:OFFSET 函数公式中的"21 - J1"。

OFFSET 函数的语法格式为: = OFFSET(reference,rows,cols,[height],[width])。

其中,第一参数 reference 表示起始位置;第二参数 rows 表示基于起始位置 reference 的向下偏移的行数;第三参数 cols 表示基于起始位置 reference 向右偏移的列数。

这里,我们需要在 B3 单元格中显示的购货单位名称应该是基于起始位置 J5 单元格,向下偏移行数为"21 - J1"的单元格中内容(例如:当 J1 单元格中数字为 1 时,向下偏移行数为 21 - 1 = 20,显示结果为最下面的"三捷实业";当 J1 单元格中数字为 20 时,向下偏移行数为 21 - 20 = 1,显示结果为最上面的"艾德高科技")。

为什么 OFFSET 的第二参数 rows 不直接用"J1"而是用"21 - J1"呢? 这是因为直接使用 J1 中的数字时,单击"数值调节钮"的向上三角按钮"△",J1 中的数字由"1"递增至"20",在 B3 单元格中得到(或者在 J6:J25 区域内显示)的购货单位名称是逐步下行;反之,单击向下三角按钮"△",J1 中的数字由"20"递减至"1",在 B3 单元格中得到(或者在 J6:J25 区域内显示)的购货单位名称却是逐步上行,这与我们思维习惯正好相反。因为本案例中的"购货单位"数量共计 20 个,所以 J1 单元格中的最大值为 20 时,我们希望选择的是最上面的"艾德高科技",也就是 OFFSET 函数的第二参数 rows 偏移行数为"1"。因此用 21 - 20 = 1;如果将 21 换成 20,则向下偏移量为 20 - 20 = 0,即通过 OFFSET 函数查询到的就是 J5 单元格内容(列标签"购货单位")了。

5. 在表头标题行中自动显示购货单位

在 A1 单元格中构建如下函数公式:

= CONCATENATE(B3 ," 公司交易明细对账单")

按下 Enter 键,得到表头标题行——"艾德高科技交易明细对账单"。

6. 添加辅助列

接下来要解决的问题是根据 B3 单元格中的购货单位名称"艾德高科技",查询所有 2020 年 2 月份期间它的交易明细,可以利用 VLOOKUP 函数实现。需要返回源数据"销售记录"表的 A 列,为 VLOOKUP 函数的第一参数(look_value)建立一个辅助列。在"销售记录"表中,保持 A3 单元格为空白,在 A4 单元格中构建如下函数公式:

= IF(E4 = 自动对账单! $B$3, A3 + 1, A3)

按下 Enter 键,将该公式向下复制填充直至最后一行,得到如图 7.37 所示的辅助列。

A4		▼ : × ✓ fx	=IF(E4=自动对账单!$B$3,A3+1,A3)						
	A	B	C	D	E	F	G	H	I
1				2020年2月销售业绩明细记录表					
2									
3		日期	单据编号	产品名称	购货单位	单位	销售数量	单价	销售金额
4	1	2020/2/8	CKDH002130	抛光砖800781	艾德高科技	箱	1763	132.00	232,716.00
5	2	2020/2/8	CKDH002130	抛光砖800781	艾德高科技	箱	1254	132.00	165,528.00
6	3	2020/2/8	CKDH002130	抛光砖800781	艾德高科技	箱	1981	132.00	261,492.00
7	4	2020/2/8	CKDH002130	抛光砖800781	艾德高科技	箱	1481	132.00	195,492.00
8	4	2020/2/8	CKDH002131	腰线LM658732Z01	仪和贸易	箱	1876	21.30	39,958.80
9	4	2020/2/8	CKDH002131	腰线LM658732Z01	仪和贸易	箱	944	21.30	20,107.20
10	4	2020/2/8	CKDH002131	腰线LM658732Z01	仪和贸易	箱	1067	21.30	22,727.10
11	4	2020/2/8	CKDH002131	腰线LM658732Z01	仪和贸易	箱	1031	21.30	21,960.30
12	5	2020/2/8	CKDH002132	地砖LP630631	艾德高科技	箱	1378	6.95	9,577.10
13	5	2020/2/8	CKDH002132	地砖LP630631	远东开发	箱	1678	6.95	11,662.10
83	5	2020/2/22	CKDH002148	地砖LNA36684	迈多贸易	箱	1916	13.20	25,291.20
84	5	2020/2/23	CKDH002149	面砖GNE630001	三捷实业	箱	1393	7.04	9,806.72
85	5	2020/2/23	CKDH002149	面砖GNE630001	三捷实业	箱	1672	7.04	11,770.88
86	6	2020/2/23	CKDH002149	面砖GNE630001	艾德高科技	箱	813	7.04	5,723.52
87	6	2020/2/23	CKDH002149	面砖GNE630001	三捷实业	箱	1747	7.04	12,298.88

图 7.37　添加辅助列

知识 7 – 5：辅助列中的数字有何规律？

　　IF(E4 = 自动对账单!$B$3,A3 + 1,A3) 表述的意义：如果"销售记录"表 E 列中购货单位名称与"自动对账单"表 B3 单元格相同（如"艾德高科技"），返回值为 A 列上一行数字加 1，否则返回 A 列上一行单元格中的数字。如图 7.37 所示产生了一组数字，它的规律性体现在：如果 E 列中出现多个"艾德高科技"，A 列中与之相对应的辅助数字从 1 开始呈现递增趋势（步长值为 1），自上而下产生一个"1、2、3……"的递增序列；否则，数字停止递增，呈现重复性向下延伸，直至 E 列再次出现"艾德高科技"才继续递增。这样，结果是"销售记录"表中，E 列中的每一个"艾德高科技"都有一个独一无二的数字与之相对应，使用 VLOOKUP 函数查询 1、2、3……数字，就可以得到所有"艾德高科技"的交易明细。

7. VLOOKUP 函数自动生成对账明细

返回"自动对账单"工作表，在 A6 单元格中构建如下函数公式：

　　= IFERROR(VLOOKUP(ROW(1:1),销售记录!$A$3:$I$1000,COLUMN(B1),0),"")

按下 Enter 键，将该公式向下复制填充 20 行（或者更多行），即可得到与 B3 单元格中的购货单位（如"艾德高科技"）相对应的所有交易日期，如图 7.38 所示。将 A6 单元格中的公式向右复制填充直至 H6 单元格中，得到"艾德高科技"在"2020/2/8"的交易明细对账单。将第 6 行的所有单元格中的公式向下复制填充至第 20 行（或更多行），即可得到"艾德高科技"公司所有日期的交易明细对账单。

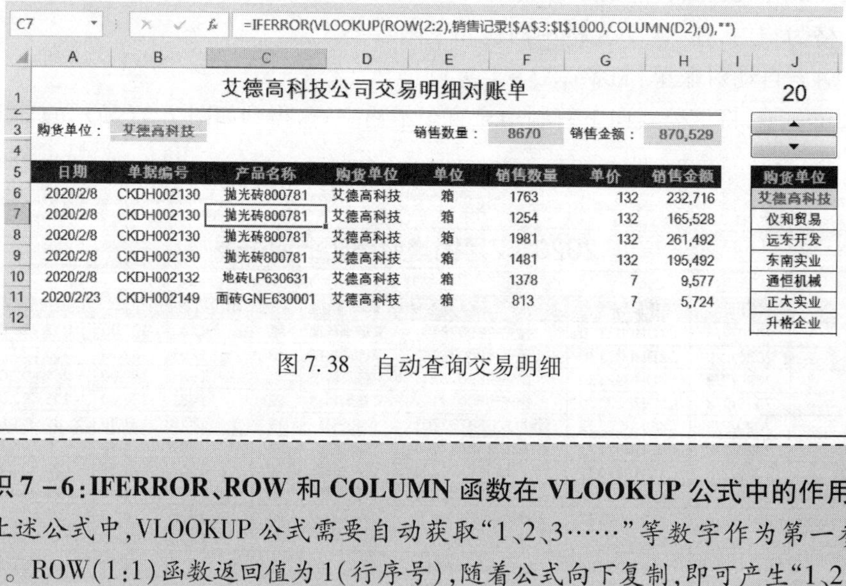

图 7.38　自动查询交易明细

知识 7 – 6：IFERROR、ROW 和 COLUMN 函数在 VLOOKUP 公式中的作用。

　　在上述公式中，VLOOKUP 公式需要自动获取"1、2、3……"等数字作为第一参数（即查找谁）。ROW(1:1) 函数返回值为 1（行序号），随着公式向下复制，即可产生"1、2、3……"的递增序列，为 VLOOKUP 函数提供第一参数（look_value）；同时，为了简化手动输入 VLOOKUP 的第三参数（即列序号）的步骤，需要自动获取"1、2、3……"等数字作为列序号。COLUMN(B1) 函数返回值为 2（列序号），随着公式向右复制，将产生"2、3、4……"的递增序列，为 VLOOKUP 函数提供第三参数（col_index_num）。

这样,当公式分别向下和向右复制时,VLOOKUP 函数将在"销售记录"表的 A 列中依次查找不重复的行序号,然后分别返回从 B 列到 I 列相对应的交易明细数据。

例如,在"自动对账单"表 A 列单元格中,公式变化如下所示:

A6:=IFERROR(VLOOKUP(ROW(1:1),销售记录!\$A\$3:\$I\$1000,COLUMN(B1),0),"");

A7:=IFERROR(VLOOKUP(ROW(2:2),销售记录!\$A\$3:\$I\$1000,COLUMN(B2),0),"");

A8:=IFERROR(VLOOKUP(ROW(3:3),销售记录!\$A\$3:\$I\$1000,COLUMN(B3),0),"");

......

第 6 行不同单元格中的公式变化为:

A6:=IFERROR(VLOOKUP(ROW(1:1),销售记录!\$A\$3:\$I\$1000,COLUMN(B1),0),"");

B6:=IFERROR(VLOOKUP(ROW(1:1),销售记录!\$A\$3:\$I\$1000,COLUMN(C1),0),"");

C6:=IFERROR(VLOOKUP(ROW(1:1),销售记录!\$A\$3:\$I\$1000,COLUMN(D1),0),"");

......

但是当公式向下复制到某一行时,会因为"销售记录"表的 A 列中查询不到对应数字,而导致 VLOOKUP 函数返回值为错误值,显得表格不美观。IFERROR 作为常用的纠错函数,则可以避免这样的问题。当 VLOOKUP 函数查询不到正确结果时,返回值为空白单元格(如图 7.39 所示)。

图 7.39　屏蔽错误值:IFERROR 函数

另外,在"销售记录"表 A 列的数字中,与"艾德高科技"相对应的最后一次出现的辅助数字为 6,之后不再发生变化(均为:6)。VLOOKUP 在"自动对账单"表中就只能查询到这 6 条信息,而不再继续查询下去。这是因为 VLOOKUP 函数本身的特点导致的:当第一参数(例如,6)重复出现时,则仅返回第一次出现的查询结果,如图 7.40 所示。

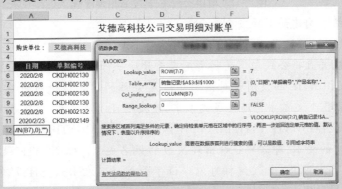

图 7.40　VLOOKUP 查询最后一个不重复值

8. 销售统计

分别在 F3 和 H3 单元格中构建函数公式:

=SUM(F6:F71)

=SUM(H6:H78)

确定之后,分别得到当前对账单中的“销售数量”和“销售金额”的总计。至此,通过一系列相关联的操作,我们实现了“自动”生成对账单的功能,通过调节“数值调节钮”窗体控件,可以体验“自动”的效果。

一课一练 23　值班次数统计:文本出现次数

在对数据进行分析时,有时需要根据文本来统计次数。如图 7.41 所示,为某公司每月仓库人员值班安排表,要求在“值班次数统计”区域,统计出每位值班人员的月值班次数。通过这个案例介绍利用 COUNTIF 函数统计文本出现次数的方法。

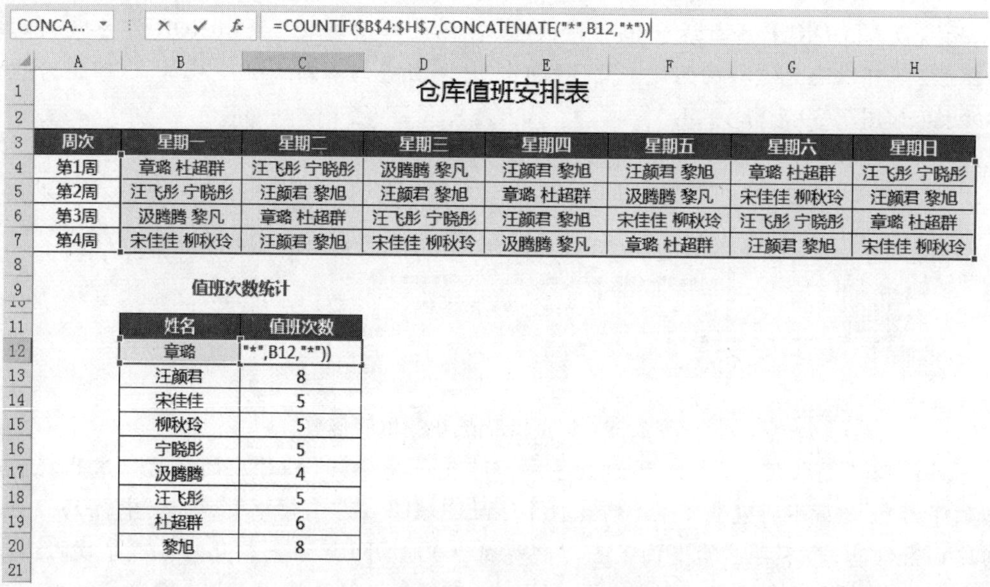

周次	星期一	星期二	星期三	星期四	星期五	星期六	星期日
第1周	章璐 杜超群	汪飞彤 宁晓彤	汲腾腾 黎凡	汪颜君 黎旭	汪颜君 黎旭	章璐 杜超群	汪飞彤 宁晓彤
第2周	汪飞彤 宁晓彤	汪颜君 黎旭	汪颜君 黎旭	章璐 杜超群	汲腾腾 黎凡	宋佳佳 柳秋玲	汪颜君 黎旭
第3周	汲腾腾 黎凡	章璐 杜超群	汪飞彤 宁晓彤	汪颜君 黎旭	宋佳佳 柳秋玲	汪飞彤 宁晓彤	章璐 杜超群
第4周	宋佳佳 柳秋玲	汪颜君 黎旭	宋佳佳 柳秋玲	汲腾腾 黎凡	章璐 杜超群	汪颜君 黎旭	宋佳佳 柳秋玲

值班次数统计

姓名	值班次数
章璐	"*",B12,"*"))
汪颜君	8
宋佳佳	5
柳秋玲	5
宁晓彤	5
汲腾腾	4
汪飞彤	5
杜超群	6
黎旭	8

图 7.41　值班次数统计:文本出现次数

在 C12 单元格中构建如下函数公式:

=COUNTIF($B$4:$H$7,CONCATENATE("*",B12,"*"))

按下 Enter 键,并且将公式向下复制填充直至最后一行数据,得到统计结果。

【函数解读】COUNTIF 函数用于对区域中满足条件的单元格进行计数。CONCATENATE 函数可以将最多 255 个文本字符连接成文本串,连接项可以是文本、数字或单元格引用以及它们的组合。在这里,CONCATENATE 函数的计算结果作为 COUNTIF 函数的计数条件,该函数连接 B12 单元格中的文本,即需要统计出现次数的姓名文本。CONCATENATE 函数在查找姓名时,前后都加上了通配符“*”,这样可以保证不管该姓名在$B$4:$H$7 单元格区域的哪个位置出现,都能够被计数。

案例 7.4　制作销售回款提成表

【情境引入】某公司根据"提成政策"表中的考核系数标准和业务人员实际回款额，自动计算业务人员的提成金额，如图 7.42 所示。

提成政策

回款时间	业务提成比例
n月某日发出的，n+1月25日前回款	5.0%
n月某日发出的，n+2月25日前回款	3.0%
n月某日发出的，n+3月25日前回款	1.0%
n月某日发出的，n+4月25日前回款	0.5%
其他没有提成	0.0%

图 7.42　提成政策

其中，方案 1 侧重一次性回款的提成计算方法（如图 7.43 所示）；方案 2 侧重多次回款的提成计算方法（如图 7.44 所示）。

业务人员提成表

发货日期	客户	业务员	应收货款	收款日期	回款	提成比例
2020/3/28	中国科健股份有限公司	麻俊霞	80000	2020/5/2	80000	3.0%
2020/3/18	华联控股有限公司	吕雪婷	30000	2020/5/21	30000	3.0%
2020/4/17	深圳南山热电股份有限公司	覃东旭	40000	2020/7/16	40000	1.0%
2020/5/8	中航地产股份有限公司	邹玲玲	60000	2020/9/10	60000	0.5%
2020/2/27	泛海建设集团有限公司	贾梦珠	30000	2020/7/26	30000	0.0%
2020/1/12	深圳市康博股份有限公司	金传旭	90000	2020/7/11	90000	0.0%
2020/3/25	广州市德赛电池科技股份有限公司	柳晶晶	90000	2020/4/29	90000	3.0%
2020/1/28	宝安鸿基地产集团股份有限公司	宁嘉仪	40000	2020/3/30	40000	1.0%

图 7.43　一次性回款提成

业务人员提成表

发货日期	客户	业务员	应收货款	收款日期	回款	提成比例
2020/5/7	中国科健股份有限公司	麻俊霞	40000	2020/6/11	20000	5.0%
2020/4/30				2020/7/3	10000	1.0%
2020/4/9				2020/7/8	10000	1.0%
2020/4/18	中航地产股份有限公司	邹玲玲	80000	2020/8/21	80000	0.5%
2020/1/25	泛海建设集团有限公司	贾梦珠	30000	2020/6/23	30000	0.0%
2020/5/17	深圳市康博股份有限公司	金传旭	70000	2020/11/14	70000	0.0%
2020/4/18	广州市德赛电池科技股份有限公司	柳晶晶	70000	2020/5/23	70000	5.0%
2020/4/5	宝安鸿基地产集团股份有限公司	宁嘉仪	40000	2020/6/6	40000	3.0%

图 7.44　多次性回款提成

【相关知识】MATCH 函数的模糊查询在提成类业务中的应用。

一、简介：MATCH 函数的模糊查询

查找和引用类函数 MATCH 是用来返回在指定方式下与指定数值匹配的数组中元素的相应位置。其语法格式为：

= MATCH(lookup_value,lookup_array,match_type)

可以简单地将其解释为：= MATCH(查找值,查找范围,查询方式)。

它的第三参数(match_type)为查询的匹配形式，有 0、1 和 -1 三种选择。其中，0 表示准确搜索、精确查找；1 表示搜索小于或等于查询值的最大值，查找区域必须为升序排列；-1 表示搜索大于或等于查询值的最小值，查找区域必须降序排列。以上搜索，如果没有匹配值，则返回错误值#N/A。

1. 准确查找：匹配形式 0

如图 7.45 所示，在“查找区域”(B16:B32)中输入无序的数据信息(数字、文本、日期等)，在 E15 单元格中输入要查找的值(例如，377)，在 E16 单元格(即位置)中构建如下函数公式：

= MATCH(E15,B16:B32,0)

按下 Enter 键即可得到该查找值(377)在查找区域 B16:B32 中的单元格位置(第 5 个)。

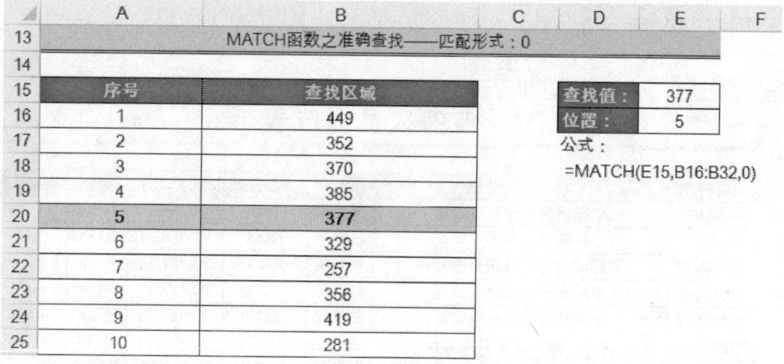

MATCH函数之准确查找——匹配形式：0

序号	查找区域
1	449
2	352
3	370
4	385
5	377
6	329
7	257
8	356
9	419
10	281

查找值：	377
位置：	5

公式：
=MATCH(E15,B16:B32,0)

图 7.45　MATCH 函数之准确查找——匹配形式:0

将“查找区域”(B16:B32)中的内容替换成如图 7.46 所示的文本字符串，利用 MATCH 的精确查询同样能够得到查找值(《VB 语言程序设计》)在“查找区域”(B16:B32)中的单元格位置(第 4 个)。

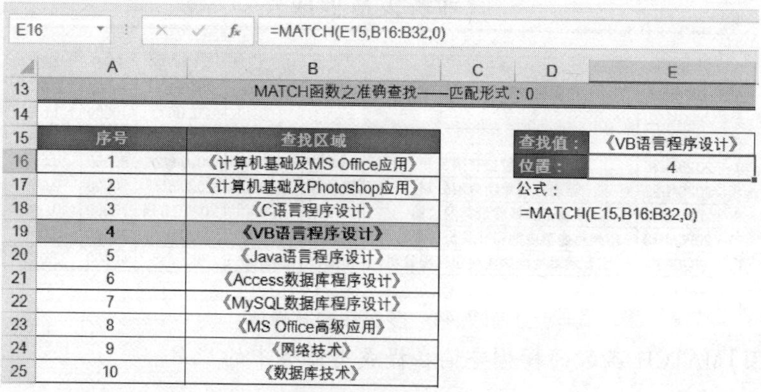

=MATCH(E15,B16:B32,0)

MATCH函数之准确查找——匹配形式：0

序号	查找区域
1	《计算机基础及MS Office应用》
2	《计算机基础及Photoshop应用》
3	《C语言程序设计》
4	《VB语言程序设计》
5	《Java语言程序设计》
6	《Access数据库程序设计》
7	《MySQL数据库程序设计》
8	《MS Office高级应用》
9	《网络技术》
10	《数据库技术》

查找值：	《VB语言程序设计》
位置：	4

公式：
=MATCH(E15,B16:B32,0)

图 7.46　利用 MATCH 精确查找定位文本数据位置

2. “升序”查找(匹配形式:1)

如图 7.47 所示,在 B 列的“查找区域”中输入数据信息(数字、文本、日期等),然后按照“升序”排序;在 E36 单元格中输入与 B 列数据类型相同的信息(查找值,如:370),在 E37 单元格(即位置)中构建如下函数公式:

=MATCH(E36,B37:B53,1)

按下 Enter 键即可得到与该查找值相对应的单元格位置,即在 B37:B53 区域中,模糊查找 E36 单元格中的值,返回最接近且小于该值的结果(即 338)所在的位置,结果为 12。

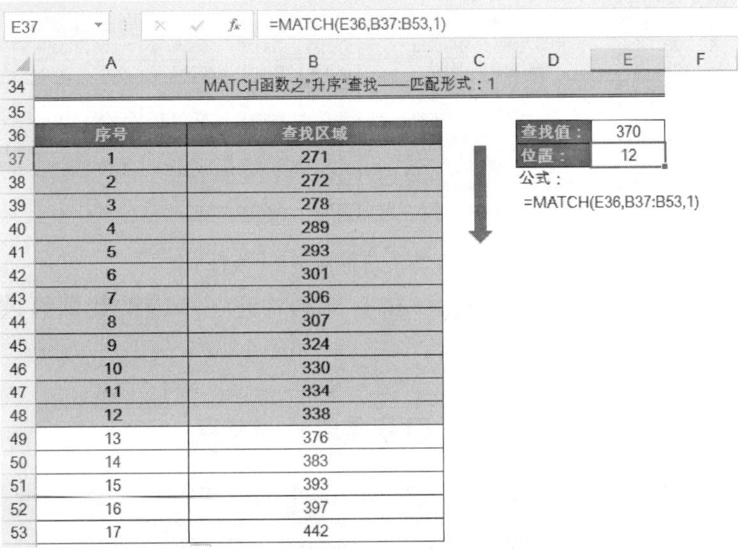

序号	查找区域
1	271
2	272
3	278
4	289
5	293
6	301
7	306
8	307
9	324
10	330
11	334
12	338
13	376
14	383
15	393
16	397
17	442

图 7.47 MATCH 函数之“升序”查找——匹配形式:1

3. “降序”查找(匹配形式:-1)

如图 7.48 所示,在 B 列的“查找区域”中输入数据信息(数字、文本、日期等),然后按照“降序”排序;在 E57 单元格中输入与 B 列数据类型相同的信息(查找值,如 370),在 E58 单元格(即位置)中构建如下函数公式:

=MATCH(E57,B58:B74,-1)

按下 Enter 键,得到与该查找值相对应的位置,即在 B58:B74 单元格区域中,模糊查找 E57 单元格中的值“370”,返回最接近且大于该值的结果(375)所在的位置,结果为 6。

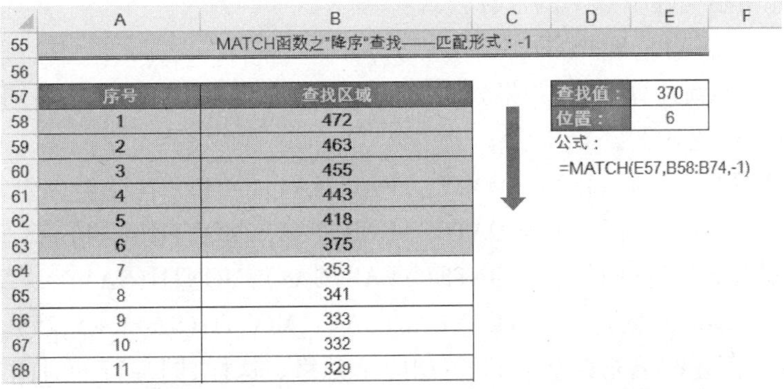

序号	查找区域
1	472
2	463
3	455
4	443
5	418
6	375
7	353
8	341
9	333
10	332
11	329

图 7.48 MATCH 函数之“降序”查找——匹配形式:-1

二、MATCH 函数的模糊查询在提成类业务中的应用

1. 一次性回款提成

如图 7.49 所示,在"一次性回款提成"工作表中创建业务人员提成表。分别在 A:F 列根据实际情况输入发货日期、客户、业务员、应收货款、收款日期和回款等信息。

	A	B	C	D	E	F	G
1	业务人员提成表(一次性)						
2							
3	发货日期	客户	业务员	应收货款	收款日期	回款	提成比例
4	2020/5/26	中国科健股份有限公司	麻俊霞	70000	2020/6/30	70000	3.0%
5	2020/1/19	华联控股有限公司	吕雪婷	20000	2020/3/23	20000	3.0%
6	2020/4/5	深圳南山热电股份有限公司	覃东旭	70000	2020/7/4	70000	1.0%
7	2020/2/5	中航地产股份有限公司	邹玲玲	50000	2020/6/9	50000	0.5%
8	2020/4/28	泛海建设集团有限公司	贾梦珠	70000	2020/9/25	70000	0.0%
9	2020/4/15	深圳市康博股份有限公司	金传旭	50000	2020/10/13	50000	3.0%
10	2020/2/14	广州市德赛电池科技股份有限公司	柳晶晶	70000	2020/3/20	70000	5.0%
11	2020/2/9	宝安鸿基地产集团股份有限公司	宁嘉仪	50000	2020/4/11	50000	3.0%

图 7.49　业务人员提成表(一次性)

参照图 7.42 所示的"提成政策"内容,在 I:M 列构建一个辅助数据区域。最终结果如图 7.50 所示。

	H	I	J	K	L	M
1		回款提成时间节点				
2						
3		节点1	节点2	节点3	节点4	节点5
4	0	2020/6/25	2020/7/25	2020/8/25	2020/9/25	2020/10/25
5	0	2020/2/25	2020/3/25	2020/4/25	2020/5/25	2020/6/25
6	0	2020/5/25	2020/6/25	2020/7/25	2020/8/25	2020/9/25
7	0	2020/3/25	2020/4/25	2020/5/25	2020/6/25	2020/7/25
8	0	2020/5/25	2020/6/25	2020/7/25	2020/8/25	2020/9/25
9	0	2020/5/25	2020/6/25	2020/7/25	2020/8/25	2020/9/25
10	0	2020/3/25	2020/4/25	2020/5/25	2020/6/25	2020/7/25
11	0	2020/3/25	2020/4/25	2020/5/25	2020/6/25	2020/7/25
12		5.0%	3.0%	1.0%	0.5%	0.0%

图 7.50　回款提成时间节点(一次性)

(1)设置时间节点。

根据公司规定,如果货物在 n 月某日发出,n + 1 月 25 日之前回款的,业务提成比例为 5.0%,在 I4 单元格中构建节点 1 的计算公式:

= DATE(YEAR($A4),MONTH($A4) + 1,25)

按下 Enter 键,得到计算结果,并将公式向下复制填充直至 I11 单元格。同理,其他时间节点的计算公式分别构建如下:

节点 2(n + 2 月 25 日前回款): = DATE(YEAR($A4),MONTH($A4) + 2,25);

节点 3(n + 3 月 25 日前回款): = DATE(YEAR($A4),MONTH($A4) + 3,25);

节点 4(n + 4 月 25 日前回款): = DATE(YEAR($A4),MONTH($A4) + 4,25);

节点 5(其他日期前回款): = DATE(YEAR($A4),MONTH($A4) + 5,25)。

分别将公式向下复制填充直至第 11 行相应单元格。这样,同一行的时间节点是按照"升序"从左向右依次排序的,接下来就需要使用 MATCH 的"升序"模糊查询功能进行定位。

（2）获取提成比例。

在 G4 单元格中构建如下函数公式：

= INDEX($I$12:$N$12,MATCH($E4,$H4:$M4,1))

按下 Enter 键，得到计算结果，将公式向下复制填充直至最后一行，获取所有提成比例（如图 7.49 所示）。

知识 7-7：为什么要在 H 列添加 0？

考虑到有的回款比较快，在次月 25 日之前（不满一月）就回款了，所以在 H4 单元格中添加一个 0，作为所有时间节点中的最小值。例如，E10 单元格中的回款日期（如图 7.49 所示的 2020/3/20）尚未达到五个节点中的最小值（即图 7.50 所示 I10 单元格中的 2020/3/25），而利用 MATCH 函数进行"升序"查询（匹配方式为 1）时，计算结果将是小于或等于该回款日期（即 2020/3/20）的最大值（即 0）所在位置。需要增添 0 值辅助列，否则会因为查询不到结果而返回错误值 #N/A。

这样，在 H 列中添加辅助列之后，MATCH 函数在含有 6 个单元格的查询区域（如 H4:M4）中查询"收款日期"（如 E4 单元格），将查询结果返回给 INDEX 函数；INDEX 函数在 $I$12:$N$12 区域中找到相应单元格并返回其中的内容（即 J12 单元格中的 3.0%），该区域相应向右延伸至 N12 单元格（空白），与 MATCH 函数查询区域保持同维度大小。如图 7.51 所示。

VLOOKUP	▾	× ✓ fx	=INDEX($I$12:$N$12,MATCH($E4,$H4:$M4,1))								
▲	C	D	E	F	G	H	I	J	K	L	M	N
	业务员	应收货款	收款日期	回款	提成比例		节点1	节点2	节点3	节点4	节点5	
3												
4	麻俊霞	40000	2020/3/26	20000	$M4,1))	0	2020/3/25	2020/4/25	2020/5/25	2020/6/25	2020/7/25	
5			2020/7/22	10000	3.0%	0	2020/6/25	2020/7/25	2020/8/25	2020/9/25	2020/10/25	
6			2020/7/18	10000	1.0%	0	2020/5/25	2020/6/25	2020/7/25	2020/8/25	2020/9/25	
7	邹玲玲	50000	2020/7/10	50000	0.5%	0	2020/4/25	2020/5/25	2020/6/25	2020/7/25	2020/8/25	
8	贾梦珠	70000	2020/9/9	70000	0.0%	0	2020/5/25	2020/6/25	2020/7/25	2020/8/25	2020/9/25	
9	金传旭	20000	2020/10/22	20000	0.0%	0	2020/6/25	2020/7/25	2020/8/25	2020/9/25	2020/10/25	
10	柳晶晶	10000	2020/6/5	10000	5.0%	0	2020/6/25	2020/7/25	2020/8/25	2020/9/25	2020/10/25	
11	宁嘉仪	90000	2020/5/7	90000	3.0%	0	2020/5/25	2020/6/25	2020/7/25	2020/8/25	2020/9/25	
12							5.0%	3.0%	1.0%	0.5%	0.0%	

图 7.51　获取提成比例

2. 多次性回款提成

在实际公司业务往来中，回收货款更为常见的是多次性回款的情况。如图 7.52 所示，在"多次性回款提成"工作表中的前三行数据中，记录的就是分别在三个收款日期回款的数据。

	A	B	C	D	E	F	G
1		业务人员提成表（多次性）					
2							
3	发货日期	客户	业务员	应收货款	收款日期	回款	提成比例
4	2020/5/22	中国科健股份有限公司	麻俊霞	40000	2020/6/26	20000	3.0%
5	2020/4/16				2020/6/19	10000	3.0%
6	2020/2/6				2020/5/6	10000	1.0%
7	2020/4/16	中航地产股份有限公司	邹玲玲	90000	2020/8/19	90000	0.5%
8	2020/4/9	泛海建设集团有限公司	贾梦珠	40000	2020/9/6	40000	0.0%
9	2020/5/14	深圳市康博股份有限公司	金传旭	60000	2020/11/11	60000	0.0%
10	2020/2/8	广州市德赛电池科技股份有限公司	柳晶晶	90000	2020/3/14	90000	5.0%
11	2020/2/13	宝安鸿基地产集团股份有限公司	宁嘉仪	60000	2020/4/15	60000	3.0%

图 7.52　业务人员提成表（多次性）

仍然采用与"一次性回款提成"表中的计算方法,在 H:M 列创建一个"回款提成时间节点"表格,计算得到不同回款的时间节点:

节点1: = DATE(YEAR($A4),MONTH($A4)+1,25);

节点2: = DATE(YEAR($A4),MONTH($A4)+2,25);

节点3: = DATE(YEAR($A4),MONTH($A4)+3,25);

节点4: = DATE(YEAR($A4),MONTH($A4)+4,25);

节点5: = DATE(YEAR($A4),MONTH($A4)+5,25)。

效果如图 7.53 所示。

H	节点1	节点2	节点3	节点4	节点5
			回款提成时间节点		
	节点1	节点2	节点3	节点4	节点5
0	2020/6/25	2020/7/25	2020/8/25	2020/9/25	2020/10/25
0	2020/5/25	2020/6/25	2020/7/25	2020/8/25	2020/9/25
0	2020/3/25	2020/4/25	2020/5/25	2020/6/25	2020/7/25
0	2020/5/25	2020/6/25	2020/7/25	2020/8/25	2020/9/25
0	2020/5/25	2020/6/25	2020/7/25	2020/8/25	2020/9/25
0	2020/6/25	2020/7/25	2020/8/25	2020/9/25	2020/10/25
0	2020/3/25	2020/4/25	2020/5/25	2020/6/25	2020/7/25
0	2020/3/25	2020/4/25	2020/5/25	2020/6/25	2020/7/25
	5.0%	3.0%	1.0%	0.5%	0.0%

图 7.53　回款提成时间节点(多次性)

然后在 G4 单元格中构建如下函数公式:

= INDEX($I$12:$N$12,,MATCH($E4,$H4:$M4,1))

按下 Enter 键,得到计算结果,将公式向下复制填充直至最后一行,获取所有提成比例。

一课一练 24　最近 7 天平均销售额的动态区域计算

如图 7.54 所示,为某公司在 2010 年 3 月份业务员的销售额记录,公司需要统计最近 7 天的平均销售额。这涉及动态区域的计算,对新手来说,一直是个难题。

	A	B	C	D	E
E2			fx	=AVERAGE(OFFSET(C1,COUNTA(A:A)-7,0,7,1))	
1	姓名	日期	销售额		最近7天平均销售额
2	邹新叶	2021/3/1	732		751.14
3	卓芮安	2021/3/2	632		
4	杜超群	2021/3/3	544		
5	麻俊壹	2021/3/3	785		
21	卜婷婷	2021/3/22	596		
22	柳晓洁	2021/3/23	534		
23	杨倩嫒	2021/3/23	908		
24	胥云伟	2021/3/24	591		
25	孙天昊	2021/3/25	976		
26	郭玲	2021/3/26	809		
27	黎凡	2021/3/29	549		
28	黎凡	2021/3/30	721		验证
29	吕雪婷	2021/3/31	704		751.14

图 7.54　最近 7 天平均销售额的动态区域计算

在 Excel 数据统计中,动态区域一般是利用 OFFSET 函数来完成,本例也不例外。在 E2 单元格中构建如下函数公式:

= AVERAGE(OFFSET(C1,COUNTA(A:A)−7,0,7,1))

【函数解读】在上述公式中,COUNTA(A:A)−7 表示最后 7 行的开始位置可以用总行数 −7 来推算出来。COUNTA 函数用来统计非空单元格的个数。例如,本案例中日期总数为 28 天,那么,最后 7 天的开始位置为 29 − 7 = 22。OFFSET(C1,COUNTA(A:A)−7,0)表示以 C1 单元格为起始位置,向下偏移 COUNTA(A:A)−7 行。例如,本案例中日期总数为 28 天,那么,从 C1 单元格开始向下偏移量 22 行的单元格位置为 C23(即 1 + 22)。而 OFFSET(B1,COUNTA(A:A)−7,0,7,1)表示获取以 C23 单元格为顶点的 7 行 1 列的区域(即 C23 ~ C29 单元格区域)。最后,AVERAGE(OFFSET(B1,COUNTA(A:A)−7,0,7,1))表示对最后 7 行求平均值,即是最终要求。

案例 7.5　动态的全年营业收入月度分析

【情境引入】通过对某公司年度预定销售计划及实际完成情况的分析,分别实现不同类别下的销售任务完成数据对比,以及不同月份下的销售任务完成数据对比,并且以图表方式显示完成情况与预定计划值之间的对比。适合于财务人员、统计人员、工资员、人力资源人员等在数据统计分析方面的实际工作需求。

【相关知识】

* OFFSET、INDEX 和 MATCH 函数在制作图表数据中的应用;
* 条件格式;
* 利用控件制作动态图表。

一、创建"营业收入月度统计表"

新建一个工作簿,命名为"全年营业收入月度分析"。

1. 基础数据

将 Sheet1 工作表命名为"基础数据",如图 7.55 所示,输入需要的基本信息,以便于后续表格取数。选择 A2:A11 单元格区域,在"名称框"中输入"类别名称",为该单元格区域定义名称。

2. 营业收入月度统计表

新建一个工作表,命名为"营业收入月度统计表",输入表头信息"讯飞公司 2020 年营业收入月度统计表"和"序号""类别名称""月目标""1 月""2 月"……"12 月""平均值"等标题行信息。如图 7.56 所示。

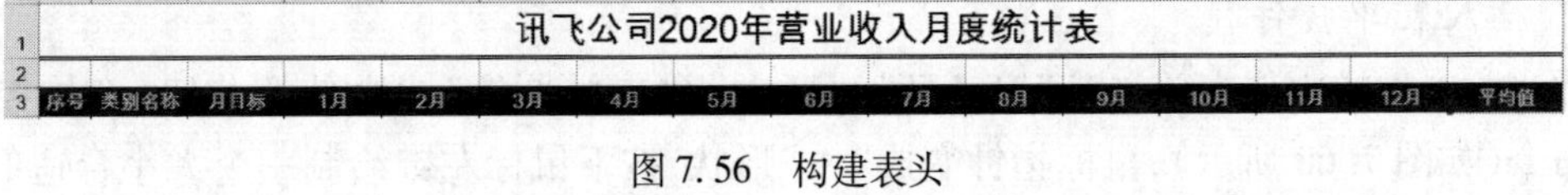

图 7.55　基础数据(定义名称)

讯飞公司2020年营业收入月度统计表															
序号	类别名称	月目标	1月	2月	3月	4月	5月	6月	7月	8月	9月	10月	11月	12月	平均值

图 7.56　构建表头

（1）类别名称。

选择 B4:B13 单元格区域，为其设置数据验证，允许值为"序列"，来源为"=类别名称"，然后通过单击单元格右侧的下三角按钮，从列表中选择输入不同的类别名称。如图 7.57 所示。

（2）合计和平均值。

在 C:O 列数据区域中，输入编辑"月目标"以及 1 ~ 12 月的营业收入数据。在 P4 单元格中输入函数公式：

$$= AVERAGE(D4:O4)$$

将公式向下复制填充直至 P3 单元格中，得到每种类别营业收入的月平均值。

在 C14 单元格中输入函数公式：

$$= SUM(C4:C13)$$

序号	类别名称	月目标	1月	2月
1	家用电器	559,109	385,835	589,758
2	家庭五金	666,904	514,120	714,957
3	家庭日用	500,778	535,012	740,461
4	家具家纺	601,022	785,169	555,777
5	数码产品	639,047	770,007	742,056
6	珠宝眼镜	685,070	672,629	352,487
7	办公电子	524,979	352,123	527,463
8	厨房用品	639,863	695,848	722,512
9	男装女装	585,156	787,917	428,101
10	美妆洗护	688,271	445,436	552,233
合计		6,090,199	5,944,096	5,925,805

图 7.57　为"类别名称"设置数据验证

将公式向右复制填充直至 P14 单元格中，分别得到月目标、1 月、2 月、……、平均值等列的"合计"。为表格数据区域设置适当地单元格格式，使其美观大方。如图 7.58 所示。

统计表

序号	类别名称	月目标	1月	8月	9月	10月	11月	12月	平均值
1	家用电器	559,109	385,835	675,947	705,864	593,805	730,693	714,317	574,911.75
2	家庭五金	666,904	514,120	786,037	351,530	369,891	656,593	628,232	587,952.75
3	家庭日用	500,778	535,012	416,185	519,710	694,482	518,028	379,431	541,591.75
4	家具家纺	601,022	785,169	589,350	773,626	616,084	684,955	389,695	596,768.67
5	数码产品	639,047	770,007	409,100	704,767	785,807	763,517	574,559	673,495.42
6	珠宝眼镜	685,070	672,629	705,486	461,022	582,076	650,695	552,963	552,092.67
7	办公电子	524,979	352,123	473,966	419,137	534,289	533,668	696,284	557,256.17
8	厨房用品	639,863	695,848	478,777	659,469	623,773	658,542	358,046	576,723.42
9	男装女装	585,156	787,917	568,339	639,062	359,240	415,823	458,256	547,631.83
10	美妆洗护	688,271	445,436	484,087	751,848	619,646	447,033	516,626	530,173.17
合计		6,090,199	5,944,096	5,587,274	5,986,035	5,779,093	6,059,547	5,268,409	5,738,597.58

图 7.58　营业收入月度统计表

二、创建"营业收入月度分析表"

新建一个工作表，命名为"营业收入月度分析表"，在该工作表中，我们将通过添加一个控件——"数值调节钮（窗体控件）"，实现营业收入的月度动态分析。

1. 创建"营业收入月度分析表"

在"营业收入月度分析表"工作表的左侧，创建一个月度营业收入分析数据区域，即自 A2 单元格开始向下输入 1 ~ 12 月的"月份"值以及"平均值"，在 B2、C2 单元格中分别输入标题行"目标销售"和"实际销售"。在 E6:E15 单元格区域输入全部"类别名称"（可以通过定义名称、数据验证等手段编辑输入），如图 7.59 所示。

2. 插入表单控件

在当前工作表中依次单击"开发工具"/"插入"/"表单控件"/"数值调节钮（窗体控件）"按钮命令（如图 7.60 所示），鼠标指针变成"＋"形状，按下鼠标左键绘制一个大小合适的数值

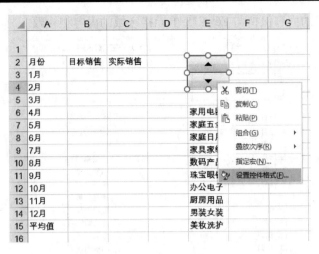

图 7.59　插入控件

调节钮(窗体控件),如图 7.59 所示。

3. 设置控件格式

右单击插入的数值调节钮(窗体控件),选择"设置控件格式"快捷菜单命令,弹出如图 7.61 所示对话框,切换至"控制"选项卡,"当前值"可以忽略(自行根据调节控件从最小值和最大值之间进行切换);"最小值"设置为:1;"最大值"设置为:10(因为"类别名称"数量为 10,超过了会因为查询不到第 N + 1 个值而出现错误值#N/A);"步长"值设置为:1(在 10 个"类别名称"之间逐个跳转);"单元格链接"设置为 C1 单元格。单击"确定"按钮,完成控件格式设置,此时 C1 单元格中出现了默认值:1。

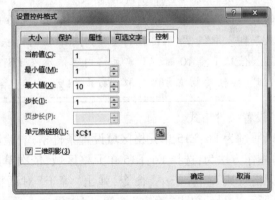

图 7.60　"数值调节钮"控件　　　　　图 7.61　设置控件格式

4. 根据控件自动获取"类别名称"

(1) 关联控件。

在 A1 单元格中构建如下函数公式:

= OFFSET($E$5,11 - C1,)

按下 Enter 键,得到与 C1 单元格值("1")相对应的类别名称——"美妆洗护",如图 7.62 所示。此时单击控件按钮(上或下),C1 单元格中即可在数字 1 ~ 10 中进行切换,与之相关联的 E6:E15 单元格区域中的各项类别名称,也在"美妆洗护"~"家用电器"之间进行切换;同时 A1 单元格中显示的内容保持与 E6:E15 单元格区域的内容相一致。

A1	▼ : × ✓ fx	=OFFSET($E$5,11-C1,)				
	A	B	C	D	E	F
1	美妆洗护		1			
2	月份	目标销售	实际销售		▲	
3	1月					
4	2月				▼	
5	3月					
6	4月				家用电器	
7	5月				家庭五金	
8	6月				家庭日用	
9	7月				家具家纺	
10	8月				数码产品	
11	9月				珠宝眼镜	
12	10月				办公电子	
13	11月				厨房用品	
14	12月				男装女装	
15	平均值				美妆洗护	
16						

图 7.62　关联控件和 A1 单元格内容

知识 7 - 8:OFFSET 函数与表单控件。

在 A1 单元格中,公式: = OFFSET($E$5,11 - C1,),表示利用 OFFSET 函数查询以 E5 单元格为起始位置,向下偏移"11 - C1"行(向右偏移量缺省)的单元格中的值。

也可以是公式: = OFFSET($E$5,C1 -0,)。

两者的区别:前者表示 C1 单元格数值从 1 ~ 10 时,A1 单元格内容依次在 E6:E15 区域中从下到上取值,即单击控件按钮时,按钮的箭头方向与取值方向一致;后者表示 C1 单元格数值从 1 至 10 时,A1 单元格内容依次在 E6:E15 区域中从上向下取值,即单击控件按钮时,按钮的箭头方向与取值方向相反。

(2)设置条件格式。

可以通过为 E6:E15 单元格区域设置条件格式,验证它与表单控件及 A1 单元格之间的关联,具体操作方法为:选择 E6:E15 单元格区域,依次单击"开始"/"样式"/"条件格式"/"突出显示单元格规则"/"等于…"命令,弹出"等于"对话框,输入值"A1",设置自定义格式(如图 7.63 所示),最后单击"确定"按钮,完成设置。单击切换控件的上下方向按钮,可以看到 A1 单元格内容变换与 E6:E15 单元格区域格式变化之间的关联。

(3)设置单元格格式。

为 A1:C15 数据区域设置与上述条件格式相匹配的单元格格式,美化数据区域。如图 7.63 所示。

5. 统计"目标销售"和"实际销售"

(1)目标销售。

在 B3 单元格中构建如下函数公式:

图 7.63　利用设置条件格式验证关联

　=INDEX(营业收入月度统计表!\$B\$3:\$C\$13,MATCH(\$A\$1,营业收入月度统计表!\$B\$3:\$B\$13,0),2)

将公式向下复制填充直至 B15 单元格,获得"目标销售"(含"平均值")的数据统计。

(2)实际销售。

在 C3 单元格中构建如下函数公式:

　=INDEX(营业收入月度统计表!\$B\$3:\$O\$13,MATCH(\$A\$1,营业收入月度统计表!\$B\$3:\$B\$13,0),MATCH(\$A3,营业收入月度统计表!\$B\$3:\$O\$3,0))

将公式向下复制填充直至 C15 单元格,获得"实际销售"(含"平均值")的数据统计。

知识 7-9:INDEX 函数。

函数 INDEX 有两种形式:数组形式和引用形式。本案例中使用的是 INDEX 函数的数组形式(返回指定单元格或单元格数组的值由行号和列号的索引值确定)。以计算"目标销售"为例,各项参数意义如下:

array(单元格区域或数组常量):在哪个区域中查询? 本案例中指的是"营业收入月度统计表"工作表 B3:C13 区域。如图 7.64 所示。

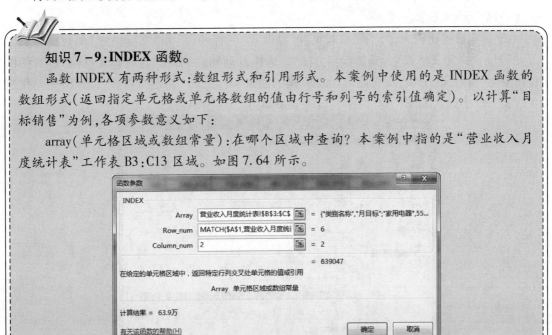

图 7.64　Array 参数

　　row_num(数组中的某行,函数从该行返回数值):查询值在哪一行? 本案例中利用 MATCH 函数查询 A1 单元格内容(如"家庭五金")在"营业收入月度统计表"工作表 B 列中所在行。如图 7.65 所示。

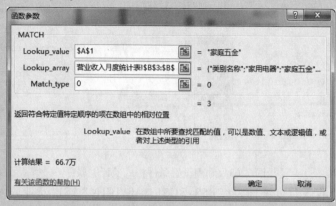

图 7.65　Rows 参数

　　column_num(数组中的某列,函数从该列返回数值):查询值在哪一列? 本案例中返回值为"2"(即"营业收入月度统计表"的 C 列)。

　　因此,函数 INDEX(array,row_num,[column_num])表示返回在 Array 单元格区域中第 row_num 行和第 column_num 列交叉位置单元格中的值。可以形象概括为: = INDEX(查找范围,行数,列数)。

　　(3)以"万元"显示金额。

　　由于真实数据比较大,为了简便起见,可以设置"目标销售"和"实际销售"的数据金额以"万元"显示"自定义格式"。具体操作方法为:选择 B 列和 C 列,在"设置单元格格式"对话框中,切换至"自定义"分类,在右侧的"类型"框中输入"0!.0,万"自定义格式,即以万为单位显示(保留 1 位小数),如图 7.66 所示。最终效果如图 7.67 所示。

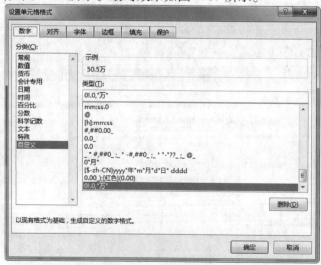

图 7.66　自定义格式——以万为单位显示(保留 1 位小数)

月份	目标销售	实际销售
1月	68.8万	68.8万
2月	68.8万	44.5万
3月	68.8万	55.2万
4月	68.8万	61.0万
5月	68.8万	41.2万
6月	68.8万	61.0万
7月	68.8万	48.6万
8月	68.8万	42.7万
9月	68.8万	48.4万
10月	68.8万	75.2万
11月	68.8万	62.0万
12月	68.8万	44.7万
平均值	68.8万	54.4万

图 7.67　月度营业收入分析

【知识拓展】利用 OFFSET 和 MATCH 组合进行月度销售统计。

上述"目标销售"和"实际销售"数据统计也可以利用 OFFSET 和 MATCH 组合获取。

在 B3 单元格中构建函数公式：=OFFSET(营业收入月度统计表!$B$3,MATCH($A$1,营业收入月度统计表!$B$3:$B$13,0),1)；

在 C3 单元格中构建函数公式：=OFFSET(营业收入月度统计表!$B$3,MATCH($A$1,营业收入月度统计表!$B$3:$B$13,0),ROW(1:1))。

6. 以图表形式直观显示营业收入月度分析

(1)关联"图表标题"。

定位在左侧的数据区域中，依次单击"插入"/"二维柱形图"/"簇状柱形图"命令，在数据区域右侧生成一个如图 7.68 所示柱形图，调整它的大小和位置，选择"图表标题"边框，在编辑栏中输入公式：

=营业收入月度分析表!$A$1

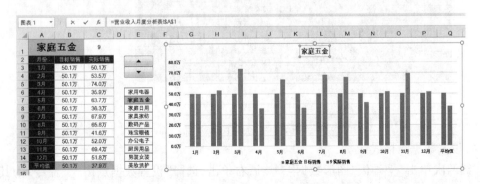

图 7.68　自动关联"图表标题"

按下 Enter 键,可以将图表标题与 A1 单元格中的类别名称相关联,这样当通过控件切换不同类别名称时,柱形图的图表标题即可实时显示该名称(如"家庭五金")。

(2)更改图表类型。

单击选择柱形图中的"目标销售"数据系列,依次单击"图表工具"/"设计"/"更改图表类型"命令,弹出如图 7.69 所示对话框,在右下角修改系列名称为"家庭五金 目标销售"的图表类型为"带标记的堆积柱形图",勾选"次坐标轴"复选框。单击"确定"按钮,即可生成复杂的双坐标图表。

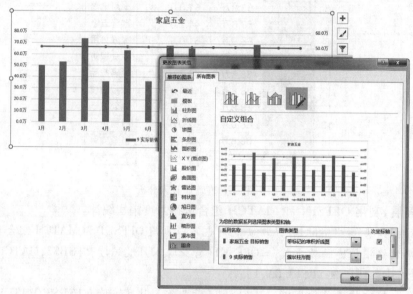

图 7.69　更改图表类型

(3)应用图表样式。

选择图表,在"图表工具"/"格式"/"图表样式"列表中选择一种样式(如样式 6)。利用"插入"/"形状"/"文本框"命令,在图表上方绘制一个文本框,输入"营业收入月度分析表",设置文本框的格式,调整它和图表标题"家庭五金"的大小和位置。如图 7.70 所示。

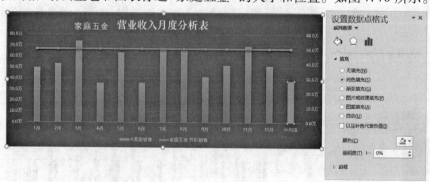

图 7.70　美化图表外观

(4)设置数据点格式。

连续两次单击"平均值"图形数据点,然后右单击,选择"设置数据点格式"命令,为其填充一种另类的颜色,如图 7.70 所示。

（5）添加数据标签。

单击选择"实际销售"图形数据系列，通过图表右侧的"图表元素"按钮，勾选"数据标签"复选框，为其添加"值"数据标签，如图 7.71 所示。

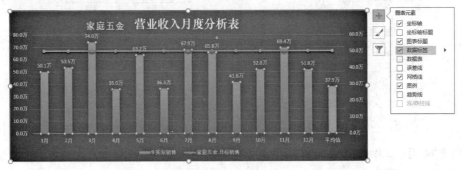

图 7.71　添加数据标签

图表制作完成之后，通过单击控件按钮，可以快速切换不同类别名称的月度收入统计数据，右侧图表则实时反映出切换效果，如图 7.72 所示。

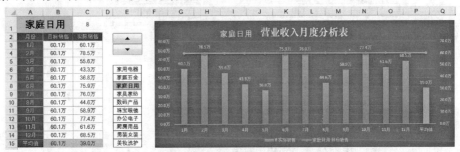

图 7.72　最终效果图

一课一练 25　多个 Excel 工作表的合并计算

练习 1. 结构相同的多工作表合并计算

在对 Excel 数据进行操作时，有时需要对多个工作表的相同单元格区域中的数据进行计算。当这多个工作表是连续工作表时，可以使用下面的方法来进行操作。如图 7.73 ~ 图 7.76 所示，为某公司第一季度四个月份商品销售数量情况，要求在"4 月"工作表内统计第一季度销售额的总计。

商品名称	销售数量
点心	149
谷类/麦片	160
海鲜	108
冷饮	138
日用品	110
肉/家禽	137
特制品	116
调味品	104
饮料	106

图 7.73　1 月销售量

商品名称	销售数量
点心	191
谷类/麦片	178
海鲜	200
冷饮	130
日用品	142
肉/家禽	181
特制品	171
调味品	184
饮料	172

图 7.74　2 月销售量

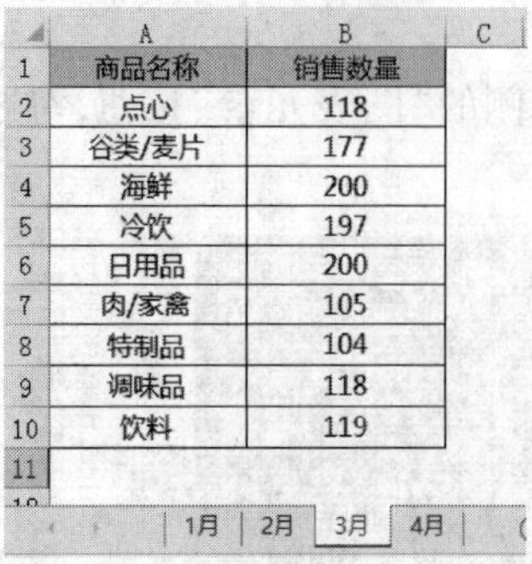

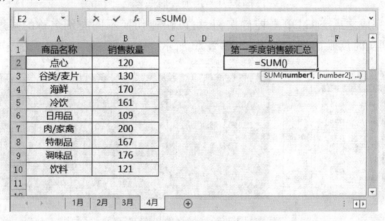

商品名称	销售数量
点心	118
谷类/麦片	177
海鲜	200
冷饮	197
日用品	200
肉/家禽	105
特制品	104
调味品	118
饮料	119

图 7.75　3 月销售量

商品名称	销售数量
点心	120
谷类/麦片	130
海鲜	170
冷饮	161
日用品	109
肉/家禽	200
特制品	167
调味品	176
饮料	121

图 7.76　4 月销售量

切换至“4 月”工作表，在 E2 单元格中依次单击“开始”/“编辑”/“自动求和”命令，输入公式：=SUM()，如图 7.77 所示。

商品名称	销售数量
点心	120
谷类/麦片	130
海鲜	170
冷饮	161
日用品	109
肉/家禽	200
特制品	167
调味品	176
饮料	121

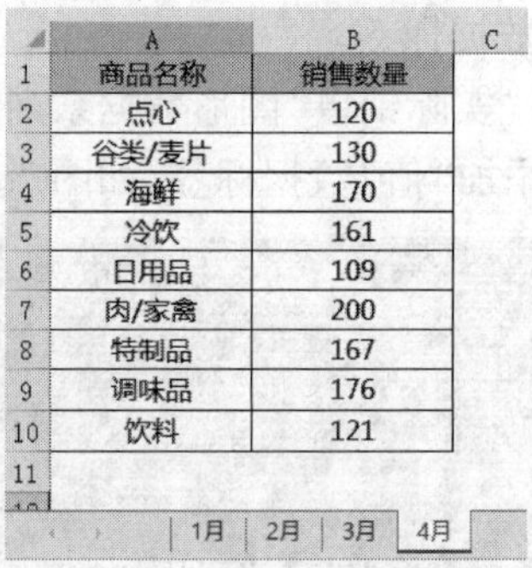

图 7.77　输入部分公式(SUM 函数)

按住 Shift 键单击“1 月”工作表标签，即可将“1 月”至“4 月”所有的工作表同时选中。然后在当前工作表中，拖动鼠标框选需要求和的单元格区域(B2:B10)，如图 7.78 所示。

商品名称	销售数量
点心	120
谷类/麦片	130
海鲜	170
冷饮	161
日用品	109
肉/家禽	200
特制品	167
调味品	176
饮料	121

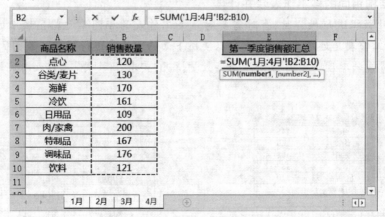

图 7.78　选择工作表和求和单元格区域

按 Enter 键结束公式输入，即可获得求和结果。该计算结果是 1 ~ 4 月份四个工作表的 B2:B10 单元格区域中所有数据的和。如图 7.79 所示。

商品名称	销售数量
点心	120
谷类/麦片	130
海鲜	170
冷饮	161
日用品	109
肉/家禽	200
特制品	167
调味品	176
饮料	121

第一季度销售额汇总
5369

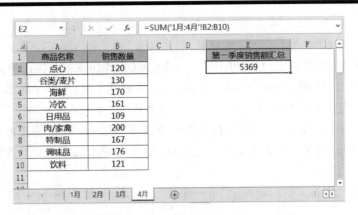

图7.79　多工作表中相同单元格区域的计算结果

【说明】每一张工作表都是由行列构成的一个二维表格，同时又添加了对不同工作表的引用，因此这里实际上是一个连续多表的三维引用。这种引用实际上是将多个区域作为一个计算结果返回，能够极大地方便进行多表汇总计算，但是其所引用的工作表必须是连续的，引用单元格的位置必须要相同且大小一致。除了首尾工作表外，其他被统计的工作表标签位置不得移动到首尾工作表的外侧，因此其适用于多个与数据库有类似结构的工作表的统计计算。

练习2. 结构不同的多工作表合并计算：合并多个工作表

很多情况下，我们需要将同一个工作簿中的多个工作表合并到一个表中，如图7.80～图7.83所示，为某公司第一季度业务员的销售业绩，分别记录在“1月”“2月”“3月”“4月”四个工作表中，每个工作表中记录的人员姓名或数量不等，需要将这些数据统一汇总到一个工作表“第一季度”中。下面介绍一种比较简便的方法，可以合并任意多个工作表，该方法只需要使用3个Excel函数公式。

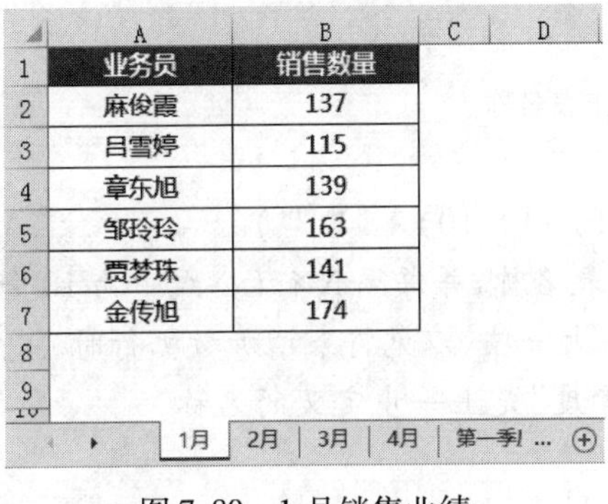

业务员	销售数量
麻俊霞	137
吕雪婷	115
章东旭	139
邹玲玲	163
贾梦珠	141
金传旭	174

图7.80　1月销售业绩

业务员	销售数量
麻俊霞	101
吕雪婷	136
章东旭	145
邹玲玲	169
贾梦珠	191
金传旭	114
柳晶晶	150

图7.81　2月销售业绩

业务员	销售数量
麻俊霞	199
吕雪婷	161
章东旭	127
邹玲玲	166
贾梦珠	167

图7.82　3月销售业绩

业务员	销售数量
章东旭	106
邹玲玲	185
贾梦珠	110
金传旭	176
柳晶晶	142
宁嘉仪	162

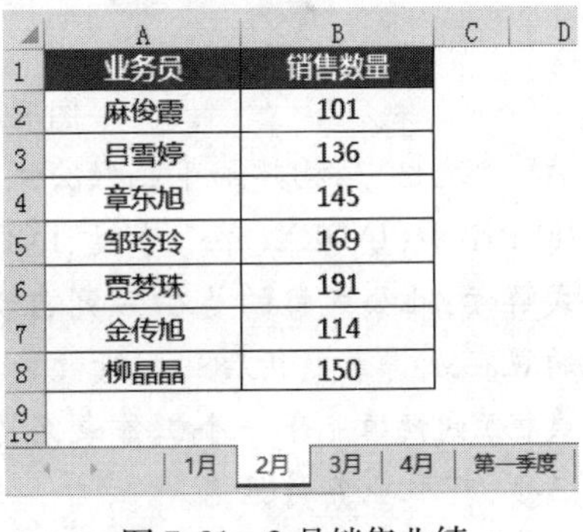

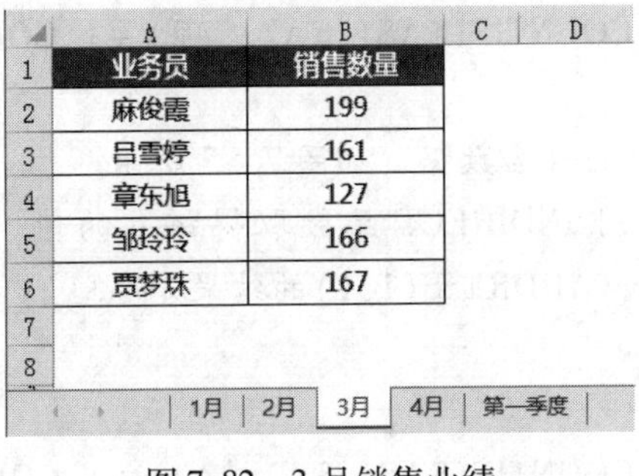

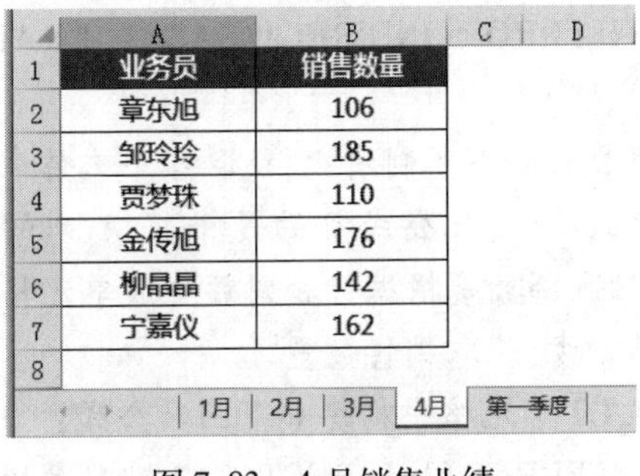

图7.83　4月销售业绩

第一步,定义名称。依次单击“公式”/“定义的名称”/“定义名称”命令,在弹出的“新建名称”对话框中,输入名称为“汇总”,然后在“引用位置”框中输入如下公式:

=MID(GET. WORKBOOK(1),FIND("]",GET. WORKBOOK(1))+1,99)&T(now())

公式解读:GET. WORKBOOK(1)是宏表函数,当参数是1时,可以获取当前工作簿中所有工作表名称;由于获取的工作表名称中前缀工作簿名称(包含在英文中括号“[ ]”中),所以使用FIND+MID组合函数截取只含工作表名称的字符串(截取的起始位置为“]”符号的后一位,截取长度为“99”,作为工作表的名称长度来说,99个字符已经足够了);&T(now())的作用是让公式自动更新。

第二步,获取工作表名称。切换至“第一季度”工作表,如图7.84所示建立表格结构。

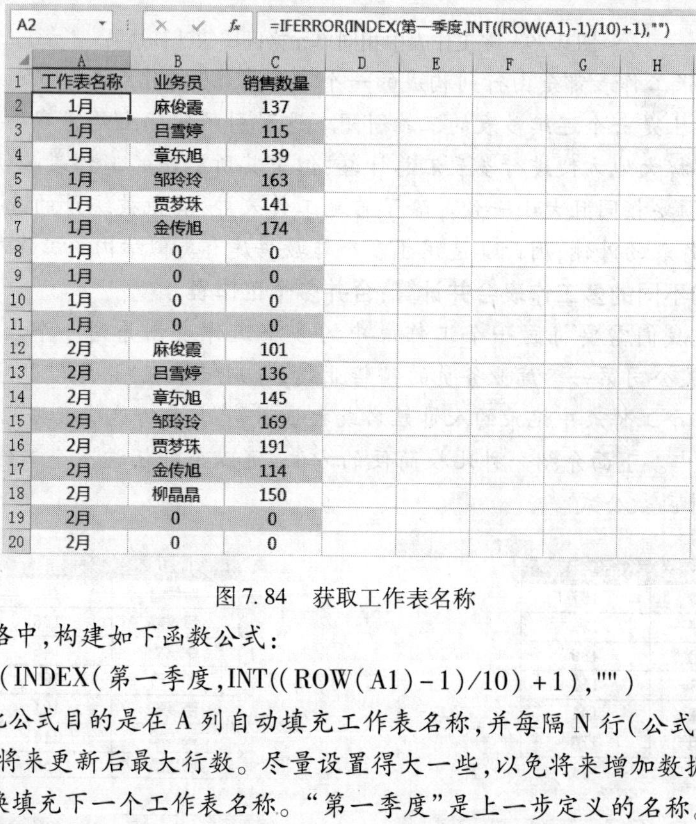

	A	B	C	D	E	F	G	H
1	工作表名称	业务员	销售数量					
2	1月	麻俊霞	137					
3	1月	吕雪婷	115					
4	1月	章东旭	139					
5	1月	邹玲玲	163					
6	1月	贾梦珠	141					
7	1月	金传旭	174					
8	1月	0	0					
9	1月	0	0					
10	1月	0	0					
11	1月	0	0					
12	2月	麻俊霞	101					
13	2月	吕雪婷	136					
14	2月	章东旭	145					
15	2月	邹玲玲	169					
16	2月	贾梦珠	191					
17	2月	金传旭	114					
18	2月	柳晶晶	150					
19	2月	0	0					
20	2月	0	0					

图7.84　获取工作表名称

在A2单元格中,构建如下函数公式:

=IFERROR(INDEX(第一季度,INT((ROW(A1)-1)/10)+1),"")

公式解读:此公式目的是在A列自动填充工作表名称,并每隔N行(公式中为10行,表示各表格的现在或将来更新后最大行数。尽量设置得大一些,以免将来增加数据行时,汇总表无法更新数据)更换填充下一个工作表名称。“第一季度”是上一步定义的名称。

第三步,获取业务员姓名。

在B2单元格中构建如下函数公式:

=IFERROR(INDIRECT($A2&"!"&ADDRESS(COUNTIF($A$1:$A2,$A2)+1,COLUMN(A1))),"")

将公式向下复制填充,获取各个工作表中业务员的姓名数据。如图7.85所示。

公式解读:此公式目的是根据A列的表名称,用INDIRECT函数取得该表的值。其中ADDRESS函数是根据行和列数生成单元格地址,例如ADDRESS(1,1)的结果是$A$1。

第四步,获取销售数量。

在C2单元格中构建如下函数公式:

=IFERROR(INDIRECT($A2&"!"&ADDRESS(COUNTIF($A$1:$A2,$A2)+1,COLUMN

B2　=IFERROR(INDIRECT($A2&"!"&ADDRESS(COUNTIF($A$1:$A2,$A2)+1,COLUMN(A1))),"")

	A	B	C
1	工作表名称	业务员	销售数量
2	1月	麻俊霞	137
3	1月	吕雪婷	115
4	1月	章东旭	139
31	3月	0	0
32	4月	章东旭	106
33	4月	邹玲玲	185
34	4月	贾梦珠	110
35	4月	金传旭	176
36	4月	柳晶晶	142
37	4月	宁嘉仪	162
38	4月	0	0
39	4月	0	0
40	4月	0	0
41	4月	0	0

图 7.85　获取业务员姓名

(B1))),"")

将公式向下复制填充，获取各个工作表中销售数量数据。如图 7.85 所示。当上述操作完成之后，“1 月”至“4 月”各表的数据就都已经合并到“第一季度”表中。

【说明】当删除工作簿中的表格时，“第一季度”表中的汇总数据中，会自动删除该表数据；当继续增加新工作表时，新表的数据也会自动添加到“第一季度”表中；如果对已有分表中的数据行有增删操作，“第一季度”工作表中的数据也会随之实时更新。

练习 3. 结构不同的跨多表条件求和

一般情况下，我们仅利用 SUMIF 函数进行单工作表求和，SUMIF 函数还有它的高级用法——跨多表条件求和。如图 7.86 所示，有“1 日”至“5 日”五个列相同、行数不同，工作表名称比较规则(即序号 + 字符)的明细表，要求在“汇总”表中统计出每个产品的销量之和(如图 7.87 所示)。

	A	B	C
2			
3	客户	产品	销量
4	宋美佳	A	76
5	张文宇	A	69
6	宋慧婷	B	20
7	高俊杰	D	82
8	卢泉秀	B	22
9	褚心怡	A	69
10	朱天燕	C	88
11	李天尧	D	42
12	宋子文	C	61
13	张海娟	D	97
14			

1日　2日　3日　4日　5日　SUMIF高级应用　多表

图 7.86　分表

如果只有一个表，我们只需要用 SUMIF 函数直接求和：

=SUMIF('1 日'!B:B,汇总! A4,'1 日'!C:C)

对于多个表，除了用 SUMIF() + SUMIF + SUMIF()... 外，SUMIF 函数支持多表同时求和，但必须用 INDIRECT 函数生成对多个表的引用，即：

参数 range：=INDIRECT(ROW($1:$5)&"日!B:B")；

参数 sum_range：=INDIRECT(ROW($1:$5)&"日!C:C")。

图 7.87　汇总表

用 SUMIF 组合起来,即:

= SUMIF(INDIRECT(ROW($1:$5)&"日!B:B") ,A4,INDIRECT(ROW($1:$5)&"日!C:C"))

如图 7.88 所示。

图 7.88　SUMIF 函数多表求和与 INDIRECT 函数多表引用

上述公式返回的还仅仅是每个表的分别求和结果——是一组数,最后还需要用 SUM-PRODUCT 函数进行求和,即: = SUMPRODUCT(SUMIF(INDIRECT(ROW($1:$5)&"日!B:B") ,A4,INDIRECT(ROW($1:$5)&"日!C:C"))。

案例7.6　图书销售统计分析

【情境引入】某图书公司销售部的助理小华需要根据公司2019年和2020年的图书产品销售情况进行统计分析,以便制订新一年的销售计划和工作任务。具体工作要求有:查找并突出显示重复的订单编号;进行图书销售月度统计分析。

【相关知识】

* 利用"条件格式"和"排序"功能查找重复项;
* SUMIFS、SUMPRODUCT 函数在数据汇总中应用;
* 利用"数据透视表"功能统计销售数据;
* 利用"迷你图"直观展示销售趋势。

一、查找"订单编号"中的重复项

打开"2019~2020 年度图书销售订单记录"工作簿,切换至"销售订单"工作表,如图 7.89 所示。

订单编号	日期	书店名称	图书名称	图书编号	销售人员	销量(本)
			2019~2020年度图书销售订单记录			
订单编号	日期	书店名称	图书名称	图书编号	销售人员	销量(本)
QH-08001	2019年1月2日	瀚海书店	《平凡的世界》	QHC-001	周宇祥	29
QH-08002	2019年1月4日	求知书店	《盗墓笔记套装》	QHC-003	程祥达	15
QH-08003	2019年1月4日	求知书店	《金庸小说之谜》	QHC-002	王宇宇	87
QH-08004	2019年1月5日	求知书店	《好兵帅克历险记》	QHC-004	方文成	47
QH-08005	2019年1月6日	瀚海书店	《创业史》	QHC-006	周利巍	69
QH-08672	2020年12月11日	启航书店	《红星照耀中国》	QHC-005	王海德	15
QH-08673	2020年12月12日	瀚海书店	《红星照耀中国》	QHC-005	召丽秋	85
QH-08674	2020年12月13日	启航书店	《盗墓笔记套装》	QHC-003	关宇胜	53
QH-08675	2020年12月14日	瀚海书店	《盗墓笔记套装》	QHC-003	唐小姐	101
QH-08676	2020年12月14日	启航书店	《海底两万里》	QHS-001	刘长辉	69

图 7.89　"销售订单"工作表

1. 利用"条件格式"突出显示重复项

在"销售订单"表的 A 列"订单编号"数据中,有些订单编号是重复值,需要用醒目的字体格式和单元格格式标注出来。使用"条件格式"功能即可实现这一要求。具体操作方法为:选择 A2:A678 单元格区域,依次单击"开始"/"条件格式"/"突出显示单元格规则"/"重复值…"命令,弹出"重复值"对话框(如图 7.90 所示),采用默认

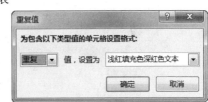

图 7.90　利用"条件格式"
突出显示重复项

的单元格格式"浅红填充色深红色文本",单击"确定"按钮,完成设置。

2. 自定义排序

定位数据区域中,依次单击"开始"/"编辑"/"排序和筛选"/"自定义排序…"命令,弹出"排序"对话框,设置主要关键字为"订单编号",排序依据为"单元格颜色",次序选择上述步骤中设置的"浅红填充色 在顶端",如图 7.91 所示。这样,就可以将所有重复的订单编号数值标记为醒目的格式,并且排列在销售订单列表区域的顶端。

图 7.91　自定义排序

二、统计图书月度销量

新建一个工作表,命名为"2020 年图书销售分析",在其中统计 2020 年各类图书在每月的销售量,并将统计结果填充在所对应的单元格中。在 Excel 中,进行数据统计分析包括使用函数公式和数据透视等方法。

1. 利用 SUMIFS 函数统计

如图 7.92 所示,构建"2020 年图书销售分析"工作表的结构。

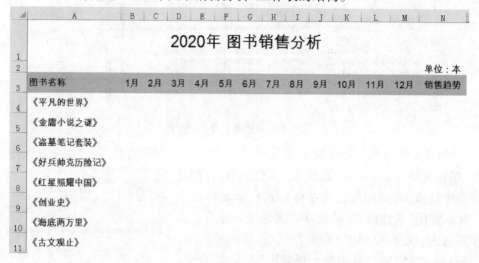

图 7.92　统计表结构(函数公式法)

(1)计算"1 月"图书销售量。

在 B4 单元格中构建如下函数公式:

=SUMIFS(销售订单!\$G:\$G,销售订单!\$D:\$D,\$A4,销售订单!\$B:\$B,">=2020/1/1",销售订单!\$B:\$B,"<=2020/1/31")

将公式向下复制填充,可以得到所有图书在 1 月份的销售总量。

(2)计算其他月份图书销售量。

将 B4 单元格中的公式向右复制直至 M4 单元格,得到与"1 月"相同的计算结果。需要逐一修改起始日期,使之与不同月份相对应。

将 C4 单元格中的起始日期修改为" >=2013 - 02 - 01",终止日期修改为" <=2013 - 02 - 28",得到如下函数公式:

=SUMIFS(销售订单!\$G:\$G,销售订单!\$D:\$D,\$A4,销售订单!\$B:\$B,">=2020/2/1",销售订单!\$B:\$B,"<2020/3/1")

按下 Enter 键,得到"2 月"图书销售量。按照上述方法,分别修改其余月份的起至日期,得到各个月份的图书销售额。

3 月:=SUMIFS(销售订单!\$G:\$G,销售订单!\$D:\$D,\$A4,销售订单!\$B:\$B,">=2020/3/1",销售订单!\$B:\$B,"<=2020/3/31")。

4 月:=SUMIFS(销售订单!\$G:\$G,销售订单!\$D:\$D,\$A4,销售订单!\$B:\$B,">=2020/4/1",销售订单!\$B:\$B,"<=2020/4/30")

5 月：= SUMIFS(销售订单!$G:$G,销售订单!$D:$D,$A4,销售订单!$B:$B,">=2020/5/1",销售订单!$B:$B,"<=2020/5/31")

6 月：= SUMIFS(销售订单!$G:$G,销售订单!$D:$D,$A4,销售订单!$B:$B,">=2020/6/1",销售订单!$B:$B,"<=2020/6/30")

7 月：= SUMIFS(销售订单!$G:$G,销售订单!$D:$D,$A4,销售订单!$B:$B,">=2020/7/1",销售订单!$B:$B,"<=2020/7/31")

8 月：= SUMIFS(销售订单!$G:$G,销售订单!$D:$D,$A4,销售订单!$B:$B,">=2020/8/1",销售订单!$B:$B,"<=2020/8/31")

9 月：= SUMIFS(销售订单!$G:$G,销售订单!$D:$D,$A4,销售订单!$B:$B,">=2020/9/1",销售订单!$B:$B,"<=2020/9/30")

10 月：= SUMIFS(销售订单!$G:$G,销售订单!$D:$D,$A4,销售订单!$B:$B,">=2020/10/1",销售订单!$B:$B,"<=2020/10/31")

11 月：= SUMIFS(销售订单!$G:$G,销售订单!$D:$D,$A4,销售订单!$B:$B,">=2020/11/1",销售订单!$B:$B,"<=2020/11/30")

12 月：= SUMIFS(销售订单!$G:$G,销售订单!$D:$D,$A4,销售订单!$B:$B,">=2020/12/1",销售订单!$B:$B,"<=2020/12/31")

最终效果如图 7.93 所示。

| B4 | | × | ✓ | fx | =SUMIFS(销售订单!$G:$G,销售订单!$D:$D,$A4,销售订单!$B:$B,">=2020/1/1",销售订单!$B:$B,"<=2020/1/31") | | | | | | | | | |

2020年 图书销售分析

单位：本

图书名称	1月	2月	3月	4月	5月	6月	7月	8月	9月	10月	11月	12月	销售趋势
《平凡的世界》	277	11	76	167	284	92	285	107	94	197	103	172	
《金庸小说之谜》	252	291	630	141	240	333	76	143	685	69	163	0	
《盗墓笔记套装》	194	247	198	128	307	380	622	417	122	250	392	209	
《好兵帅克历险记》	213	184	37	301	514	253	426	323	395	157	285	198	
《红星照耀中国》	288	90	83	189	67	105	264	100	247	139	141	100	
《创业史》	228	231	201	101	82	133	197	126	132	151	156	17	
《海底两万里》	302	123	416	231	232	122	61	0	87	81	73	228	
《古文观止》	191	163	29	47	312	161	76	203	123	191	17	176	

图 7.93　使用 SUMIFS 函数统计图书销售量

知识 7−10：多条件求和函数 SUMIFS。

SUMIFS 函数用于计算其满足多个条件的全部参数的总量。其语法格式可以简单描述为：= SUMIFS(求和区域,条件区域1,条件1,条件区域2,条件2,……)。

需要注意：对区域参数(包含 sum_range 参数和各个 criteria_range 参数)必须使用相同的行数和列数,即区域范围必须一致。在本案例中,SUMIFS 函数的具体参数设置如图 7.94、图 7.95 所示。

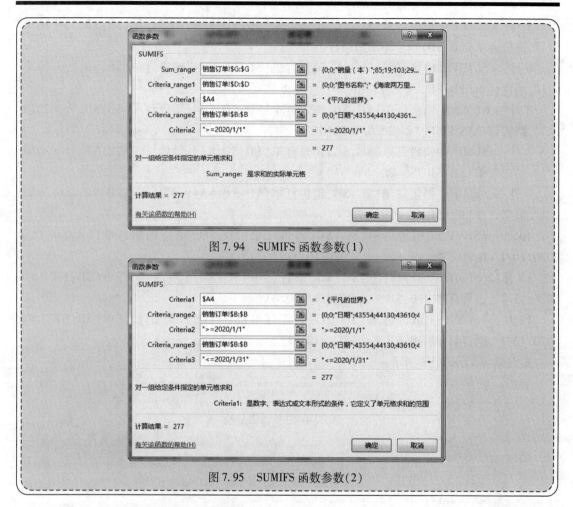

图 7.94　SUMIFS 函数参数(1)

图 7.95　SUMIFS 函数参数(2)

2. 利用 SUMPRODUCT 函数统计

SUMIFS 函数在统计不同月份的数据时,需要为不同月份定义不同的起止日期,略显烦琐。利用 SUMPRODUCT 函数则可以简化这一计算,仅需一个公式即可满足所有月份数据的统计。在 B4 单元格中构建如下函数公式:

= SUMPRODUCT((YEAR(销售订单!$B$4:$B$679) = 2020) * (销售订单!$D$4:$D$679 = $A4) * (MONTH(销售订单!$B$4:$B$679) = COLUMN(A:A)) * 销售订单!$G$4:$G$679)

将上述公式分别向下、向左复制到其他相应单元格,得到计算结果。

知识 7 – 11:数组求和函数 SUMPRODUCT。

SUMPRODUCT 函数返回相应范围或数组的个数之和。默认操作是乘法,但也可以执行加减除运算。其语法格式为: = SUMPRODUCT(array1,[array2],[array3],…)。

参数 array1 表示其相应元素需要进行相乘并求和的第一个数组参数。

参数[array2]等表示 2 ~ 255 个数组参数,其相应元素需要进行相乘并求和。

在本案例中,"YEAR(销售订单!$B$4:$B$679) = 2020"是参数 array1,表示在"销售

订单"工作表中的"日期"列中年份为"2020"的所有数据;"销售订单!\$D\$4:\$D\$679 = \$A4"是参数 array2,表示在"销售订单"工作表中的"图书名称"列中书名为"A4(即《平凡的世界》)"的所有数据;"MONTH(销售订单!\$B\$4:\$B\$679) = COLUMN(A:A)"是参数 array3,表示在"销售订单"工作表中的"日期"列中月份为"COLUMN(A:A)"的所有数据,COLUMN(A:A)可以随着公式向右复制填充自动提供"1"至"12"的月份数值;"销售订单!\$G\$4:\$G\$679"是参数 array4,表示在"销售订单"工作表中的"销量(本)"列中的所有数据。SUMPRODUCT 函数在上述给定的几组数组中,将数组间对应的元素相乘,并返回乘积之和。

3. 插入"迷你图"

接下来,需要在"2020年图书销售分析"工作表中的 N4:N11 单元格中,插入用于统计销售趋势的迷你折线图,各单元格中迷你折线图的数据范围为所对应图书的 1～12 月销售数据,并为各迷你折线图标记销量的最高点和最低点。具体操作方法如下:

(1)插入迷你图。

定位在"2020年图书销售分析"工作表中的 N4 单元格内,依次单击"插入"/"迷你图"/"折线图"命令,弹出如图 7.96 所示"创建迷你图"对话框,分别设置"数据范围"和"位置范围",单击"确定"按钮,即可得到第一本书"《平凡的世界》"的迷你折线图。

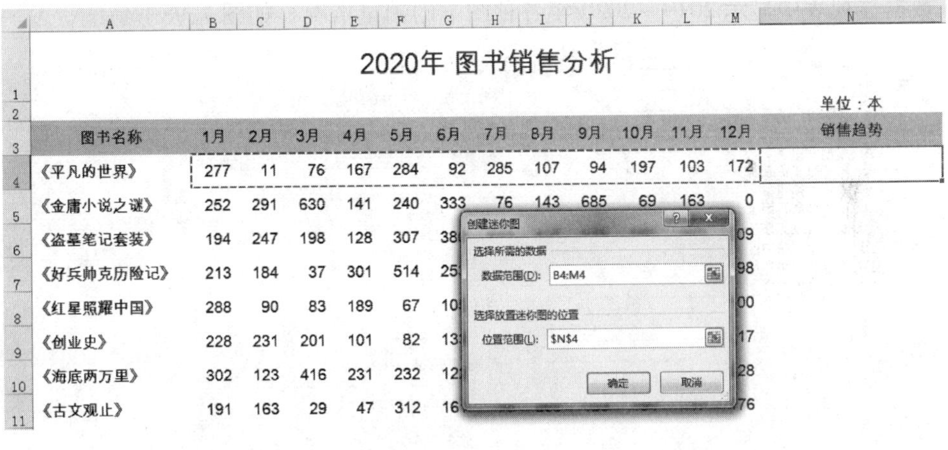

图 7.96　插入迷你图

(2)标记"高点"和"低点"。

依次单击"迷你图工具"/"设计"/"显示"命令,勾选"高点"和"低点"复选框,迷你折线图中即可按照默认样式显示"高点"和"低点"。

(3)复制迷你图。

利用填充句柄,将 N4 单元格中的迷你折线图向下复制填充至 N11 单元格,得到所有图书的迷你折线图。如图 7.97 所示。

4. 利用数据透视表统计

利用 Excel 提供的"数据透视表"功能,可以避免使用复杂的函数公式,轻松获得统计数据。具体操作方法如下:

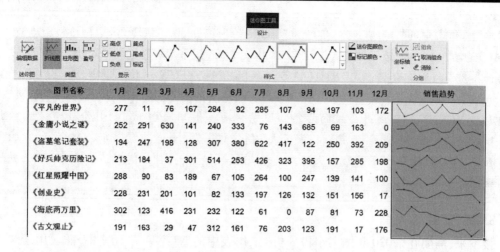

图 7.97　标记"高点"和"低点"

（1）创建数据透视表。

定位在"销售清单"工作表的数据区域中，依次单击"插入"/"数据透视表"/"数据透视表"命令，在弹出的对话框中选择放置数据透视表的位置为"新工作表"。单击"确定"按钮，在一个新工作表中创建一个空白的数据透视表。将该工作表重命名为"2020 年图书销量统计分析"。设置"日期"字段为列标签，"书店名称"字段为行标签，"销量（本）"字段为求和汇总项，即可在数据透视表中显示 2019～2020 年各种图书的销量情况。如图 7.98 所示。

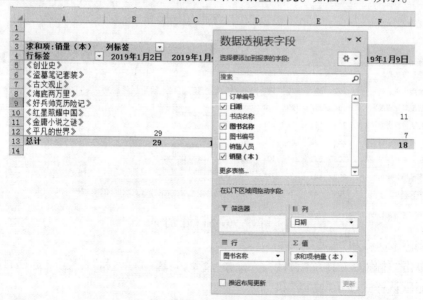

图 7.98　设置数据透视表字段

（2）日期筛选。

单击"列标签"右侧的三角按钮，在弹出的下拉列表中选择"日期筛选"/"介于…"命令（如图 7.99 所示），弹出"日期筛选（日期）"对话框。

设置日期介于"2020/1/1"和"2020/12/31"之间，单击"确定"按钮，即可得到如图 7.100 所示结果，仅显示 2020 年的销售数据。如图 7.100 所示。

图 7.99　日期筛选

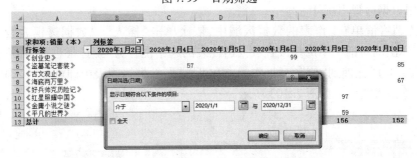

图 7.100　仅显示 2020 年的销售数据

（3）创建组。

右单击任意日期单元格（如 B4 单元格），从右键快捷菜单命令中选择"创建组…"命令，弹出"分组"对话框，设置"步长"值为"月"，单击"确定"按钮，得到如图 7.101 所示效果。

三、统计报告

新建一个工作表，命名为"统计报告"，在其中需要对 2020 年度公司图书销售情况作出如下的数据统计，如图 7.102 所示。

1. 所有订单的总销售数量

（1）利用 SUM 函数统计。

在 B3 单元格中构建如下函数公式：

=SUM(销售订单!G:G)

按下 Enter 键,得到计算结果。

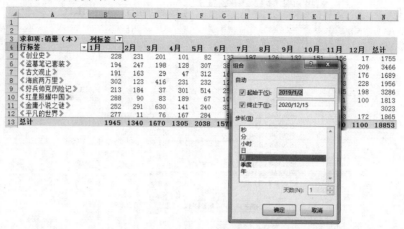

图 7.101　创建组

图 7.102　统计报告

(2)利用数据透视表统计。

定位在"销售清单"工作表的数据区域中,依次单击"插入"/"数据透视表"/"数据透视表"命令,在弹出的对话框中选择放置数据透视表的起始位置为"统计报告"工作表的 D3 单元格。将"销量(本)"拖拽到"值"字段,作为求和汇总项,数据透视表中即可显示 2019~2020 年所有订单的总销售数量。如图 7.103 所示。

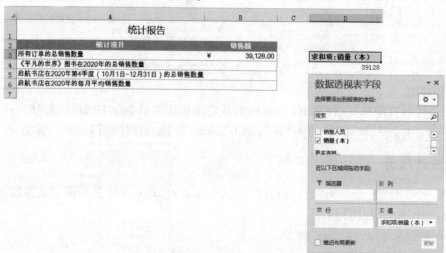

图 7.103　所有订单的总销售数量

2.《平凡的世界》图书在 2020 年的总销售数量

(1)利用 SUMIFS 函数统计。

在 B4 单元格中构建如下函数公式:

=SUMIFS(销售订单!G:G,销售订单! D:D,"《平凡的世界》",销售订单!B:B,">=2020/1/1",销售订单!B:B,"<=2020/12/31")

按下 Enter 键,得到计算结果。

(2)利用数据透视表统计。

根据“销售订单”工作表的数据区域创建数据透视表,并将创建完成的数据透视表放置在“统计报告”工作表的 D2 单元格位置。分别将“日期”字段拖至列标签、“图书名称”字段拖至行标签、“销量(本)”字段拖至数值(求和汇总)。对日期进行“创建组”操作,“步长”值选择“年”,结果如图 7.104 所示,不必作进一步筛选即可得到统计数据(F11 单元格:1865)。

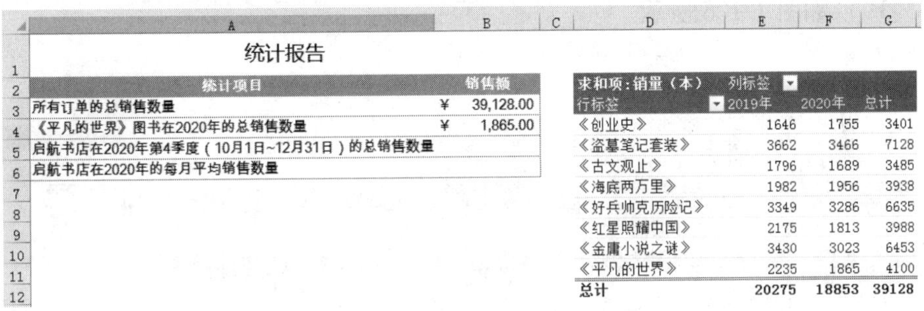

统计报告

统计项目	销售额
所有订单的总销售数量	¥ 39,128.00
《平凡的世界》图书在2020年的总销售数量	¥ 1,865.00
启航书店在2020年第4季度(10月1日~12月31日)的总销售数量	
启航书店在2020年的每月平均销售数量	

求和项:销量(本)	列标签		
行标签	2019年	2020年	总计
《创业史》	1646	1755	3401
《盗墓笔记套装》	3662	3466	7128
《古文观止》	1796	1689	3485
《海底两万里》	1982	1956	3938
《好兵帅克历险记》	3349	3286	6635
《红星照耀中国》	2175	1813	3988
《金庸小说之谜》	3430	3023	6453
《平凡的世界》	2235	1865	4100
总计	20275	18853	39128

图 7.104 《平凡的世界》图书在 2020 年的总销售数量

3. 启航书店 2020 年第 4 季度的总销售量

(1)利用 SUMIFS 函数统计。

在 B5 单元格中构建如下函数公式:

=SUMIFS(销售订单!G:G,销售订单!C:C,"启航书店",销售订单!B:B,">=2020/10/1",销售订单!B:B,"<=2020/12/31")

按下 Enter 键,得到计算结果。

(2)利用数据透视表统计。

根据“销售订单”工作表的数据区域创建数据透视表,并将创建完成的数据透视表放置在“统计报告”工作表的 D2 单元格位置。分别将“日期”字段拖至列标签、“书店名称”字段拖至行标签、“销量(本)”字段拖至数值(求和汇总)。对日期进行“筛选”操作,介于“2020/10/1”和“2020/12/31”之间,得到统计结果(即“1074”),如图 7.105 所示。

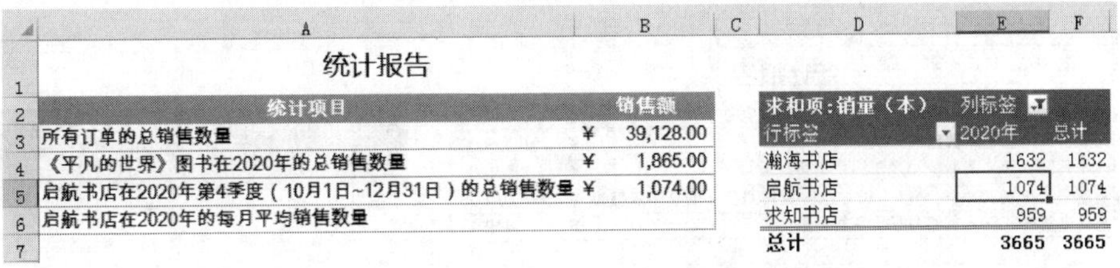

统计报告

统计项目	销售额
所有订单的总销售数量	¥ 39,128.00
《平凡的世界》图书在2020年的总销售数量	¥ 1,865.00
启航书店在2020年第4季度(10月1日~12月31日)的总销售数量	¥ 1,074.00
启航书店在2020年的每月平均销售数量	

求和项:销量(本)	列标签	
行标签	2020年	总计
瀚海书店	1632	1632
启航书店	1074	1074
求知书店	959	959
总计	3665	3665

图 7.105 启航书店 2020 年第 4 季度的总销售量

4. 启航书店 2020 年月均销售数量

(1)利用 SUMIFS 函数统计。

在 B6 单元格中构建如下函数公式:

　=SUMIFS(销售订单!G:G,销售订单!C:C,"启航书店",销售订单!B:B,">=2020/1/1",销售订单!B:B,"<=2020/12/31")/12

按下 Enter 键,得到计算结果。

(2)利用数据透视表统计。

根据"销售订单"工作表的数据区域创建数据透视表,并将创建完成的数据透视表放置在"统计报告"工作表的 D2 单元格位置。分别将"日期"字段拖至列标签、"书店名称"字段拖至行标签、"销量(本)"字段拖至数值(求和汇总)。对列标签进行"筛选"操作,介于"2020/1/1"和"2020/12/31"之间;对行标签进行"筛选"操作,仅保留"启航书店",得到 2020 年的统计结果(即"5393"),如图 7.106 所示。

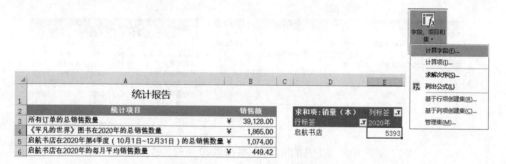

图 7.106　启航书店 2020 年销售数量

依次单击"数据透视表工具"/"分析"/"字段、项目和集"/"计算字段…"命令(如图 7.106 所示),弹出如图 7.107 所示"插入计算字段"对话框,在"名称"框内输入"月平均",在"字段"框内选择"销量(本)",单击"插入字段"按钮,将其添加在"公式"框内等号("=")右侧(自动添加英文单引号),然后在其后输入"/12"。

图 7.107　插入计算字段

最后单击"确定"按钮,即可在数据透视表中添加一个自定义的字段——"求和项:月平均",得到统计结果(即"449.42"),如图 7.108 所示。

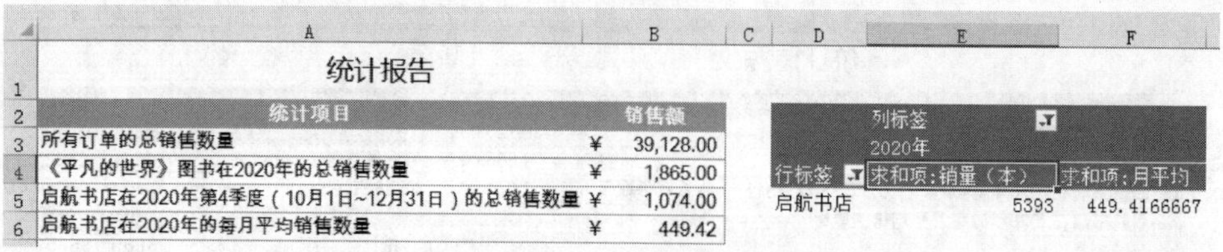

图 7.108　月平均销售数量

一课一练 26　为工作表自动生成目录

有时候我们会在一个工作簿中建立很多工作表,怎样才能简单明了地管理工作表呢,当然能建一个目录最好了,这里我们就学习一种给工作表创建目录的方法。

练习 1. 利用 GET. WORKBOOK 和 T 函数定义名称

我们以一个空白的新建工作簿为例,将其保存,文件命名为“工作簿 1”,保存类型为“Excel 启用宏的工作簿”,在其中创建 Sheet1、Sheet2、Sheet3 和 Sheet4 四个空白工作表。

将 Sheet1 重命名为“目录”,单击选择 A1 单元格,然后依次单击“公式”/“定义的名称”/“定义名称”命令,弹出“新建名称”对话框,在“名称”文本框中输入“目录”,在“引用位置”文本框构建如下公式:

= INDEX(GET. WORKBOOK(1) , ROW(A1))&T(NOW()）

如图 7.109 所示。

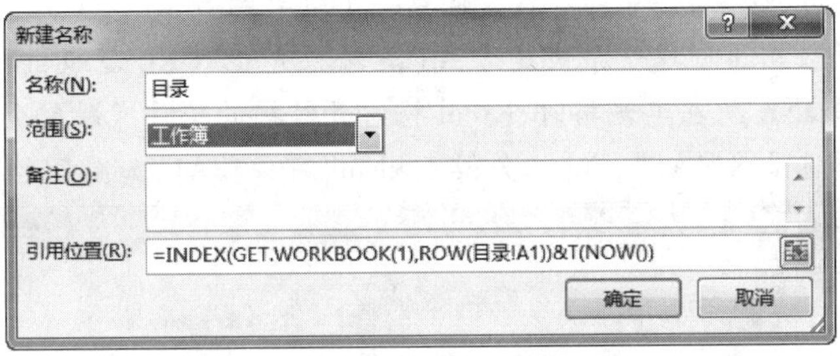

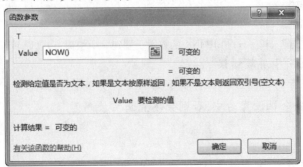

图 7.109　新建名称

GET. WORKBOOK 函数是宏表函数,可以提取当前工作簿中的所有工作表名,需要先定义名称后使用。GET. WORKBOOK 函数返回的结果类型为“[课件.xlsm]目录”的样式,也就是“工作簿名称 + 后缀名 + 工作表名称”。T(NOW()）部分返回一个空值,目的是让 GET. WORKBOOK 函数结果能够实时更新。如图 7.110 所示。

图 7.110　T(NOW()):返回一个空值

练习 2. 创建链接

在 A1 单元格中构建如下函数公式:

= IFERROR(HYPERLINK(目录 &"！A1", MID(目录, FIND("] ", 目录) + 1,99)) , "")

按下 Enter 键,得到计算结果“目录”,将该公式向下复制填充足够多的行,就可以看到效果——自动获取当前工作簿中所有工作表的名称,如图 7.111 所示。单击其中的某个工作表名称(如 Sheet2) ,就会自动跳转到相应工作表中。

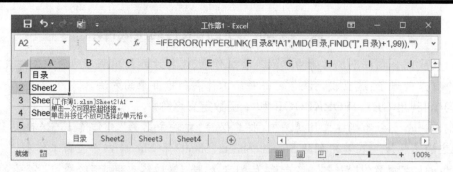

图 7.111 自动获取当前工作簿中所有工作表的名称

【函数解读】**FIND 函数和 HYPERLINK 函数构建超链接公式。**

FIND("]",目录)部分,用于查找符号"]"在自定义名称"目录"计算结果中的位置。

MID(目录,FIND("]",目录)+1,99)部分,从"目录"中的"]"符号后第一个字符处取值,取值长度为 99 个字符,这里的 99 可以写成任意一个较大的数值。

HYPERLINK 函数用于创建一个快捷方式(跳转),是 EXCEL 超级链接的函数实现方法。当单击函数 HYPERLINK 所在单元格时,Excel 将打开链接的文件或跳转到指定工作表的单元格,本例中是跳转到目录&"!A1",即[工作簿 1.xlsm]目录! A1,如图 7.112 所示。

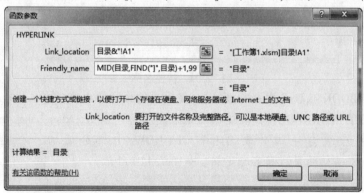

图 7.112 HYPERLINK 函数用于创建一个快捷方式(跳转)

IFERROR 函数则用于屏蔽错误。

【注意】工作表保存时需要选择保存类型为"Excel 启用宏的工作簿(* . xlsm)",同时需要在 Excel 选项中将宏安全性设置为中,否则会不能正常使用。

参 考 文 献

[1]丁昌萍,王楚楚.Excel财务应用教程(第3版)[M].北京:人民邮电出版社,2019.

[2]陈立稳.Excel财务管理应用[M].北京:北京大学出版社、中国农业大学出版社,2011.

[3]李爱红,韩丽平.新编Excel在财务中的应用(第2版)[M].北京:电子工业出版社,2014.

[4]ExcelHome.Excel在会计财务管理中的应用[M].北京:人民邮电出版社,2018.

[5]张颖.Excel在财务中的应用[M].北京:机械工业出版社,2017.

[6]宋海龙,姜庆,郭倩茹.Excel在财务中的应用[M].辽宁:辽宁大学出版社,2018.